클라우드×보안 실무 가이드

DevSecOps와 보안 거버넌스 수립을 위한 맞춤 안내서

클라우드x보안 실무 가이드

개정판 1쇄 발행   2024년 3월 28일

지은이 황치하 · 양지언
발행인 최홍석

발행처 (주)프리렉
출판신고 2000년 3월 7일   제 13-634호
주소 경기도 부천시 원미구 길주로 77번길 19 세진프라자 201호
전화 032-326-7282(代)   **팩스** 032-326-5866
URL www.freelec.co.kr

편집 고대광
표지, 본문 디자인 황인옥

ISBN 978-89-6540-384-5

DevSecOps와 보안 거버넌스 **수립을 위한 맞춤 안내서**

클라우드 \ 보안
실무 가이드

✖✖✖

황치하, 양지언 공저

프리렉

지은이의 말

　기업보안 담당자로서 퍼블릭 클라우드를 처음 접했을 때 들었던 생각은 기업에서 사용하기에는 통제가 어렵고 위험하다는 생각이었습니다. 그 이유는 클라우드에 대해서 정확히 몰랐기 때문이었고, 막연한 두려움과 보안사고에 대한 걱정이 앞섰습니다. 그렇게 클라우드 보안 업무를 시작했고 클라우드에 대한 부족함을 채우기 위해 클라우드 업체에서 주관하는 세미나와 교육, 자격증 등을 취득하며 퍼블릭 클라우드에 대한 개념과 보안 서비스들에 대해 학습했습니다.

　이 책을 접하는 독자 중에는 보안 담당자로서 필자와 같이 기존 시스템을 클라우드 환경으로 전환할 때, 같은 고민을 하며 보안은 어떻게 관리해야 할지 고민하는 분도 있을 것입니다.

　클라우드는 지금도 빠르게 변하고 있습니다. 현재 필자가 알고 있는 클라우드 보안에 대한 경험이 소규모 기업이나 스타트업에서 클라우드를 활용한 시스템 구축을 고민하는 보안 담당자나 일반 사용자들에게 도움이 될 수 있겠다는 생각에서 집필을 시작하게 되었습니다.

　《클라우드×보안 실무 가이드》는 클라우드와 관련된 개념부터 일반 보안과의 차이점과 클라우드의 특징을 설명하고, 보안설계 절차와 다양한 보안 서비스를 알아보며 보안 담당자에게 클라우드 보안의 기초지식과 방향을 제시합니다.

　이 책에서는 클라우드의 개발환경이나 새로운 기술 영역에 대한 상세한 보안방법까지 다루고 있지 않습니다. 하지만, 클라우드에 대한 보안 거버넌스 방향과 보안점검 방법에 대한 사례들을 제공하고 있기 때문에 보안 담당자가 역량을 키워나갈 수 있는 이정표가 될 것입니다. 아무쪼록 이 책으로 클라우드 보안을 시작하는 분들의 막연한 물음과 시행착오를 겪는 과정이 조금이라도 해소되길 바랍니다.

　마지막으로 책이 나오기까지 교정과 디자인으로 수고해주신 프리렉 출판사에 감사를 드립니다. 책을 쓰는 동안 기도로 격려해준 아내와 책 쓰는 아빠를 배려해준 멋쟁이 규한이, 똘망똘망 규호, 스마일공주 규진이에게 고맙다는 말을 전하고 싶습니다. 그리고 클라우드 보안에 대해 함께 고민할 수 있는 동료를 만나 책을 쓸 수 있음에 감사하고, 모든 상황과 여건을 허락해주신 하나님께도 감사드립니다.

_황치하

우리는 급속도로 변화하는 패러다임 속에서 무언가에 쫓기듯이 살고 있습니다. 10년 전의 기술과 환경, 생태계는 지금과 다를 뿐만 아니라, 5G, 6G와 같은 어제와 오늘이 다른 통신 속도와 각종 전염병에 의한 생활방식까지 달라지고 있습니다. 이러한 각종 산업과 환경의 변화를 뒷받침하고 속도에 발맞추기 위한 근본적인 토양은 바로 클라우드 서비스입니다.

최근 10년 동안 클라우드 서비스는 상당한 발전을 이루었고, 우리가 매일 사용하는 소프트웨어와 애플리케이션들의 기본 인프라 또한 클라우드 서비스로 전환되어 활발히 활용하고 있습니다. 그러나 클라우드의 개방성과 유연성에 반해, 섀도 IT, 가상화 공격, 사용자의 잘못된 클라우드 설정 등을 원인으로 내외부의 보안 위협성이 날이 갈수록 높아지고 있습니다.

이에 클라우드 서비스를 사용하는 모든 분들에게 보안과 관련된 기본 개념과 필수 보안설정, 그리고 글로벌 마켓쉐어의 TOP 1인 AWS를 기준으로 보안요소를 실무에 적용하는 방법을 하나하나 친절하게 전달하고자 했습니다.

내용 관점에서 크게 클라우드 서비스와 클라우드에서의 보안성 확보를 중심으로 집필했고, 독자 관점에서는 IT 초보자와 실무자가 모두 필요로 하는 내용을 포함하려고 했습니다. 이는 클라우드 보안에 첫발을 내디딘 초보자에게는 개념과 원리를 그림으로 쉽게 이해할 수 있도록 설명했고, 실무자에게는 즉시 적용 가능한 보안 서비스를 실습 형식으로 다루었습니다.

끝으로 이 책을 통해서, '클라우드 서비스의 보안'이라는 영역이 IT에서 필수 불가결한 구성요소이며, 몇 발을 더 내디뎌 예측하고 고민해야 할 IT 기술이라는 점을 인식했으면 하는 마음입니다.

본 도서를 집필하기까지 심적으로 도움을 주신 부모님과 누렁이, 지니, 컬처, 히융, 엡, 흉, 프리미엄 PE, WAFF 에게 감사의 말씀 드립니다.

_ 양지언

비용절감, 비즈니스 민첩성, 보안문제 해결, 인프라 제공 등의 이유로 많은 기업이 클라우드 컴퓨팅을 활용해 시스템을 구축하고 싶어 합니다. 하지만, 클라우드 자체 보안이 모든 것을 해결해주지 않습니다. 또한, 클라우드 보안관련 이슈들이 클라우드 확산의 장애물이 되고 있습니다.

이 책은 클라우드 서비스를 이용하는 기업의 보안 담당자가 보안을 구현하는 데 있어서 무엇을 먼저 해야 할지, 온프레미스 환경과 클라우드 서비스의 환경이 어떻게 다른지 설명하고 클라우드 서비스 제공자가 모든 보안을 해결할 것이라는 잘못된 생각을 바꿔줄 것입니다.

클라우드는 마법의 양탄자가 절대 아닙니다. 클라우드를 사용하기 위해서는 많은 학습과 경험이 필요합니다. 기술적인 부분 외에도 법적인 부분이나 정책, 책임 범위까지도 고려해야 합니다.

사용자의 환경마다 다른 부분도 있지만 공통된 부분도 있습니다. 적절한 서비스를 활용하려면 사용자의 보안 환경을 알아야 하고 사용 가능한 다양한 플랫폼의 서비스 종류나 적용 범위도 알아야 합니다. 또한, 클라우드 보안 아키텍처 수립을 위해 검토할 항목과 사용 목적별로 고려할 보안위협과 해결방법을 제시하고 있습니다.

각기 다른 기업의 클라우드 보안에 대한 정확한 답을 알려주기란 사실상 불가능합니다. 그렇기에, 《클라우드×보안 실무 가이드》는 클라우드 보안에 접근하는 방식과 방향을 알려주는 나침반과 같은 책입니다. 이 책이 클라우드를 처음 도입하려고 고민하는 사용자들에게 좋은 길잡이가 되기를 희망합니다.

이 책은 클라우드에 대해 모르는 일반인도 읽을 수 있도록 클라우드와 관련된 용어와 개념, 클라우드 보안을 위해 알아야 하는 최소한의 기술요소에 관해 기술했습니다. 특히 일반 기업에서의 보안과 클라우드 보안의 차이점을 비교하여 클라우드 보안기준을 수립하고 보안관리 방향을 설정할 수 있도록 가이드를 제시하려고 노력하였습니다.

책은 다음과 같은 내용으로 구성되어 있습니다.

1장. 클라우드 개요

클라우드의 개념과 특징, 유형 등 클라우드에 관한 일반적인 내용을 설명합니다. 그리고 클라우드 보안위협과 사고 사례를 바탕으로 클라우드 보안 설계의 필요성을 알아봅니다.

2장. 클라우드 보안 설계

클라우드 보안 설계를 위해 클라우드 보안의 기본 개념과 속성을 설명합니다. 실생활을 예로 클라우드의 주요 속성인 멀티테넌시, 근접성, 탄력성을 이해하기 쉽게 설명하고, 클라우드 보안 모델과 함께 클라우드 보안 설계 방안을 이해하기 쉽도록 설명합니다.

3장. 클라우드 보안 서비스

클라우드 보안 영역별로 사용할 수 있는 보안 서비스를 설명합니다. 공통영역에 대한 보안부터 네트워크, 서버, 애플리케이션, 데이터 영역까지 활용할 수 있는 클라우드 보안 서비스와 실제 적용사례를 맛보기 실습을 통해 알아봅니다.

4장. 목적별 클라우드 보안 아키텍처 구축

클라우드를 도입하려는 목적은 기업마다 다릅니다. 4장에서는 가용성, 고성능, 안전성, 비용효율성, 효율성 측면에서 클라우드를 사용할 때 보안위협 요소와 해결방안에 대한 사례를 정리했습니다.

5장. 클라우드 보안관리 도구

클라우드 환경에서는 수작업이나 사람의 관여를 최소화해서 모든 것이 자동화된 서비스를 제공합니다. 따라서 클라우드 보안관리도 보안 담당자의 업무를 최소화하고 최대한 자동화되도록 자동화 도구를 사용해야 합니다. 5장에서는 클라우드 서비스가 제공하는 API를 활용해서 클라우드의 보안상태를 확인하는 예제와 Ansible, Lambda 함수 등의 도구를 활용해서 설정이나 알람을 자동화하는 사례를 알아봅니다.

6장. 클라우드 보안 거버넌스

보안 거버넌스는 기업 거버넌스의 일부분으로 정보자산의 보호, 기밀성, 무결성, 가용성을 투명하게 관리하고 성공적인 모니터링을 보장하는 것입니다. 클라우드 환경은 클라우드 서비스 제공자와 기업의 보안 담당자가 함께 보안영역을 관리하게 됩니다. 따라서 클라우드를 사용하고 해지하는 프로세스부터 보안점검하고 잘못된 설정이나 이상징후에 대해서는 자동으로 알람을 주고 모니터링하는 체계를 만들어야 합니다. 6장에서는 현장에서의 클라우드 보안 이슈 사례와 보안 거버넌스를 수립하기 위한 기본 프로세스를 설명합니다.

차례

지은이의 말   4

들어가며   6

1장 클라우드 개요

1 클라우드 개념   16

  1.1 클라우드 정의   16

  1.2 클라우드 특징   19

2 클라우드 유형   22

  2.1 배치 모델에 따른 클라우드 유형   23

  2.2 서비스 모델에 따른 클라우드 유형   26

  2.3 클라우드 장단점   30

3 클라우드 서비스의 시장 현황   36

  3.1 세계 시장 현황   36

  3.2 국내 시장 현황   38

4 클라우드 보안의 필요성   39

  4.1 클라우드 보안위협과 사고 사례   40

  4.2 클라우드 보안관리 기준 및 지침   50

contents

2장 클라우드 보안 설계

1 클라우드 보안의 기본 개념　60

1.1 클라우드 속성과 필수 보안 요건　60
1.2 일반 보안과 클라우드 보안 차이　72
1.3 책임 범위　75
1.4 클라우드 보안 모델　78

2 클라우드 보안 설계　85

2.1 클라우드 전환 프로세스　85
2.2 클라우드 도입 전략　88

3 클라우드 보안 아키텍처 설계　95

3.1 현황 분석 단계　98
3.2 도입 대상 선정 단계　103
3.3 클라우드 보안위험 평가 단계　105
3.4 보안 아키텍처 설계 단계　109

4 클라우드 보안관리를 위한 방안　112

3장 클라우드 보안 서비스

1 공통 보안 서비스　122

1.1 클라우드 관리 포털(CMP) 보안　122
1.2 로깅과 모니터링　139
1.3 골드환경(사용자 정의 환경)　143
1.4 마켓 플레이스 활용　148

2 네트워크 보안 서비스   **151**

    2.1 가상 사설 클라우드(**VPC**)   **152**

    2.2 서브넷(**Subnet**)   **157**

    2.3 접근 제어 목록(**ACL**)   **164**

    2.4 방화벽(**Security Group**)   **169**

    2.5 네트워크 구간 암호화(**TLS**)   **179**

    2.6 가상 사설 네트워크(**VPN**)   **189**

    2.7 전용선 구축(직접 연결: **Direct Connect**)   **191**

    2.8 외부 침입탐지/차단(**IDS/IPS**)   **193**

    2.9 DDoS 방지 서비스   **194**

3 컴퓨팅(서버) 자원 및 저장소 보안 서비스   **198**

    3.1 중계 서버(**Bastion-host**)   **198**

    3.2 클라우드 서비스 자원 간의 내부 게이트웨이(**Inner Gateway**) 구성   **202**

4 애플리케이션 보안 서비스   **206**

    4.1 웹 방화벽(**WAF**)   **206**

    4.2 API 보호 서비스   **213**

    4.3 보안 감사(**Security Inspector**)   **218**

5 콘텐츠 보안 서비스   **223**

    5.1 키 관리 서비스(**KMS**)   **223**

    5.2 키 관리 보안모듈(**Cloud HSM**)   **229**

    5.3 민감정보 자동검색, 분류, 보호 서비스(**DLP**)   **232**

    5.4 환경변수 관리 서비스   **233**

6 Managed 보안 서비스   **235**

    6.1 클라우드 접근 보안 중계(**CASB**)   **235**

6.2 클라우드 보안 서비스(SECaaS)   240

6.3 보안운영 아웃소싱(MSSP)   251

4^장 목적별 보안 아키텍처 구축

1 가용성을 고려한 서비스 보안   256

1.1 다중 지역 기반의 아키텍처와 보안   257

1.2 멀티 클라우드 기반의 아키텍처와 보안   260

1.3 컨테이너 기반 아키텍처와 보안   264

2 고성능을 위한 아키텍처 보안   268

2.1 오토 스케일 업/아웃 성능 보장 아키텍처와 보안   269

2.2 FaaS를 통한 성능이 보장된 아키텍처와 보안   271

2.3 성능이 보장된 전용 할당 자원으로 구축된 아키텍처와 보안   274

2.4 글로벌 서비스 성능 제고를 고려한 아키텍처와 보안   276

3 애플리케이션과 데이터의 안전성이 고려된 아키텍처 보안   278

3.1 하이브리드 클라우드 기반의 데이터 아키텍처와 보안   278

3.2 애플리케이션/데이터 암호화 기반의 아키텍처와 보안   281

3.3 로컬 환경과 클라우드 환경의 연계를 위한 아키텍처와 보안   284

4 비용 효율이 고려된 보안 아키텍처   285

4.1 저렴한 클라우드 서비스로 구축한 클라우드 아키텍처와 보안   286

4.2 서비스 환경에 따른 자원의 유연성을 수반하는 아키텍처와 보안   290

4.3 자원 소비 패턴으로 할인된 자원을 사용하는 아키텍처와 보안   295

4.4 유지 비용에 따른 서비스 수준을 선택하는 아키텍처와 보안   299

5 데브옵스 효율성이 강조된 보안 아키텍처   306

    5.1 자동화 배포 프로세스가 적용된 보안 아키텍처   307
    5.2 인프라 자동 구축 기반의 보안 아키텍처   309
    5.3 애플리케이션 레벨의 서비스 형태를 활용하는 보안 아키텍처   314

5^장 클라우드 보안관리 도구

1 파이썬(Python)을 활용한 보안관리   317

    1.1 파이썬 개요   318
    1.2 CLI를 활용한 파이썬 환경구성   319
    시나리오 **1** - IAM 사용자 계정 권한 관리   331
    시나리오 **2** - CloudTrail 로그 설정 확인   343
    시나리오 **3** - Security Group 정책 확인   349
    1.3 통합개발환경을 활용한 파이썬 환경 구성   356

2 Ansible을 활용한 보안 자동화 실습   369

    2.1 Ansible 개요   369
    2.2 Ansible 설치   370
    2.3 타깃서버 사전 설정   374
    시나리오 **4** - 비밀번호 변경   377
    시나리오 **5** - 알려지지 않은 포트로 변경   380

3 Lambda 서비스를 활용한 자동화 실습   388

    3.1 스케줄링 기반의 자원 일괄변경 실습   388

4 CLI 통한 S3 데이터 암호화 자동화 실습   410

시나리오 **6** - **S3** 데이터의 암호화 실습   410

6^장 클라우드 보안 거버넌스

1 소규모 클라우드 이용 시 보안 거버넌스   426

1.1 보안 기본 정책 관리   426

1.2 클라우드 기본 기능 활용   429

1.3 클라우드 보안 기능 강화   433

2 대규모 클라우드 이용 시 보안 거버넌스   433

2.1 클라우드 사용, 해지 프로세스   434

2.2 클라우드 보안관제 프로세스   435

2.3 클라우드 보안설정과 보안점검 프로세스   437

3 현장에서의 클라우드 보안 이슈 사례와 해결   443

3.1 개발자가 자주 변경되는 프로젝트 보안관리 사례   444

3.2 취약점 자동 점검 툴을 클라우드에 적용한 사례   446

3.3 클라우드 신청, 해지 프로세스 개선 사례   448

3.4 주피터 노트북으로 서버로 접근하는 취약점 사례   451

3.5 상호 네트워크망 간의 접근으로 정보 유출 가능한 취약점 사례   457

찾아보기   468

클라우드 개요

우리는 기존의 산업(의료, 물류, 제조 등)이 IT 기술과 결합하면서, 산업 간의 경계가 흐려지고 서비스가 융합되는 4차 산업혁명 시대에 살고 있습니다. 아날로그와 디지털의 경계가 허물어지고, 이질적인 산업 간의 성벽이 없어지는 디지털 붕괴^{Digital Disruption} 환경에서 이에 발맞추기 위한 새로운 비즈니스가 등장했으며, 앞으로도 계속 등장할 것입니다.

우리가 직접 체감할 수 있는 새로운 비즈니스로는 이동통신사가 없는 전화 서비스^{WeChat}, 숙소가 없는 숙박 서비스^{airbnb}, 택시가 없는 운송 서비스^{Uber}, 자체 콘텐츠가 없는 SNS^{Facebook} 서비스, 극장이 없는 콘텐츠 서비스^{NETFLIX}, 재고가 없는 판매 서비스^{Alibaba.com} 등을 들 수 있습니다. 이같이 기존 비즈니스가 IT 플랫폼에 통합하면서 새로운 가치의 비즈니스가 생겨났습니다. 또한, 서비스를 제공하는 기업 차원에서는 사용자의 데이터를 기반으로 각종 기계설비와 센서, 자동차, 모바일 디바이스, 촬영된 영상 등에서 발생하는 이벤트, 로그, 위치, 사용자 데이터 등을 분석하고 의미 있는 결과를 도출하여 마케팅과 신상품을 출시하는 등의 기업가치를 제공하는 비즈니스도 있습니다.

이제는 모든 아날로그 사물이 디지털 형태의 데이터로 변모하는 "만물의 데이터화"가 시대의 흐름이 되었고, 기업 비즈니스는 이처럼 IT 기술을 기반으로 하는 디지털 전환^{Digital Transformation}을 바탕으로 새로운 경쟁력을 갖추지 못하면 생존하기 어려운 위기에 봉착했습니다.

4차 산업혁명 시대에 글로벌 리더 국가로의 발전을 위해 대두되는 5대 기술인 **ICBM-A**(**I**oT, **C**loud, **B**lockChain, **M**obile, **A**rtificial Intelligence) 중에서 기반 기술이자, 시발점^{start point}인 기술은 '**클라우드**'입니다. 그 이유는 클라우드가 공공기업 비즈니스의 비용 절감과 생산성 향상, 효율성 증가에 가장 큰 영향을 미치기 때문입니다. 특히 자본력이 부족한 중소기업이나 스타트업은 클라우드를 통해 빅데이터의 수집, 저장, 분석과 인공지능 개발을 위한 대규모 컴퓨팅 자원을 저렴하게 활용할 수 있습니다.

이 책에서는 클라우드의 기본적인 개념을 살펴보고, 기업에서 안전하게 클라우드를 활용하기 위해 요구되는 클라우드 보안 서비스, 보안 설계방안, 보안 아키텍처 구축과 운영 경험사례를 소개하고 실습해보고자 합니다. 추가로 클라우드 보안을 위한 유용한 도구와 보안 체크리스트를 제공하여 신규 서비스 구축이나 기존 서비스의 클라우드 이관 시 고려해야 할 자동화와 자가점검 방법도 제시합니다.

1 클라우드 개념

가장 먼저 직접적인 인프라를 소유하지 않고 사용할 수 있는 클라우드의 **정의**와 **특징**, 클라우드로 제공할 수 있는 **서비스 유형**과 클라우드의 사용 목적 및 환경에 따라 고려해야 할 **배치 유형**, 클라우드 **장단점**에 대해서 알아보도록 합니다.

1.1 클라우드 정의

기업에서 사용하는 대부분의 기존 시스템은 기업이 직접 데이터센터(또는 서버실)에 서버와 네트워크, 스토리지 등의 인프라를 구매하여 구축하고 운영 중일 것입니다. 그뿐만 아니라, 데이터센터에 온도와 습도를 적절하게 유지하기 위한 항온·항습기^{Thermo-hygrostat}와 정전에 대비하기 위해 무정전 전원장치(UPS: Uninterruptible Power Supply)까지도 관리하고 운영하는 경우도 있을 것입니다. 더 나아가, 예기치 않은 지진이나 화재 발생 등의 자연재해로부터 막대한 피해를 보지 않도록 데이터센터의 물리적 위치와 보안상의 격리구성,

방화벽 등의 보안설비도 고려할 것 입니다.

이러한 형태로 기업이 직접 구축하는 환경을 온프레미스$^{On-Premise}$라고 부르며, 특정 시스템을 구축하기 전에 데이터센터를 구축하고 보유하기까지 많은 건설비용과 인프라(서버, 스토리지 등) 구매비용이 발생합니다. 또한, 인프라를 관리하기 위한 유지보수비용(라이선스 비용, 솔루션 유지보수비용 등), 인건비, 보안 장비 비용 등 막대한 자원과 시간이 투입됩니다.

이 같은 현실적인 투자비용, 인력, 시간 등의 활용을 생산적이고 효율적으로 수행하고자, 클라우드라는 개념이 등장하였습니다. 클라우드는 직접적으로 데이터센터를 보유하지 않아도 필요한 자원을 사용할 수 있는 환경을 제공합니다. 또한, 하드웨어 영역인 서버, 스토리지, 네트워크 등의 인프라뿐만 아니라, 데이터베이스, 웹 애플리케이션 소프트웨어 등의 소프트웨어 영역까지 구매하거나 소유하지 않아도 사용할 수 있습니다. 즉, **하드웨어나 소프트웨어 등을 직접 구축하지 않고, 제2의 전문업체로부터 인터넷을 통해 필요한 IT 자원을 원하는 만큼 받아 즉시 사용할 수 있으며, 사용한 시간만큼 비용을 지불하면 되는 서비스입니다.** 이것이 '**클라우드 서비스**'의 정의라고 할 수 있습니다.

> 이 책에서는 기술적 측면에서의 '클라우드 컴퓨팅'과 비즈니스 측면에서의 '클라우드 서비스' 용어에 대하여 관점에 얽매이지 않고, 기술과 비즈니스를 포괄하는 '클라우드'라는 용어로 통합하여 사용합니다.

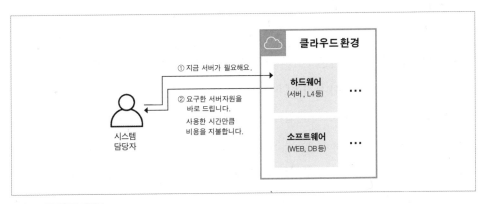

그림 1-1 클라우드 서비스

기술적인 측면에서 '**클라우드 컴퓨팅**'의 정의는 물리적인 하드웨어 장비에서 독립적인 별도의 자원(서버 영역, 네트워크 영역, 스토리지 영역 등)을 생성할 수 있는 **가상화 기술을 토대로, 자원의 확대와 축소를 가능하게 하여 사용자가 요구한 특정 자원만을 제공할 수 있는 IT 환경**입니다. 아래 그림과 같이 서버 가상화, 네트워크 가상화, 스토리지 가상화 기술 등을 통해 제공 가능한 자원 등을 확보하고[Pooling], 사용자의 요구에 따라 자원을 제공하거나 회수할 수 있습니다.

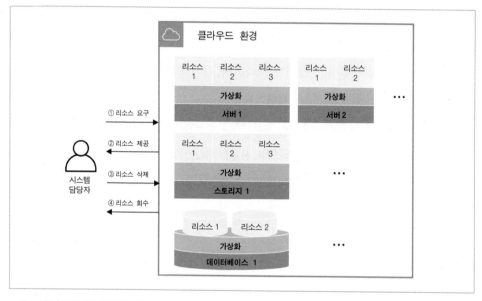

그림 1-2 클라우드 컴퓨팅의 자원 사용

지난 2006년 미국의 아마존[Amazon]이 클라우드를 통한 저장공간 및 연산자원 제공 서비스인 S3, EC2를 시작하면서 본격적인 클라우드 시대가 시작되었습니다. 2020년 현재 시점에서의 아마존은 클라우드 전문업체인 AWS[Amazon Web Service]로 클라우드 산업의 선두기업으로 발돋움했으며, Microsoft Azure, 구글의 GCP[Google Cloud Platform], Alibaba Cloud, Tencent Cloud 등이 그 뒤를 쫓아가는 형세로 전 세계적으로 활발하게 클라우드 서비스 시장이 형성되고 있습니다.

클라우드 컴퓨팅의 정의

Wikipedia: 클라우드(인터넷)를 통해 가상화된 컴퓨터의 자원(IT 자원)을 요구하는 즉시 제공(on-demand availability)하는 것

클라우드 컴퓨팅 발전 및 이용자 보호에 관한 법률 제2조 제1호: 집적·공유된 정보통신기기, 정보통신설비, 소프트웨어 등 정보통신자원을 이용자의 요구나 수요 변화에 따라 정보통신망을 통해 유연하게 이용할 수 있도록 하는 정보처리체계

1.2 클라우드 특징

클라우드 환경은 클라우드 제공자가 구축한 서비스를 사용자가 이용하는 개념이므로, 그에 따른 다양한 특징을 가지고 있습니다. 기존 시스템이 위치하는 기업 내부 즉, 온프레미스 환경과는 다른 보안 측면의 특징을 가지고 있기 때문에, 초기 클라우드 도입 시 클라우드 제공자별 특징에 대해 검토해야 합니다. 크게 3가지 특징인 접속 용이성, 유연성, 주문형 셀프서비스를 알아보겠습니다.

1) 접속 용이성

사용자는 시간과 장소에 상관없이 인터넷을 통해 클라우드 서비스를 이용합니다. 다양한 기기를 이용하여 클라우드에 접속할 수 있고 다양한 형태로 서비스를 이용합니다.

다음 그림과 같이 클라우드 환경은 미국이나 유럽, 한국 등 지역의 시차와 무관하게 언제든지 접속할 수 있습니다. 또한, 기업 내부의 사무실이나 개인의 컴퓨터 또는 모바일 디바이스(휴대폰, 태블릿) 등을 구분하지 않고 기업의 네트워크망이 아닌 인터넷을 통해서 어디서든 접속할 수 있습니다. 그리고 표준화된 API 호출을 통해서 클라우드에서 제공되는 서비스를 사용할 수 있습니다.

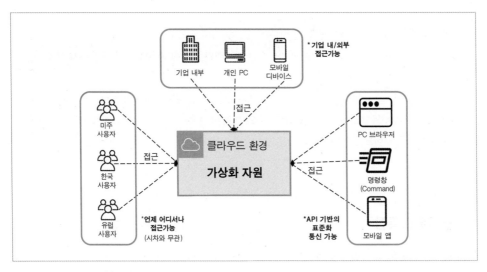

그림 1-3 쉬운 클라우드 접속

2) 유연성

클라우드 제공자는 갑작스러운 이용량 증가나 이용자 수 변화에 신속하고 유연하게 대응할 수 있기 때문에 중단없이 서비스를 제공합니다.

다음 그림과 같이 클라우드 환경에서 시스템을 접속하는 사용자가 100명에서 갑자기 1,000명으로 급증했다고 가정해 봅시다. 만약 온프레미스 환경이라면 허용 가능한 범위까지만 접속할 수 있고 나머지 사용자는 자원을 사용할 수 있을 때까지 기다려야 할 것입니다. 하지만 클라우드 환경에서는 하나의 단독서버에서 제공하는 서비스를 2개, 3개 등으로 쉽게 복제하여 서버 자원을 추가한 후, 급증한 서비스 워크로드에 대응할 수 있습니다. 이를 통해 서비스의 대기 현상이나 지연을 감소시킬 수 있습니다.

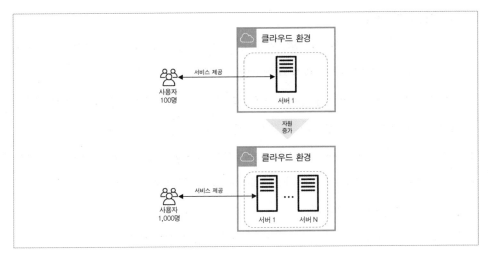

그림 1-4 클라우드의 자원증가 사례

3) 주문형 셀프서비스

사용자는 클라우드 서비스 제공자와 직접적인 요청이나 상호작용을 거치지 않고, 자율적으로 자신이 원하는 클라우드 서비스를 이용합니다.

다음 그림과 같이 기존의 기업 환경은 사람 간의 직접 대면을 통하여 인프라를 구축하고 변경하는 일을 수행하였으나, 클라우드 환경에서는 시스템 담당자가 스스로 클라우드 관리 포털(CMP: Cloud Management Portal)을 통해서 직접 자원을 생성하고 삭제하는 등의 변경 작업을 손쉽게 처리할 수 있습니다.

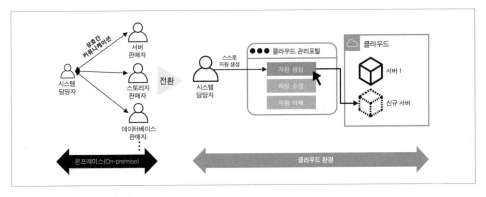

그림 1-5 클라우드의 셀프서비스 사례

4) 사용량 기반 과금제

개인의 전기 사용량에 따라 요금이 차등 부과되는 전기요금체계(누진제)와 유사하게, 클라우드 사용자는 서비스 사용량에 대해서만 비용을 지불합니다.

다음 그림과 같이 클라우드 환경에서 1월부터 3월까지 3개월간 동일한 서버 사양만으로 서비스를 사용했다고 가정합니다. 먼저 1월에 서버 1대를 10시간 동안 가동해 100원을 지불하고, 이어서 2월에는 서버 2대를 10시간을 가동해서 총 20시간에 해당하는 200원을 지불했습니다. 만약 3월에 서버 2대를 100시간 가동한다면, 총 200시간의 비용인 2,000원을 지불하게 될 것입니다.

즉, 클라우드는 사용자가 자원을 가동하여 사용한 시간만큼 분 단위 또는 시간 단위로 사용량을 측정해 비용을 지불하는 구조로 처리를 합니다. 자원을 중지(STOP, DOWN)한 상태에서는 비용이 발생하지 않습니다.

그림 1-6 사용량에 따른 비용 지불 사례

2 클라우드 유형

클라우드는 크게 두 가지 관점으로 구분할 수 있습니다. 첫 번째는 자원(서버, 스토리지, 네트워크 등)이 어디에 위치하고, 클라우드 자원을 누가 사용할 수 있는지에 따른 **배치 모델** 유형입니다. 두 번째는 클라우드를 통해 사용자에게 제공되는 서비스 수준이 단순히 하드웨어와 같은 인프라 자원을 사용하는 수준인지, 인프라 위에 설치되는 상위의 미들웨어 또는 소프트웨어 영역까지 포괄하는지에 따른 **서비스 모델** 유형입니다.

우리는 클라우드를 토대로 한 비즈니스 시스템을 구축하거나 운영하기 위해 적합한 배치 모델과 서비스 모델을 환경에 맞게 선택해야 합니다. 유형별로 모델의 특징과 보안수준이 다르기 때문에, 적합한 모델을 선택하고 시스템을 구축하기 위해서 이번 단락을 통해 클라우드 유형별 개념과 특성을 먼저 익혀보도록 하겠습니다.

2.1 배치 모델에 따른 클라우드 유형

클라우드 환경은 크게 누구나 접근할 수 있으며 제약 없이 자원을 사용할 수 있는 환경과 허용된 사용자만 한정적으로 자원을 사용할 수 있는 환경으로 구분할 수 있습니다. 즉, 클라우드 제공자가 소유한 자원에 누구나, 언제, 어디서든 접속 가능한 개방된 형태의 **퍼블릭 클라우드**^{Public Cloud} 모델과, 개별적이고 독립적인 기업 또는 단체가 소유하는 자원을 허용된 사용자만 언제든지 사용할 수 있는 **프라이빗 클라우드**^{Private Cloud} 모델이 존재합니다. 추가로 퍼블릭 클라우드와 프라이빗 클라우드를 결합하여, 상호 간의 클라우드에서 표준화된 인터페이스를 통해서 서비스를 제공하는 형태인 **하이브리드 클라우드**^{Hybrid Cloud} 모델까지 더해, 총 3가지 배치 모델이 존재합니다.

첫 번째 퍼블릭 클라우드 유형은 다음 그림과 같이 전 세계에 있는 누구나 인터넷을 통해 접근해서 클라우드 서비스를 활용할 수 있습니다.

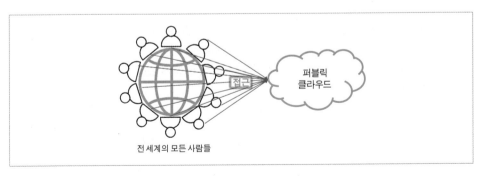

그림 1-7 퍼블릭 클라우드 개념도

두 번째는 프라이빗 클라우드 유형으로, 다음 그림과 같이 제한되고 허가된 그룹 내에서만 활용하는 클라우드 형태입니다.

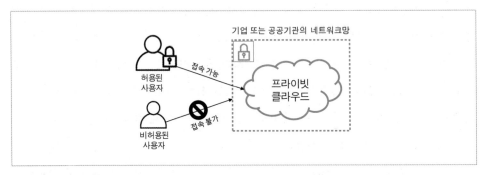

그림 1-8 프라이빗 클라우드 개념도

세 번째는 하이브리드 클라우드 유형으로 퍼블릭 클라우드와 프라이빗 클라우드를 결합한 형태입니다. 다음 그림과 같이 높은 보안성이 요구되는 핵심 시스템은 프라이빗 클라우드에 배치하고, 상대적으로 낮은 보안성이 허용되는 비핵심 시스템은 퍼블릭 클라우드에 위치시키는 방식을 사례로 들 수 있습니다.

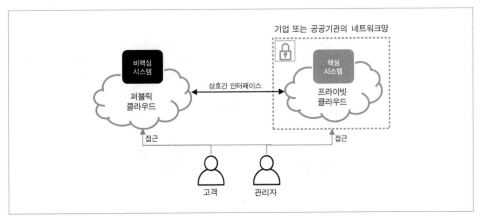

그림 1-9 하이브리드 클라우드 개념도

하이브리드 클라우드 특징

- 퍼블릭 클라우드와 프라이빗 클라우드를 결합한 형태
- 기업 또는 공공기관 등의 핵심 시스템은 프라이빗 클라우드에 두고, 비핵심 시스템은 퍼블릭 클라우드에 구축하여 이기종 클라우드를 동시에 활용하는 방식

앞서 살펴본 클라우드의 3가지 배치 모델 간의 관계는 다음과 같이 정리할 수 있습니다.

누구에게나 접근 가능한 개방성과 높은 활용 자유도가 특징인 퍼블릭 클라우드, 사설 기업이나 공공기관 등에서 클라우드를 구축하여 허용된 사용자만 활용 가능하게 한 형태의 프라이빗 클라우드, 두 가지 형태의 클라우드를 통합하여 사용하는 하이브리드 클라우드까지, 이 3가지 배치 모델의 유기적 관계를 시각화하면 그림 1-10과 같습니다. 또한, 다수의 퍼블릭 클라우드 기반으로, 클라우드 서비스 제공사의 특징에 중점을 두고 다각적으로 활용하는 멀티 클라우드^{Multi Cloud} 형태 역시 증가하고 있습니다.

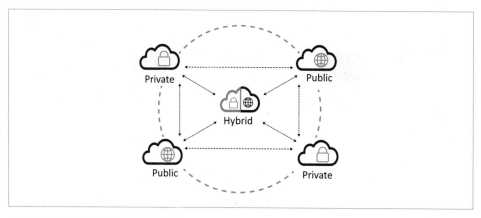

그림 1-10 하이브리드 클라우드의 주변 관계

2.2 서비스 모델에 따른 클라우드 유형

클라우드 환경에서 서비스 모델은 크게 IaaS^{Infrastructure as a Service}, PaaS^{Platform as a Service}, SaaS^{Software as a Service}의 3가지 서비스 유형으로 구분할 수 있습니다.

물리적인 하드웨어를 대체하는 가상의 하드웨어부터 미들웨어(Middleware, 운영체제와 애플리케이션 사이에서 데이터, 서비스, 인증, API 처리 등을 관리하는 프로그램), 소프트웨어, 애플리케이션 등, 상위 수준의 서비스 범위에서 어느 수준까지 사용자에게 서비스로 제공할 것인가에 따라 서비스 모델이 나누어집니다.

IaaS는 인프라만 이용하는 서비스입니다. 즉, 클라우드로 네트워크, 서버와 같은 자원을 이용해 사용자 스스로 미들웨어, 소프트웨어 등을 설치해서 이용합니다. PaaS는 클라우드의 미들웨어를 이용해 소프트웨어 개발 환경을 구성할 수 있게 합니다. 개발자는 서버나 스토리지, 데이터 백업 등을 신경 쓰지 않고 소스코드를 작성할 수 있어 개발하는 데 집중할 수 있습니다. SaaS는 클라우드에 구성된 소프트웨어를 이용하는 것입니다. 사용자는 업무에 필요한 서비스를 찾아서 해당 소프트웨어를 필요한 만큼 이용하고 비용을 지불합니다. 보다 쉬운 이해를 위해 다음과 같은 비유로 설명하겠습니다.

▲ IaaS = 캠핑　　　　　　　▲ PaaS = 글램핑　　　　　　　▲ SaaS = 호텔

그림 1-11 클라우드 환경 서비스 모델 비교

　여러분이 가족들과 함께 여행을 가기로 했다고 가정해 보겠습니다. 여행을 가기 전에 숙소를 예약해야 하는데, 가족회의를 통해서 캠핑과 글램핑, 호텔 중에서 하나를 선택하기로 했습니다. 우선 캠핑을 선택한다면, 당신은 캠핑할 수 있는 자리만 예약하여 저렴한 가격으로 여행을 갈 수 있습니다. 그리고 캠핑장비를 직접 준비해서 텐트를 설치하고, 음식을 만들고 불을 지피면서 자연을 즐기는 여행이 될 것입니다. 비록 화장실, 샤워실, 개수대 등의 편의시설이 텐트가 위치한 자리보다 다소 먼 곳에 있을 수 있지만, 빔 프로젝터와 조명 등을 직접 설치해서 보다 즐거운 시간을 만들어갈 수 있을 것입니다.

　그다음으로 선택 가능한 여행지는 글램핑입니다. 글램핑은 이미 냉난방시설부터 텐트, 침대, 각종 캠핑장비가 모두 갖춰져 있는 화려한 캠핑으로, 당신은 글램핑 예약만 하고 그에 따른 비용만 지불하면 손쉽게 캠핑을 즐길 수 있습니다. 글램핑에서 준비된 장비들을 통해서 직접 음식 재료를 다듬어 요리하고, 음악을 듣고, 조명을 밝혀서 분위기를 낼 수 있습니다. 상대적으로 글램핑은 준비해야 할 장비나 재료들이 적기 때문에 편리하나, 지불해야 할 비용이 더 비쌉니다.

　마지막으로 선택할 수 있는 숙박지는 호텔입니다. 당신은 별다른 준비 없이 호텔에서 제공해주는 음식, 피트니스 센터, 수영장, 세탁 서비스, 룸 청소 등의 편의시설과 서비스를 이용할 수 있습니다. 그뿐만 아니라 머무르는 객실에서 룸서비스를 부르거나, 호텔 카운터에 연락하여 원하는 사항을 처리할 수 있습니다. 즉, 호텔에서 제공되는 서비스를 그대로 이용만 하면 됩니다. 다만 제공받는 서비스에 대한 대가로 앞선 2가지의 선택지보다 훨씬 높은 비용을 지불해야 합니다.

앞선 선택지별 장단점을 고려해서, 가족여행의 숙소를 결정하게 될 것입니다. 지불할 수 있는 여행 예산이 얼마나 되는지, 여행지에서 본인의 입맛대로 자유자재로 만들고 꾸미고 싶은지, 누군가 제공해주는 서비스를 편하게 활용만 할 것인지에 따라 숙박지를 결정할 수 있습니다.

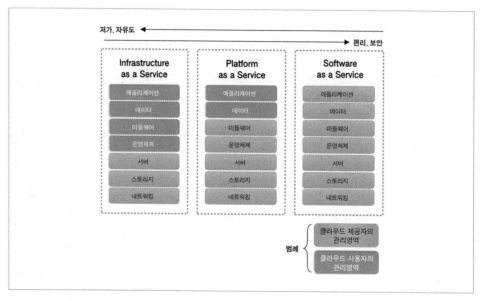

그림 1-12 IaaS, PaaS, SaaS별 관리영역

클라우드 환경도 여행 숙박지의 비유와 유사합니다. 캠핑은 IaaS, 글램핑은 PaaS, 호텔은 SaaS라고 생각해볼 수 있습니다. 위의 IaaS, PaaS, SaaS별 관리영역 그림을 참고하여 이해해보도록 합니다.

첫 번째로 IaaS는 인프라(서버, 네트워크, 스토리지 등)에 한해서만 지원받는 서비스 모델입니다. 캠핑의 예시처럼 클라우드 사용자가 직접 네트워크를 구성하고 가상서버를 구성하며, 필요한 데이터베이스를 직접 설치하고 데이터를 관리합니다. 또한, 모니터링 화면을 구성하여 가상서버의 사양을 늘려야 한다면, 직접 서버 사양을 늘려주는Scale-up 작업을 수행해야 합니다. IaaS는 단순히 하드웨어 영역인 가상서버, 네트워크, 스토리지 등만 준비해주고, 그에 대한 설정과 구성은 클라우드 사용자의 입맛에 맞게 구축하는 서비스이므로 인프라를 자유롭게 사용할 수 있다는 점에서는 유연성이 높습니다. 그리고 단순히 인프라만 제공받는 서비스이기 때문에 지불해야 할 비용이 저렴합니다. 반면 인프라의 상위 레벨인 운영체제, 소프트웨어, 데이터베이스 등을 사용자가 직접 관여해서 설치하고 설정해야 한다는 번거로움이 있을 수 있습니다. 대표적인 사례로는 AWS의 EC2, EBS가 있습니다.

두 번째 서비스 모델인 PaaS는 IaaS 영역을 포함하고 그 위에 플랫폼(애플리케이션 또는 소프트웨어를 실행하기 위한 환경) 영역까지 제공되는 서비스입니다. 글램핑의 예시처럼 인프라뿐 아니라 상위에서 수행되는 플랫폼 영역의 웹(WEB, 정적인 콘텐츠 제공), 웹 애플리케이션 서버(WAS: Web Application Server, 동적인 콘텐츠 제공), 데이터베이스 등의 소프트웨어까지 제공합니다. 플랫폼의 라이선스, 자원관리, 보안 이슈와 버전 업그레이드 등의 서비스를 제공하기 때문에 사용자는 서비스 외에 환경적인 부분이나, 관리적인 부분에 대해 고민하지 않아도 됩니다. 만약 독자가 개발 중에 데이터베이스가 추가로 필요하다고 하면, 데이터베이스 서버 견적을 내고, 계약하고, 구매하고, 설치할 필요가 전혀 없습니다. 그저 데이터베이스를 제공하는 PaaS 서비스를 클릭하여 즉시 사용하면 됩니다. 즉, 개발환경에 대한 구축을 고민할 필요 없이 빠르게 사용하고 쉽게 개발하여, 최종 목표인 애플리케이션과 시스템을 구축하는 데 PaaS 서비스를 활용하면 되는 것입니다. 대표적인 사례로 AWS의 RDS^Relational Database Service가 있습니다.

마지막 서비스 모델인 SaaS는 최종 소프트웨어로 일반 사용자 수준의 서비스를 바로 활용하는 것입니다. 사용자는 인프라와 플랫폼상에서의 개발을 수행할 필요 없이 최종 서비스를 이용하기만 하면 됩니다. 대표적인 사례로는 마이크로소프트 365가 있습니다.

즉, IaaS에서 PasS, SaaS로 갈수록 클라우드 사용자가 관리해야 할 영역이 감소하고, 보안과 성능 측면에서 보다 완성된 형태의 서비스를 이용할 수 있습니다. 단지, 사용하는 시간 기준으로 지불해야 할 비용은 증가합니다. 반대로, SaaS에서 PaaS, IaaS로 갈수록 클라우드 사용자가 관리해야 할 영역은 많아지나, 그만큼 사용자의 의도대로 설정하거나 구축할 수 있는 자유도는 높아지게 됩니다. 또한, 클라우드 제공업체의 관리영역이 감소하는 만큼, 지불해야 할 비용은 감소합니다.

기존 시스템에 구성된 온프레미스(On-Premise) 환경은 인프라를 신규로 구성하기 위해서, 인프라 자원의 용량 산정부터 계약, 구매, 배송 등 수개월의 프로세스를 거쳐야 합니다. 이후에 비로소 인프라 환경이 구성되면, 인프라의 하드웨어(네트워킹, 스토리지, 서버 등)부터 애플리케이션까지 전체 영역을 관리해야 합니다. 즉, 온프레미스 환경은 서비스 구축까지 장시간이 필요하고 초기에 막대한 인프라 투자비용이 필요할 수 있습니다. 그리고 인프라의 전체 영역(온도, 습도 등의 퍼실리티, 네트워크, 스토리지, 장애복구 환경 등)을 물리적으로 관리해야 한다는 것이 클라우드 환경과 가장 큰 차이점이라고 할 수 있습니다.

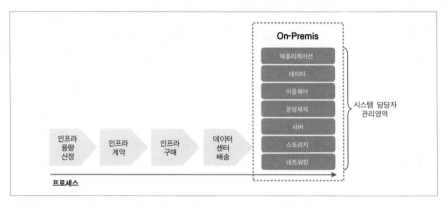

그림 1-13 온프레미스 환경의 서비스 구축 프로세스

2.3 클라우드 장단점

클라우드 환경으로 시스템을 구축하여 운영하기 전에, 클라우드 서비스 활용에 존재하는 여러 영향을 고려해봐야 합니다. 예를 들어, 기존 시스템 운영비용보다 클라우드 서비스의 비용이 합리적인지, 보안수준은 신뢰할 수 있는지, 외부의 악의적 공격을 방어할 수 있는지 등을 고민하는 과정이 필요합니다. 다음의 장단점을 검토하고 적절한 클라우드 환경을 구축하여 성공적인 비즈니스 서비스를 수행해보도록 합니다.

장점

클라우드는 비용과 시간 투자 측면, 자원의 효율적 활용과 생산성 측면에서 강점이 있

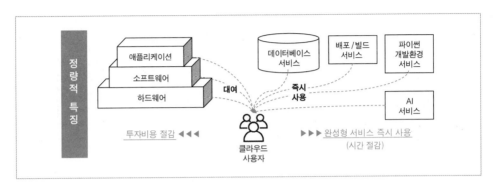

습니다. 수치로 측정 가능한 정량적 장점과 비즈니스에 긍정적 영향을 미치는 정성적 장점을 알아봅니다.

그림 1-14 클라우드 서비스의 정량적 특징

앞의 그림과 같이 클라우드 서비스의 정량적 특징은 크게 2가지가 존재합니다.

- 비용 절감 : IT 자원(하드웨어, 소프트웨어, 애플리케이션)을 다른 사용자들과 공유하고, 소유가 아니라 대여하여 사용하기 때문에 하드웨어/소프트웨어의 구매/유지 및 인건비, 유지보수 등의 비용이 절감

- 완성형 서비스 활용으로 시간 절감 : 플랫폼과 애플리케이션 자체를 즉시 사용 가능하므로, 자유롭고 빠른 개발환경과 비즈니스 트렌드의 변화 속도에 맞춰 신속하게 대응 가능

서버와 네트워크 장비를 활용해 물리적인 장비를 구축하는 데는 상당한 시간이 소요됩니다. 만약, 이 과정에서 시스템 스펙 계산 오류나 서비스 수요 예측 실패 시, 투자한 장비 비용이 낭비될 수 있습니다. 클라우드를 이용하면, IT 자원을 관리하기 위해 항온항습 환경이나 물리적 보안 환경을 별도로 구성할 필요 없이, 이미 구성된 IT 환경을 신청하여 바로 사용할 수 있습니다. 또한, 운영체제나 데이터베이스(DB)를 직접 설치할 필요 없이, 이미 설치된 환경을 즉시 제공받을 수 있습니다.

하지만 클라우드 자원을 쉽게 생성할 수 있다는 점에서, 클라우드 관리 기술이 부족하면 미사용 자원이나 고비용 서비스 사용으로 인해 오히려 더 많은 비용이 발생할 수 있습니다.

따라서, AWS의 CloudWatch나 MS Azure의 Azure Monitor 같은 클라우드 사용량 모니터링 도구를 통해 클라우드 자원의 가시성을 확보하는 것이 필요합니다. 추가로 비용 절감을 위

해서 수요량이 일정하다면 약정 서비스를 이용하여 비용을 줄이거나, 수용량에 맞춰 자원을 유동적으로 사용하는 노력이 필요합니다.

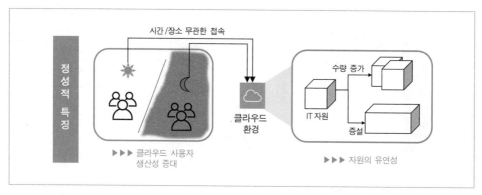

그림 1-15 클라우드 서비스의 정성적 특징

앞의 그림과 같이 클라우드 서비스의 정성적 특징은 크게 2가지가 존재합니다.

- 생산성 향상 : 인터넷만 되면 언제, 어디서나 스마트폰 등의 다양한 단말기를 통해 업무가 가능하므로 생산성 향상과 스마트 워크(Smart Work) 실현
- 자원의 유연성 : IT 자원의 수요 변화에 신속하고 탄력적으로 대응할 수 있어 필요한 만큼 IT 자원을 활용하는 것이 가능

클라우드는 인터넷을 통해 어디서든 접속 가능한 환경을 제공합니다. 온프레미스 환경에서는 외부 접속 시 방화벽을 개방하거나 VPN을 통한 내부 시스템 접근을 허용했지만, 클라우드는 외부에서 기업 자원에 직접 접근할 수 있어, 방화벽 개방이나 보안 통제 해제와 같은 승인 절차 없이 리소스 생성 즉시 접속할 수 있습니다. 또한, 클라우드는 자원을 쉽게 증설하고 서비스를 확장시킬 수 있습니다.

보안측면에서, 보호해야 할 영역이 빠르게 생성되고 확장될 수 있기 때문에 클라우드 자원의 가시성을 확보하고 모니터링이 가능한 관리 체계를 구축해야 클라우드 환경을 보호할 수 있습니다.

이처럼 클라우드를 활용하여 개별 사용자의 요구와 필요에 따라 최적화된 서비스를 선

택할 수 있습니다. 물론, 장점 이면에 비즈니스 환경에서 클라우드 서비스의 도입과 활용에 따른 단점도 존재하니 반드시 영향검토를 해보아야 합니다.

단점

클라우드에는 가상화(물리적 리소스인 하드웨어와 애플리케이션 간에 추상적인 계층을 두어, 리소스 공유나 격리 등의 상호작용을 가능하게 하는 기술)를 활용하여 보안 측면에서 주의해야 할 부분과 클라우드 서비스 제공자가 책임지는 영역에 대한 블랙박스[Blackbox] 문제가 존재합니다.

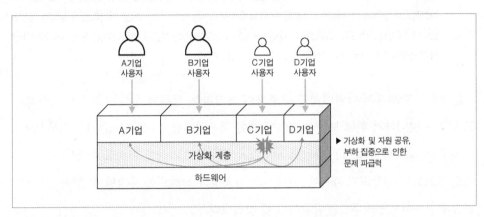

그림 1-16 클라우드 서비스의 가상화 취약 가능성

- 가상화 인프라 취약성 : 가상화 기술을 통해 클라우드 사용자들의 개별 가상서버(VM: Virtual Machine)들이 상호 연결되어 다양한 공격 경로가 발생할 수 있으며, 가상서버와 하이퍼바이저(Hypervisor, 가상서버를 관리하는 서버)로의 해킹 시도, DDoS(Distributed Denial of Service, 자원 고갈) 공격, 악성코드 전파 등이 상대적으로 쉬움

- 자원 공유로 인한 취약성 : 동일 호스트상에 타인의 정보가 혼재되어 비인가자의 정보 접근 가능성이 큼

- 자원 집중화로 인한 취약성 : 예기치 않게 클라우드의 특정 지역(Region)에서 장애가 발생하면, 이용자 서비스 연쇄 중단과 대규모 피해 발생 가능

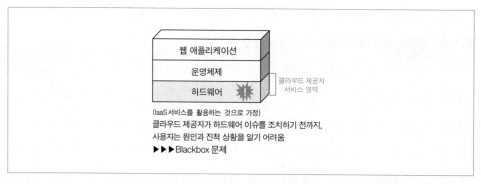

그림 1-17 클라우드 서비스의 블랙박스 문제

- 장애 발생에 대한 블랙박스 문제 : 클라우드 환경 자체에 장애나 이슈가 발생한 경우에는 클라우드 사용자가 직접적으로 문제를 해결하거나 조치할 수 없고 클라우드 제공업체의 피드백을 기다리는 수동적인 입장이 됩니다. 따라서 클라우드 제공업체 측에서는 '책임공유모델'이라는 개념을 언급하며, 사용자에게 장애 발생의 대응책을 항상 준비하고 구축할 것을 제안하고 있습니다.

클라우드 환경에서 아키텍처를 구축하여 운영하는 경우에 우리는 장점을 극대화하고 단점은 방어하기 위해 보안과 장애에 대한 대응체제를 준비해야 합니다. 기본적으로 IaaS, PaaS, SaaS에 해당하는 다양한 서비스가 존재하고 가상화 기술로 수행되는 클라우드의 요소들도 구성되기 때문에, 서비스의 지속성과 신뢰도를 유지할 수 있는 '보안성' 관점에 집중해서 클라우드를 활용해야 할 것입니다.

 :: 더 알아봅시다

클라우드 환경에서 시스템을 구축하거나 운영하려는 실무자의 고민입니다.

Q 클라우드에서 사용하는 자원의 보안성을 어떻게 향상할 수 있나요?

A 클라우드 보안 아키텍처 수립 과정을 통해 현황과 위협을 평가하고, 보안관리 항목을 선정하여 보안성에 대한 측정과 개선작업을 지속적으로 수행해야 합니다. 기업의 보안규정과 지침을 클라우드 환경에 반영하여 표준 보안 아키텍처를 수립해야 합니다. 특히 사내시스템과 외부 클라우드가 연결되는 시스템에 대해서는 보안 아키텍처의 보안성 검토를 반드시 수행해야 합니다. 외부로 오픈되는 서비스에 대한 현황 정보를 관리하고 주기적으로 오픈된 포트나 서비스 취약점을 점검하는 활동도 필수적입니다.

Q 클라우드 환경에 대한 보안성 점검 대상은 무엇이고, 어떻게 수행하면 되나요?

A 클라우드 서비스별로 설정 가능한 항목에 대한 이해가 필요합니다. 서비스별로 필요한 보안요구사항을 정의하고 점검을 수행합니다. 대표적으로 클라우드 관리포털에서 접근제어, 로깅 등의 보안설정들을 점검할 수 있습니다. 이때 클라우드 서비스에서 제공하지 않는 기능이 있다면 별도의 보안 서비스를 통해 보안수준을 확보해야 합니다. 클라우드 환경의 점검 항목은 클라우드 보안인증제도를 참고하여 선정할 수 있습니다. 자산 관리, 서비스 관리, 가상화 보안, 접근 통제 등 다양한 영역에 대한 점검 기준을 수립하여 운영할 수 있습니다.

Q 클라우드 서비스가 복잡하게 구성되고, 어디서부터 어디까지 보안을 적용해야 할지 경계가 불명확합니다.

A 책임공유모델에 대한 이해를 통해 클라우드 서비스 제공자의 역할과 사용자의 역할에 대한 정의가 필요합니다. CSP를 선정할 때 서비스 수준계약서(SLA, Service Level Agreement)를 확인하여 CSP의 보장 수준이 기업의 서비스 기준을 충족하는지 판단하고, 제공되는 보안기능을 검토해야 합니다. 기업에서 클라우드 보안을 담당할 조직이 있다면 클라우드 보안 관리 및 운영을 수행할 수 있지만, 클라우드에 대한 전문성이 부족하다면 클라우드 MSP(Managed Service Provider)를 통해 클라우드 운영과 보안관리를 맡길 수도 있습니다.

Q 제약 없이 접속할 수 있는 기기나 경로가 존재하는지 확인이 필요합니다.

A 접근제어나 기기에 대한 인증을 통해 클라우드 접속 통제할 수 있습니다. 우선, 클라우드 환경에 외부에서 접속할 수 있는 공인 IP를 가진 Internet Gateway나 Load Balance, 서버 등의 현황을 파악해야 합니다. 인터넷을 통한 서비스 제공을 제외하고, 관리 포트(22번, 3389번 포트)로 접속하는 경우는 특정 IP 대역에서만 접속을 허용하거나, 특정 기기를 통해서만 접근할 수 있도록 접근 통제나 인증을 적용할 수 있습니다.

Q 클라우드 서비스 제공업체를 신뢰해도 되는지 궁금합니다.

A 클라우드 서비스 제공업체 스스로 다양한 정보보호와 컴플라이언스 인증을 통해 사용자의 신뢰를 얻고자 노력하고 있습니다. 대표적인 국내 보안인증은 클라우드 보안인증제, ISMS-P가 있으며, 국제 보안인증은 ISO 27017(Cloud Service), ISO 27018(Protecting Personal Identificable Information in public cloud) 등이 있습니다. CSP가 보유한 인증과 인증 범위를 확인함으로써 클라우드 자원에 대한 보안관리 활동여부를 보증할 수 있습니다.

Q 서드파티(third party)가 제공한 보안 솔루션을 사용해도 되는지 궁금합니다.

A 클라우드의 가시성 확보와 보안관제 등을 위해 서드 파티 보안 솔루션을 사용할 수 있습니다. 기업에서 필요한 보안 기능에 대한 요건을 정리하고, 이를 바탕으로 PoC(Proof of Concept)를 수행하여 요구사항을 충족하는 보안 솔루션을 선택하여 사용할 수 있습니다.

3 클라우드 서비스의 시장 현황

국내/외 클라우드 제공업체의 시장 현황을 알아보고, 적용된 서비스 분야를 파악하여 트렌드를 이해합니다. 또한, 2000년대 후반부터 시작된 클라우드 서비스가 어느덧 하이브리드 클라우드와 멀티 클라우드라는 융합된 형태의 비즈니스를 창출함에 따라, 융합된 형태로의 시스템 결합도 고려해볼 수 있습니다. 따라서 현재 국내/외 시장 상황을 읽고, 클라우드 환경으로의 전환 여부를 결정하도록 합니다.

3.1 세계 시장 현황

2006년 상업 클라우드 서비스를 처음 시작한 AWS(아마존 웹 서비스: Amazon Web Service)가 2019년 기준으로 전 세계 시장의 34%를 차지하면서 시장을 지배하고 있습니다. 그에 뒤따르는 MS^{Micro Software} Azure는 2010년, GCP(Google Cloud Platform : 구글 클라우드 플랫폼)는 다소 늦은 2013년부터 시장에 진입하고 있는 상태입니다. 다음 그림은 퍼블릭 클라우드를 대상으로 2019년 클라우드 시장 점유율을 나타낸 그래프입니다. 초기 선도 기업인 AWS는 IaaS 서비스 모델에서 상대적인 점유율이 높으며, PaaS 계열에서는 MS Azure의 점유율이 높은 상태입니다. 즉, 각 클라우드 제공사의 특성에 따라 서비스 모델(IaaS, PaaS, SaaS)별 점유율을 분석해본다면, 점유율 순위는 다른 양상을 띠게 됩니다.

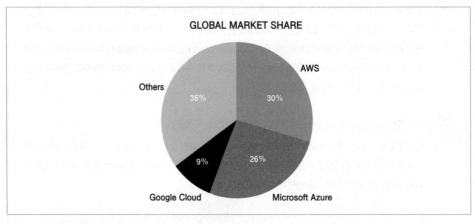

그림 1-18 2023년 2분기 클라우드 시장 점유율

AWS: 최초로 시장에 진입한 선도자^{First Mover}인 AWS는 규모의 경제를 바탕으로 시장 지배적 위치를 계속 유지하고 있습니다. 앞으로도 높은 점유율을 차지할 수 있는 선순환 사이클인 신규 서비스 릴리즈와 가용한 글로벌 지역을 확대해나가고 있습니다. 또한, 시장 초기부터 저렴한 가격으로 많은 고객을 확보하고, 대규모 자원을 바탕으로 컴퓨팅 자원의 활용률을 높게 유지할 수 있어 단위당 비용이 낮아져 고객 유치에 유리한 위치를 유지하고 있습니다.

MS Azure: 초기 시장진입은 늦었으나 추격자^{Fast Follower} 전략을 바탕으로 AWS를 추격하고 있으며, 2020년 기준으로 글로벌 2위 업체를 유지하고 있습니다. 후발주자로서 공격적인 마케팅을 펼치는 한편 AWS와 유사한 서비스를 런칭하여 AWS의 고객을 끌어오면서 점차 격차를 줄여 나가고 있습니다.

GCP: 구글 클라우드 플랫폼은 자체 보유 개발인력과 검색엔진 플랫폼을 통해 인공지능과 머신러닝 분야의 우위를 바탕으로 빠르게 성장하고 있으며, 글로벌 서비스로 인프라 서비스 범위를 확장하고 있습니다.

기타 클라우드 제공사: 중국 시장을 중심으로 빠르게 성장하고 있는 알리바바 클라우드와 IBM 클라우드는 각각 시장 점유율 4위와 5위를 기록하고 있습니다.

초기의 클라우드 시장은 AWS라는 공룡기업으로 점유율이 집중되는 듯했으나, 후발 업체들의 공격적인 마케팅과 신규 서비스 확대로 인하여 클라우드 제공사 간의 격차는 줄어들고 있는 상태입니다. 다만, 클라우드 제공사별로 출시된 서비스 유형이나 기술력, 비용 등의 차이가 있기 때문에 기업은 당면한 비즈니스 환경에 적합한 업체를 선정해야 합니다. 또한, 기존 시스템과의 클라우드를 병행 사용하거나 다수의 클라우드 업체를 선택하여 기존 시스템과 클라우드를 유기적으로 구성하여 특정 클라우드 업체로의 종속^{Lock-in} 현상을 감소시킬 수 있도록 구성해야 합니다.

3.2 국내 시장 현황

한국의 클라우드 서비스 제공업체들은 후발 업체임에도 불구하고, 자체적인 기술력, 국내 비즈니스 시장의 경험과 노하우 그리고 해외 클라우드 제공업체들과의 제휴로 클라우드 서비스 시장을 확장하고 있습니다. 또한, 글로벌 3사에 의해 퍼블릭 클라우드 시장이 포화하여, 프라이빗 클라우드 시장으로 방향을 선회하여 서비스를 제공하고 있습니다.

네이버 클라우드 플랫폼: 네이버는 클로바, 웨일, 파파고, 생성형 인공지능 기반의 검색 서비스 등 자사의 엔터프라이즈 기술을 클라우드 플랫폼과 연계하여 국내 최대의 클라우드 서비스 제공업체^{CSP}로 성장하고 있습니다. 이러한 발전을 바탕으로, 네이버는 국내 CSP 기업 중 최초로 매출 1조 원을 달성하며 거대 공룡으로 변모하였습니다. 2023년 4분기 기준으로 네이버는 국내뿐만 아니라 일본, 홍콩, 싱가포르, 독일, 미국 서부 등 6개 리전에서 클라우드 서비스를 운영 중입니다.

KT Cloud: 국내 클라우드 제공사 중 공공 부문에서 40% 이상의 점유율을 차지하며 크게 성장한 주요 CSP 업체로 매출 규모가 성장했습니다. 공공 시장에서의 우위를 바탕으로 재해복구(DR)와 공공 서비스형 데스크톱(DaaS: Desktop as a Service) 시장을 개척하여 국내 중심의 안정적인 생태계를 구축하고 있습니다.

NHN Cloud: 공공 클라우드 시장에서 활발한 성장 가도를 달리는 NHN Cloud는 CSP 기업 중에서 유일하게 행정망을 연계해서 공공 표준 전자 문서 시스템을 구축하는 사례를 보여주었습니다. 신설된지 23년 기준으로 약 1년 정도의 짧은 기간이지만, 자체적으로 금융 및 공공 비즈니스 분야의 역량을 확보하여, 공공과 금융 영역에 집중하여 시장을 주도하고 있습니다.

:: 더 알아봅시다

한국에서의 글로벌 클라우드 서비스 제공업체 현황

해외의 점유율과 크게 다르지 않게, 한국에서도 AWS, MS Azure, GCP 순으로 클라우드 서비스를 활용하고 있습니다. 먼저 AWS는 다양한 클라우드 구축 경험과 전 분야의 글로벌 고객을 보유하고 있다는 점에 특화되어 있습니다. MS Azure는 다양한 비즈니스 산업을 보유하고 있으며, MS 계열의 소프트웨어를 사용한다면 저렴한 형태로 서비스를 이용할 수 있습니다. GCP는 다양한 가격정책으로 동급 사양의 자원 대비 저렴하게 서비스를 이용할 수 있으며, 품질 측면에서 고성능의 VM을 제공하고 안정성이 높다는 점에서 고객에게 어필하고 있습니다.

---

4 클라우드 보안의 필요성

클라우드 도입은 비용 절감과 민첩성 등의 장점이 많지만, 기업에서 클라우드의 도입을 망설이는 가장 큰 이유는 기업이 관리하는 시스템과 같은 수준의 보안을 클라우드에서도 적용할 수 있는지 확실하지 않기 때문입니다. 클라우드 환경에서도 다양한 정보 유출과 해킹 보안사고가 발생할 수 있습니다. 보안 담당자가 알아야 할 클라우드 보안위협과 클라우드 이용 시 지켜야 할 법적 요구사항을 살펴보도록 하겠습니다.

4.1 클라우드 보안위협과 사고 사례

클라우드 도입 시에는 기업의 정보자산이 외부의 클라우드 서비스 제공자가 관리하는 보안관리 영역으로 이동합니다. 클라우드 환경에서 보안관리 영역이 어떻게 변경되는지 알아보고, 클라우드에서 발생한 대표적인 보안 사고 사례를 통해 클라우드에서 발생 가능한 보안위협을 살펴보겠습니다.

▌클라우드 보안위협

클라우드 시스템의 여러 가지 장점과 클라우드 서비스 시장의 확대로 기업들은 기존에 데이터센터나 기업 내부에 있던 시스템들을 클라우드로 전환하고 있습니다. 기업의 경영진으로서는 서버나 네트워크 장비 등의 IT 인프라에 대한 도입비용이나 관리비용이 절약되기 때문에 생산성이 향상되고, 개발자로서는 빠른 개발환경을 구성하고, 개발한 소스코드를 배포할 수 있게 되었습니다. 하지만 편리한 시스템 설정과 자원을 빠르게 사용하고 폐기하는 환경 탓에 보안 운영자로서는 보안의 경계가 모호해지고, IT 인프라에 대한 통제권이 상실되고 가시성이 저하되는 문제를 떠안게 됩니다. 구체적으로 어떤 문제가 있을 수 있는지, 기존 보안의 영역을 토대로 클라우드 환경에서의 두 가지 보안위협에 대해 살펴보도록 합니다.

클라우드의 보안위협(1): 기업의 관리적, 기술적 범위 확대

첫 번째는 기존 IT 환경에서 발생했던 보안위협이 클라우드 시스템에서도 그대로 존재하는 경우입니다. 일반적으로 기업은 보유한 정보자산을 보호하기 위해 다음과 같이 관리적, 기술적, 물리적인 보안영역을 구성하여 보안에 대한 위협을 분석하고 보호 대책을 마련합니다.

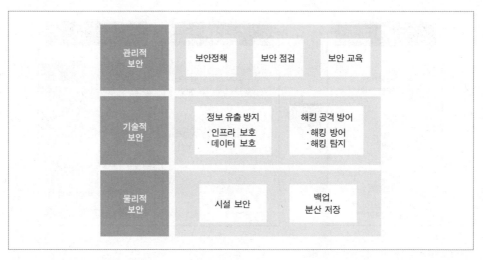

그림 1-19 일반적 기업의 보안 프레임워크

    클라우드 서비스는 가상화 기술을 이용하여 IT 인프라를 공유하는 기술을 사용하지만, 그 위에서 동작하는 미들웨어(WEB, WAS)나 애플리케이션(홈페이지, 모바일 앱 등)들은 기존의 환경과 동일합니다. 따라서, 온프레미스 환경이나 클라우드 환경과 관계없이 보안위협의 취약영역은 유사합니다.

    일반적인 기업의 보안 프레임워크를 바탕으로 클라우드 환경에서 동일하게 유지되는 보안위협에 대해 살펴보면, 다음 그림과 같이 기존의 기업 보안 프레임워크가 클라우드로 확장됩니다. 클라우드 영역의 경우 관리적, 기술적 보안은 책임공유 모델을 통해 보안에 대한 역할을 공유하게 되며, 클라우드 서비스를 제공하는 데이터센터의 물리적 보안은 클라우드 서비스 제공자가 전적으로 책임지는 형태로 변경됩니다.

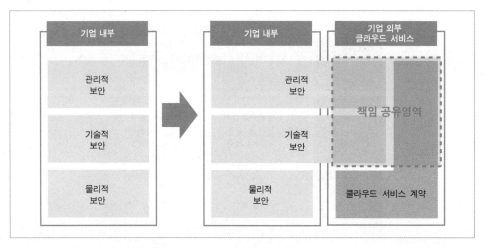

그림 1-20 클라우드 환경에서의 보안 범위 확대

각각의 계층별로 변경되는 내용을 살펴보겠습니다.

관리적 보안영역은 클라우드 서비스 사용범위까지 넓어집니다. 기업 내부의 보안정책을 그대로 적용할 수 있다면 어려움이 없을 것입니다. 하지만, 클라우드 서비스 제공자가 배포하는 보안 서비스나 기능이 기업 내부와는 사뭇 다르므로 보안정책을 완전히 그대로 적용하기는 무리가 있습니다.

예를 들어 기업 내부에서 사용하던 보안 솔루션(방화벽, 계정관리 시스템 등)을 클라우드 환경에 적용할 수 없는 경우가 많습니다. 별도의 보안 솔루션에 투자하거나 소프트웨어 기반의 별도 보안 솔루션으로 변경을 해야 하는 경우가 발생합니다. 결국, 클라우드 서비스를 위한 클라우드용 보안 관리 환경을 구성하고 기업 내부와 기업 외부를 통합 관리할 수 있는 작업이 필요한 것입니다.

기술적 보안영역에서는 인터넷 환경을 통해서 기본적인 인프라가 구성되기 때문에 정보유출과 해킹 공격의 위험이 확대됩니다. 물론, 사설망이나 전용망을 통해서 클라우드 환경을 구성할 수 있으나, 대다수가 사용하는 일반적인 경우의 취약점을 언급하고자 합니다.

인터넷 기반의 환경이라면 쉽게 클라우드 서비스에 접속할 수 있고, 어떤 디바이스(PC, 스마트폰, 태블릿 등)를 통해서도 접속이 가능합니다. 또한, 우리가 당면한 보안수준이 외부의 기술 변화에 민첩하게 따라가거나 인식조차 못 하는 경우도 발생합니다. 결국, 기술적 보안영역은 클라우드 환경을 위한 모니터링과 최대한의 통제권 확보를 위해 더 많은 투자가 필요합니다.

물리적 보안영역은 클라우드 서비스 제공자가 담당하게 됩니다. 사용자는 클라우드 서비스가 제공되는 권역(지역)을 선택할 수 있으나 자원의 물리적인 위치에 대해서는 알 수 없습니다. 클라우드 서비스 제공자는 사용자와 SLA(Service Level Agreement, 서비스 수준 계약)를 통해 클라우드 서비스를 제공하는 데이터센터의 물리적인 보안과 서비스의 가용성을 보장합니다. 사용자는 법규나 컴플라이언스 준수를 위해 기업의 데이터가 저장되는 물리적인 위치를 국내 또는 특정 국가에 있는 서비스 영역으로 제한할 것을 요청할 수 있습니다.

클라우드의 보안위협(2): 클라우드 시스템의 보안위험

두 번째는 가상화 기술과 멀티테넌시(multitenancy, 여러 사용자가 함께 사용하는 환경)로 인해 클라우드 환경에서 발생하는 보안위협입니다.

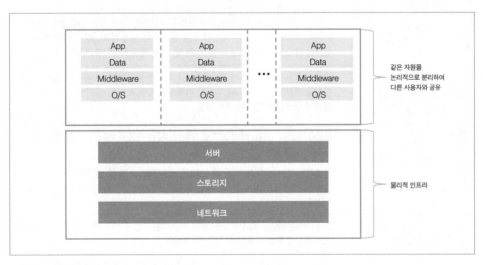

그림 1-21 클라우드에서 인프라의 공유와 격리

클라우드는 물리적인 인프라에 가상화를 기술을 활용하여 하나의 자원을 여러 사용자가 사용할 수 있도록 제공합니다. 가상화 기술에 대한 취약점과 물리적인 인프라 설정, 다른 사용자와의 논리적인 분리 기능에 취약점이 있을 경우 보안위협이 발생하게 됩니다.

보안 담당자는 클라우드 서비스가 가진 다양한 특징으로 인한 보안위협에 대해 통제력을 확보하기 위해 힘쓰고, 위협을 지속해서 제거해나가는 노력을 기울여야 합니다. 이러한 클라우드 사용에 따른 보안위협을 개인 스스로 해결하기 어려우므로 국제적으로 **클라우드 보안협회**(Cloud Security Alliance, 이하 CSA)라는 기구가 자율적으로 구성되었고 정기적으로 클라우드에서 발생하는 대표적인 보안위협들을 공유하고 있습니다.

CSA가 발표한 대표적 보안위협

CSA^{Cloud Security Alliance}에서 매년 가장 심각한 보안위협에 대해 공유하고 있습니다. 2022년에 발표한 대표적인 클라우드 보안위협과 사례에 대해 살펴보겠습니다.

No	보안위협	연관 키워드
1	불충분한 ID, 자격 증명, 액세스 및 키 관리, 권한있는 계정	• ID, 자격 증명 및 액세스 관리 미흡은 데이터 손상 및 악의적인 유출, 공급망 붕괴 등의 비즈니스 연속성 저하
2	안전하지 않은 인터페이스 및 APIs	• 잘못 설계된 API 설계는 인증되지 않은 엔드포인트 접근, 약한 인증 절차, 과도한 권한 부여, 패치되지 않은 시스템 악용, 논리적인 설계 문제, 로깅 및 모니터링 비활성화 등으로 인한 리소스 유출, 삭제 및 수정, 서비스 중단으로 이어질 수 있음
3	잘못된 설정 및 부적절한 변경 제어	• 잘못 구성된 데이터 저장소 및 컨테이너, 과도한 권한부여, 기본 자격증명 및 구성 설정을 변경하지 않고 유지, 무제한 액세스 포트 및 서비스, 잘못된 설계 및 유효성 검사 부재 등으로 데이터 유출 발생
4	클라우드 보안 아키텍처와 전략 미흡	• 클라우드 배포 모델, 서비스 모델, 서비스 지역 가용성 영역 등을 고려한 클라우드 보안 설계 필요 • 클라우드 이전에 대해 기존 IT 스택과 보안 제어 기능을 클라우드 환경에 그대로 이식하는 "Lift and Shift" 방법과 공동 책임모델의 낮은 이해도로 인해 보안 이슈 야기
5	안전하지 않은 소프트웨어 개발	• 소프트웨어 복잡도 증가로 인한 보안 이슈가 발생될 수 있기 때문에 안전한 키관리 및 CI/CD를 통해 애플리케이션 구현 필요
6	안전하지 않은 3rd Party 자원	• 오픈소스 보안 이슈 및 API 문제 등으로 인해 공급망 위험이 높아질 수 있기 때문에 소프트웨어 보안취약점 점검 및 자산식별, 리소스 점검, SAST(정적 분석)/DAST(동적 분석) 등을 적용
7	시스템 취약점	• 클라우드 서비스 플랫폼의 결함으로 데이터 기밀성, 무결성, 가용성을 손상하여 잠재적인 서비스 운영에 문제가 될 수 있음 • 제로데이 취약점, 보안패치 누락, 아키텍처 취약점, 취약한 자격증명으로 인해 문제 발생 가능

No	보안위협	연관 키워드
8	우발적인 클라우드 데이터 공개	• 급속한 클라우드 전환 및 확장으로 인한 보안 거버넌스 부재로 클라우드 인벤토리 및 네트워크 노출에 대한 보안 투명성 부재로 의도하지 않은 데이터 유출이 발생될 수 있음
9	서버리스 및 컨테이너 워크로드의 잘못된 구성 및 악용	• 서버리스 책임모델은 인프라에 대한 제어 부족 및 애플리케이션 보안 문제에 대한 완화방안등을 고려해야 함 • 서버리스 및 컨테이너화된 워크로드를 통해 민첩성과 비용절감을 도모할 수 있고, 운영 단순화와 보안 강화 가능
10	범죄조직/해커/APT (Advanced Persistent Threat)	• 국가 및 범죄조직 등 APT 공격그룹에 대한 공격으로 보안위협 발생 가능
11	클라우드 스토리지 데이터 유출	• 민감정보, 기밀정보 등 잘못된 아키텍처 설계, 애플리케이션 취약점 등으로 발생될 수 있으며, 유출된 데이터로 인한 2차 피해 발생가능

표 1-1 대표적인 보안위협

클라우드 환경은 많은 장점과 편의를 제공해주지만, 해킹 용도로 악용되기도 하고 보안피해가 빠르게 확산하는 특징이 있습니다. 특히 클라우드 시스템에 대한 슈퍼관리자 권한을 가진 클라우드 서비스 제공자가 기업의 중요 데이터에 접근하는지, 더 나아가 불법적으로 탈취하는지 확인하기란 사용자로서 사실상 불가능합니다. 공공기관이나 금융기업이 클라우드 서비스로 시스템을 이전하기 어려운 이유도 이 때문입니다.

최근에는 클라우드 보안인증제나 CSA STAR와 같이 보안인증제도를 취득한 CSP^Cloud Service Provider에 대해서 클라우드 서비스 제공을 제도적으로 허용하고 있습니다. 하지만 클라우드 환경에서 공공서비스나 금융서비스의 보안사고 발생 시 파급되는 위험도가 크기 때문에 활성화되지 못하고 있습니다. 위험도가 낮은 시스템부터 점차 보안설계를 바탕으로 클라우드의 보안위협을 통제하는 노력이 필요합니다.

구체적인 클라우드 보안사고 사례를 통해 보안위협에 대해 좀 더 자세히 살펴보겠습니다.

▌클라우드 보안 사고 사례

클라우드 보안사고의 유형은 크게 3가지로 분류해 볼 수 있습니다. 클라우드 서비스 제공자의 문제, 클라우드 서비스 사용자의 문제, 그리고 서로의 책임이 공유되는 영역의 문제입니다.

클라우드 서비스 제공자(CSP)의 문제

[사례1] 관리실수

- 2017년 A사 S3 서버 관리자의 작업 실수로 애플, 에어비앤비, 핀터레스트 등 서비스 중단
- 2018년 A사 서울리전 DNS(Domain Name Server, url과 IP를 연결해주는 서비스) 서버 설정 오류로 나이키, 넥슨, 쿠팡 등 서비스 중단

[사례2] 시스템 오류

- 2008년 A사 인증요청의 증가로 인한 과부하로 인증 서버 다운
- 2011년 A사 버지니아주 북부 데이터센터 데이터 복제 작업 중 용량부족으로 전체 장애가 발생하여 EC2(서버) 사용고객 서비스 중단 및 오류 발생

[사례3] 천재지변

- 2011년 A사 일본 대지진 발생 시 해저케이블이 손상되어 메일 및 안드로이드 마켓 접속이 불가
- 2011년 A사 벼락으로 인해 데이터센터 정전이 발생해서 11시간 서비스 중단
- 2012년 A사 폭풍우로 인한 정전사고로 EC2 장애발생으로 서비스가 중단

앞선 사례와 같이 클라우드 서비스 제공자의 내부직원에 의한 실수, 시스템의 과부하나 용량 부족, 외부 자연재해로 인한 영향 등 다양한 형태로 사고가 발생합니다. 클라우드 서비스 제공자의 해킹사고는 외부에 쉽게 공개되지 않기 때문에 위와 같은 가용성 측면의 사고들이 주로 확인됩니다.

클라우드 서비스에서 발생 가능한 해킹은 가상화 기술과 사용자가 호출하는 API에서 발생할 수 있습니다. 여러 사용자가 자원을 공유하기 위해 가상영역으로 분리해주는 '**가상화 기술**'은 클라우드 서비스의 핵심 기술입니다. 하지만 가상화 기술의 취약점을 이용해서 가상서버의 탈출, 호핑, 이미지 변조, 하이퍼바이저 기반 루트킷 등의 취약점으로 보안사고를 발생시킬 수 있습니다.

특히 사용자들이 사용하는 가상서버를 관리하는 하이퍼바이저의 보안사고는 탐지하기 어려우며, 만일 하이퍼바이저를 노린 해킹이 성공한다면 하이퍼바이저가 관리하는 서버

를 이용하는 모든 사용자가 피해를 볼 수 있습니다.

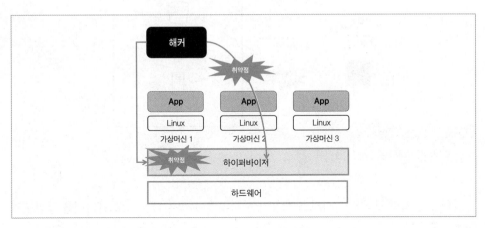

그림 1-22 하이퍼바이저 취약점 공격

클라우드에 구성된 웹 서버도 기업의 데이터센터에 설치된 서버와 마찬가지로 취약점을 가지고 있습니다. 추가적으로 가상화 기술을 활용하기 때문에 하이퍼바이저 상의 가상머신이 특히 취약하며, 하이퍼바이저와 접근제어나 네트워크를 통한 접근이 가능하면 피해가 발생할 수 있습니다.

가상머신을 통해 하이퍼바이저로 패킷 스니핑, 해킹, 악성코드 전파가 될 수 있습니다. 악성코드에 감염된 하이퍼바이저는 다른 가상머신으로 악성코드를 확산시키는 도구로 악용될 수 있습니다.

하이퍼바이저(*Hypervisor*)_ 하나의 물리 서버에 여러 개의 가상서버(VM, Virtual Machine)를 구동하는 가상화 엔진으로 리눅스의 KVM, 마이크로소프트의 하이퍼-V, VMWare의 vSphere/ESXi 등이 있습니다.

또한, 클라우드에서 제공하는 서비스나 API에도 취약점이 존재합니다. 클라우드에서 제공하는 서비스가 어떤 특성과 기능을 가졌는지 정확히 파악하기 어려우며, 따라서 사고발생 원인을 조사할 때 분쟁의 소지가 있을 수 있습니다.

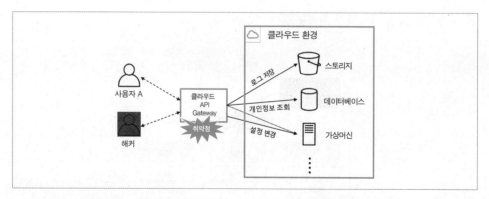

그림 1-23 클라우드의 취약한 API 사용 사례

앞의 그림처럼 클라우드 서비스 제공자는 수많은 고객을 대상으로 인터넷을 통한 API 서비스를 제공하고 있습니다. 사용자는 클라우드 서비스 제공자가 제작한 API 프로그램에 사용자 인증이나 로깅이 적절히 포함되어 있다고 생각하기 쉽습니다. 하지만, 권한 체크 없이 호출될 수 있는 API가 제공될 수 있고 소스코드상에 예상치 못한 오류로 인해 잘못된 기능을 수행할 수 있는 위험이 존재합니다.

> API(Application Programming Interface)_ 서비스나 특정 응용 프로그램의 기능을 원격에서 호출하여 사용할 수 있는 기능을 제공하는 인터페이스 프로그램

클라우드 서비스 사용자의 문제

사례1 운영자의 실수

- 2018년 인도 혼다 자동차의 클라우드 서비스 스토리지가 인터넷에 노출되어 Honda Connect를 내려받아서 설치한 사용자 개인정보 5만 건 유출
- 2018년 유니버설뮤직 그룹 클라우드 파트너사의 아파치 서버 설정 오류로 FTP 크리덴셜(패스워드 파일)과 SQL 비밀번호 AWS 비밀 액세스키 등 클라우드 시스템의 계정이 유출

사례2 보안설정 미흡으로 인한 해킹공격

- 2014년 영국 벤처기업인 Code Spaces는 해커로부터 DDoS 공격을 받고 금전적인 요청을 받았으며, AWS의 관리 콘솔 패스워드마저 탈취당하여 관리하던 자원을 삭제당하고 제어권을 상실

일반적인 시스템의 경우, 보통 홈페이지와 같은 웹 서버만 외부에서 접속을 허용하고 중요한 정보를 저장하는 데이터베이스나 스토리지는 내부에서 접근제어 설정과 방화벽을 통해 외부의 직접적인 접근을 차단합니다. 하지만, 클라우드 서비스는 구성방법이 다르기 때문에 자칫 잘못 설정하게 되면 외부에서 인터넷을 통해 데이터에 접근할 수 있으며, 부적절한 권한 설정이나 구성으로 민감한 개인정보가 유출될 수도 있습니다. 즉, 편리한 만큼 사고의 위험도 커지게 됩니다.

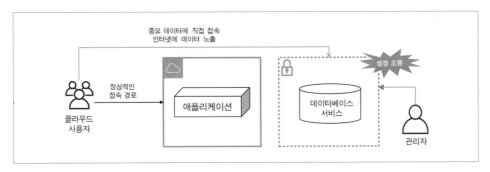

그림 1-24 데이터베이스 설정오류 사고

미국 가트너Gartner에 따르면 2020년까지 클라우드 환경에서 발생하는 95% 이상의 보안사고가 클라우드 사용자의 보안설정 오류나 관리 부족으로 인해 발생했다고 합니다. 클라우드를 도입할 때 클라우드 서비스 제공자의 위험과 사용자의 실수까지 고려하여 추가적인 보안대책을 설계해야 합니다.

책임 영역이 모호한 문제

[사례 1] **보안사고의 책임증명 어려움**

- 2019년 캐피탈원 해킹사고, 1억 600만 명에 이르는 고객 개인정보가 유출되고 1억 5000만 달러의 피해 발생
- 범인은 AWS 엔지니어 출신으로 해킹 프로그램을 이용하지 않고 AWS 방화벽 정책 설정 오류를 악용한 것으로 보고되었으나 AWS는 캐피탈원의 방화벽 설정 오류 때문이라고 설명했다. 하지만, 해커가 캐피탈원 외에 30여 개 계정을 해킹한 정황이 발견되어 AWS 클라우드의 서비스 오류에 대한 논쟁이 계속됨

[사례 2] **클라우드 서비스 제공자의 서비스 중단**

- 미국의 클라우드 스토리지 서비스 기업이었던 Nirvanix는 7년 이상 클라우드 스토리지 서비스를 제공했고 폐업을 선언하기 전에 고객들에게 2주 안에 고객의 시스템과 데이터를 이전하라고 통보함

클라우드 서비스는 편리성을 가지고 있지만 보안사고 발생 시 원인과 책임을 파악하기 위해 서비스 제공자가 관리하는 영역을 확인할 수 없습니다. 필요한 부분을 서비스 제공자에게 요청해야 하며, 전달받은 자료로 서비스 제공자의 책임을 증명하기 쉽지 않습니다. 서비스 수준 계약(SLA, Service Level Agreement)을 통해 서비스에 대한 책임을 기술하지만, 이 역시 모든 항목을 기술하기 어렵고 증명하기 어렵습니다. 또한, 사용 중이던 클라우드 서비스가 갑자기 중단되는 경우 서비스에 막대한 영향을 받게 됩니다.

즉, 달걀을 하나의 바구니에 담지 말라는 속담처럼 하나의 서비스에 의존하게 되면 클라우드 서비스 제공자에게 종속될 수 있으며, 제어권을 상실할 수 있습니다. 이러한 상황을 방지하기 위해 핵심 업무에 대해서는 별도의 오프라인 백업이나 자체적인 보안 솔루션 등을 통해 모니터링할 수 있는 체계를 마련해야 합니다.

반면, 클라우드 서비스 시장은 다양한 고객층을 대상으로 많은 기업이 서비스를 제공하고 있습니다. 따라서 경쟁이 심하고 도태되는 기업도 발생합니다. 앞선 사례의 서비스 중단은 보안사고가 아니지만, 기업이 클라우드 서비스 제공자를 전적으로 신뢰하거나 의존해서는 안 된다는 교훈을 주는 사건입니다. 서비스 제공자 선정과 기능에 대한 검증은 클라우드 서비스 도입 시 가장 중요하게 판단해야 할 항목입니다.

4.2 클라우드 보안관리 기준 및 지침

클라우드 활성화를 위해 클라우드 보안위험에 국내외 여러 국가에서 정책적으로 보안관리 기준을 제시하고 있으며, 비영리조직인 클라우드 보안협회를 통해 각국의 전문가들이 클라우드 보안관리 지침을 가이드하고 있습니다. 이러한 기준과 지침을 통해 클라우드 보안설계 시 필요한 사항을 살펴보겠습니다.

▌해외 클라우드 보안위험 관리

클라우드 도입을 먼저 진행한 미국과 유럽, 그 외 다른 나라에서는 클라우드 제품과 서비스의 보안 위험관리를 어떻게 하고 있는지 살펴보겠습니다.

미국의 경우 2010년 '연방정부 정보기술 관리 개혁을 위한 25가지 수행 계획'을 발표했습니다. 그중 3번째 항목이 'Cloud First Policy' 정책으로, 공공서비스를 클라우드 환경에 의무적으로 전환하게 했으며, 그와 함께 클라우드 도입에 따른 보안대책을 마련했습니다. 현재는 정부와 여러 기관이 FedRAMP(미연방 클라우드 서비스 보안인증 프로그램)을 만들어 보안성 인증심사, 인증제품/서비스 도입, 인증 사후관리로 3단계 관리를 수행하고 있습니다.

보안성 인증 단계에서는 NIST 800-53 보안통제 기본 항목을 기반으로 FISMA Federal Information Security Management Act에 따라 표준 요구사항에 적합 여부를 심사하고, 인증제품/서비스 도입 단계에서는 민간 클라우드 제품과 서비스 도입에 대한 보안성 검토를 수행하며 FedRAMP 인증이 있는 경우는 인증심사 결과물을 검토하여 도입하도록 합니다.

인증 사후관리는 인증효력 유지를 위해 사후심사와 갱신심사를 수행합니다.

미국의 FedRAMP 인증의 특징은 특정 기관에 종속된 평가가 아닌, 정책과 보안에 관련된 여러 기관이 인증 프로세스를 구성한다는 것입니다. 각각의 기관이 독립적으로 공정성 있는 평가가 이루어지도록 모니터링과 자문을 수행합니다.

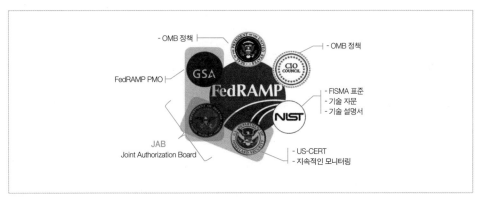

그림 1-25 FedRAMP 거버넌스 구조　　　　　　　　\<출처 : 美 연방정부 클라우드 서비스 보안인증제도(FedRAMP 분석)>

유럽의 경우, ENISA(유럽 네트워크 정보 보호원, European Network and Information Security Agency)라는 조직에서 클라우드 컴퓨팅의 위협요소 4가지 영역에 35개 항목을 이용하여 사례분석과 위험을 평가하는 절차를 수립하고 있습니다. ENISA에서 제시하는 'Security Framework for Governmental Cloud'를 자세히 살펴보면 역할별로 Cloud Owner(기업), Cloud Service Provider[CSP], Cloud Customer(제공자, 사용자)로 나누어 PDCA(Plan, Do, Check, Act) 모델에 따라 각각의 4가지 영역에서 수행해야 할 보안활동[Security Activity]을 제시하고 있습니다.

PDCA Life-Cycle	보안활동	설명
Plan	Risk Profiling	• 클라우드 활용 서비스 검토 • 보안위험 수준 정의
	Architectual Model	• 서비스 모델(Private, Public, Hybrid or Community) 정의 • 서비스 유형(IaaS, PaaS, SaaS) 정의
	Security & Privacy Requirement	• 내적 보안요구사항(사내 보안정책) • 외부 보안요구사항(법규, 컴플라이언스)
Do	Security Control	• 보안관리 항목 정의
	Implementation, Deployment & Accreditation	• 보안관리 영역 정의 • 내부 보안정책 • SLA or 위탁관리 등
Check	Log/Monitoring	• 보안 로깅 및 분석결과 관리
	Audit	• 접속 이력 등에 대한 보안점검
Act	Changes Management	• 보안관리 개선 • 추가적인 보안관리 • SLA 항목 추가 등
	Exit Management	• 클라우드 서비스 이용 종료 • 데이터 삭제 등

표 1-2 ENISA의 클라우드 보안 지침

일본의 경우는 2013년에 정부의 IT 시스템을 클라우드로 전환하는 '가스미가세키 프로젝트'를 수립했고, 클라우드 서비스의 안전과 신뢰성 제공을 위해 ASPIC(일본 ASP 산업 협회)에서 주관하는 인증제도를 운영하고 있습니다.

중국의 경우는 2015년 1월에 국제적 수준의 클라우드 실현을 위한 6대 핵심 전략을 발표하여 클라우드 시장 활성화 정책을 펼치고 있습니다. 중국에서는 네트워크 안전법과 여러 IT 관련 규제들을 통해 외부로의 데이터 반출을 통제하고, 클라우드 데이터센터를 중국에만 구축하도록 제한하는 등 클라우드 사용환경을 통제하고 있습니다.

▌ 국내 클라우드 보안위험 관리

국내에서도 정부 중심으로 클라우드 컴퓨팅 발전 기본계획을 수립하고, 클라우드 컴퓨팅 산업의 경쟁력 향상을 위한 '클라우드 컴퓨팅 발전 및 이용자 보호에 관한 법률'(이하 **'클라우드컴퓨팅법'**)을 제정하여 클라우드 경쟁력 확보를 위한 노력을 기울이고 있습니다.

정부는 2015년 클라우드컴퓨팅법을 제정하고, 이어서 같은 해에 1차 범정부 기본계획 수립·추진 내용을 발표했습니다. 2016년에는 클라우드 보안인증제도를 시행하고, 클라우드 이용 가이드라인을 마련하는 등 클라우드 활성화를 위한 기반 조성 노력을 기울이고 있습니다.

미국과 같이 실무적인 정보보안 문제해결을 위해 정부에서 과학기술정보통신부 주관 '클라우드 컴퓨팅 서비스의 정보보호에 관한 기준'을 제정하여 서비스 제공자에게 해당 기준을 지키도록 하고 있으며, 한국인터넷진흥원^{KISA}에서는 해당 기준 준수 여부를 평가하는 클라우드 컴퓨팅 보안인증 제도를 실행하고 있습니다.

클라우드컴퓨팅법은 클라우드 컴퓨팅 서비스의 신뢰성 향상과 이용자 보호를 위해 다음과 같은 내용을 포함하고 있습니다.

구분	주요 내용	설명
클라우드 컴퓨팅 서비스의 신뢰성 향상 및 이용자 보호	신뢰성 향상	클라우드 컴퓨팅의 품질·성능과 그 적정한 수준 및 정보보호에 관한 기준을 고시 (관리적·물리적·기술적 보호조치를 포함)
	표준계약서	공정한 거래질서를 확립하기 위한 서비스 관한 표준계약서 제·개정
	침해사고 통지	침해사고 발생 시 서비스 이용자에게 통지
	이용자 보호를 위한 정보공개, 정보보호	이용자 정보의 저장 국가 공개, 이용자 정보의 목적 외 이용 금지, 사업 종료 시 정보의 반환, 파기 등
	손해배상 책임	클라우드 서비스 제공자가 규정을 위반하여 이용자에게 손해를 입힌 경우 손해배상 책임

표 1-3 클라우드컴퓨팅법 중 신뢰성 향상 관련 내용

이 같은 클라우드 발전 정책에도 불구하고 안타깝게도 국내의 클라우드 시장은 아직 더디게 진행되고 있습니다. 클라우드 컴퓨팅의 발전을 저해하는 요인은 무엇일까요? 여러 가지가 있겠지만 필자는 분야별로 존재하는 여러 제약조건이 클라우드 컴퓨팅 환경을 충분히 고려하지 못하고 있는 점과 클라우드 보안에 대한 클라우드 서비스 제공자와 기업 간의 신뢰가 부족하기 때문이라고 생각합니다.

하지만, 최근 금융 분야에서는 클라우드 활용을 위한 제도적 개선이 이루어졌습니다. 2023년 1월 1일부터, 클라우드 이용절차 합리화 및 망분리 규제 완화를 위해 금융위원회에서 '전자금융감독규정' 개정안이 의결되어 시행되었습니다.

금융 분야 업무 중요도 평가 기준의 정립과 망분리 규제 완화 조치가 시행됨으로써 클라우드 이용 규제가 완화되었습니다. 그럼에도, 여전히 산업 분야별로 클라우드 컴퓨팅 이용을 위한 다양한 조건과 규제가 존재하므로, 각 산업 분야에서 업무 연속성과 안전성을 확보하기 위한 검토가 필요합니다.

산업분야	클라우드 컴퓨팅 이용 조건
공공분야	정책협의체(행정안전부, 과학기술정보통신부, 기획재정부, 조달청, 국가정보원, 클라우드 컴퓨팅 전담기관 등)와 국가정보원 보안성 검토 필요
금융분야	전자금융감독규정 준수, 정보보호위원회의 심의, 의결을 거친 '비중요 정보처리시스템' 허용, 금융보안원의 '금융권 클라우드 서비스 이용 가이드' 준수
의료분야	'의료법 시행규칙' 및 '전자의무기록의 관리, 보존에 필요한 시설 및 장비에 관한 기준'(보건복지부 고시) 충족

표 1-4 산업분야별 클라우드 컴퓨팅 이용 조건

▌클라우드 보안 비영리조직, CSA의 클라우드 보안 가이드

비영리조직 클라우드 보안협회 CSA^{Cloud Security Alliance}는 2010년에 보안 가이드라인과 클라우드 고객이 CSP의 전반적인 보안위험을 평가할 수 있는 도구를 발표했습니다.

그 도구가 바로 CSA-CCM^{Cloud Controls Matrix}으로 정기적으로 제공되고 있습니다. CCM은 16개 도메인으로 구성된 기본 보안 원칙을 제시하고 있으며, 클라우드 업계의 모범 사례와 표준 그리고, 규정을 준수하는 방식을 평가하는 데 도움을 주도록 설계되었습니다.

CCM에서 제시하는 16개의 Control 도메인

- Application & Interface Security
- Audit Assurance & Compliance
- Business Continuity Management & Operational Resilience
- Change Control & Configuration Management
- Data Security & Information Lifecycle Management
- Datacenter Security
- Encryption & Key Management
- Governance and Risk Management
- Human Resources
- Identity & Access Management
- Infrastructure & Virtualization Security
- Interoperability & Portability
- Mobile Security
- Security Incident Management, E-Discovery, & Cloud Forensics
- Supply Chain Management, Transparency, and Accountability
- Threat and Vulnerability Management

2013년에 CSA와 영국 표준 협회^{British Standards Institution}는 CPS가 CSA 관련 평가를 게시할 수 있도록 STAR(Security, Trust & Assurance Registry: 보안, 트러스트 및 보증 등록)란 이름의 클라우드 서비스 공급자가 보안에 대한 인증을 위해 무료로 공개적으로 등록할 수 있는 프로그램을 시작했습니다. CSA STAR는 CSA GRC 스택의 두 가지 주요 구성 요소를 평가합니다.

- **CCM(Cloud Controls Matrix):** 클라우드 고객이 CSP의 전반적인 보안위험을 평가하는 데 활용할 수 있는 16개 도메인으로 구성된 보안 프레임워크
- **CAIQ(Consensus Assessments Initiative Questionnaire):** 고객 또는 클라우드 감사자가 CSA 모범 사례를 준수하는지 평가하기 위해 CSP에 질문할 수 있는 CCM 기반 140개 이상의 질문 집합

CSA STAR는 3가지 수준의 클라우드 보안수준을 보장합니다. CSA STAR 수준 1은 CSP가 자체적으로 평가하는 것이며, 무료로 모든 CSP에게 열려 있습니다. STAR 프로그

램의 수준 2는 제3의 독립 기관으로부터 평가된 인증을 포함하고, STAR 프로그램 수준 3
은 지속적인 모니터링을 기반으로 하는 인증을 포함하고 있습니다.

- **수준 1**: CSP의 STAR 자체 평가
- **수준 2**: 제3의 독립 기관 평가 인증을 포함 (STAR 인증, STAR 증명 및 C-STAR 평가)
- **수준 3**: 지속적인 모니터링을 기반으로 하는 인증

지금까지 국내/외 클라우드 서비스 보안위협에의 대응 현황과 비영리 클라우드 보안
조직인 CSA의 가이드라인을 살펴보았습니다. 이어서 클라우드 보안위협에 대해 정확히
이해하고 클라우드 서비스 제공자의 기능과 수준을 판단하기 위한 클라우드 보안설계의
필요성에 대해 살펴보도록 하겠습니다.

▌클라우드 보안설계의 필요성

지금까지 살펴본 것처럼 클라우드는 기존 보안 범위를 확대하고 있으며, 편리하고 다
양한 서비스를 제공함에 따라 새로운 보안위협 또한 커지고 있습니다. Cloud First 정책과
클라우드 서비스 플랫폼으로 앞서가고 있는 해외 기업들을 따라잡기 위해서는 기존 시스
템과 함께 다양한 클라우드 서비스 환경을 활용해야 합니다.

그에 대한 방향성은 보안정책의 일관성, 책임공유모델, 적절한 클라우드 전환의 3가지
로 구분될 수 있습니다.

일관된 보안정책의 수립과 운영

현재 기업 시스템은 물리적인 설치방식(온프레미스)에서 하이브리드 클라우드 또는 멀
티 클라우드 환경으로 빠르게 변화하고 운영되고 있으므로, 기업은 일관된 보안정책을
유지할 수 있는 방안을 마련해야 합니다. 클라우드 서비스 제공자가 제공하지 않는 보안
서비스가 있더라도 기업에 필요한 제품이나 서비스가 있다면 소프트웨어 방식의 보안 솔
루션 적용이나 다른 보안대책을 마련할 수 있어야 합니다. 특히, 클라우드 이용에 대한 책
임 추적성을 확보하고 모든 자원에 대한 가시성 확보가 전제되어야만 보안정책 운영이
가능합니다.

책임공유모델의 이해와 통제력 회복

인터넷을 통해 홈페이지 서비스만을 이용할 때 내부의 서버나 네트워크 환경에 대해 알 수 없듯이 클라우드 서비스 제공자가 구성하는 물리 또는 관리용 시스템의 보안수준에 대해서도 확신할 수 없습니다. 그러므로 철저한 SLA 계약과 인증받은 클라우드 서비스 제공자 선택, 클라우드 기술 역량을 확보로써 보안위험을 통제 가능한 영역으로 한정 짓는 절차를 운영해야 합니다. 최근에 CPU 취약점으로 인해 문제가 되었던 멜트다운이나 스펙트라 같은 취약점에 대해 클라우드 서비스 제공자가 사용하는 CPU 칩에 대한 현황을 요청하거나 관리하는 VM에 대한 모니터링을 통해 보안관리에 있어서 주도권을 확보해야 합니다. 보안 통제력을 확보하기 위해서는 보안 관제를 적용해야 합니다. 우선, 클라우드 경계에 있는 인터넷 서비스 및 공인 IP를 통한 접속 경로에 대한 모니터링이 필요합니다. 두 번째로, 정상적인 서비스를 통한 공격을 탐지하고 내부 자원에 대한 공격 시도를 감지하기 위한 자원별 이벤트 모니터링이 필요합니다. 클라우드 이용 과정에서 보안관제와 모니터링 프로세스를 수립하여 누락되는 서비스가 없도록 관리하는 것이 중요합니다.

보안수준에 맞는 업무서비스의 클라우드 전환

클라우드 서비스 제공업체는 합리적인 가격으로 서비스를 제공하지만, 보안 서비스는 제공하지 않거나 높은 비용을 요구하는 경우가 많습니다. 기업에서 금융 서비스나 ERP^{Enterprise Resource Planning}와 같은 핵심 시스템을 클라우드로 서비스한다면 어느 정도의 보안 통제가 필요할까요?

결론은 사내에 시스템이 있을 때보다 더 많은 기술과 보안비용이 발생할 수 있습니다. 기업에서 핵심 시스템의 정보보호를 위해 관리하는 통제항목 사례를 살펴보면 다음과 같습니다.

구분	통제영역	통제항목
관리적 보안	자산관리 및 보안정책	실사용자, 관리자 현황관리 계정관리, 권한 관리 자산 현황 관리 보안규정 및 지침 적용
	보안교육 및 취약점 점검	보안인식 교육 및 훈련 (인프라, 응용 시스템) 취약점 보안점검 모의해킹 사고대응 및 사고조사
기술적 보안	정보보호 기술	인증 및 인가 암호화(네트워크 통신, 데이터 등) 부인방지 개인정보 관리 외부해킹 및 정보유출 차단
	정보보호 고도화 기술	로깅 및 Audit 보안관제 및 모니터링 고도화 AI 기반 이상행위 탐지 보안 프로세스 자동화 및 대응체계

표 1-5 기업의 핵심 시스템 통제항목

업무 서비스를 클라우드로 이관하기 위해서는 지속적인 관리와 체계적인 대응이 필요합니다. 최근에는 연구나 개발 목적으로 클라우드를 활용하는 사례가 증가하고 있는데, 특히 사내망과 클라우드를 연계하여 테스트하거나 개발하는 경우가 많습니다. 개발자의 실수로 기본 계정을 사용하는 서비스를 외부에 오픈하거나, 접근 제어 없이 인터넷에 불필요하게 연결하는 경우, 이는 해킹 공격의 대상이 될 수 있습니다. 개발 시스템에 보안 관제가 적용되지 않고, 사내 시스템에 대한 인증이 없는 경우, 대형 보안 사고로 이어질 위험이 있습니다. 따라서 클라우드 보안 설계를 통해 통제 가능한 업무 시스템을 선정하고, 클라우드 보안 서비스에 대한 이해와 기업의 보안 관리 수준을 객관적으로 평가하는 것이 중요합니다. 이후 자동화와 시각화 능력을 강화하여, 통제 가능한 범위 내에서 클라우드로 업무를 전환해가는 노력이 필요합니다.

2장

클라우드 보안 설계

많은 기업이 서버나 데이터베이스, 스토리지 등의 자원에 대한 투자비용과 운영비용을 줄이길 원합니다. 또한, 적은 비용으로 높은 효율과 생산성 향상을 달성하기 위해서 클라우드 도입을 검토하고 있습니다. 클라우드는 이미 IT 생태계의 한 축을 이뤘으며, 다수의 기업과 공공기관도 이제는 클라우드로의 시스템 전환을 미룬다면 경쟁력을 잃는 상황입니다. 하지만 기존 시스템과 다른 클라우드 환경에서 기존의 보안원칙을 유지, 적용하고자 할 때 클라우드 보안이 기존 환경과 어떻게 다른지, 보안과 관련해 무엇부터 검토해야 하는지, 어떻게 보안원칙을 재편해야 하는지 등의 많은 어려움에 부딪히게 됩니다. 우리는 클라우드 보안의 기본적인 개념을 정확히 이해하고, 클라우드 환경에서의 보안 설계를 수행해야 합니다.

1장에서 클라우드에 대한 기본적인 개념과 현재 클라우드 시장현황을 알아보고, 마지막으로 클라우드 환경에서의 발생 가능한 보안을 살펴봤습니다. 이번 장에서는 클라우드 보안과 관련된 기본 개념들과 보안관점에 집중한 클라우드 설계방법을 알아보도록 하겠습니다.

1 클라우드 보안의 기본 개념

클라우드 보안은 말 그대로 클라우드 환경에서 생성한 자원을 활용하는 사용자 입장에서 안전하게 정보시스템을 구축하고, IT 서비스를 제공하기 위한 방법이라고 말할 수 있습니다. 우리는 클라우드라는 새로운 환경에서 일어날지도 모르는 외부의 악의적인 위협과 내부의 중요 정보 유출로부터 시스템을 지키기 위해, 보안 대상과 보안 기술, 보안 서비스 등을 고민하게 될 것입니다. 어쩌면 이미 여러분은 다음과 같은 질문들이 머릿속을 혼란스럽게 만들었을지 모릅니다.

- 어떤 자원에 대해서 보안 기술을 적용해야 할 것인가? `보안 대상`
- 적용할 수 있는 보안 기술은 어떤 것들이 있는가? `보안 기술`
- 비용만 지불하면 알아서 보안처리를 수행해주는 서비스가 있는가? `보안 서비스`
- 외부의 위협을 방어하려면 무엇부터 시작해야 하는가? `보안 프로세스`
- 처음부터 보안을 고려해서 클라우드 서비스를 잘 구축하고, 활용하는 방법이 있을까? `보완 설계`

이런 궁금증을 해결하기 위해서는 먼저 클라우드 보안이라는 당면 과제에 맞서기 위한 기초 공사로서 기본적인 개념을 확고히 이해해야 합니다. 그런 뒤에, 클라우드 보안의 시작단계인 설계^{Design}부터 차근차근 살펴보도록 하겠습니다.

1.1 클라우드 속성과 필수 보안 요건

클라우드 환경의 특수성(제공된 자원에 대한 비용을 지불하고 사용) 때문에, 사용자가 직접 보안을 고려해야 한다고는 생각하지 못할 수 있습니다. 그러나 바로 그런 특성으로 인해 기존 온프레미스 환경에서 고려하지 않았던 부분을 고민해야 하기도 하며, 반대로 고민하던 부분이 클라우드 서비스 제공자의 관리영역이 되어 고려사항에서 제외되기도 합니다. 그러므로 클라우드의 속성을 이해하고 클라우드 환경에서 추가로 고민해야 하는 보안영역을 유추해 볼 필요가 있습니다. 이번 절에서는 클라우드 보안을 실질적으로 수행

하기 전에, 기본적으로 알고 있어야 하는 클라우드의 주요 속성을 통해 클라우드 환경의
필수 보안 요건에 대해서 고민해 보도록 하겠습니다.

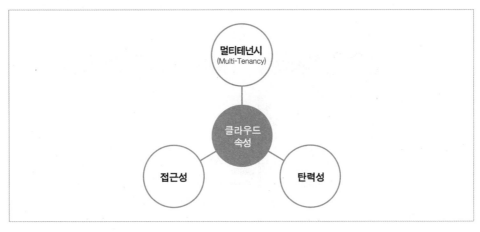

그림 2-1 클라우드 속성

클라우드 환경의 주요 속성은 크게 **멀티테넌시**^{Multi-Tenancy}, **접근성**^{Accessibility}, **탄력성**^{Elasticity}으로
구분할 수 있습니다. 즉, 다수 사용자가 자원을 공유해서 사용하는 멀티테넌시, 누구나 쉽
게 자원을 사용할 수 있는 접근성, 생성한 자원의 구조 변경이나 신규 자원의 생성/삭제
가 쉽고 빠르게 이루어지는 탄력성이 있습니다. 대표적인 3가지 클라우드 속성을 실생활
과 연관된 비유를 들어 쉽게 알아보도록 하겠습니다.

클라우드 속성

멀티테넌시 Multi-Tenancy

멀티테넌시라는 용어를 직역하면 '다수의 세입자'라는 말로 설명할 수 있습니다. '세입
자'는 전세나 월세의 형태로 기간 비용을 지불하고 한시적으로 집을 대여하여 입주하는
사람을 의미합니다. 예를 들어, 4층짜리 다세대 주택이 한 채 있다고 가정해보겠습니다.
1층에는 펭수가 살고 있고, 2층에는 이효리가 살고 있고, 3층에는 유재석이 살고 있으며,
마지막 4층은 집 주인이 살고 있습니다. 1층, 2층, 3층에 사는 세입자는 매달 10만 원의

월세를 내고 집을 임대하고 있는 상태입니다. 이들은 복도의 조명과 엘리베이터, 주차공간 등의 시설은 관리하지 않고 사용만 할 뿐이지만, 각자가 거주하고 있는 집 내부는 직접 도배하고, 페인트칠하고, 가구를 들여오는 등의 인테리어 작업을 할 수 있습니다.

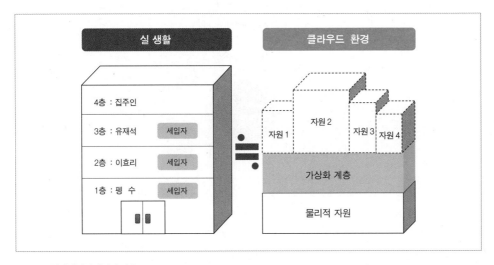

그림 2-2 멀티테넌시 개념의 비유

클라우드의 멀티테넌시도 마찬가지입니다. 클라우드 서비스 제공자는 다수의 클라우드 사용자들에게 자원을 제공하기 위해 가상화 기술을 사용해 물리적인 자원을 논리적으로 분할하고 격리하여 세입자들에게 나눠줍니다. 자원1은 펭수, 자원2는 이효리, 자원3은 유재석이라는 세입자가 비용을 지불하고 빌려서 사용하게 되는 것입니다. 물론, 클라우드 제공자에 의해 만들어진 클라우드 공용 자원들은 세입자가 직접 관리하지 않고 사용만 합니다. 클라우드 사용자는 비용을 지불하고 대여한 자원의 운영체제 파라미터를 수정하거나, 접속 계정을 생성하고 소프트웨어를 설치하는 등의 내부 작업만 수행하면 됩니다.

하지만 가상화 기술을 통한 논리적 통제는 클라우드 제공자의 보안 기술과 통제수준에 따라 중요한 데이터가 노출되거나 의도치 않게 내가 사용하는 자원에 다른 사용자의 접근을 허용하는 '공유' 문제를 일으킬 수 있습니다. 특히 중요한 데이터가 저장될 경우, 데이터의 독립성에 의해 물리적인 위치를 정확히 알 수 없으므로 자원 접근에 대한 통제문제가 발생할 수 있습니다. 그렇기 때문에 데이터에 대한 암호화, 비밀키 또는 키 쌍^Key Pair 관리 보안과 접근 통로에 대한 모니터링 활동이 중요해지게 됩니다.

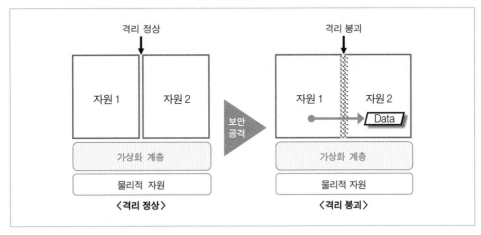

그림 2-3 논리적 격리/통제의 붕괴 개념도

접근성 Accessibility

클라우드의 접근성이라는 속성은 공유라는 개념으로 이해할 수 있습니다. 즉, 클라우드 자원의 공유를 위해서 여러 사람이 인터넷을 통해 쉽게 접근할 수 있는 속성입니다.

기존의 온프레미스 시스템에서는 내/외부에서 발생하는 접속통제를 위해 네트워크 관점에서 경계를 지정하고, 경계마다 방화벽과 같은 각종 보안장치를 설치하여 자원을 '통제' 했습니다. 하지만, 클라우드 환경은 권한만 있다면 사용자가 언제 어디서든지 손쉽게 자원을 생성하고 방화벽과 같은 보안 기술을 적용할 수 있습니다. 그리고 클라우드 제공자측에서 클라우드 자원을 다루기 위한 각종 API와 도구를 제공하므로 접속하는 디바이스, 소프트웨어, 운영체제의 종류도 매우 다양합니다.

클라우드 환경의 접근성을 고려하지 않고 기존 레거시 시스템과 유사한 방법으로 겹겹이 쌓인 보안 장비를 구축한다면, 막대한 보안비용은 물론이고 클라우드만의 강점을 저해할 수 있으므로 초기 클라우드 보안 설계가 매우 중요합니다.

예를 들어, 들어가는 길에 관문처럼 여러 개의 울타리로 인증을 거치게 설계된 주택이 있다고 가정해봅니다(그림 2-4 인증절차만 추가한 단순 보안구조). 주택에 들어가기 위해서 지체되는 시간이 길어질 것이고, 초기에 막대한 보안 장비 구매비용과 운영비용이 소모될 것입니다. 물론 이 구조라면 보안성은 향상될 수도 있겠지만, 언제나 손쉽고 빠르게 들어가기에는 어려워지게 됩니다. 오히려 거주자로서는 반복된 인증을 수행하기보다는 최소한의 인증처리로 정확한 인증을 수행하는 것이 좋을 수 있습니다(그림 2-5 인증 정확성에 초점을 맞춘 보안구조).

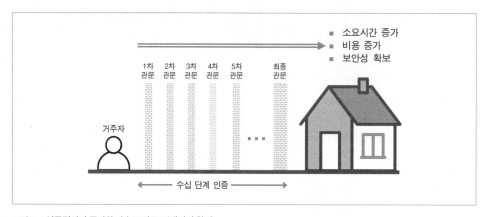

그림 2-4 인증절차만 증가한 단순 보안구조(레거시 환경)

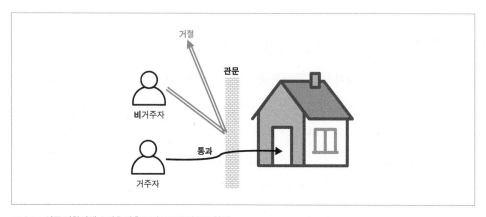

그림 2-5 인증 정확성에 초점을 맞춘 보안구조(클라우드 환경)

물론 클라우드의 접근성은 장소와 시간에 자유로운 만큼, 적합한 보안수준을 고민해야 합니다. 그렇다고 다수의 보안 장비로 자원을 둘러쌀 필요는 없습니다. 단지, 자원에 접근하고자 하는 주체가 누구인지 구분하고(식별), 허락된 사용자가 접근하는지를 확인해서(인증), 사용자가 수행하려는 작업의 권한을 확인하는 과정(인가)이 명확하면 됩니다. 또한, 사용자가 수행하는 모든 일을 기록하고(로깅), 나중에 문제가 없는지 검토하는 과정(감사)을 포함하여 클라우드 환경에서의 보안 설계 방안을 수립할 수 있습니다.

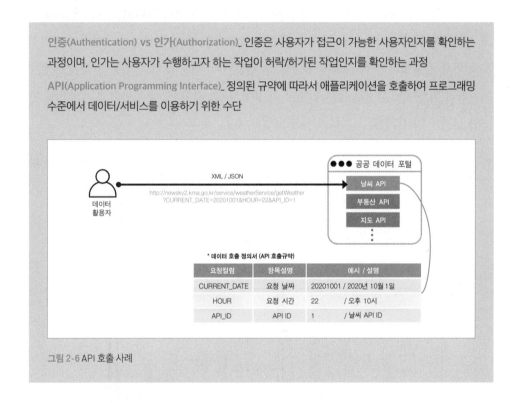

인증(Authentication) vs 인가(Authorization)_ 인증은 사용자가 접근이 가능한 사용자인지를 확인하는 과정이며, 인가는 사용자가 수행하고자 하는 작업이 허락/허가된 작업인지를 확인하는 과정

API(Application Programming Interface)_ 정의된 규약에 따라서 애플리케이션을 호출하여 프로그래밍 수준에서 데이터/서비스를 이용하기 위한 수단

그림 2-6 API 호출 사례

탄력성 Elasticity

기존의 온프레미스 환경(전통적인 시스템 환경)의 보안 항목을 설계할 때 가장 먼저 해야 할 일은, 관리 대상 중 핵심 자원을 파악하는 일입니다. 한번 구축한 서버와 데이터베이스, 스토리지, 네트워크 등의 자원 구성은 쉽게 변경되지 않고 수년에서 수십 년까지 장기간 유지될 수 있습니다. 따라서 이미 구축되어 변경 없는 자원들은 정기적으로 현황을 관

리하고 보안관리를 수행할 수 있었습니다.

하지만, 클라우드 환경에서의 자원들은 유연하게 변경되고, 빠르게 생성되거나 삭제될 수 있습니다. 이런 클라우드 환경의 속성이 바로 탄력성입니다. 다른 용어로 변동성이라고도 말할 수 있습니다. 즉, 클라우드 환경에서는 자원 사양이 증설되는 스케일 업$^{Scale-up}$, 자원의 사양이 축소하는 스케일 다운$^{Scale-down}$, 동일한 자원이 추가로 생성되는 스케일 아웃$^{Scale-out}$, 동일한 자원 그룹 중에 하나의 자원을 삭제하는 스케일 인$^{Scale-in}$의 작업이 자동으로 빈번하게 발생합니다. 사용자는 오늘과 내일의 자원 현황이 다르고, 1시간 전과 후의 자원 현황이 달라지는 것을 경험하게 될 것입니다. 또한 이런 클라우드 환경의 탄력성으로 인해 무분별한 자원 증설이 발생할 수 있습니다. 의도치 않은 비용 발생을 사전에 대응하기 위해서는 자원의 생성과 폐기, 변경에 대한 모니터링과 자동화를 기반으로 한 보안 설계와 보안점검을 고민해볼 필요가 있습니다.

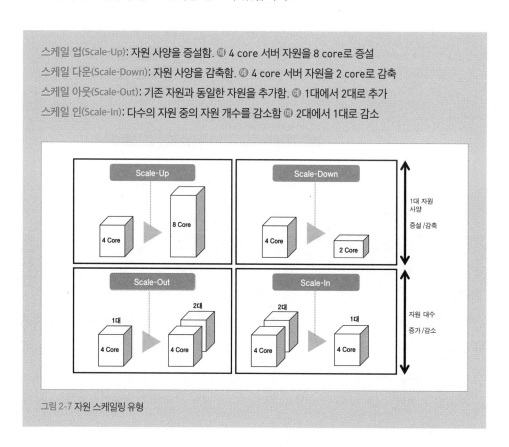

스케일 업(Scale-Up): 자원 사양을 증설함. 예 4 core 서버 자원을 8 core로 증설
스케일 다운(Scale-Down): 자원 사양을 감축함. 예 4 core 서버 자원을 2 core로 감축
스케일 아웃(Scale-Out): 기존 자원과 동일한 자원을 추가함. 예 1대에서 2대로 추가
스케일 인(Scale-In): 다수의 자원 중의 자원 개수를 감소함. 예 2대에서 1대로 감소

그림 2-7 자원 스케일링 유형

▌클라우드 필수 보안 요건: 책임 추적성^{Accountability}

3가지 클라우드 속성인 멀티테넌시와 접근성, 탄력성에 대해 알아보았습니다. 클라우드 환경이 가진 속성으로 인해 외부에서의 악의적인 자원 변경, 내부의 중요 데이터 유출, 허가되지 않은 사용자의 접속 등, 여러 보안위험이 커졌습니다. 따라서 클라우드 자원을 사용하기 전에 '식별^{Identification}', '인증^{Authentication}', '인가^{Authorization}' 활동을, 클라우드 자원을 사용하는 도중에는 '로깅^{Logging}', '모니터링^{Monitoring} 활동'을, 클라우드 자원을 사용한 이후에는 활동 이력에 대한 '감사^{Audit}' 활동을 수행하여 클라우드 보안의 특수성인 책임 추적성을 만족시켜야 합니다. 여기서 책임 추적성이란 고유하게 식별된 사용자의 행위를 기록하여 수행한 행위에 대한 책임을 부여하고, 사용자 활동의 추적을 위하여 감사 로그와 모니터링을 하는 활동입니다.

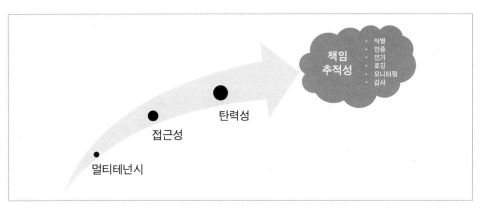

그림 2-8 클라우드 보안의 특수성-책임 추적성

책임 추적성의 관점에서 자원을 활용하는 클라우드 사용자 또는 개발자, 고객 등의 모든 접속자에 대해, 각자 수행한 행위에 대한 책임을 부여하기 위하여 크게 6가지 활동이 필요합니다. 물론, 기존 온프레미스 환경에서도 책임 추적성은 필요한 활동입니다.

클라우드는 시간과 장소에 구분 없이 개방되고 공유되어 누구나 참여 가능한 환경이기 때문에 사용자 식별, 인증, 인가, 로깅, 감사, 모니터링 활동이 항상 고려되어야 합니다. 6가지 활동에 대해서 자세히 알아보도록 합니다.

클라우드에 접속을 요청하는 주체(사용자 또는 서버 등)가 스스로를 증명하기 위해 자신
이 누구인지 식별 가능한 정보를 입력하는 활동

예시 사용자 ID, 로그인 ID, 계정번호(Account Number), 이메일 주소 등의 정보를 입력함

그림 2-9 보안 6요소 중 식별 활동

인증 Authentication

식별을 통한 사용자 정보(이메일 주소, 로그인 ID 등) 외에 본인을 증명할 수 있는 정보를
입력하여, 이를 토대로 허가된 사용자인지를 확인하는 신원 검증 활동

예시 사용자의 계정 비밀번호 또는 PIN, 토큰, 스마트 카드, 생체인증(지문, 홍채 등)을 입력하는 과정을
통해 로그인을 수행함

그림 2-10 시간 기반의 토큰값을 AWS 2차 인증 사례

인증 유형

인증 유형	설명	예시
지식	사용자가 특정 지식을 알고 있는지 검증, 사용자가 서버가 사전에 설정된 지식을 묻고 답하는 방식	패스워드, 인증번호 등
소유	소유하고 있는 매체를 통해 매체에 등록된 고유정보 또는 실시간 정보를 제공하여 검증	스마트카드, OTP, 인증용 토큰 등
생체기반	사용자의 생체정보를 기반으로 인증하는 방식	지문, 홍채, 정맥, 얼굴 등
행위	사용자의 행위적 특징을 기반으로 인증하는 방식	음성, 키보드 입력, 걸음걸이 등

인가 Authorization

인증된 사용자에게 필요한 행위를 수행할 수 있도록 권한을 부여하는 활동. 주체는 리소스, 자원에 접근 및 필요한 행위를 수행할 수 있음

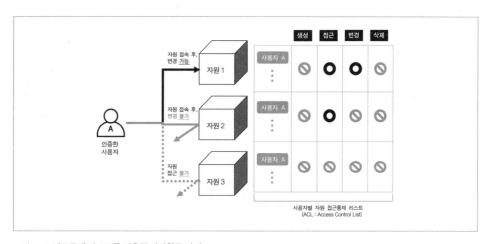

그림 2-11 접근통제 리스트를 이용한 인가활동 사례

로깅 Logging and Audit

애플리케이션 접속/행위 로그, 데이터 액세스 로그, 네트워크 통신 로그, 시스템 이벤트 로그, 관리자의 활동 로그 등 기록을 전자문서로 저장하는 행위

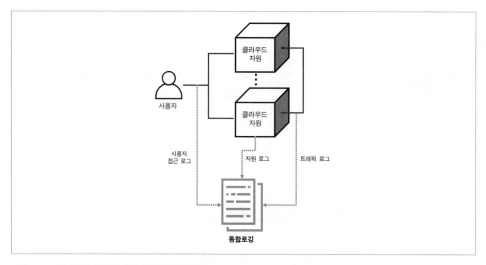

그림 2-12 사용자 및 클라우드 자원의 로깅활동 개념도

모니터링 Monitoring

시스템, 네트워크, 데이터, 사용자 등이 시스템에서 수행한 행위에 대해서 이상징후 분석을 수행하고 실시간으로 수집된 자원의 변경이나 현황정보를 대시보드 등으로 관리하는 활동

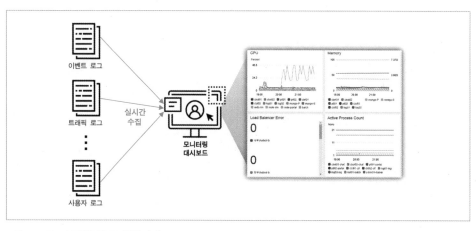

그림 2-13 로그 수집을 통한 모니터링 사례

감사^{Audit}

감사 로그, 사용자 접속 로그 등 로그 파일이나 활동 정보를 검토하여 보안기준에 따라 계정과 권한 관리 여부를 확인하고 위험요소(데이터 유출, 외부 해킹시도 등)를 관리할 수 있도록 보안수준을 관리하는 활동

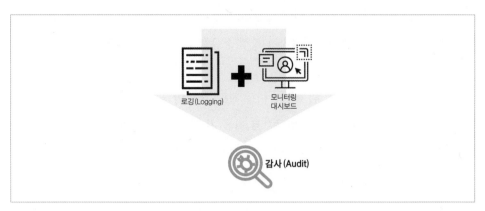

그림 2-14 로깅과 모니터링 기반의 감사 활동 개념도

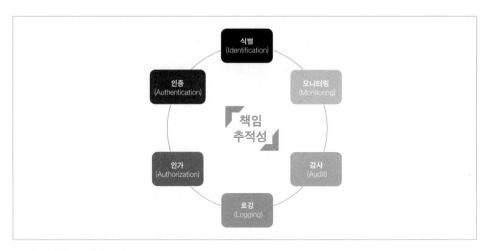

그림 2-15 책임 추적성 6가지 요소

앞선 6개 보안 요소는 클라우드 환경에서 온프레미스와 같이 보안 경계를 정의하거나 통제하기 어려우므로 필요합니다. 식별, 인증, 인가를 통해 자원에 대한 접근을 승인하고,

로깅 및 감사와 모니터링을 통해 보안 이벤트를 검토하고 빠르게 대응할 수 있는 보안대응 체계를 설계할 수 있습니다.

1.2 일반 보안과 클라우드 보안 차이

앞에서 살펴본 클라우드 속성 외에 일반 보안과 클라우드 보안의 차이를 더 살펴봅시다. 기존의 온프레미스 환경이 사용자가 직접 소유한 단독 주택이라면, 클라우드 환경은 호텔에 비유해 볼 수 있습니다.

단독 주택은 주택의 물리적 위치부터 이동 경로, 현관의 위치나 집의 구조를 스스로 설계하고 구축할 수 있습니다. 어느 방향으로 집을 지을지, 방은 어디에 만들고, 거실의 크기는 어떻게 구성할지를 결정할 수 있습니다. 또한, 외부의 침입 등을 방어하기 위한 보안 영역도 직접 고민하고 보안을 관리해야 합니다. CCTV를 설치하고 담장의 높이를 조절할 수 있으며 필요에 따라 보안 서비스를 사용해 보안성을 높일 수 있습니다. 단독 주택은 초기에 많은 투자비용이 발생하고 한번 구축한 후에는 유지보수 비용 발생과 구조 변경이 어렵다는 단점을 가지고 있습니다.

호텔은 여러 사용자와 함께 수영장이나 라운지 등 이미 구축된 공동 시설을 이용하게 됩니다. 사용자는 호텔이 제공하는 편의시설과 위치, 비용 등을 고려하여 사용 여부를 결정할 수 있습니다. 일단 특정한 호텔을 이용하기로 했다면, 모바일 앱이나 인터넷으로 빠르게 예약하고 편의시설을 이용할 수 있습니다. 또한, 단독 주택처럼 시설과 관련된 보안이나 보안 편의시설들을 유지 보수하기 위해 직접적으로 신경 쓸 필요가 없습니다. 다만, 예약한 방의 출입 카드만 잘 관리하면 됩니다.

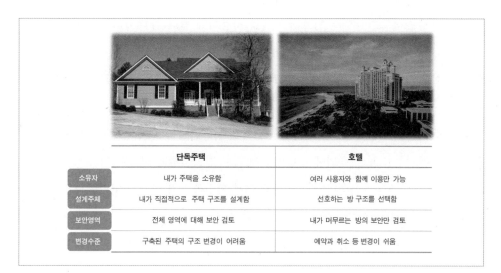

	단독주택	호텔
소유자	내가 주택을 소유함	여러 사용자와 함께 이용만 가능
설계주체	내가 직접적으로 주택 구조를 설계함	선호하는 방 구조를 선택함
보안영역	전체 영역에 대해 보안 검토	내가 머무르는 방의 보안만 검토
변경수준	구축된 주택의 구조 변경이 어려움	예약과 취소 등 변경이 쉬움

그림 2-16 단독주택(온프레미스 환경) vs 호텔(클라우드 환경)

일반적으로 정보 시스템의 보안을 검토할 때, 보안의 3요소인 기밀성, 무결성, 가용성 측면에서 검토하게 됩니다. 3가지 축으로 보안관점의 위협이 발생할 가능성을 평가하고, 발생 가능성에 대한 사전 보안대책을 수립/설계하게 됩니다.

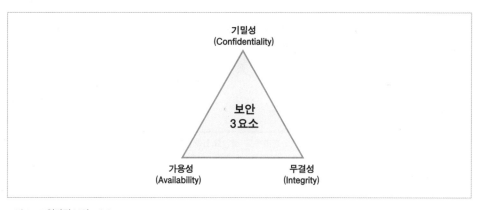

그림 2-17 일반적 보안 3요소

첫 번째 보안 요소인 **기밀성**은 기업의 영업비밀, 경영정보 등의 중요정보가 외부 또는 비인가자에게 공개, 노출되지 않도록 보호하는 것을 의미합니다. 이에 기밀성을 향상시키기 위해 일반적으로 데이터 암호화 기술을 사용하게 됩니다. 데이터 자체에 대해서는 파일 암호화, DB 암호화 등의 기술을 이용하고, 네트워크를 통한 통신 구간의 암호화는 통신 암호화 장비나 가상 사설 네트워크(VPN: Virtual Private Network), 전용선 등의 구간 암호화 기술을 사용합니다.

두 번째 보안 요소인 **무결성**은 데이터의 정확성과 일관성을 유지하고 보증하는 것을 의미합니다. 무결성은 보안 측면에서 데이터에 대한 접근통제와 사용자 인증 등을 포함합니다. 또한, 송신측과 수신측의 데이터 변경 여부 확인을 위해 해시 알고리즘과 같이 복호화가 불가능한 단방향 암호화를 이용하기도 합니다.

세 번째 보안 요소인 **가용성**은 재난, 화재 등의 외부 환경으로 인한 피해나 DDoS 공격(분산 서비스 거부 공격, Distributed Denial of Service), 해킹 등에 대응하여 핵심 서비스를 유지하고 피해를 빠르게 복구하여 정상 서비스를 제공하기 위한 요소입니다. 외부 환경에 대응하기 위해 재난대응(DR: Disaster Recovery) 센터나 업무 연속성 계획(BCP: Business Continuity Planning)을 수립하여 운영하고, 해킹공격에 대응하기 위해 분산처리, 복제 등의 기술을 이용할 수 있습니다.

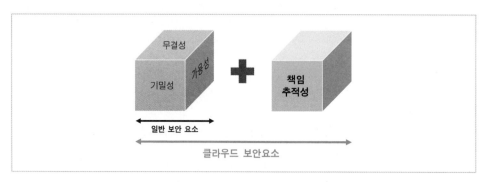

그림 2-18 클라우드 보안 4요소

하지만, 클라우드 환경에서는 자원을 대여하여 활용하기 때문에, 기존의 보안 3요소만으로는 보안수준을 충족할 수 없습니다. 왜냐하면, 우리는 클라우드 서비스 제공자가 사전에 구축한 자원을 이용만 하는 사용자 입장이기 때문입니다. 사용자가 접근할 수 없는 클라우드의 블랙박스 영역에서 동작하는 시스템이 어떤 물리적인 하드웨어 특성을 가졌는지, 물리적으로 어디에 위치하는지 등을 알기 어렵습니다. 이용 중인 자원과 관련된 모두 행위를 기록하고, 점검하고, 통제하고, 추적해야 보안사고와 같은 특이사항이 발생했을 때 책임과 현상을 추적할 수 있습니다. 따라서 보안 3요소 + '책임 추적성'이라는 요소를 포함하여 클라우드 보안 4요소를 고민해야만 합니다.

클라우드 보안 4요소를 고려하여 중요한 자원과 데이터는 접근할 때 인증을 적용하고, 누가 언제 접근하여 무엇을 했는지 추적할 수 있도록 보안 설계를 구성해야 합니다. 보안사고가 발생했을 때 클라우드 제공자와 사용자 간의 불명확한 보안영역에 대한 역할 수행과 책임을 평가하기 어렵기 때문에 초기 클라우드 보안 설계에서 책임 추적성은 보안 설계의 기반이 됩니다.

> 책임 추적성_ 클라우드 자원은 논리적인 자원이자, 블랙박스 내부에 포함되어 있으므로, 사용자는 자원의 정보를 실시간으로 확인하고 싶어 합니다. 이에 클라우드 사용자가 직접 관리해야 할 영역에 대한 가시성 확보가 매우 중요합니다.
>
> 예시 PaaS를 사용하는 펭수는 플랫폼(Platform) 상위레벨에 대한 트래픽 정보를 실시간 확인하고자, 플랫폼의 트래픽 로그를 축적하고 가시화 도구(예. Grafana, Kibana 오픈소스)를 활용해서 실시간 모니터링을 수행함

1.3 책임 범위

클라우드 서비스를 사용하는 서비스 이용자는 무엇보다 '**책임 공유원칙**Shared Responsibility'을 고민해야 합니다. 책임 공유원칙이란 클라우드 서비스 제공자가 인프라를 관리하고 사용자는 가상의 자원을 대여해서 사용하기 때문에 발생하며, 클라우드 서비스에서 발생하는 보안사고나 사건, 이슈 등에 대한 책임을 클라우드 서비스 제공자와 사용자가 공유해야 한다는 것입니다. 예를 들어, SaaS 서비스를 사용하는 클라우드 사용자는 애플리케이션 영역의 데이터, 사용자 인증 등의 보안관리에 대해서만 책임을 담당합니다. 데이터 암호화와 같은 보안기술을 적용하여 데이터를 보호할 수 있을 것입니다.

반면에 클라우드 서비스 제공자는 애플리케이션 영역 하위의 플랫폼과 인프라 영역에 대한 전반적인 보안관리를 책임집니다. 서비스 모니터링, 애플리케이션(응용 프로그램)의 보안 패치, 시스템 보안관리, 데이터 가시성 확보를 위한 인터페이스 등 광범위한 영역을 관리하고 보장하게 됩니다. 이처럼 하나의 자원을 사용하더라도 클라우드 서비스 제공자와 사용자 간의 책임 범위가 구별되므로, 사용자는 책임 범위를 인지하고 안전한 클라우드 서비스 사용을 위해서 보안사고와 보안위협에 대비해야 합니다. 물론, 책임 공유원칙은 보안영역에만 국한되지 않습니다. 보안뿐 아니라 성능, 가용성, 품질 등의 전 영역에 대해서 각자 책임범위 내의 서비스 수준을 보장해야 합니다.

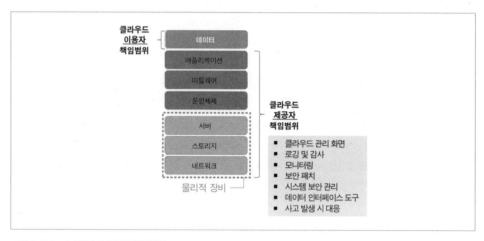

그림 2-19 SaaS 서비스의 영역별 책임범위

클라우드 환경에서 보안사고가 발생했을 때 어느 영역에서 원인이 발생되었는지 추적하기 어려우며, 클라우드 서비스 제공자에게 정보를 요청하더라도 계약이나 보안 미설정으로 인해 추적이 어렵다는 답변을 받을 수 있습니다. 또한, 어느 쪽에 책임이 있는지 판단하기도 어렵습니다. 그렇기 때문에 앞서 '책임 추적성'라는 클라우드 환경의 특수성을 설명한 것입니다.

따라서 클라우드 서비스를 선택하는 경우에, 클라우드 서비스 제공자의 보안수준을 검증해야 하고, 서비스 유형별로 책임 추적성을 확보하기 위한 계획을 마련해야 합니다. 기본적으로 **식별 + 인가 + 인증 + 로깅 + 모니터링 + 감사의 책임추적성** 6가지 요소를 필수적으로 설계한다면 책임 공유원칙에 부합할 수 있습니다.

일반적으로 클라우드 환경에서의 서비스 유형별 책임범위는 다음과 같이 나누어 집니다.

■ **클라우드 제공자**: 물리적인 데이터센터와 하드웨어 등에 대한 보안 책임과 가상화 기술을 이용한 인프라 관리에 대한 책임

■ **클라우드 사용자**
  IaaS 서비스 이용자: Data, Application, OS 영역 담당
  PaaS 서비스 이용자: Data, Application 영역 담당
  SaaS 서비스 이용자: Data 영역 담당

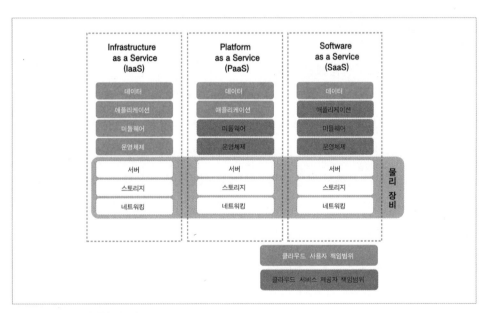

그림 2-20 서비스 유형별 책임범위

온프레미스 환경의 책임범위_ 하드웨어부터 소프트웨어, 데이터 범위의 전 영역을 사용자가 직접 구매, 관리, 운영, 개발 등에 관여하여 관리함

On-Premise
(온 프레미스)

데이터
애플리케이션
미들웨어
운영체제
서버
스토리지
네트워킹

전체 영역 책임범위

그림 2-21 온프레미스 환경의 책임범위

1.4 클라우드 보안 모델

▌성벽형/경계형 vs 공항형 보안 모델

기존의 시스템 보안은 일명 **성벽형 보안 모델** 또는 **경계형 보안 모델**Permeter Security Model로 부를 수 있습니다. 외부의 침입을 막기 위해 방화벽을 이용하여 접속 가능한 경로를 모두 제한하고, 외부로부터의 네트워크망을 분리해서 통신을 통제하는 모델인 것입니다. 마치 왕궁의 자산을 보호하기 위해서 높은 성을 쌓아올린 철옹성에 비유할 수 있습니다. 시스템 보안 담당자는 내부의 핵심자원을 식별하고, 외부와 분리하여 접근 통제를 수행하며, 공격 위협에 대해 보안장비나 솔루션을 적용하여 보안을 강화합니다.

반면, 클라우드 환경에서의 시스템 보안은 모바일 디바이스나 각기 다른 장소에서 클라우드의 자원을 사용하는 경우가 대부분이므로, 경계가 더 이상 물리적 위치에 한정되지 않습니다. 그래서 일명 **공항형 보안 모델**로 부르는 형태로 보안성을 확보합니다. 클라우드의 특징상 빠른 속도와 손쉬운 접속환경을 제공하는 접근성으로 인해 빠르게 자원이 생성되고 삭제됩니다. 따라서 기존 보안 시스템으로 클라우드의 변화 속도를 따라가기 어렵습니다. 특히 핵심자산을 식별하기 전에 자산현황은 이미 변경됩니다.

그리고 클라우드 환경은 다수의 사용자가 자원을 공유하는 멀티테넌시 형태의 서비스

를 사용하므로, 다수를 위한 경계형 보안구조를 구축하게 되면 막대한 비용이 들어갈 것입니다. 그러므로 클라우드 환경에 접속할 때 사용자 인증을 강화하고, 클라우드에서 전송하는 데이터들에 대해서 책임 추적성을 위한 보안 기능을 설정하는 공항형 보안 모델 수립이 보다 효율적입니다. 클라우드 환경의 접점에 대해서 인바운드와 아웃바운드의 양방향에 대한 내/외부 검사를 수행하고, 로깅과 모니터링 등을 구현하여 책임 추적성을 확보할 수 있습니다.

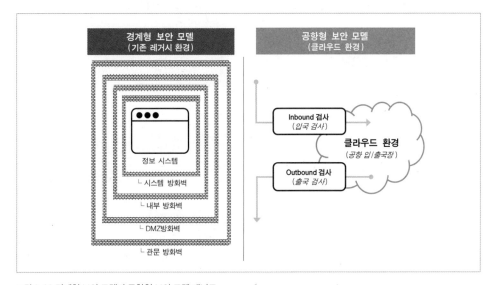

그림 2-22 경계형 보안 모델과 공항형 보안 모델 개념도

이는 마치 프랑스 여행을 갈 때, 샤를 드골 공항의 출입국 관리 사무소에서 입국검사를 받는 것과 동일합니다. 입국 심사장에서 여권으로 신분을 확인받고, 수하물(캐리어)에 대한 입국 허가를 받아야 합니다. 여행을 마치고 대한민국으로 돌아올 때도 역시 공항의 출국 심사장에서 신분 확인과 수하물에 대한 검사를 필수 받아야 합니다. 즉, 해당 국가로의 입국과 출국 시에 위험한 물건을 가지고 오지 않았는지, 범죄자는 아닌지, 대한민국 국민이 맞는지 등의 검사와 허가를 받게 되는 것입니다.

즉, 입국 심사는 인터넷 환경에서 클라우드 내부의 자원으로 접속하는 경우로서, 인바운드Inbound로 생각하면 됩니다. 출국 심사는 클라우드 내부 자원에서 외부의 인터넷 환경을 접속하거나, 데이터를 가지고 나가는 경우인 아웃바운드^{Outbound}로 이해하면 됩니다.

이처럼 온프레미스 환경에서의 보안이 여러 계층의 단계적인 보안통제를 적용하였다면, 클라우드 환경에서는 입구와 출구에서 외부 위협과 정보 유출을 통제하고 내부에서는 자유롭게 사용할 수 있도록 허용하되 책임 추적성을 위한 로깅을 강화하는 방식으로 보안 설계를 수행하는 것이 바람직합니다.

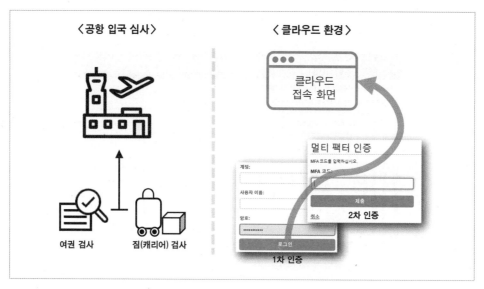

그림 2-23 공항 입국 심사 vs 클라우드 자원접근 인증

▌제로 트러스트 보안 모델 Zero Trust Security Model

최근에는 클라우드 서비스 활용의 대중화로 신규 서비스를 클라우드 환경에서 런칭^{Launching}하거나, 기존의 시스템을 클라우드 환경으로 이전^{Migration}하려는 움직임이 활발해지고 있습니다. 그러나 클라우드와 같은 새로운 환경에서는 시스템 보안, 데이터 보안, 애플리케이션 보안 등의 관련된 기술 투자에도 불구하고 보안사고가 급증하는 것도 사실입니다.

이에 기존의 보안방식에서 탈피하고, 보안에 대한 마음가짐과 대응전략을 새롭게 수립해야 한다는 측면에서 제로 트러스트^{Zero Trust} 보안 모델이 화두가 되고 있습니다. 미국에서는 2021년 5월, 연방정부의 사이버 보안을 강화하기 위해 제로 트러스트와 공급망 보안을 중점으로 하는 행정명령을 발표했습니다. 이 행정명령에 따라 연방정부와 클라우드 서비스 공급업체들은 '제로 트러스트' 보안 정책을 채택하고, ID, 장치, 네트워크, 데이터 및 응용 프로그램이 제로 트러스트 보안 수준을 충족하도록 보안 체계를 전환하고 있습니다.

한편, 과학기술정보통신부에서는 2023년 7월 국내 환경에 적합한 '제로 트러스트 가이드라인 1.0'을 발표하였습니다. 이를 위해 산업, 학계, 연구 기관, 정부 기관의 전문가로 구성된 '제로 트러스트 포럼'이 구성되어, 제로 트러스트의 개념과 접근 방법 등을 가이드하고 있습니다.

 :: 더 알아봅시다

제로 트러스트 가이드라인 1.0의 제로트러스트 구현 핵심원칙

구글 직원은 각기 다른 접속위치(구글 사무실, 가정, 호텔, 카페 등)에 상관없이 접속기기(휴대폰, 태블릿 등)와 사용자 자격 증명에만 의존합니다. 구글의 내부 자원에 대한 모든 접속은 접속기기의 상태와 사용자 자격 증명(인증서, 접속 계정 등)을 기반으로 완전하게 식별, 인증, 인가와 암호화 처리를 수행하게 됩니다. 각자 접속하고자 하는 구글 내부의 자원에 대한 세밀한 접속이 가능케 하여, 기존의 VPN을 사용하지 않고 원격 액세스로 업무 처리 효율을 향상시켰습니다.

- 인증 체계 강화: 각종 리소스 접근 주체에 대한 신뢰도(사용하는 단말, 자산 상태, 환경 요소, 접근 위치 등을 판단)를 핵심요소로 설정하여 인증 정책 수립
- 마이크로 세그멘테이션: 보안 게이트웨이를 통해 보호되는 단독 네트워크 구역(segment)에 개별 자원(자원그룹)을 배치하고, 각종 접근 요청에 대한 지속적인 신뢰 검증 수행
- 소프트웨어 정의 경계: 소프트웨어 정의 경계 기법을 활용하여 네트워크를 동적으로 구성하고 정책 엔진 결정에 따라 진행, 사용자·단말 신뢰 확보 후 자원 접근을 위한 데이터 채널 형성

다음 그림은 제로 트러스트 보안 모델 적용 전, 후에 따른 위협의 인지 범위를 나타낸 개념도입니다. 왼쪽 그림은 기존 보안으로, 외부에서의 위협을 방어하는 데에 초점을 둔 반면, 오른쪽 그림은 제로 트러스트 보안 모델이 클라우드 환경에 적용된 것입니다. 내/외부의 구분없이 모든 영역을 위협의 대상으로 삼고 있습니다.

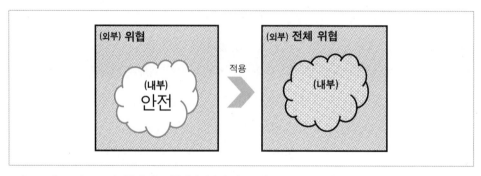

그림 2-24 제로 트러스트 보안 적용에 따른 위협인지 범위(좌: 기존 보안, 우: 클라우드 보안)

이렇게 보안위협의 범위가 달라지면 보안 경계수준도 차이가 나기 마련입니다. 다음 그림의 왼쪽은 내부와 외부의 경계지점에 보안요소를 고려하나, 오른쪽은 모든 보안영역을 세밀화하여 각각의 데이터마다 보안요소를 설정하는 방법을 취하고 있습니다.

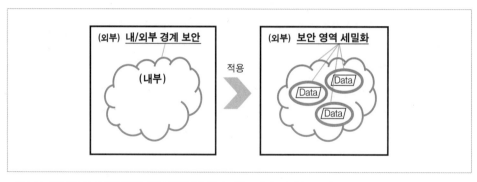

그림 2-25 제로 트러스트 보안 적용에 따른 보안경계 수준(좌: 기존 보안, 우: 클라우드 보안)

보다 직관적인 제로 트러스트 보안 모델의 이해를 위하여 사례기반으로 적용하는 과정을 살펴보도록 하겠습니다.

가상 시나리오

A사는 CISO, CIO에 의해서 보안장비와 솔루션의 비용 투자가 이루어졌으나, 보안성이 향상되기보다 오히려 저하되고 있습니다. 내부자의 악의적인 보안위협과 무지에 의한 클라우드 자원의 활용으로 보안사고와 사건이 급증하고 있는 현실입니다. 이에 A사의 보안 책임자는 '제로 트러스트 보안 모델'을 적용하기로 결정했습니다.

◆ 제로 트러스트 적용을 위한 철학

- 태도: '세상에 믿을 사람은 없다'라는 기본 태도로 누구도 근거 없이 신뢰하지 않아야 합니다.
- 신뢰: 신원이 파악되기 전까지는 모든 클라우드 자원 접속은 차단합니다.

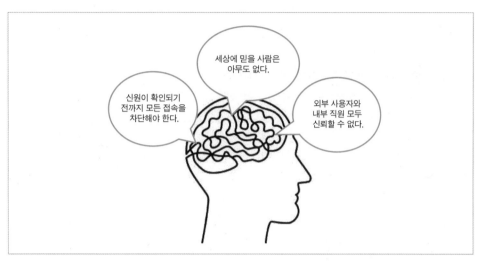

그림 2-26 제로 트러스트 보안 모델 철학

◆ 적용하기 위한 전략

- 1차 차단: 클라우드 환경으로 접근하기 전은 신원(주체)이 파악되기 이전이므로, 네트워크를 통한 모든 접속을 차단합니다.
- 2차 양방향 식별: 접근 주체의 유형(내부자 또는 외부자, 서버 등의 자원)을 구분하지 않고, 해당 접근 주체가 누구인지 파악합니다.
- 3차 인증: 자원에 접근하려는 주체가 허가된 주체가 맞는지, 입력한 인증 정보가 정확한지를 확인합니다.
- 4차 인가: 접근 주체가 접근하려는 클라우드 자원(객체)에 대해 권한을 부여받은 것이 맞는지, 해당 클라우드 자원은 안전하게 보안 구성이 된 상태인지를 검사한 후, 정상 권한이 확인되면 접근을 허가합니다.
- 5차 접근: 접근 주체는 클라우드 환경에서 자유롭게 자원을 사용합니다.

그림 2-27 제로 트러스트 보안 프로세스

앞선 프로세스처럼 제로 트러스트 보안 모델은 항상 불신을 전제로, 신원을 확인하고 모든 트래픽을 로깅와 감사, 모니터링을 통해 리뷰합니다. 클라우드 환경에서 책임 추적성을 확보할 수 있는 보안 모델이라고 볼 수 있습니다.

 :: 더 알아봅시다

제로 트러스트 보안 모델 적용 사례: Google BeyondCorp

구글 직원은 각기 다른 접속위치(구글 사무실, 가정, 호텔, 카페 등)에 상관없이 접속기기(휴대폰, 태블릿 등)와 사용자 자격 증명에만 의존합니다. 구글의 내부 자원에 대한 모든 접속은 접속기기의 상태와 사용자 자격 증명(인증서, 접속 계정 등)을 기반으로 완전하게 식별, 인증, 인가와 암호화 처리를 수행하게 됩니다. 각자 접속하고자 하는 구글 내부의 자원에 대한 세밀한 접속이 가능케 하여, 기존의 VPN을 사용하지 않고 원격 액세스로 업무 처리 효율을 향상시켰습니다.

구글의 보안 원칙

- 모든 구글 시스템 접속 시 인증, 인가, 암호화가 적용되어야 함
- 사내외 구분없이 어디서든 접속이 가능해야 함
- 가상의 사설 네트워크 등과 같은 전형적인 보안 장비 없이 구글의 사용자 자격 증명과 정책만으로도 네트워크 통제가 가능해야 함
- 모든 접속은 접속기기와 사용자에 대한 안전성이 완벽하게 검증된 경우에만 허용함

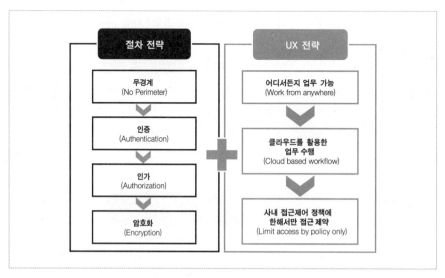

그림 2-28 구글의 제로 트러스트 보안 모델 전략

구글의 BeyoundCorp 모델을 적용한 제로 트러스트는 신뢰되지 않은 네트워크 환경에서도 사용자 인증과 접속기기의 대한 안전성과 보안성 평가를 통해 언제 어디서나 업무가 가능하도록 구축되었습니다. 물론, 사용자 장치의 트래픽 모니터링과 패턴 학습을 적용한 지능형 엔진으로 구글 직원이 아님에도 내부 자원에 접근이 가능한 오류(FP : False Positive)나 구글 직원임에도 접근이 불가한 오류(FN : False Negative)를 최소화했습니다.

클라우드 환경의 유연성과 접근성의 장점으로 직원들은 IT 부서를 거치지 않고 클라우드 자원을 손쉽게 사용할 수 있습니다. 특히 외부 클라우드의 서버나 스토리지를 쉽게 인터넷에서 접속할 수 있도록 수정이 가능함에 따라 내부 중요 정보를 클라우드 환경에 저장하거나 유출이 가능하여, 악의적인 내부자 정보 유출이 보안업계의 치명적인 위협으로 다가왔습니다. 그 중심에 섀도 IT(*Shadow IT*)가 있습니다.

섀도 IT(Shadow IT)_ 기업의 내부 직원들이 IT 부서에서 승인하지 않은 클라우드 애플리케이션 또는 서비스를 구입하고 활용하면서, IT 관리부서나 관리자가 사용 실태를 파악하지 못하는 현상

2 클라우드 보안 설계

많은 기업이 비용 절약과 생산성 향상을 위해 클라우드를 활용하여 성공 사례를 만들고 있습니다. 클라우드는 업무 환경을 변화시키고 있고 클라우드 활용이 늦어질수록 기업과 공공기관은 가까운 미래에 외국 기업이나 다른 국가의 IT 속도를 따라갈 수 없게 될 것입니다. 따라서 우리는 클라우드 활용 시 발생하는 보안 문제를 피하지 않고 극복해야 합니다.

앞서 우리는 클라우드 보안 설계의 필요성을 함께 생각해보았습니다. 이번 단락에서는 클라우드 보안 설계를 진행하는 절차를 살펴보고자 합니다. 클라우드를 활용하는 방식은 기업마다 서비스 분야마다 다를 수 있으므로 일반적인 클라우드를 사용하는 관점에서 접근해보겠습니다.

2.1 클라우드 전환 프로세스

클라우드 보안 설계에 앞서 클라우드로 서비스 전환 시 진행하는 일반적인 절차를 간략히 살펴보겠습니다. 크게 다음과 같이 5단계로 나눌 수 있습니다.

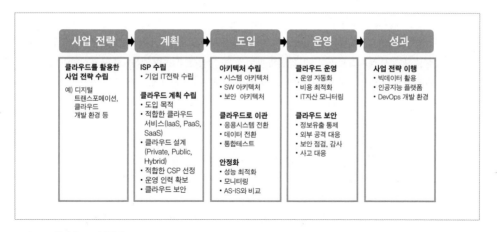

그림 2-29 클라우드 도입 절차

사업 전략 단계에서 클라우드 도입을 검토할 때에는 경영층의 강력한 의지가 중요합니다. 클라우드 서비스를 활용하여 단위 업무를 처리하는 것도 좋지만, 기업의 경쟁력 강화를 위해서는 업무 형태를 변경하고 장기적인 변화 계획을 수립해야 합니다.

계획 단계에서 정보화 전략 계획(ISP, Information Strategy Planning)과 클라우드 설계가 필요합니다. 기업의 미래 IT 전략에 따라 어떤 서비스를 클라우드로 전환해야 경쟁력이 강화되고 시장을 선도할 수 있는지 장기적인 IT 전략을 수립해야 합니다. IT 환경은 지속적으로 변경되기 때문에 단기, 중기, 장기 계획이 없으면 기업의 역량을 한 방향으로 집중하기가 어렵습니다.

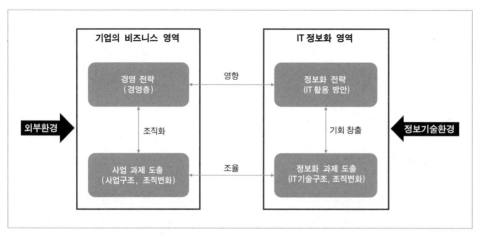

그림 2-30 정보화 전략 계획 수립

도입 단계에서 최적의 클라우드 서비스와 클라우드 배치모델 그리고 서비스 제공자를 검토하게 됩니다. 만약 사내에 클라우드 전문가가 없거나 처음 사용하는 경우라면 클라우드 컨설팅을 통해 정확한 방향성을 잡는 것이 중요합니다.

이때 IT 기술구조가 변경되기 때문에 아키텍처를 수립하게 됩니다. 클라우드별로 제공하는 플랫폼과 서비스 환경이 다르므로 그에 따른 시스템 아키텍처와 소프트웨어 아키텍처 수립이 필요하며, 보안 측면에서 보안 위험성과 보안 대응 방안을 고려하여 보안 아키텍처를 수립해야 합니다.

아키텍처의 구성이 끝나면 실제 클라우드로 기존 시스템을 이동하는 작업이 진행됩니다. 서비스가 기존의 기업 내부에서 클라우드로 이동하고, 데이터도 클라우드에 업로드됩니다. 이관 계획을 완벽하게 수립해도 예상치 못한 일들이 발생할 수 있기 때문에 복구 계획과 함께 사전에 시나리오별로 모의 훈련도 실시해야 합니다.

운영 단계에서는 클라우드 서비스 운영 업무와 보안 관리가 중요합니다. 클라우드로 변경된 시스템을 사용할 때 사용자들에게 문제가 없는지 모니터링하고, 안전하게 서비스가 제공되는지 지속해서 관리해야 합니다. 클라우드 운영 수준에 따라 사업 성과가 영향을 받기 때문에 클라우드 계획 수립 시 운영 인력 확보와 클라우드 보안에 대한 계획이 함께 포함되어야 합니다.

성과 단계에서는 장단기적으로 유무형의 성과를 평가해야 합니다. 데브옵스^{DevOps}를 통한 개발문화의 변화와 클라우드를 활용한 디지털화로 인한 성과에 대한 정성적, 정량적 평가측정이 필요합니다.

아키텍처 수립이란?

아키텍처를 수립한다는 말은 업무를 수행하는 데 필요한 환경을 만든다고 생각하면 됩니다. 예를 들어 기존에 독립된 건물에서 음식점을 혼자 운영하다가 푸드 코트(Food Court) 안에 점포를 임대하여 음식점을 운영하게 되었다고 가정해봅니다. 이때 우리는 점포의 배치를 어떻게 할지, 재료 유통과 보관, 조리는 어떻게 수행할지, 위생 관리는 어떤 방식으로 해야 할지를 고민하게 됩니다. 아래 그림은 음식점을 운영하는 과정과 정보 시스템을 구축하는 과정에서의 아키텍처를 비교한 것입니다.

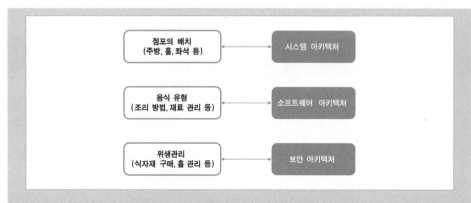

그림 2-31 음식점 관리와 아키텍처별 비유

음식점의 전체적인 분위기, 가구의 배치, 주방의 배치, 카운터 등은 시스템 아키텍처라고 할 수 있습니다. 시스템 아키텍처에 따라 요리사의 동선, 손님들의 동선이 결정됩니다. 제공하는 음식의 종류와 음식을 만드는 방법 등은 소프트웨어 아키텍처라고 할 수 있습니다. 소프트웨어 아키텍처에 따라 음식이 만들어지는 시간과 서비스의 질이 결정됩니다.

마지막으로 위생 관리는 보안 아키텍처와 유사합니다. 당장 매출에 도움이 되지 않지만, 위생 관리가 소홀하여 음식이 상하거나 바닥이 지저분하다면 손님들은 음식의 맛 이전에 음식을 먹어도 안전할지에 대해 불안해할 것입니다. 서비스가 안전하게 사용자에게 제공될 수 있는 최적의 환경을 만드는 것이 보안 아키텍처입니다.

2.2 클라우드 도입 전략

정보화 전략 계획을 수립하고 클라우드 도입을 도모할 때, 2가지 유형으로 계획을 수립할 수 있습니다.

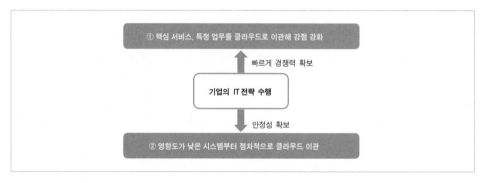

그림 2-32 클라우드 시스템 도입 계획 유형

❶ 핵심 업무 시스템을 클라우드로 전환하는 전략적 적용 방식

첫째, 전략적으로 핵심 서비스, 특정 업무를 클라우드로 전환하는 방법입니다. 회사의 비즈니스 현황을 고려해 강점을 가지고 시장을 선도하는 주력 서비스를 클라우드로 빠르게 전환하는 방식입니다. 경영층의 결정에 따라 클라우드 활용 전략을 수립해 투자하는 경우가 해당될 수 있습니다.

핵심 업무를 클라우드로 이관하고 운영하기 위해서는 도입 시에 클라우드 서비스 제공자 선정, 클라우드 운영, 보안 관제 수행의 3가지 항목에 대한 계획이 구체적으로 필요합니다.

첫째, 클라우드 서비스 제공자의 선정

클라우드 서비스 제공자 선정 부분은 클라우드 서비스 이용 시 아무리 강조해도 지나치지 않습니다. 클라우드의 안정성과 가용성을 보장해주고, 다양한 로깅과 모니터링 서비스를 제공해주는 클라우드 서비스 제공자의 선정이 필요합니다.

보안 측면에서 클라우드 서비스 제공자가 지원하지 않는 보안 기능을 추가로 설치하거나 구축하기 위해서는 많은 제약사항이 존재합니다. 예를 들면 클라우드 서비스 제공자가 방화벽 기능을 제공하지 않는다면 사용자는 소프트웨어 기반의 방화벽을 설치하고 성능을 검증해야 합니다. 별도의 운영 인력이 새로운 시스템이 생성될 때마다 방화벽 정책을 설정하고 관리해야 하는 어려움이 발생합니다.

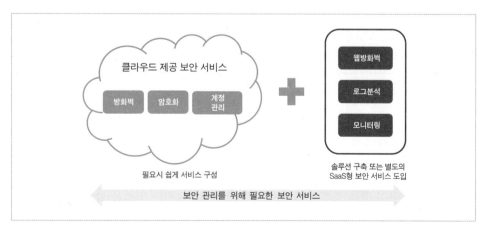

그림 2-33 클라우드 서비스 제공자 보안 서비스 검토

별도로 구축한 보안 솔루션이나 SaaS형 보안 서비스의 경우 사용 중인 클라우드 보안 서비스와 연계를 위한 추가 비용이 발생하고 보안관리 측면에서 누락이 발생할 수 있습니다. 즉, 보안관리의 복잡성이 증가하여 안정성이 줄어들 수 있습니다.

따라서 클라우드 서비스 제공자가 제공하는 보안 서비스 종류와 지원 범위에 대한 검토는 통합된 보안 정책 관리와 안정성을 위해서 필요한 사항입니다. 기업에서 필요한 보안 기능을 리스팅하고 클라우드 서비스 제공자가 미제공하는 기능이 있다면 지원 계획을 확인하고 요청하는 과정이 필요합니다.

그 외에도 클라우드 서비스 제공자가 자체적으로 운영하는 가상화 시스템이나 데이터에 대한 통제가 잘 이루어지고 있는지를 여러 가지 클라우드 관련 인증의 취득 여부를 통해 확인해야 합니다.

둘째, 클라우드 서비스 운영 계획

클라우드 서비스를 성공적으로 구축한 이후에는 안전한 운영이 중요합니다. 대부분 보안 사고가 운영자의 설정 오류나 실수로 인해 발생합니다. 클라우드 기술에 대한 역량이 충분하지 않다면 역량이 확보될 때까지 전문 인력을 통해 운영 서비스를 받는 것이 좋습니다. 클라우드 도입 시 운영 전략은 크게 2가지 유형이 있습니다.

유형	개념	역할
클라우드 전문가 조직 운영 (Cloud Center of Excellence)	내부의 클라우드 전문가로 구성된 조직	클라우드 이슈 단일 창구, 컨설팅, 표준 수립, 교육 수행
클라우드 운영 서비스 활용 (Managed Service Provider)	클라우드 서비스 운영 전문 조직	다양한 클라우드 운영, 추가적인 서비스 구축 및 마이그레이션, 최적화/자동화 기능 제공

표 2-1 클라우드 운영 전략

클라우드 전문가 조직의 경우 클라우드 전환을 위한 전문가 집단으로 생각해볼 수 있습니다. 기술적인 이슈를 해결하고 관련 지식을 교육하여 외부의 우수사례를 기업 내에 확산하는 역할을 수행해 조직의 클라우드 역량을 향상시키는 역할을 합니다. 기업 내부적으로 클라우드, 인프라, 응용 시스템, 보안 담당자 등 핵심 인력을 구성하여 클라우드 기술을 양성할 수 있고, 외부의 전문가를 채용하여 구성할 수도 있습니다.

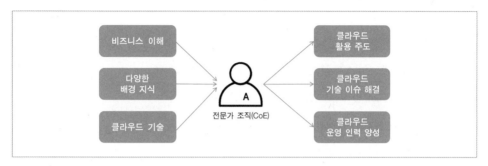

그림 2-34 클라우드 전문가 조직의 역할

또 다른 유형은 클라우드 운영 서비스 제공자를 활용하여 운영을 위탁하는 방법입니다. 최근 클라우드 시장이 확산함에 따라 클라우드 운영 서비스를 제공하는 CMS^(Cloud Management Service) 시장이 커지고 있습니다. 기업에서 여러 클라우드 서비스 제공자를 사용하는 추세가 증가함에 따라 별도의 내부 인력 확보보다는 전문 인력을 활용하여 유동적으로 운영 조직을 관리하는 방법입니다.

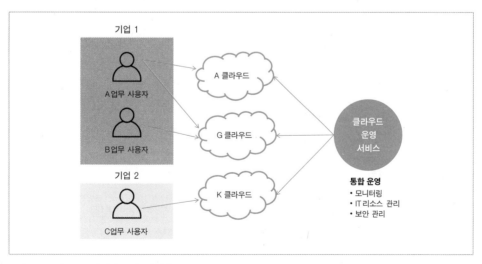

그림 2-35 클라우드 운영 서비스 제공자 역할

클라우드 운영 서비스 제공자 또한 서비스 등급에 따라 기본적인 관리부터 자동화, 모니터링 솔루션 제공까지 다양한 서비스를 추가로 제공합니다. 클라우드 운영 서비스 제공자 선정 시 다음과 같은 항목들을 검토해볼 수 있습니다.

- 고객의 요구 사항에 맞는 운영 업무 지원
- 다양한 클라우드 서비스 제공자의 서비스를 운영할 수 있는 전문성 보유
- IaaS, PaaS, SaaS 영역까지 다양한 클라우드 서비스 지원
- 클라우드 보안에 대한 전문성과 모니터링, 자동화 기술 보유
- 운영 서비스에 대한 개선작업 수행과 정기적인 리포팅

셋째, 보안 관제 계획 수립

클라우드는 자원과 정보가 집중되어 있기 때문에 해커들의 목표물이 됩니다. 또한, 여러 클라우드 서비스 제공자가 지원하는 보안 서비스가 다르기 때문에 보안 정책을 공통으로 적용하기가 어렵습니다. 특히 각각의 클라우드에 보안 서비스를 적용하더라도 물리적인 자원을 공유하는 취약한 다른 고객사가 해킹을 당하거나 클라우드 서비스 제공자가 활용하는 클라우드 가상화 기술의 보안 취약점 등으로 인해 보안 위험이 확산되거나 피해가 발생할 수 있습니다. 따라서 클라우드 보안에 대한 지속적인 관리를 위해서는 보안 관제 계획을 수립해야 합니다.

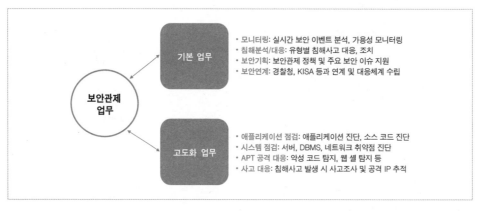

그림 2-36 보안 관제 업무

최근에는 보안 서비스의 일종인 SECaaS(Security as a Service, 서비스로서의 보안)나 CASB(Cloud Access Security Broker, 클라우드 접근보안 중개) 시장이 활성화되고 있어 CSP[Cloud Service Provider]가 제공하지 못하는 보안 기능을 제공하고 선택적인 보안 관제 업무도 적용할 수 있습니다.

❷ 클라우드 성숙도에 따른 단계적 적용 방식

두 번째 도입 전략은 조직의 IT 시스템의 성숙도에 맞게 영향도가 낮은 서비스부터 단계적으로 확대해 나가는 방식입니다. 기업의 클라우드 도입 및 활용 수준도 마찬가지로 성숙도를 측정하여 현재 수준을 가늠해 볼 수 있습니다.

소프트웨어의 역량 성숙도 평가 모델 중 CMMi[Capablity Maturity Model Integration] 모델이 있습니다. CMMi는 소프트웨어와 시스템에 대한 역량 평가 모델로 사용되는데 조직의 클라우드 역량을 측정하고 평가하는 모델로 활용해서 클라우드 성숙도를 설명하겠습니다.

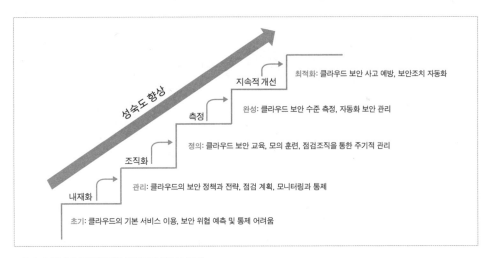

그림 2-37 CMMi 모델을 통한 클라우드 성숙도 단계

초기 단계는 클라우드 서비스 제공자가 제공하는 서비스를 사용하고 보안 기능들에 대한 서비스 유형을 보고 가이드에 따라 설정을 하는 수준입니다. 기능들의 활용 방법을 완전히 익히고 내재화하게 되면 관리할 수 있는 단계가 됩니다.

관리 단계에서는 기업의 보안 기준과 클라우드 보안 인증제에서 점검하는 항목을 참고해서 클라우드 보안 관리 기준을 수립할 수 있으며, 체크리스트를 작성해 클라우드 설정이나 보안 취약점을 자체적으로 점검할 수 있습니다.

정의 단계에서는 정기적으로 클라우드 보안에 대한 사용자 교육과 모의 해킹 등의 점검, DDoS^{Distributed Denial of Service} 공격 시 대응 훈련 등을 주기적으로 수행할 수 있습니다.

완성 단계에서는 클라우드 보안을 자동화하고 실시간으로 변동 사항을 측정할 수 있는 모니터링 환경을 구성해서 운영하는 단계입니다. 위협을 빠르게 탐지하고 관리할 수 있습니다.

최적화 단계는 클라우드에서 발생하는 로그들을 분석하여 사전에 위협을 예측하거나 자동화 기능을 활용해 잘못된 설정을 바로 탐지하고 기준에 맞게 수정해주는 보안 조치 자동화 기능들을 지속해서 활용할 수 있는 단계입니다.

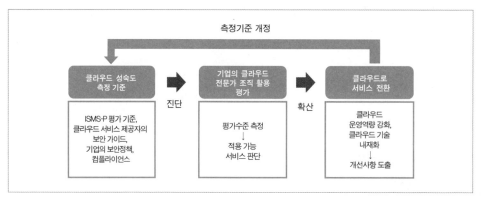

그림 2-38 클라우드 보안성숙도 향상을 위한 단계

클라우드 운영 역량과 성숙도가 높아짐에 따라 보안에 대한 역량도 강화될 수 있습니다. 서비스 영향도가 적고, 보안위협의 수준이 낮은 서비스부터 클라우드를 적용하고, 점진적으로 확대하는 방식으로 클라우드 보안을 완성해 갈 수 있습니다.

◉ :: 더 알아봅시다

클라우드 마이그레이션 전략 6R과 유형별 보안 고려사항

- Refactor(Re Architect): 클라우드에 적합한 애플리케이션 아키텍처를 설계하여 이관

  `고려사항` DevSecOps를 통한 개발 및 운영 프로세스 설계, 안전한 API 사용, 아키텍처에 대한 보안성 검토 등

- Re-Platform(Reshape, Lift Tinker and Shift): 애플리케이션의 기존 아키텍처는 유지하면서 클라우드 환경에 적합하도록 일부 코드만 수정하거나 플랫폼만 변경

  `고려사항` 미들웨어(DaaS, PaaS)에 대한 Credential 보호, 미들웨어 인증 및 권한 관리 등

- Re-Purchase(Drop and Shop): 운영 중인 애플리케이션과 동일한 기능을 하는 SaaS 솔루션으로 대체

  `고려사항` 개인정보 및 통신 암호화, 접속 로그 저장, 접근 통제 기능 여부 등

- Re-Host(Lift and Shift) : 운영 중인 애플리케이션과 데이터를 클라우드 서버에 배포

  `고려사항` 코드형 인프라(IaC)에 대한 기준, 클라우드 인프라 권한 관리 기준 마련, 클라우드 로깅 설정 등

- Re-Locate : 하드웨어 자원이 필요한 경우 코드 수정 없이 기존 애플리케이션 운영을 위한 인프라를 클라우드 환경으로 옮기는 것

  `고려사항` 네트워크 IP 변경에 따른 네트워크 접근 통제, 인프라 수준의 보안 점검 등

- Retire, Retain : 클라우드로 이전하지 않거나 서비스 제거

3 클라우드 보안 아키텍처 설계

앞에서 클라우드 보안을 음식점의 위생 관리에 비유했습니다. 위생 관리는 음식과 관련된 위생 안전 평가 기준을 확인하고 작업 환경, 조리 시설 관리, 보관 및 운송 관리, 식자재 검사 등 소비자의 안전을 위해 음식의 재료부터 완성까지 관리하는 점에서 보안 관리와 많은 유사점이 있습니다.

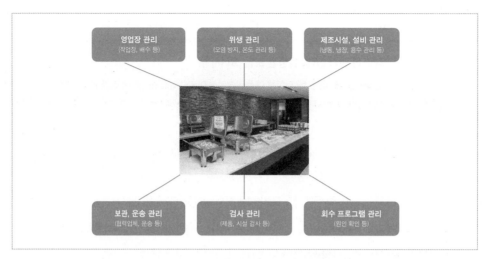

그림 2-39 위생 관리 평가항목

　보안 아키텍처 설계에서도 위생 관리와 같이 관리적 보안, 기술적 보안, 그리고 클라우드 서비스 제공자의 보안으로 구분하여 보안 관리가 필요한 영역을 정의하고 관리 방안을 위한 아키텍처를 수립할 수 있습니다.

그림 2-40 클라우드 보안 아키텍처 사례

　관리적 보안에는 컴플라이언스, 보안 정책, 보안 조직, 보안 감사 등의 항목이 있습니다. 기업은 법, 제도의 변화에 따라 준수해야 할 보안 요건을 확인하고 관리해야 합니다.

기술적 보안에는 네트워크, 서버, 콘텐츠, 애플리케이션 보안 관리 항목이 있습니다. 사용자에게 서비스를 제공하는 애플리케이션부터 통신구간, 클라우드의 서버와 스토리지, 데이터까지 기술적으로 보호하고 관리해야 합니다. **클라우드 서비스 제공자 보안**에는 가상화 기술과 물리 보안 영역이 있습니다. 가상화 영역과 데이터센터의 물리 보안에 있어 클라우드 서비스 제공자가 적절한 보안 수준을 유지하는지 계약이나 인증을 통해 관리해야 합니다.

앞선 클라우드 보안 아키텍처 수립을 위한 절차를 단계별로 살펴보겠습니다. 클라우드 보안 아키텍처 설계를 위해서는 현황 분석, 도입 대상 선정, 위험 평가, 보안 아키텍처 구성의 4단계를 거쳐 검토를 수행할 수 있습니다.

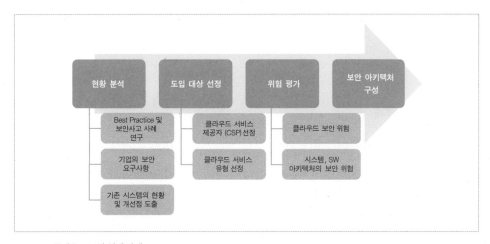

그림 2-41 클라우드 보안 설계 단계

현황 분석에서는 클라우드로 전환할 대상의 서비스를 선정하고 컴플라이언스에서 제시하는 요구 사항을 검토합니다. 클라우드 역량이 부족하다면 클라우드 컨설팅을 통해 기업의 비즈니스 방향과 기존 시스템의 문제점을 분석해서 IT 전략을 수립하는 것이 바람직합니다.

도입 대상 선정에서는 클라우드 도입 목적을 정하고 클라우드 서비스 제공자가 제공하는 보안 기능과 적용 가능한 보안 솔루션에 대해 검토합니다. 서비스 유형(IaaS, PaaS, SaaS)

에 따라 업무 형태와 활용 기술들이 다르기 때문에 도입 대상의 선정은 목적 달성을 위해 중요한 부분입니다.

위험 평가에서는 기존에 클라우드에서 발생한 보안 위협들을 고려해서 보안 위험에 대한 평가를 수행합니다. 클라우드 환경에서 시스템 아키텍처와 소프트웨어 아키텍처를 수립하고 발생 가능한 보안 위협들을 검토해야 합니다. 클라우드 서비스 제공자의 보안 서비스를 활용하고, 부족한 통제 영역에 대해서는 향후 모니터링이나 자동화를 위한 개선이 가능한지도 검토해야 합니다.

보안 아키텍처 구성에서는 지금까지 검토한 내용을 바탕으로 설계서를 작성합니다. 보안 아키텍처를 수립할 때는 향후 운영과 클라우드 확장에 대한 방향을 고려해야 하며, 클라우드 서비스 제공자에 대한 의존도가 높아져서 특정 클라우드에 종속되는 부분도 대응 방안을 고려해야 합니다. 이후에는 단계별로 상세히 검토해야 할 사항들을 살펴보도록 하겠습니다.

3.1 현황 분석 단계

현황 분석 단계를 요식업에 비유하면, 마치 음식점을 운영하기 전에 관련 맛집을 탐방하며 중식, 일식, 한식 등 어떤 분야의 요리가 내게 적합한지, 차별화가 가능한지, 미래에 성공 가능성이 큰지 파악하는 단계입니다.

기존 업무 시스템에서 클라우드 적용이 적합한 업무 데이터 선정과 기업의 보안 요구 사항, 컴플라이언스 관련 사항들을 검토합니다. 이미 클라우드를 도입한 기업들의 베스트 프랙티스Best Practice와 아키텍처에 대한 사례 분석도 필요합니다.

기업의 서비스 중 클라우드로 이전할 대상 선정과 컴플라이언스 준수를 위한 요구 사항을 정의합니다. 만약 개인정보, 금융 서비스 등과 관련된 업무는 국내 관련 규정을 준수할 수 있도록 추가적인 보안 요건을 사전에 검토합니다.

안전한 클라우드 서비스를 위해서 성숙도가 낮은 단계라면 사용하는 데이터의 중요도와 장애 시 서비스 영향도 등을 검토해서 이관대상 서비스를 선정할 수 있습니다. 서비스 선정 후에는 서비스 특성에 따라 서비스 유형(SaaS, PaaS, IaaS)과 배치방식(Private, Public,

Hybrid)을 검토하게 됩니다.

클라우드 전환 대상 업무 선정

클라우드 서비스를 구축할 때 보통 클라우드 도입 초기에는 영향도가 낮은 서비스나 시스템을 우선 적용합니다. 클라우드의 성숙도에 따라 단순한 정보제공 사이트나 정보 유출에 민감하지 않고 빠르게 환경을 구축해서 개발이 필요한 경우를 대상으로 클라우드를 선 적용합니다. 다음 표는 기업에서 클라우드 사용 초기 단계에서 적용할 수 있는 업무 시스템 사례입니다.

초기 단계 업무 사례	클라우드 도입 효과	클라우드 서비스 이용 예시
협업용 시스템	• 사용자 라이선스에 대한 비용만 지불하는 서비스 • 초기 투자비용 절감	메일, 메신저, 웹 디스크 등 주로 SaaS 형 서비스
분석용 시스템	• 빅데이터 분석을 위해 일시적으로 고성능 처리를 위한 업무 • 부하 증가 시 확장성 제공	실시간 빅데이터 처리 시스템, SNS 분석, IoT 기기 정보 분석 등
개발 및 테스트 시스템	• 신속한 개발 환경 구성 • 다양한 개발 환경 제공	다양한 OS에 맞는 드라이버 개발, Lean 개발, 프로토타입 개발 등
모바일 오피스 시스템	• 다양한 기기로 접속 가능한 서비스를 빠르게 구축 • 접근성을 극대화	모바일 결제, 사내 데스크톱 업무 환경 제공
중요도가 낮은 시스템	• 사내 시스템과 연계가 필요 없이 일시적이고 중요도가 낮은 업무 • 단순 정보 제공, 파일 배포 등	일반인 대상 공모전 사이트, 데모용 시스템 등

표 2-2 클라우드 사용 초기 단계

기업은 클라우드를 도입하려는 목적을 우선 명확히 설정해야 합니다. 도입 목적이 명확하지 않은 경우 단편적인 서비스 운영으로 서비스들에 관리 부재와 보안 취약점이 발생할 수 있습니다. 실제로 클라우드를 통해 달성하려고 하는 명확한 목표가 없는 경우는 클라우드로 구축된 개발 환경들이 방치되고 관리되지 않은 채 비용만 발생하는 경우도 있습니다. 다음 표를 참고하여 클라우드 도입 목적과 적용 우선순위를 선정해 봅시다.

클라우드 도입 목적 사례	설명
비용 절감(운영, 유지보수 비용)	많은 투자 발생이 필요한 업무
효율성 증대(개발 및 테스트)	다양한 개발환경 관리 및 시스템 할당/삭제가 빈번한 업무
대용량 처리(확장성)	대용량 데이터 처리를 위한 컴퓨팅 리소스 및 저장 공간 필요 업무
부정기적인 업무 처리(월말, 분기 등)	비즈니스의 특성에 따라 월말 또는 분기, 연말 등 특정 기간에 집중된 업무
관리 부하 감소(운영관리 부하)	중요도는 낮지만, 유지보수에 인력과 비용 투자가 발생하는 업무

표 2-3 클라우드 도입 목적과 적용 우선순위

사내의 정보 시스템의 중요도를 평가할 때, 다음 그림과 같은 기준을 참고할 수 있습니다. 정보시스템별로 등급을 평가하고 중요도가 낮은 시스템을 우선 클라우드에 적용합니다. 중요도에 대한 판단은 기업 내부적으로 클라우드 전문가 조직을 구성하여 평가하는 것을 권장합니다.

항목	평가모델	중요도		
서비스	클라우드 서비스 용도 및 사용자에게 미치는 영향도	상 (3점)	중 (2점)	하 (1점)
데이터	클라우드에 저장되는 데이터의 중요도	상 (3점)	중 (2점)	하 (1점)
연계	클라우드 시스템과 사내 시스템 연계 정도	상 (3점)	중 (2점)	하 (1점)
업무대체수준	사고 발생 시 다른 시스템으로 대체 가능 여부 (업무 대체율) 업무 대체 시 발생되는 비용 (업무대체비용)	상 (3점)	중 (2점)	하 (1점)
사고 시 파급 효과	사고 발생 시 피해 정도 및 복구의 시급성	상 (3점)	중 (2점)	하 (1점)

1등급(2.5~3점) : 핵심 시스템
2등급(1.5~2.5점) : 일반 시스템
3등급(1~1.5점) : 중요도가 낮은 시스템

그림 2-42 정보 시스템 등급 평가 모형

참고로 IDG International Data Group의 클라우드 컴퓨팅 조사에 따르면 기업별로 IT 과제와 이슈가 다르기 때문에 클라우드 서비스 유형을 선택하는 목적이 상이하다고 합니다. SaaS는 ERP, CRM, 협업, 비지니스 라인, 모바일 앱 분야로, 일상적인 유지보수 업무를 축소하고 생산성을 개선하기 위한 용도로 선택하고, PaaS는 개발과 테스트 환경, 시스템 관리와 데브옵스, 비지니스 인텔리전스, 데이터 분석 영역에서 활용되고 있습니다. PaaS의 경우는 자체 유지보수(업데이트, 취약점 관리 등)에 드는 시간과 비용을 줄이고 빠른 개발환경을 위해 사용됩니다. 마지막으로 IaaS은 재난 복구, 개발과 테스트, 데이터베이스, 스토리지, 백업, 파일 서버 등의 업무에 활용되는데 클라우드의 특징인 확장성과 유연성을 최대로 활용하고자 하는 기업들이 선택한다고 합니다.

컴플라이언스 요구사항 파악

클라우드 도입의 적합성을 검토할 때, 업무 관련 법적 요구 사항에 대한 검토는 가장 중요한 부분입니다. 기본적으로 클라우드 발전법 등 클라우드 서비스 관련 법규에 대한 검토가 필요하며, 업무 영역별로 추가적인 검토가 수행되어야 합니다. 클라우드컴퓨팅법에서는 클라우드의 활성화를 위한 법령과 함께 안전한 클라우드 서비스 제공을 위한 정보보호와 품질, 성능에 대한 기준을 제시하고 있습니다.

구분	규제 명칭	주요 내용
법령	클라우드 컴퓨팅 발전 및 이용자 보호에 관한 법률 및 시행령	클라우드 컴퓨팅을 안전하게 이용할 수 있는 환경 조성
행정규칙	클라우드 컴퓨팅 서비스 정보보호에 관한 기준	클라우드 컴퓨팅 서비스의 안전성 및 신뢰성 향상에 필요한 정보보호 기준의 상세 항목
	클라우드 컴퓨팅 서비스 품질, 성능에 관한 기준	클라우드 컴퓨팅 서비스 활성화를 위하여 클라우드 컴퓨팅 서비스의 품질, 성능에 관한 기준

표 2-4 클라우드컴퓨팅법 및 행정규칙 주요 내용

특히, 금융분야 및 공공분야의 경우 업무 영향도가 크기 때문에 법적 요건을 충족해야만 합니다. 클라우드 개인 정보와 관련해서는 공공기관, 비영리단체 등은 개인정보보호법이 적용되고, 일반 기업들이 제공하는 클라우드 서비스의 경우 정보통신망법이 적용됩니다.

구분	규제 명칭	주요 내용
공공분야	클라우드 컴퓨팅 발전 및 이용자 보호에 관한 법률 및 시행령	클라우드 컴퓨팅을 안전하게 이용할 수 있는 환경 조성
금융분야	전자금융감독규정	금융분야 특수성을 반영한 안전성 확보조치 관련 규정 (데이터 보호, 서비스 장애 예방/대응)
의료분야	의료법 등 업종별 관련 법 규정	전자의무기록의 의료기관 외부보관 시 추가 조치사항
개인정보처리분야	개인정보보호법	공공기관, 비영리단체 등의 개인정보보호 기준
	정보통신망법	일반 기업들이 제공하는 클라우드 서비스의 개인정보보호 기준

표 2-5 분야별 관련 법률

최근 클라우드에 저장되는 데이터의 활용을 위한 데이터 위탁·수탁 규정이 모호하고 의견이 다양하여 클라우드 적용 시 데이터 활용의 제약이 있습니다. 클라우드 환경에 대한 새로운 규정들이 지속적으로 개정되고 있기 때문에 정기적으로 컴플라이언스에 대한 검토 수행과 검토 결과에 대한 확인을 실시해야 합니다. 그 외 AWS와 같은 클라우드 서비스 제공자가 안내하는 보안 가이드를 참고할 수 있고, 글로벌 고객을 대상으로 서비스하는 기업의 경우 국제적으로 통용되는 컴플라이언스도 검토가 필요합니다.

컴플라이언스	내용
CIS AWS Foundation benchmark	AWS 웹서비스에 대한 보안 설정 컨피그레이션 설정 가이드
CSA CCM v3.0.1	보안 설정 관련 Best Practices and regulations 제공
GDPR Readiness	GDPR 컴플라이언스 준수를 위한 개인정보 보호 가이드
HIPAA	Health Insurance Portability and Accountability Act 건강보험 정보의 이전 및 그 책임에 관한 법률 미국의회에 의해 제정
ISO 27001:2013	보안관리 모범 사례 및 종합 보안제어에 관한 규정
NIST 800-53 Rev 4	미 연방정부 클라우드 서비스 보안 인증 보안과 개인정보에 대한 통제

컴플라이언스	내용
NIST CSF v1.1	Cybersecurity Framework 사이버 보안에 관련된 보안 프레임워크 제공
PCI-DSS 3.2	Payment Card Industry Data Security Standard 카드사 중심의 보안 기준

표 2-6 국제적 컴플라이언스 분류

3.2 도입 대상 선정 단계

도입 대상 선정은 음식점 창업을 위해 프랜차이즈를 선택하는 것과 유사한 과정입니다. 많은 비용을 투자해서 창업할 때 잘못된 프랜차이즈 선택으로 창업이 오래가지 못하고 실패로 끝나는 경우가 많습니다. 창업 박람회나 관련 전문가를 통해 조언을 듣고 해당 프랜차이즈 가맹점주들의 이야기를 들어보는 것처럼, 클라우드 서비스 제공자를 선정할 때도 많은 조사와 정보 수집이 필요합니다.

즉, 도입 대상 선정 단계에서는 클라우드 서비스 제공자와 클라우드 서비스 유형, 배치 모델을 선택해야 합니다. 클라우드 서비스 제공자 선정 시 많은 항목을 검토할 수 있지만 본문에서는 중요한 2가지 사항을 제시하고자 합니다.

- 첫째는 컴플라이언스(compliance)에서 요구하는 법적 준거성을 제공할 수 있는가?
- 둘째는 다양한 보안 서비스를 기본적으로 제공하고, 추가적인 보안 수준 향상을 위한 확장성을 제공하는가?

다음에서 자세히 알아보도록 합니다.

1) 법적 준거성 제공 여부

법적 준거성은 클라우드 서비스 제공자가 앞서 검토한 컴플라이언스를 준수하는지를 의미합니다. 국내 공공 클라우드의 경우 대국민 서비스를 클라우드로 구현하기 때문에 클라우드 보안 인증제를 취득한 클라우드 서비스 제공자만 공공 클라우드를 제공할 수 있는 법적 기준이 있습니다.

특히 국내의 개인정보 관련 컴플라이언스는 클라우드 시스템에서 처리되는 개인정보에 대한 물리적, 기술적, 관리적 보안 수준을 측정할 수 있도록 규정하고 있어서 관련 내용에 대한 공인 인증을 확인 하는 절차가 필요합니다.

금융 클라우드의 경우는 해외 보안 인증을 취득한 클라우드 이용 시 기본 보호조치 항목 일부를 대체할 수 있고 추가적인 안정성 평가를 실시해야 합니다. 대표적으로 미국의 FedRAMP, 싱가포르의 MTCS, 글로벌 보안 얼라이언스[CSA]의 STAR 인증이며, 추가적으로 금융 분야 특화 기준인 32개의 추가 보호 조치에 대해서는 별도로 안정성 평가를 받아야 합니다.

클라우드 서비스 사용자만큼 클라우드 서비스 제공자도 자체 클라우드의 안전성을 공식적으로 인정받기 위해 다양한 보안 인증을 취득하고 홍보합니다.

인증제도	인증대상	특징
클라우드 서비스 인증제	공공기관에 클라우드 서비스를 제공하고자 하는 민간 클라우드 사업자	IaaS는 14개 영역 117개 항목, SaaS는 13개 영역 78개 항목으로 구성
ISO 27017	클라우드 서비스 고객과 제공자 측면에서 모두 적용	14개 분야 117개 통제 사항으로 구성 ISO/IEC 27002를 모두 적용함과 동시에 클라우드 특성 반영
ISO 27018	Data Protection for cloud systems 클라우드의 중요 정보 관리 서비스 제공자 및 사용자	클라우드 정보 교환 프레임워크 기술 개발과 함께 CSA 등 국외 영향력 있는 포럼과 협력을 통해 국제 표준화 추진
CSA STAR	클라우드 서비스 제공업체의 보안에 대한 독립적 평가	ISO 27001 경영시스템 표준의 보안 관리 요구 사항을 바탕으로 클라우드 관리 매트릭스(Cloud Control Matrix; CCM)와 결합하여 클라우드 컴퓨팅의 보안 절차를 점수 방식으로 평가

표 2-7 정보보호에 관련된 국내외 인증

2) 클라우드 서비스 제공자의 보안 기능(기본 기능, 추가 보안 기능)

클라우드 서비스 제공자별로 타깃 고객층이 다르고 서비스도 다릅니다. 마치 같은 프랜차이즈 음식점이라도 본사에서 타깃으로 하는 고객층이 다르고, 지속적으로 새로운 메뉴를 개발해서 고객을 유지하는 것처럼 클라우드 서비스 제공자들도 가상화 기술을 활용한 플랫폼을 제공하는 점은 유사하지만 추구하는 타깃 시장이 다릅니다. 이는 클라우드 서비스 제공자마다 제공하는 보안 서비스 수준이 다를 수 있다는 것을 의미합니다.

따라서 클라우드로 전환하기 전에 기업에서 필요한 보안 기능들을 나열하고, 클라우드 서비스 제공자가 기본적으로 제공하는 네이티브 보안 서비스와 제공하지 않는 기능, 즉 추가로 적용해야 할 보안 기능을 검토해야 합니다.

만약 음식점 창업자가 원하는 수준의 요리나 위생관리 방식보다 프랜차이즈에서 제공하는 기술지원이나 인프라 수준이 낮다면 창업주는 프랜차이즈를 위한 투자 비용 외에 추가적인 시설 투자와 메뉴 개발을 위한 시간과 노력을 투입해야 합니다. 따라서 원하는 수준의 보안 서비스를 제공하는 클라우드 서비스 제공자를 선정하는 것이 이후에 발생할 불필요한 투자를 최소화하는 방법입니다.

대표적인 클라우드 서비스 제공자의 보안 기능은 이번 절 끝에 있는 <더 알아보기>를 참고 바랍니다.

3.3 클라우드 보안위험 평가 단계

보안위험 평가란 보안 사고가 발생하지 않도록 취약점을 사전에 확인하는 과정입니다. 예를 들어 음식점 위생상의 위험 요소를 평가한다고 가정하면, 시설물 위생, 매장의 온도 유지 및 제습, 그 외 오염 방지 등 기본적인 위생 관리 항목은 동일합니다. 추가로 일식 음식점이라고 하면 살아있는 생선을 관리하기 위한 수족관의 위생 관리가 필요할 수 있고, 스테이크 음식점이라면 고기를 저장하는 냉장 보관소에 대한 위생 관리가 추가로 필요할 수 있습니다.

클라우드 시스템도 마찬가지로 사용자에 대한 취약한 인증 방식, 보안설정 오류 등의 공통 보안위험 요소 외에 서비스에 따라 추가로 검토할 위험 요소가 있습니다. 다음 그림과 같이 SaaS의 경우는 웹 서비스를 주로 사용하기 때문에 웹을 통한 공격 위험, PaaS의 경우는 특정 업체의 솔루션에 종속되거나 표준 서비스가 아닌 경우 기존 애플리케이션과 호환성 문제로 인한 위험이 발생할 수 있습니다. IaaS의 경우는 가상화 기술 취약점으로 다른 고객사 시스템으로 데이터가 유출되거나 손실될 위험 등에 대해 검토가 필요합니다.

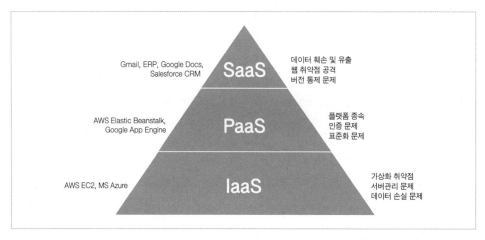

그림 2-43 클라우드 서비스 유형별 보안위험

  시스템을 기획하고 구축할 때는 보안성 검토를 수행해서 기본적인 보안위험 요소를 평가합니다. 새로운 클라우드 시스템에서 발생 가능한 위험 요소를 다양한 시각으로 평가하려면 위험 평가 시에 보안 담당자뿐만 아니라 서비스 운영자, 인프라 담당자, 클라우드 전문가 등 다양한 인력으로 위험 평가팀을 구성하여 위험 요소를 검토해야 합니다.

  특히, 시스템 아키텍처와 소프트웨어 아키텍처, 데이터 아키텍처를 설계하는 단계부터 보안 담당자를 참여시켜, 보안위험과 사고 사례를 기반으로 보안위험 요소를 도출해야 합니다. 이후에 정기적으로 위험 평가팀과 협력하여 서비스별 시나리오에서 발생 가능한 보안위험에 대한 영향도를 평가해야 합니다.

  먼저 보안 요구사항 측면에서 기존 시스템과 클라우드 시스템의 비교를 통해 보안위험을 평가해 보겠습니다. 기밀성, 무결성, 가용성 그리고 책임 추적성 측면에서 기존 시스템에서 보안 요구사항이 클라우드 서비스에서 어떻게 변화되는지를 비교하여 보안위험에 대한 대응 방안을 수립하는 방법입니다. 다음은 일반적으로 검토해 볼 수 있는 사례입니다.

보안요구사항	기존 시스템	클라우드 시스템
기밀성	• 기업 데이터의 내부 네트워크에 저장 • 내부망에서 데이터 전송 • 역할 분리를 통한 데이터 접근 권한 통제 (물리 영역, 시스템 영역 통제)	• 외부 클라우드에 데이터 저장 • 인터넷망을 이용한 데이터 전송 • 책임공유 모델에 따라 가상화 및 물리 영역은 CSP가 데이터 보안관리
무결성	• 네트워크 접근 통제(전용망, 내부망) • 방화벽, 프록시, IDS 등 직접 투자를 통해 악성코드 차단 • 고정된 자산에 안티 바이러스 소프트웨어 설치 및 운영 • 다른 기업의 악성코드 전파 위험을 사전에 차단	• 클라우드 설정만으로 네트워크 설정이 쉬움 • CSP가 제공하는 보안 서비스 이용하여 악성 코드 차단 • 자산이 빠르게 생성, 삭제되어 안티 바이러스 소프트웨어 설치 및 관리 어려움 • 가상화 기술의 취약점 발생 시 다른 기업을 통해 전파 위험
가용성	• 서비스에 대한 수요 사전 예측 필요 • DDoS 공격이나 재해에 대한 별도 백업 시스템 구축 필요 • 내부 직원의 작업 실수로 장애 가능	• 서비스 수요에 따라 확장 용이 • DDoS 보안 서비스를 쉽게 이용 가능, 자동으로 데이터 분산 저장 • CSP의 작업 실수로 장애 가능
책임 추적성	• 보안 솔루션에서 로그 수집 • 응용 시스템, 서버에서 로그 수집 • 별도의 로그 분석용 시스템을 통해 보안 사고 발생 시 추적 가능	• 보안 서비스에서 로그 수집 • CSP에서 로그 미제공 시 로그 수집을 위한 별도 솔루션 필요 • 보안 사고 시 분석이 어려우며, 책 임추적을 위해 CSP와 협력 필요

표 2-8 클라우드와 기존 시스템의 보안 요구사항

기존 시스템과 클라우드 시스템의 비교를 통해 통제되지 않는 위험에 대해서는 사용 시나리오를 작성하고, 보안 위험 대책을 수립해야 합니다. 일반적인 위험 대책은 수용, 전가, 회피, 감소의 4가지 방안이 있습니다.

위험 대책	설명
위험 수용	현재의 위험을 받아들여 위험으로 발생되는 손실을 수용 보안 서비스 투자 대비 효과가 미흡하거나 발생률이 낮은 경우
위험 감소	보안 솔루션이나 보안 대책을 수립하여 위험을 통제하여 발생 확률을 낮추고 위험도를 감소시킴
위험 회피	위험이 존재하는 사업이나 비즈니스를 축소하거나 포기
위험 전가	보안 사고에 대한 위험을 제3자에게 전가하는 것으로 보험이나 SLA 등을 통해 위험 관리

표 2-9 일반적인 4가지 위험 대책

기본적인 보안 위험 요소를 확인한 후에는 서비스 특성별로 서비스 시나리오를 통해 보안 위험을 평가합니다. 다음 표는 대표적인 서비스 사용 시나리오별 보안 위험 요소를 샘플로 작성해본 사례입니다.

서비스 유형	서비스 사용 시나리오	보안 위험 요소 고려 사항
SaaS	사례1 문서 소프트웨어 이용 웹페이지를 통해 ID/Password로 로그인하여 업무 관련된 문서를 공동으로 작성 사례2 업무용 메신저 사용 메신저를 통해 개발 소스 코드 전달 및 개발 사양서 등의 업무 파일 공유	• 계정 관리 및 안전한 인증 기능을 구현할 수 있는가? • 사용자별 권한에 따른 메뉴 관리가 가능한가? • 사용자의 서비스 사용 및 데이터 접근 로그를 저장하는가? • 개인정보 및 중요 데이터가 안전하게 저장되고 사용 이력이 저장되는가?
PaaS	사례1 클라우드에서 제공하는 개발 환경 이용 웹 서비스 개발 시 CSP가 제공하는 개발 플랫폼(WEB, WAS, DB) 활용 사례2 외부의 컨테이너 리포지터리 (Repository) 이용 빠른 개발 속도를 위해 클라우드 환경에서 다양한 개발자가 생성한 외부의 Repository를 활용하여 서비스 개발	• 버전 확인 프로세스를 두어 모든 코드가 패치되고 최신 상태 여부를 지속적으로 확인하는가? • 컨테이너 애플리케이션에 취약한 소스 코드가 배포되지 않는가? • 개발 속도가 빨라져서 품질 보증 또는 보안 테스트를 수행하지 않고 서비스를 개발자가 임의로 오픈하지 않는가? • 소수의 플랫폼(도커, 쿠버네티스)이 시장을 광범위하게 지배하고 있는 플랫폼 공급 업체에 의존적이지 않은가? • 컨테이너에서 발생하는 이벤트 로깅과 컨테이너 간 트래픽을 모니터링할 수 있는가?
IaaS	사례1 클라우드와 사내 시스템 간에 인터페이스 클라우드에서 분석한 정보를 사내 시스템으로 전송하여 업무에 활용 사례2 사내 업무 시스템들을 클라우드로 이관하여 임직원들이 사용 업무용 포털 시스템을 클라우드에 구축하여 사용	• 인터넷 구간을 통해 데이터가 안전하게 전송되고 있는가? • 사내 시스템과 클라우드 간에 필요한 최소한의 IP와 포트만 허용되고 있는가? • 클라우드 서버에 불필요한 프로세스나 악성 코드가 감염이 존재하지 않는가? • 클라우드에서 발생하는 이벤트가 로깅되고 정기적으로 감사 되는가? • DDoS나 랜섬웨어 등의 공격을 방어할 수 있는가?

표 2-10 클라우드 서비스 사용 사례별 보안 고려 사항

시나리오 기반의 보안 위험 분석은 각 분야의 전문가 의견을 통해 진행할 수 있으므로 위험 평가를 하기 좋은 방법입니다. 서비스별로 보안 위협과 사내 보안 수준의 통제를 위

해 필요한 투자 비용 등을 경영층에게 의사결정을 받으며 점진적으로 서비스를 확장해 나갈 수 있습니다.

3.4 보안 아키텍처 설계 단계

보안 아키텍처 설계는 지금까지 도출한 클라우드의 보안 위험요소를 어떻게 통제할 것인가를 결정하고 시스템에 반영하기 위한 구체적인 계획을 수립하는 단계입니다. 현재의 보안 수준을 판단하고 신규 위험을 식별하여 보안 위협을 통제하는 절차는 온프레미스 환경에서 보안 아키텍처를 설계하는 것과 설계방식은 같습니다.

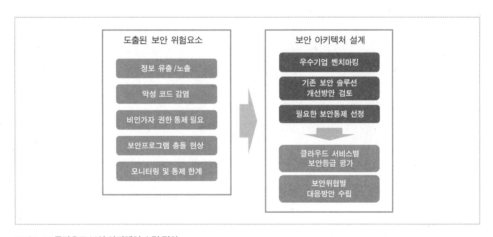

그림 2-44 클라우드 보안 아키텍처 수립 절차

앞의 그림과 같이 우수기업의 벤치마킹은 클라우드를 적절히 활용하는 기업을 방문하여 그 기업의 보안 관리 프로세스나 업무 처리 과정에서 보안을 어떻게 통제하는지 확인하는 과정입니다. 이후에 기업 내부적으로 보유하고 있는 보안 솔루션의 개선 여부와 부족한 부분에 대한 보안 통제 방안을 검토합니다.

무엇보다 클라우드의 보안 설계는 업무에서 어떤 서비스를 활용하는지, 어떤 형태로 서비스를 제공하는지에 따라서 보안 수준이 달라집니다. 일차적으로 클라우드에 있는 서비스를 보호할 수 있는 기본 환경을 구성하고 서비스의 특성을 파악하여 보안 등급을 평가합니다. 크게 데이터의 보호, 내부정보 유출 차단, 외부 해킹 차단 측면에서 보안 위험을 도출하여 보안 등급을 평가합니다. 그리고 그 다음 단계로 업무의 보안 등급별 책임추적성의 확보, 보안 상태의 가시화, 보안 관리의 자동화에 대한 설계를 검토합니다.

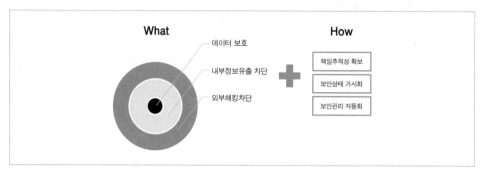

그림 2-45 클라우드 보안 설계 환경 구성

다음 표는 기업의 담당자가 직접 클라우드 성숙도 측정과 보안 수준을 상, 중, 하로 분류함으로써 해당 시스템이 얼마나 중요한지 보안 등급을 측정할 수 있는 평가 샘플입니다.

시스템의 자율성, 인터넷 노출정도, 업무 중요도 등의 항목을 선정해서 각 항목을 1~3점으로 분류하고 전체 평가점수의 평균값을 이용해 해당 시스템의 보안등급을 산정할 수 있습니다.

항목	기준	결과		
자율성	• 리소스 생성, 수정, 삭제 권한 • 네트워크 접근제어 설정 권한 • 관리자 권한허용 수준	상 (3점)	중 (2점)	하 (1점)
인터넷 노출 정도	• 서비스가 인터넷 차단됨 • 서비스가 인터넷 통제됨(승인 후 오픈) • 서비스가 인터넷 허용됨	상 (3점)	중 (2점)	하 (1점)
업무 중요도	• 핵심 업무 시스템 • 일반 업무 시스템 • 테스트, 시연용 시스템	상 (3점)	중 (2점)	하 (1점)

표 2-11 보안등급 측정 평가샘플

클라우드 보안 설계의 핵심은 사용자(외부 사용자, 내부 사용자, 개발자, 운영자 등)에게 얼마나 자율성을 부여하는가, 서비스가 외부에 어느 정도 노출되는가, 서비스에 저장된 데이터가 얼마나 큰 파급 효과를 줄 수 있는가에 따라 보안 수준을 높거나 낮게 설정하는 것입니다.

앞의 결과를 활용하여 보안 등급을 정의해봅니다. 보안 등급이 높을수록, 영향도가 높고, 파급력이 큰 위험성을 가지고 있다고 이해합니다.

보안 등급	서비스 설명	보안 정책 적용
1등급 (2.5~3점)	• 위험도가 높은 수준의 서비스 • 대외 서비스 제공 • 중요 데이터 저장	• 높은 수준의 보안 적용 • 사내망과 연결 차단 • 보안 관제 등 모니터링 강화
2등급 (1.5~2.5점)	• 위험도가 중간 수준의 서비스 • 일부 서비스 포트가 인터넷에 오픈 • 중요 데이터 없음	• 중간 수주의 보안 적용 • 사내망과 연결 차단
3등급 (1~1.5점)	• 위험도가 낮은 서비스 • 프라이빗 클라우드 수준으로 통제 • 인터넷 차단	• 최소한의 보안 적용 • 사내망과 연결 허용

표 2-12 보안 서비스별 보안 등급

편의성과 보안 통제의 관계는 트레이드 오프Trade-off 관계입니다. 외부에서 자유롭게 접속하고 설정을 변경할 수 있는 환경, 즉 클라우드 환경에서 자유도가 높아지면 보안 위협을 빠르게 탐지하고 대응하기 위해 보안에 대한 투자가 필요합니다.

다음 표에는 앞에서 분류한 보안 등급별, 시스템 구성별로 필요한 보안 서비스나 보안 솔루션을 기입했습니다. 업무 서비스별로 데이터의 속성, 업무 중요도 등을 고려하여 선택적인 적용이 필요합니다.

시스템 레이어	1등급 (위험 上)	2등급 (위험 中)	3등급 (위험 下)
네트워크 보안	프록시(유해 사이트 차단) 네트워크 패킷 분석	네트워크 Access Control 침입 탐지 시스템	방화벽 전송 구간 암호화(외부)
서버 보안	Secure OS 서버 취약점 점검 툴	패치 관리 시스템	안티 바이러스

시스템 레이어	1등급 (위험 上)	2등급 (위험 中)	3등급 (위험 下)
애플리케이션 보안	웹 프록시 첨부 파일 검사	웹 방화벽	복합 인증
콘텐츠 보안	데이터 암호화키 관리	데이터 암호화	데이터 접근제어
보안 관제	APT 관제 이상 행위 관제	웹 서비스 관제	DDoS 관제

표 2-13 보안 등급별 보안적용 솔루션 예시

보안 등급별로 3등급의 경우에는 네트워크 보안과 사용자 인증, 접근제어 측면에서 보안을 관리합니다. 위험 수준이 높아지는 2등급의 경우에는 데이터 암호화, 웹 서비스에 대한 보안 수준을 높입니다. 1등급의 경우에는 네트워크 패킷이나 사용자 로그를 기반으로 이상 행위 분석이나 모니터링을 강화합니다.

결론적으로 기업은 클라우드 서비스를 위한 기본적인 표준 보안 아키텍처를 설계해야 합니다. 기업의 보안 정책에 따라 보안 등급을 평가하고 준수해야 할 보안 요건과 제한사항을 명시해야 합니다. 클라우드 보안 아키텍처의 보안 요건은 다음과 같은 항목들을 검토해 볼 수 있습니다.

- Product, Stage, Dev 환경에 대한 분리 기준
- 사내망 연결 시 관제, 인증 방법, 접근 통제 등에 대한 보안 요건
- 개발자, 운영자, 서비스 담당자 별 접속 방법 및 인증 방법
- 멀티클라우드 환경에서 자원을 연결할 때의 보안 요건
- WAF, DDoS, IDS, IPS, Anti-Virus 등의 적용 기준

이와 같은 보안 요건은 일회성으로 적용되지 않도록 클라우드 보안 프로세스를 수립하여 클라우드를 신청, 사용, 해지할 때 보안 정책을 준수하도록 관리해야 합니다.

4 클라우드 보안관리를 위한 방안

클라우드를 이용한다고 할 때 사람들이 가장 많이 생각하는 것은 빠르고 자유롭게 시스템을 이용하는 환경입니다. 보안 통제가 추가되다 보면 제약사항이 늘어남에 따라, 사

용자 입장에서는 온프레미스와 차이가 없다는 식의 불평이 발생하게 됩니다. 또한, 클라우드를 사용하다 보면 기업은 다음 그림처럼 더욱 다양한 클라우드 환경을 사용하고 연계하게 될 것입니다. 여러 클라우드 서비스 제공자의 동작 방식을 모두 알 수 없기 때문에 기업의 클라우드 사용자는 멀티 클라우드 환경에서 기업의 보안 정책을 일관성 있게 적용하기 위한 방법을 지속적으로 고민해야 합니다.

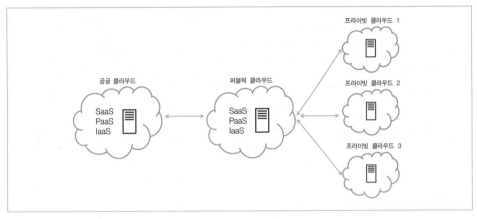

그림 2-46 멀티 클라우드 업무 환경

멀티 클라우드 환경이 되면 기업은 보안 관리 환경의 변화를 경험하게 되고, 공통된 보안 솔루션을 여러 클라우드에 적용하는 것에 어려움을 겪게 됩니다. 특정 클라우드는 원하는 보안 서비스가 없을 수 있거나 자동화 기능이 제공되지 않을 수도 있습니다. 따라서 클라우드 보안 아키텍처를 설계하고, SLA$^{Service\ Level\ Agreement}$를 통해 서비스 제공자와 보안 책임을 공유해야 합니다. 또한, 클라우드의 확장성과 유연성을 유지하기 위해서는 보안 관리를 사용자 인증과 모니터링 중심의 공항 모델로 전환하는 것이 중요합니다. 이를 통해 제로 트러스트 환경으로 보안을 강화해 나가는 것이 필요합니다.

필자는 온프레미스 환경의 보안 설계와 클라우드 환경의 보안 설계에서 가장 큰 차이점은 보안 관제라고 생각합니다. 자율성을 보장해주는 만큼 사용자의 행위를 모니터링하고 이상 징후를 빠르게 파악하여 추적할 수 있는 보안 관제의 중요성이 매우 커지는 것입니다. 물리적인 네트워크 환경과 인프라를 클라우드 서비스 제공자가 관리하기 때문에 실제 물리장비의 메모리 정보나 네트워크 패킷을 수집하는 부분에서 제약이 많습니다.

보안 관제를 위해서는 많은 투자가 발생하기 때문에 기업 스스로 모든 보안 관제를 수행할 수 없습니다. 중요도가 큰 일부 보안 관제를 제외하고 전문 관제 서비스 제공자를 통해 도움을 받는 것이 효율적입니다. 대표적으로 SECaas[Security as a Service]나 CASB[Cloud Access Security Broker]와 같은 보안 전문 서비스를 활용할 수 있습니다.

1. Identity Access Managemnet(계정관리)	6. Intrusion Management(침입탐지)
2. Data Loss Prevention(자료유출차단)	7. Security Information and Event Manager
3. Web Security	8. Encryption
4. Email Security	9. Business Continuity and Disaster Recovery (비즈니스 연속성 계획, 재해복구 서비스)
5. Security Assessment (보안점검)	10. Network Security

표 2-14 Cloud Security Alliance에서 선정한 SECaaS의 10가지 카테고리 유형

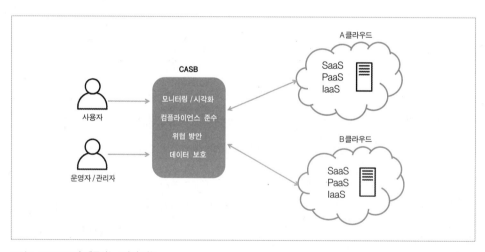

그림 2-47 CASB가 제공하는 4가지 기능

기업이 비즈니스에 집중할 수 있도록 SECaaS나 CASB 서비스 시장이 성장하고 있으며 TCO[Total Cost of Ownership] 절감, 합리적인 요금 정책, 빠른 보안 체계 확보 등의 장점이 있기 때문에 기업의 클라우드 보안 설계 시 활용할 수 있습니다.

클라우드 서비스 제공자별 보안 기능 요약

· 아마존 AWS

영역	보안 기능	설명
Authorization	IAM	Identity and Access Management, 사용자 계정 및 권한 관리
	AWS RAM	Resource Access Management, 멀티 계정 간 리소스 공유 기능
	AWS Organization	계정에 대한 정책 관리, 계정 그룹 생성 및 거버넌스 중앙 통제
Authentication	Amazon Cognito	웹 및 모바일 앱에 대한 인증, 권한 부여 및 사용자 관리 제공 ID/패스워드 인증 및 facebook, google과 같은 다른 서비스 계정을 통한 로그인 지원
	AWS SSO	Single Sign-On, 여러 AWS 계정과 비즈니스 애플리케이션에 대한 SSO액세스를 중앙에서 관리
	Amazon Directory Service	Microsoft AD를 이용하여 사용자, 그룹 및 디바이스 관리
Protected Stores	AWS CloudHSM	Hardware security modules AWS 클라우드 자체 암호화 키를 손쉽게 생성 및 사용할 수 있도록 지원하는 클라우드 기반 하드웨어 보안 모듈
	AWS KMS	Key Management Service, 통합된 AWS 서비스 및 자체 애플리케이션에 걸쳐 일괄로 키를 관리하고 정책을 정의하는 기능 제공
	AWS Secret Manager	코드 배포 없이 보안 정보(데이터베이스 자격증명, API 키 등)를 손쉽게 교체, 관리, 검색하는 기능 제공
	AWS Certificate Manager	AWS 서비스 및 연결된 내부 리소스에 사용할 공인 및 사설 SSL/TLS 인증서를 손쉽게 프로비저닝, 관리 및 배포하는 서비스 제공
Visibility	AWS Artifact	AWS 보안 및 규정 준수 보고서에 온디맨드 방식으로 액세스할 수 있도록 제공
	AWS Security HUB	AWS 계정 전반에 걸쳐 우선순위가 높은 보안 경고 및 규정 준수 상태를 종합적으로 확인할 수 있게 제공 (대시보드, 레포트)

영역	보안 기능	설명
Enforcement:	Amazon Guard Duty	악의적인 활동 또는 무단 동작을 지속적으로 모니터링하는 위협 탐지 서비스
	Amazon Inspector	AWS에 배포된 애플리케이션의 보안 및 규정 준수를 개선하는 자동 보안평가 서비스, EC2 인스턴스의 취약성 평가 및 액세스 적합성 확인
	Amazon Macie	기계학습을 사용하여 AWS에 저장된 민감한 데이터(개인식별정보, 지적재산 등)를 자동으로 검색, 분류 및 보호하는 보안서비스
	AWS WAF	웹 애플리케이션 방화벽 서비스
	AWS Shield	DDoS 공격으로부터 서비스 보호

· **MS Azure**

영역	보안 기능	설명
일반 보안	Azure Security Center	네트워크를 강화하고 서비스 보안을 유지하며 보안 상태를 제어하는데 필요한 도구 제공, Agent를 이용하여 클라우드와 온프레미스의 가상서버 보호
	Azure Key Vault	보안 비밀 저장소
	Azure Monitor 로그	다른 모니터링 데이터와 함께 활동 로그를 수집하여 전체 리소스 집합에 대한 심층 분석을 제공하는 로그 데이터 플랫폼
	Azure Dev/Test Labs	재사용 가능한 템플릿과 아티팩트를 이용해서 개발과 테스트에 필요한 환경을 빠르게 구성하는 서비스
Storage 보안	Azure Storage 서비스 암호화	Azure Storage 데이터 자동 암호화 기능
	Azure 클라이언트 쪽 암호화	암호화 기술을 이용하여 클라이언트 프로그램에서 데이터 업로드 시 암호화, 다운로드 시 복호화하는 서비스, Azure Key Vault와 통합 지원
	Azure Storage 공유 액세스 서명	Azure Storage 리소스에 대한 제한된 액세스 서명 서비스
	Azure Storage 계정 키	키를 이용한 스토리지 액세스 제어 방법
	SMB 3.0 암호화를 사용한 Azure 파일 공유	SMB 파일 공유 프로토콜에 네트워크 암호화 사용 기술
	Azure Storage 분석	스토리지 계정 사용 로깅 및 메트릭 생성 기술

영역	보안 기능	설명
DB 보안	Azure SQL 방화벽	데이터베이스에 대한 네트워크 액세스 제어
	Azure SQL 연결 암호화	방화벽 규칙, 사용자 ID 인증, 특정 작업 및 데이터에 대한 사용자를 제한하는 권한 부여 메커니즘 사용한 액세스 제어
	Azure SQL 항상 암호화	신용카드 번호 또는 주민등록번호와 같은 중요 데이터 암호화
	Azure SQL 투명한 데이터 암호화	데이터베이스 스토리지 암호화
	Azure SQL Database 감사	데이터베이스 이벤트 및 계정의 감사로그 기록
ID 및 액세스 관리	Azure 역할기반 액세스 제어	리소스 기반 액세스 제어
	Azure Active Directory	클라우드 기반 디렉터리 및 여러 ID 관리 서비스를 지원하는 인증 리포지토리
	Azure Active Directory Domain Services	클라우드 기반 Active Directory Domain 서비스
	Azure Multi -Factor Authentication	복합 인증 서비스
백업 및 재해복구	Azure Backup	데이터 백업 및 복원 서비스
	Azure Site Recovery	기본 사이트를 보조 위치로 복제하여 오류 시 서비스 복구가 가능하도록 하는 온라인 서비스
네트워킹	네트워크 보안그룹	네트워크 기반 액세스 제어
	Azure VPN Gateway	VPN 제공을 위한 네트워크 디바이스
	WAF	Web Application Firewall 웹 취약점 방어
	Azure Traffic Manager	전역 DNS 부하 분산 장치
	Azure DDOS Protection	DDoS 공격 방어

· 구글 클라우드

영역	보안 도구	설명
인프라 보안	shielded VMs(보호된 가상머신)	시스템 해킹인 루트킷 및 부트 키트를 방어하는 일련의 보안제어 기능으로 강화된 VM 보안 부팅, 가상 신뢰된 플랫폼 모듈, UEFI 펌웨어 및 무결성 모니터링과 같은 고급 플랫폼 사용

영역	보안 도구	설명
인프라 보안	Binary Authorization(이진 권한 부여)	신뢰할 수 있는 컨테이너 이미지만 배포하도록 하는 컨테이너 배포 봉나 컨트롤 체계
	타이탄 칩	신뢰할 수 있는 하드웨어 루트를 구축하기 위한 Google의 칩
네트워크 보안	Virtual Private Cloud	공용 인터넷을 통하지 않고 여러 지역으로 확장 지원
	Cloud Armor	DDoS 공격 방어
	Encryption in Transit(이동 데이터 보안)	네트워크 유형별 다양한 암호화 방법 제공 OSI 3, 4, 7 계층에서 선택적 및 기본 보호 제공
데이터 보안	Encryption at rest(저장된 데이터 보안)	기본적으로 저장된 고객 데이터 암호화 청크라는 단위로 개별 암호화되어 저장
	Cloud KMS(키 관리 서비스)	암호화 키 관리 서비스 제공
	Cloud DLP API	민감한 데이터를 빠르게 처리 선택적 마스킹, 보안해싱, 버킷팅 및 형식 유지 암호화와 같은 기술 사용 지원
	Cloud HSM	클라우드 호스팅 하드웨어 보안 모듈 서비스
사용자 신원 (Identity and Access Mgmt)	Cloud Identity	ID서비스 및 엔드포인트 관리 기능 제공 사용자, 앱 및 기기를 관리 IDaaS(Identity as a Service) 및 EMM(Enterprise Mobility Management) 제품
	Cloud Identity-Aware Proxy	클라우드 애플리케이션에 대한 액세스를 제어
애플리케이션 보안	Cloud Security Scanner	애플리케이션의 일반적인 취약점에 대한 웹 보안 스캐너 XSS, 플래시 주입, 혼합된 컨텐츠 및 안전하지 않은 라이브러리 등 4가지 공통적인 취약점 자동 검색 및 탐지
	Apigee (API 보호)	해커, 봇, 기타 의심스러운 동작으로부터 보호할 수 있도록 API 보호
보안 모니터링 및 운영	stackdriver Logging	구글 및 AWS의 로그 데이터 및 이벤트를 저장, 검색, 분석, 모니터링 및 경고할 수 있는 서비스
	Cloud Security Command Center	하나의 중앙 집중식 대시보드에서 클라우드 자산 및 데이터 모니터링 서비스
	Access Transparency	관리자의 작업에 대한 가시성 제공

3^장

클라우드 보안 서비스

클라우드 환경에는 온프레미스^{On-Premise} 환경과 같은 보안 장비나 보안 서비스를 적용해야 할 필수영역이 있습니다. 물론, 자원의 접근성이 좋은 클라우드 환경의 특징으로 인해 영역별로 고려해야 하는 보안 특수성이 있고, 하드웨어 직접 접근이 불가능하므로 고려해야 할 보안 요소의 제약이 있을 수 있습니다. 비즈니스 특성에 따라서 어떤 데이터를 중요하게 다루어야 할지, 개인정보가 포함되어 있는지, 임의의 데이터 유출로 파급효과가 존재하는지, 네트워크 구간의 데이터가 암호화되어 있는지 등을 검토해야 합니다.

또한, 클라우드 환경에 기반하므로, 자원을 쉽게 늘리고 줄일 수 있는 변경 가능성, 불분명한 자원 중단이 발생한 이후 사용자에 대한 책임공유모델의 요구가 있으므로 우리 자원에 필요한 보안 서비스들을 반드시 염두에 두어야 합니다. 그뿐만 아니라, 비용과 일정, 인력 등에 대한 제약사항이 존재하는 현실, 즉 비즈니스 한계성을 고려해 수용 가능한 보안 수준을 정의해야 합니다.

그리고 클라우드 환경에서 보안성 향상을 위해 적용 가능한 서비스가 무엇이 있는지, 어떤 기능을 수행하는지 알고 있어야 합니다. 독자는 클라우드 서비스 제공자가 배포한 보안 서비스들을 파악한 후, 소중한 자산을 보호하기 위해 적재적소에 맞는 보안 서비스들을 선정하고 구축하는 작업을 수행해야 합니다.

다음 그림과 같이, 클라우드 환경에서 비즈니스 시작과 끝의 모든 영역에서 공통으로 활용하는 공통 영역이 존재합니다. 그리고 눈으로 직접 확인하기 어려운 하위 영역에는 네트워크 영역, 서버 영역이 존재하고, 상위 영역에는 애플리케이션 영역과 데이터 영역이 존재합니다. 이는 일반적인 우리의 온프레미스 환경과 비교했을 때, 클라우드 환경도 각각의 보안영역에서 봤을 때 온프레미스와 매우 유사하고, 그것에 맞게 적용해야 할 보안영역도 유사할 것이라고 예상할 수 있습니다.

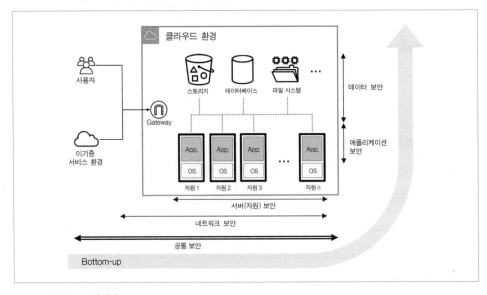

그림 3-1 클라우드 보안영역

그림 3-1과 같이 클라우드 환경에서도 네트워크 영역, 서버(컴퓨팅 자원) 영역, 애플리케이션 영역, 데이터 영역이 있고 그 중에서 특정한 범위를 서비스로 제공하는 IaaS, PaaS, SaaS 유형이 있음을 알고 있을 것입니다. 이는 우리가 자원을 서비스 형태로 임대해 사용하므로, 직접 관리하고 구축해야 할 영역은 줄어들어 편리해졌다고 생각할 수 있습니다. 그러나 클라우드 서비스에서도 스스로 구축하고 활용하는 영역이 존재하기 때문에 보안 위협으로부터 완전히 자유로울 수는 없습니다.

예를 들어, DB 서비스를 사용한다고 가정하면, 물리적인 DB 설치와 이중화, 백업/복구는 제공되는 서비스를 활용하면 되지만, 그 위에 올라가는 비즈니스 데이터들, 선택한 DB 서버의 사양변경, DB 파라미터 등에 대한 책임은 사용자가 직접 관리해야 합니다. 자첫, 외부의 임의적인 접근을 통해서 파라미터가 변경되거나 DB 엔진이 중단되는 사태가 발생할 수도 있습니다. 즉, 우리의 비즈니스에서의 보안 담당자, 시스템 엔지니어, 애플리케이션 개발자, DBA^{DataBase Administrator}, CSO^{Chief Security Officer}, PM의 입장에서 항상 자산을 보호하고 외부 위협을 방지하기 위한 대응방안 검토가 필요합니다. 따라서 이번 3장에서는 현재 클라우드 제공자가 지원하는 보안 서비스, 그리고 클라우드 사용자가 직접 구성할 수 있는 보안 솔루션을 알아보고, 이후 4장에서 보안 아키텍처를 설계하고 구축하는 방법을 설명하겠습니다. 이를 통해 실무적인 보안 아키텍처를 구성할 수 있습니다.

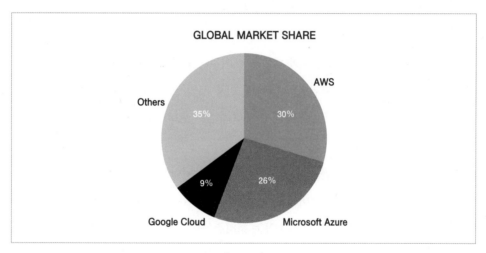

그림 3-2 클라우드 서비스 점유율(2023년 2분기 클라우드 서비스 업체의 글로벌 마켓 점유율: https://www.canalys.com/newsroom/global-cloud-services-q2-2023)

우리는 클라우드 서비스 마켓 점유율의 TOP3 업체를 토대로, 클라우드 서비스 제공자들이 직접 제공하는 보안 서비스의 유형에 대해 알아보고자 합니다. 앞선 다이어그램은 2023년 2분기 시점을 기준으로 전 세계 클라우드의 마켓 점유율을 나타낸 차트입니다. AWS^{Amazon Web Service}를 가장 많이 사용하고, 그 다음으로 Microsoft Azure, GCP^{Google Cloud Platform} 순으로 사용량이 많습니다. 우리나라에서도 가장 높은 점유율을 가진 AWS를 기준으로 클라우드 서비스 제공자의 보안 서비스와 사용자의 직접적인 보안 솔루션을 통합하여 적용 가능한 부분을 살펴보겠습니다.

기본적으로 IT 환경에서 통용되는 기술 용어를 활용하여 설명하겠습니다. 그리고 현재 클라우드 서비스 제공업계에서 점유율이 높은 AWS(아마존 웹 서비스)의 서비스명도 병행 기재하여 이해를 돕도록 하겠습니다.

1 공통 보안 서비스

우리는 클라우드 환경을 사용하더라도 물리적인 하드웨어를 볼 수 없고, 정확히 어떤 위치에 존재하는지, 내부적으로 어떤 원리로 클라우드 자원이 생성되는지 알 수 없습니다. 마치 블랙박스와 유사합니다. 클라우드 서비스 제공자들은 비가시적인 클라우드 속성들을 가시화하여 클라우드 정보와 현황을 보여주는 클라우드 관리 포털을 제공합니다. 또한, 사용자들에게 안전한 자원 활용을 위한 인증 서비스, 자원이 사용되는 흔적을 남기는 로깅, 자원 사용률을 대시보드 형태로 출력해주는 모니터링 서비스들을 제공하기도 합니다.

즉, 클라우드는 자원 사용을 위한 최초 단계부터 자원이 삭제되는 마지막 단계까지의 라이프사이클을 위한 시각화 서비스가 다양하게 제공됩니다. 그러므로 사용자는 클라우드 서비스 제공자를 통해서 이용할 수 있는 서비스들이 무엇이 있는지, 해당 서비스를 어떻게 해야 잘 활용할 수 있는지, 비용이 지불되는 서비스인지를 이해해야 합니다. 먼저 꼭 기억해야 할 것은, 클라우드 특성 자체가 모든 장소와 사람, 디바이스에 개방되어 있으므로 클라우드의 전체 라이프사이클에서 공통으로 이용할 수 있는 기본적인 보안 서비스를 우선으로 고려해야 할 것입니다. 이번 장에서는 주로 사용하는 공통 영역의 클라우드 보안 서비스와 일반적으로 적용하는 보안 서비스를 알아보고 간단히 실습 해보겠습니다.

1.1 클라우드 관리 포털(CMP) 보안

우리는 클라우드 환경에서 서버 자원을 사용하고자 합니다. 다음 그림과 같이 서버 자원을 생성하고, 자원이 부족한 상태라면 자원의 사양을 올리기도 하고, 필요가 없어진 시점에는 자원을 삭제하고자 합니다. 이처럼 클라우드 환경에서 제공되는 모든 자원을 관리하기 위해서 클라우드 관리 포털(CMP: Cloud Management Portal)이 제공됩니다. 즉, 사용자는 클라우드 관리 포털을 통해 자원의 상태, 변경을 위한 전체 라이프사이클을 관리하게 됩니다.

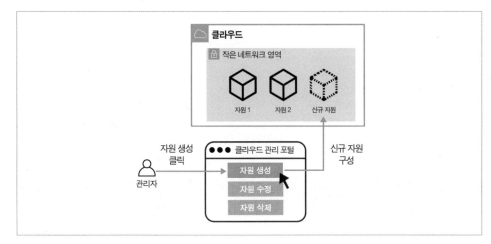

그림 3-3 클라우드 관리 포털 구성환경

클라우드 관리 포털을 통해서 임의의 자원이 생성되었는지, 중요한 자원이 삭제되었는지 등의 모든 자원 현황을 가시화할 수 있습니다. 즉, 클라우드 서비스를 활용하는 중심에 클라우드 관리 포털이 존재하므로, 포털에 접근할 수 있는 사용자와 업무별 역할에 따라 권한정책을 적용하여 보안성을 확보해야 합니다.

다음 그림은 AWS 환경에서 임의의 가상머신 자원(EC2)이 생성되었는지, 임의로 삭제된 자원이 있는지, 목록을 통해 확인할 수 있는 사례입니다.

그림 3-4 AWS 환경의 EC2 자원목록 사례

AWS에서 제공하는 CMP를 기준으로 간단한 맛보기 실습을 수행해보겠습니다.

Practice **CMP 맛보기**

다음 그림과 같이 AWS에서 CMP(클라우드 관리 포털)를 확인해봅니다. 먼저 AWS 사이트(https://aws.amazon.com/)에서 회원가입을 하고, 가입한 계정을 통해 로그인합니다. 계정 ID는 AWS에서 유일하게 발급된 ID 값으로 별도의 별칭을 지정하여 입력할 수 있습니다. 가입이 끝났다면, 가입한 사용자 이름과 암호를 입력하고 <로그인> 버튼을 클릭합니다.

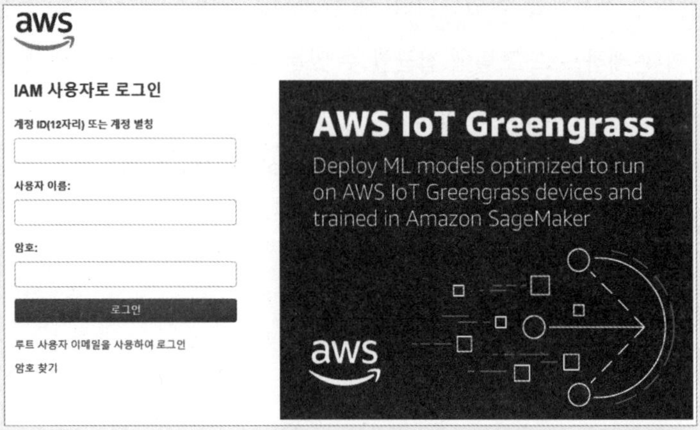

그림 3-5 CMP-1

로그인 후에는 AWS의 CMP 메인 화면이 조회됩니다. 각종 서비스와 구축할 수 있는 지역(Region)을 확인할 수 있습니다. 화면 위쪽 메뉴에서 핀 버튼을 클릭해서 자주 사용하는 서비스를 즐겨찾기로 고정할수도 있습니다.

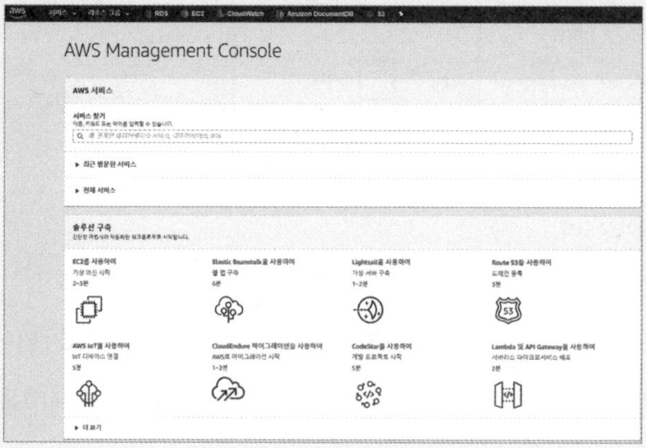

그림 3-6 CMP-2

앞선 클라우드 관리 포털의 보안성을 확보하기 위해서 크게 두 가지 보안 요소를 적용할 수 있습니다. 그것은 접근 권한을 제어하는 것과 다중요소를 통해 인증하는 방식입니다.

1) 계정 및 접근 권한 관리(IAM: Identity and Access Management)

클라우드 환경에서는 클라우드 관리 포털에 접근할 수 있는 계정[Identity], 일부 자원만 접근할 수 있는 계정, 자원의 목록만 조회[read only]하는 계정, 자원을 수정하거나 삭제까지 할 수 있는 계정, 모든 자원과 접근이 자유로운 관리자 계정 등이 존재합니다. 이렇게 접근할 수 있는 자원과 수행할 수 있는 권한(읽기, 쓰기, 삭제, 수정)들을 정책, 역할을 통해서 제어해야 합니다. 이를 통해 인가된 사용자에게만 허용 가능한 자원에 작업을 수행할 수 있도록 권한을 부여해야 합니다.

다음 그림은 사용자의 역할과 정책에 따라 부여된 계정으로 자원을 활용하는 사례입니다.

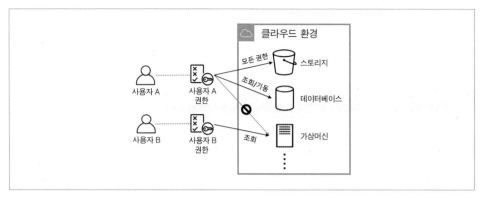

그림 3-7 최소화된 권한으로 구성된 사용자 계정 사례

사용자 A는 스토리지에 접근하여 모든 작업을 수행할 수 있고, 데이터베이스 자원에서는 데이터 조회와 기동을 수행할 수 있으나, 가상머신 자원에는 접근이 불가한 계정을 할당받았습니다. 반면, 사용자 B는 가상머신 자원에만 데이터 조회가 가능하고 다른 자원에는 접근할 수 없는 단순한 가상자원 모니터링 담당자로 예상해볼 수도 있습니다.

이처럼 자원에 접근할 수 있는 담당자별로 업무영역을 파악하고, 자원과 권한, 역할 등을 명시하여, 불필요하거나 중요한 정보가 노출될 가능성을 최소화해야 합니다. 사실, 실무에서의 보안사고는 인재(人災)가 원인인 경우가 많으므로, 일반적으로 수동 설정하는 계정관리의 중요성을 더욱 우선시해야 합니다. 이에 AWS 클라우드 환경에서는 계정에 대한 서비스를 IAM^{Identity and Access Management}이라는 이름으로 제공하고, API^{Application Programming Interface}와 라이브러리를 통해 자동으로 권한 관리할 수 있도록 제공합니다.

요약하면, 클라우드 환경의 IAM 서비스는 접근관리와 계정확인, 권한 등에 대한 서비스를 제공하며, 설정 즉시 실시간으로 적용됩니다. 그러나 소유하고 있는 계정을 도용당하거나, 악의적인 침입자에 의해서 탈취되면 IAM의 접근제어를 적용해도 보안의 한계가 존재합니다. 따라서, 이후 IAM의 추가적인 보안향상 방법인 다중요소 인증으로 보안성 수준을 향상시킬 수 있습니다. AWS에서 제공하는 IAM을 기준으로 간단한 맛보기 실습을 수행해보겠습니다.

다음 그림은 CMP에서의 IAM 서비스 위치입니다. 왼쪽 위의 [서비스] 메뉴에서 'IAM' 서비스를 확인할 수 있습니다. 수백 개의 서비스 목록 중에서 '보안, 자격 증명 및 규정 준수' 카테고리 하위에 있는 것을 볼 수 있습니다.

그림 3-8 IAM-1

다음 그림은 IAM 서비스에 대한 화면입니다. IAM 서비스로 접근하면 다음과 같이 출력됩니다.

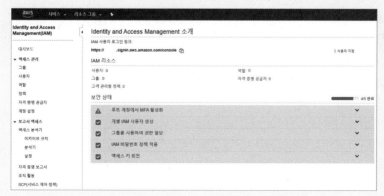

그림 3-9 IAM-2

다음 그림은 IAM 서비스에서 그룹을 생성하는 실습입니다. 왼쪽 대시보드의 [그룹] 메뉴를 선택해서 <새로운 그룹 생성>을 클릭합니다. 그룹은 사용자들의 집합이며, 그룹별로 같은 권한이 부여된 정책이 부여됩니다. 이를 통해서 다수의 IAM 계정을 효율적이고 안전하게 관리할 수 있습니다.

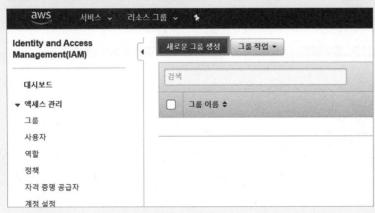

그림 3-10 IAM-3

우리는 개발자들이 CMP에 접속할 수 있도록 개발자들에게 별도의 IAM 계정을 부여할 예정입니다. 그전에 개발자들을 하나의 집합으로 묶는 '그룹'을 생성합니다. 그룹 이름은 'Developers'라고 입력하고 <다음 단계> 버튼을 클릭합니다.

그림 3-11 IAM-4

'Developers' 그룹에 기본적으로 제공되는 정책을 연결합니다. 여기서 정책이란, 자원에 대한 권한들의 집합으로 이해하면 됩니다. 우리는 'Developers' 그룹에 단순히 EC2 자원의 조회만 허용하기 위해 'AmazonEC2ReadOnlyAccess'를 연결합니다. 체크박스를 클릭하고 <다음 단계> 버튼을 클릭합니다.

그림 3-12 IAM-5

최종적으로 그룹과 정책을 연결하려는 내용이 조회됩니다. 조회되는 내용을 최종 검토하고, 이상이 없다면 <그룹 생성> 버튼을 눌러 IAM 서비스의 그룹 생성을 완료합니다.

그림 3-13 IAM-6

IAM 서비스의 사용자를 생성(추가)해보도록 하겠습니다. 왼쪽 대시보드의 [사용자] 메뉴를 선택하고 <사용자 추가> 버튼을 클릭해서 생성을 시작합니다.

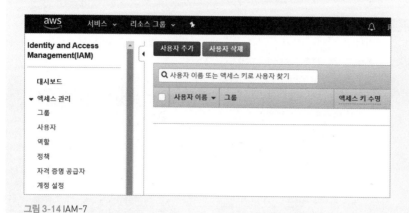

그림 3-14 IAM-7

사용자 이름에는 생성할 사용자 계정을 입력합니다. 편의상 액세스 유형은 CMP를 통한 로그인만 수행한다고 가정하고, 'AWS Management Console 액세스'를 체크합니다. 원하는 비밀번호를 작성한 후, 최종적으로 <다음: 권한> 버튼을 클릭합니다.

사용자 추가

① ② ③ ④ ⑤

사용자 세부 정보 설정

동일한 액세스 유형 및 권한을 사용하여 한 번에 여러 사용자를 추가할 수 있습니다. 자세히 알아보기

사용자 이름*   jieon

◉ 다른 사용자 추가

AWS 액세스 유형 선택

해당 사용자가 AWS에 액세스하는 방법을 선택합니다. 마지막 단계에서는 액세스 키와 자동 생성된 비밀번호가 제공됩니다. 자세히 알아보기

액세스 유형*   ☐ 프로그래밍 방식 액세스
              AWS API, CLI, SDK 및 기타 개발 도구에 대해 액세스 키 ID 및 비밀 액세스 키 을(를) 활성화합니다.

              ☑ AWS Management Console 액세스
              사용자가 AWS Management Console에 로그인할 수 있도록 허용하는 비밀번호 을(를) 활성화합니다.

콘솔 비밀번호*   ○ 자동 생성된 비밀 번호
              ◉ 사용자 지정 비밀 번호

              ●●●●●●●●●●●
              ☐ 비밀번호 표시

비밀번호 재설정 필요   ☑ 사용자가 다음에 로그인할 때 새 비밀번호 생성 요청

* 필수   취소   다음: 권한

그림 3-15 IAM-8

권한 설정에서 이전에 생성한 'Developers' 그룹을 추가합니다. 물론, 다른 사용자에게 부여된 권한을 그대로 복사해서 적용하는 '기존 사용자에서 권한 복사' 또는 '기존 정책 직접 연결'을 통해서 권한을 설정할 수도 있습니다. 이번 단계는 'Developers' 그룹으로 연결하여 권한을 추가한 후, <다음: 태그> 버튼을 클릭합니다.

그림 3-16 IAM-9

태그는 선택사항으로 필요할 때 키와 값을 입력합니다. 태그 정보의 입력 여부와 상관없이 <다음: 검토> 버튼을 클릭합니다.

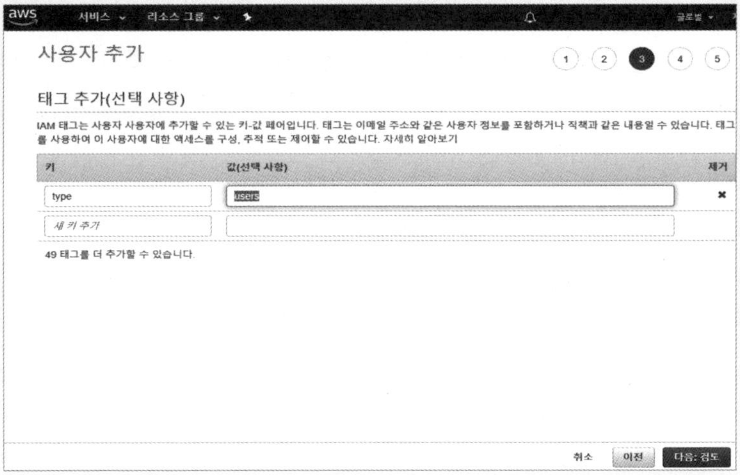

그림 3-17 IAM-10

최종적으로 추가할 사용자에 대한 내용을 검토하고, 이상이 없으면 <사용자 만들기> 버튼을 클릭합니다.
이로써 EC2 자원에 조회만 할 수 있는 AmazonEC2ReadOnlyAccess 정책이 Developers 그룹과 연결
되었고, Developers 그룹 하위에 개발자를 위한 사용자가 추가된 실습을 완료하였습니다.

그림 3-18 IAM-11

2) 다중요소 인증^{MFA}

기존에 일반적인 쇼핑몰, 메일 서비스, 포털 시스템에 로그인하기 위해서는 사전에 가
입한 로그인 ID와 비밀번호로 접근하게 됩니다. 클라우드 환경의 포털 화면도 유사한 구
조로 구성되어 있습니다. 다음 그림은 클라우드 관리화면에 로그인하기 위한 프로세스입
니다. 로그인의 이메일과 비밀번호를 입력하는 단순인증 방식으로써, 우리가 기억한 로
그인 정보가 탈취되면 누구나 접근이 가능하여 보안에 취약한 구조입니다.

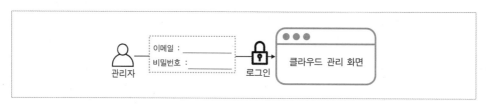

그림 3-19 일반적인 접근통제 프로세스

우리의 기억에 의존하는 계정정보의 로그인 방식, 즉 단순한 인증 방식을 강화하기 위해 인증방식을 추가 설정할 수 있습니다. 클라우드 서비스에서는 **지식기반 인증방식**과 **소유기반의 랜덤한 토큰 방식** 등을 추가하여 **혼합형 인증방식 모델**을 제공하고 있습니다. 이를 통해서 접속이 허용된 담당자의 장비 ID를 사전에 등록하고, 해당 장비에 매번 임의[Random]의 토큰값을 전달하여 인증하는 방식으로 보안 수준을 높일 수 있습니다.

다음 그림은 지식기반 인증방식과 소유기반 인증방식의 2가지 요소가 모두 만족된 이후에 로그인이 가능한 강화된 다중요소 인증 프로세스입니다.

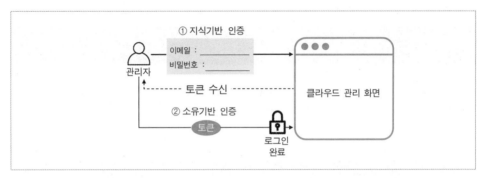

그림 3-20 다중요소 인증 프로세스

AWS 환경에서의 다중요소 인증방식은 MFA[Multi Factor Authentication]라는 이름으로 서비스가 제공되고 있습니다. 다음 그림처럼 ①의 이메일과 비밀번호의 인증과정이 정상적으로 수행되면, ②의 개인 장비에서 토큰이 발생되며 사용자는 토큰을 입력하여 로그인을 수행하게 됩니다. 로그인이 가능한 대상(ID, 물리장비)을 구분할 수 있으며, 지식 및 소유에 의한 인증이 결합하여 하나의 정보가 탈취되어도 관리화면으로 로그인할 수 없는 강력한 보안 수준을 확보할 수 있습니다.

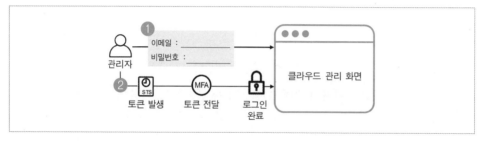

그림 3-21 AWS 클라우드 서비스에서의 일반적인 브라우저 로그인 방식

AWS에서 제공하는 MFA를 기준으로 간단한 맛보기 실습을 수행해보겠습니다.

이번 맛보기 과정은 크롬 브라우저에서 제공하는 인증 도구를 활용하여, AWS의 MFA 설정으로 안전하게 로그인하는 방법을 수행합니다. 크롬 브라우저의 설정 항목에서 <도구 더 보기> → <확장 프로그램>을 클릭합니다.

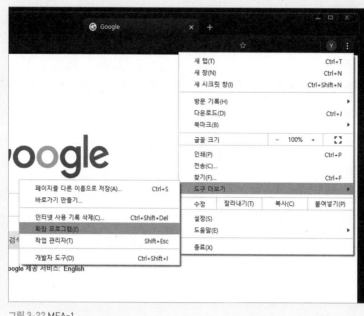

그림 3-22 MFA-1

크롬의 웹 스토어에서 'authenticator'라는 확장 프로그램을 추가합니다. 크롬 브라우저의 오른쪽 위에 흰색 아이콘이 생성된 것을 확인합니다.

그림 3-23 MFA-2

MFA를 설정하려면, IAM 서비스의 사용자 메뉴로 접근합니다. MFA를 적용하려는 사용자를 조회하고, [보안 자격 증명] 탭을 클릭하여 내용을 확인합니다. 그중에 '할당된 MFA 디바이스' 항목에서 <관리> 링크를 클릭합니다.

그림 3-24 MFA-3

MFA 디바이스 관리 팝업이 조회됩니다. 별도의 물리적인 디바이스없이 MFA를 활용하기 위해서 '가상 MFA 디바이스'를 선택하고 <계속> 버튼을 클릭합니다.

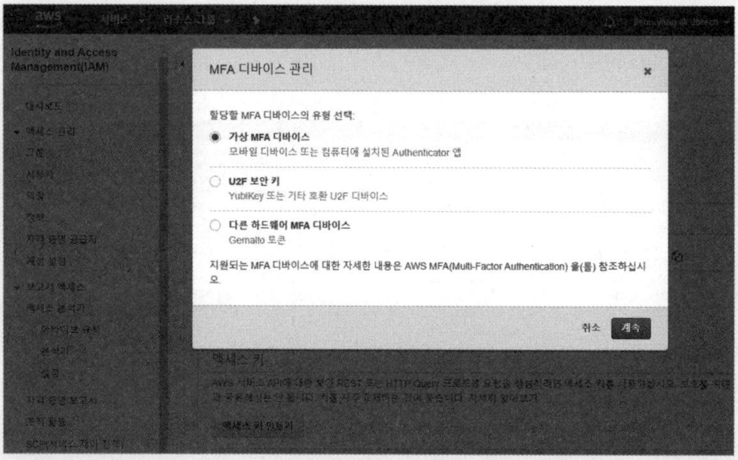

그림 3-25 MFA-4

AWS에서 제공되는 비밀키를 통해서 인증 여부를 판단하고자 합니다. 우선 AWS에서 발급된 비밀키를 복사합니다. 그리고 이전 단계에서 크롬 브라우저에 설치한 확장 프로그램 authenticator 인증 도구를 활용하고자, 크롬 브라우저를 실행해서 오른쪽 위 아이콘을 눌러 실행합니다.

그림 3-26 MFA-5

authenticator 인증 도구에서 오른쪽 위의 연필 모양의 아이콘을 클릭하고, +(더하기) 버튼을 클릭합니다.

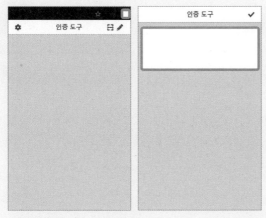

그림 3-27 MFA-6

수동 입력을 클릭하고, 발급자와 비밀번호를 입력합니다. 발급자에는 임의의 텍스트를 입력해도 되고, 비밀번호에는 AWS에서 발급된 비밀키로 입력합니다. 최종적으로 <확인> 버튼을 눌러 마무리합니다.

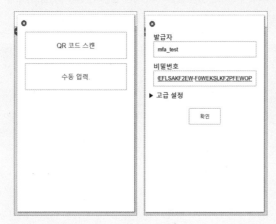

그림 3-28 MFA-7

인증을 위한 키가 시간기준으로 지속적으로 발급됩니다. 아래의 인증 도구를 연속적으로 2번 클릭하여 임시 번호를 발급받습니다. 이를 **그림 3-26** MFA-5의 MFA 코드 1, MFA 코드 2에 입력하고 <MFA 할 당> 버튼으로 설정을 완료합니다.

그림 3-29 MFA-8

MFA 설정된 사용자 계정을 확인하기 위해서 1차 로그인을 수행합니다. 계정 별칭과 사용자 이름, 암호 를 입력하고 나서 <로그인>을 클릭합니다.

그림 3-30 MFA-9

다음으로 다중요소 인증 단계에서는 크롬 브라우저에서의 인증 키값을 입력합니다. 이후 <제출> 버튼을 클릭하면 AWS의 MFA 서비스를 통한 다중요소 인증이 완료됩니다.

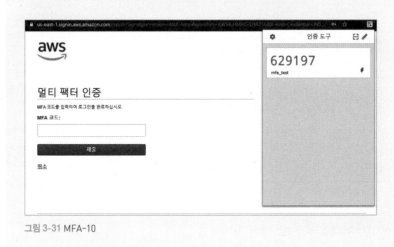

그림 3-31 MFA-10

1.2 로깅과 모니터링

일반적인 보안 관점에서 미래에 발생할 보안위협을 예상하기 어렵기 때문에 과거 또는 현재에 발생하는 보안위협 분석을 통해 대응하는 것에 초점이 맞춰져 있습니다. 즉, 현재 수행되는 상황의 로그를 실시간으로 남기고 빠르게 특이사항을 감지하는 모니터링monitoring 수행이 보안대응에 있어서 매우 중요합니다. 로깅Logging의 유형은 개별 자원에서 기본적으로 제공되는 접속로그와 변경된 작업 이력에 대한 행위로그, 감사로그가 있고 사용자 정의 로그 등의 상세화된 로그까지 확대 적용해 보안 수준을 높일 수 있습니다.

그리고 클라우드 환경의 자원에 대한 로그설정은 온/오프 버튼 클릭만으로 즉시 적용할 수 있고, 독립적인 자원들의 로그를 수집한 후, 통합 대시보드를 구성하여 실시간 모니터링을 수행할 수도 있습니다. 분리된 개별 로그 설정부터 통합 모니터링까지의 라이프 사이클 구축이 보안의 기본요소라고 말할 수 있습니다.

다음 그림은 자원들의 개별 상태와 변경 이력의 흔적을 남기는 로그 설정부터 로그 데이터를 실시간 모니터링하여 특정한 임계치를 초과하면 담당자에게 알람이 발생하는 과정을 보여주고 있습니다. 즉, 클라우드 자원의 로그 설정 → 모니터링 → 알람의 3단계 체계를 통하여 자산 보호를 위한 모니터링 환경을 구성할 수 있습니다.

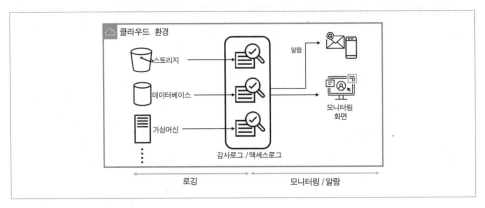

그림 3-32 로깅과 모니터링, 최소화된 권한으로 구성된 사용자 계정 사례

AWS에서 로그 설정과 모니터링을 담당하는 주요 서비스는 **클라우드와치**^{Cloudwatch}입니다. 다음의 클라우드와치 맛보기를 통해 서비스를 이해해보도록 하겠습니다.

Practice **클라우드와치 맛보기**

클라우드 자원에서 자동적으로 수집된 로그 정보를 통해서, 대시보드로 모니터링하는 실습을 수행합니다. 다음 그림과 같이 AWS의 CMP에서 클라우드와치(Cloudwatch) 서비스를 검색하여 접근합니다.

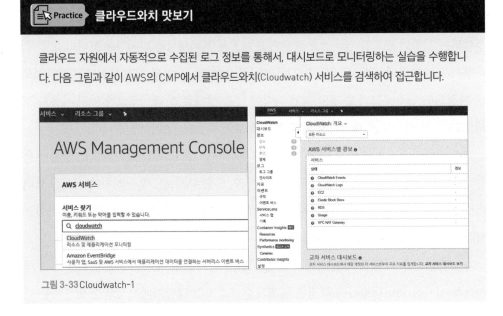

그림 3-33 Cloudwatch-1

왼쪽 대시보드의 [지표] 메뉴를 클릭하면, 사용 중인 자원목록들이 조회됩니다. 원하는 자원의 모니터링 항목을 클릭하거나 검색을 통해서 조회합니다.

그림 3-34 Cloudwatch-3

다음 그림과 같이 시간 단위의 리소스 항목이 시각화되며, 오른쪽 위에 있는 <작업> 버튼으로 대시보드에 저장하여 지속적인 모니터링을 수행할 수 있습니다.

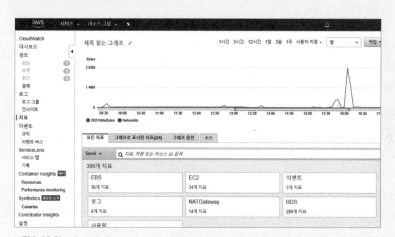

그림 3-35 Cloudwatch-4

클라우드 환경에서의 로그는 여러 가지 종류가 있습니다. 대표적으로 많이 활용하는 로그 5가지를 살펴봅니다.

① 가상 네트워크 트래픽 로그

- AWS 환경에서 일명 VPC Flow logs
- 가상 네트워크로 전송된 데이터 로그에 대한 별도의 활성화 작업 필요 없음.
- 로그 데이터에 대한 수집은 독립적인 복제 스트림을 통해 수행됨

② 도메인 네임 시스템(DNS: Domain Name System) 호출 로그

- 컴퓨팅 자원 내에 알려진 타깃 도메인으로 접근한 로그 분석

③ 자원 이벤트 로그

- 클라우드 관리화면, SDK, CLI 호출을 통해 발생한 API 로그 이력을 분석
- API 호출에 이용된 소스 IP 주소를 포함해서 사용자와 계정(Account)에 대한 식별/이슈 추적

④ 클라우드 자원별 로그

- 스토리지 로그(예 S3 Log), DB 로그(예 Access log, Audit log, Slow log 등), 서버리스 자원(예 lambda 서비스의 stream log), 컨테이너 자원 로그(예 ECS의 사용자/역할 등에 대한 수행작업 로그, ECS 내의 컨테이너 자체 로그) 등

⑤ 사용자 정의 로그

- 클라우드 서비스 제공자로부터 자동으로 수집이 어려운 정보를 직접 관리하거나 주의해야 할 정보의 API를 호출해서 사용자 관련 로그 정보를 적재함
- 대시보드 환경 및 로그 관리 콘솔에서 직접 관리하여 보안위협을 인지하거나, 특정 조건의 설정으로 알람을 생성함
- 다음 그림은 AWS 제공업체의 사례로, 일반적으로 많이 사용하는 EC2(컴퓨팅 자원) 서비스에 대한 메모리 정보를 수집하는 내용입니다. 클라우드 서비스 제공자는 EC2 자원에 대해서는 메모리값을 제공해 주지 않기 때문에 별도로 bash 셸을 이용하여 작성하였습니다. 단, 사전에 AWS CLI 소프트웨어를 설치합니다. 설치된 aws-cli 경로는 '/snap/bin/aws'입니다. AWS CLI 설치 URL은 https://docs.aws.amazon.com/ko_kr/cli/latest/userguide/cli-chap-install.html입니다.

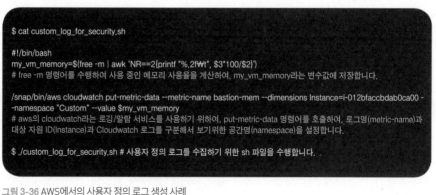

```
$ cat custom_log_for_security.sh

#!/bin/bash
my_vm_memory=$(free -m | awk 'NR==2{printf "%.2f₩t", $3*100/$2}')
# free -m 명령어를 수행하여 사용 중인 메모리 사용율을 계산하여, my_vm_memory라는 변수값에 저장합니다.

/snap/bin/aws cloudwatch put-metric-data --metric-name bastion-mem --dimensions Instance=i-012bfaccbdab0ca00 -
-namespace "Custom" --value $my_vm_memory
# aws의 cloudwatch라는 로깅/알람 서비스를 사용하기 위하여, put-metric-data 명령어를 호출하여, 로그명(metric-name)과
대상 자원 ID(Instance)과 Cloudwatch 로그를 구분해서 보기위한 공간명(namespace)을 설정합니다.

$ ./custom_log_for_security.sh # 사용자 정의 로그를 수집하기 위한 sh 파일을 수행합니다.
```

그림 3-36 AWS에서의 사용자 정의 로그 생성 사례

1.3 골드환경(사용자 정의 환경)

클라우드 환경에서 필요한 자원을 활용할 때 사용자는 최초 자원의 사양과 환경값을 입력하여 생성하는 것부터 시작합니다. 다음 그림은 각 자원에 서로 다른 보안 요소를 적용한 개념도입니다.

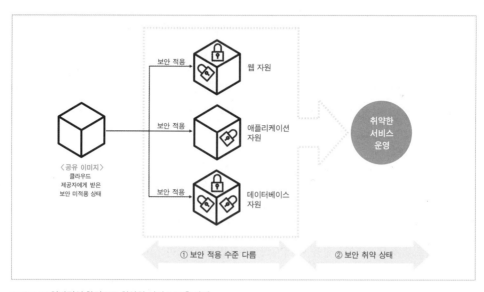

그림 3-37 일반적인 환경으로 취약한 서비스 구축 사례

앞선 그림은 웹, 애플리케이션, 데이터베이스에 각각 3개의 보안 요소를 적용해야 하지만, 웹 자원에는 2개의 보안 요소, 애플리케이션 자원에는 1개의 보안 요소, 마지막 데이터베이스 자원에는 3개의 보안 요소가 모두 적용된 사례입니다. 즉, 일반적인 정보 시스템 환경을 구성하려면 웹, 애플리케이션, 데이터베이스 자원을 생성할 때마다 각각의 보안 요소 설정합니다. 이때, 사용자가 직접 자원의 보안 요소를 개별적으로 적용하는 작업을 반복하게 된다는 점에 주목해야 합니다.

그러나 만약 사용자가 시스템을 사전에 검토하여 적용해야 할 보안 항목을 정의했다고 가정하면, 관리대상인 자원에 해당 보안 요소의 일관성 있는 보안성 수준을 유지하는 것이 중요합니다. 즉, 개별 자원을 대상으로 보안 요소를 수동으로 각기 다르게 적용하는 일이 반복되면서 누락되거나, 불필요한 작업을 수행하는 일들이 벌어질 수 있습니다. 이는 클라우드 자원을 활용하면서 적용해야 하는 보안 항목이 실수로 누락되거나 다르게 적용되므로 구축한 시스템의 보안성 수준이 저하되는 결과를 만들게 됩니다.

앞에서처럼 우리는 모든 클라우드 자원에 개별적으로 보안 요소를 적용하는 작업을 해야 할까요? 이를 방지하기 위해, 적용해야 할 보안 서비스와 필수 라이브러리 등이 포함된 기본적인 클라우드 자원을 사전에 구축하는 것이 필요합니다. 매번 클라우드 제공사에서 공유한 기본적인 이미지 셋Image Set으로 구축하는 것이 아닌, 일관된 보안 수준을 유지하기 위해 사전에 구축한 기본 자원 이미지 또는 사용자 정의된 자원 생성 스크립트를 활용하는 것입니다. 이를 통해서 사용자 정의된 자원의 일관성 있는 보안 수준을 확보하고 대량으로 생성할 수 있습니다. 사전에 보안설정을 적용하여 직접 구축한 이미지 또는 생성 스크립트를 일명 '골드환경' 또는 '골드이미지'라 부릅니다.

다음 그림처럼 비즈니스 필요에 의해서 정의된 전용 이미지(골드환경)를 생성한 후, 추가적인 보안 작업과 설정없이 손쉽고 안전하게 서비스 운영까지 이어질 수 있습니다. 보안 수준의 향상 외에도 속도와 관리 측면에서 손쉬운 효율성을 기대할 수 있습니다. 다음 그림은 골드환경으로 만든 전용 이미지로 각 자원을 생성한 사례입니다.

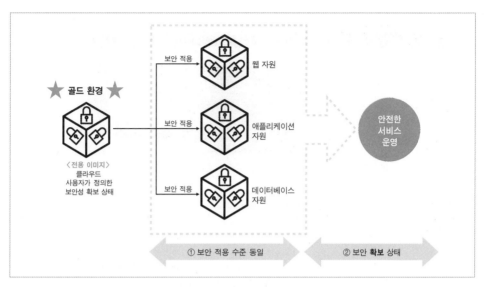

그림 3-38 골드환경을 적용한 안전한 서비스 구축 사례

요약하면, 보안 요소를 만족하는 자원을 골드환경으로 만들어 전용 이미지로 보유하도록 합니다. 마치 사용자 정의된 이미지로 이해해도 좋습니다. 해당 이미지를 통해서 별도의 보안 요소를 추가로 정의하지 않고, 보안정책이 적용된 개별 자원을 바로 생성할 수 있습니다. 즉 일관된 보안 수준의 자원을 생성하여 안전한 서비스 운영까지 기대할 수 있는 것입니다.

AWS에서 골드환경을 구성할 수 있는 서비스는 AMI^Amazon Machine Image입니다. 이를 기준으로 간단한 맛보기 실습을 수행해보겠습니다.

Practice **골드환경(이미지) 맛보기**

이번 맛보기에서는 보안 검토사항이 적용된 EC2 자원이 있다고 가정합니다. 해당 EC2 자원을 그대로 이미지로 생성하고, 이후 신규 EC2를 생성하는 경우에는 앞서 생성한 이미지를 통해서 보안사항이 적용된 자원을 신규로 구성합니다.

다음 그림과 같이 보안정책이 적용되고, 보안 패치된 'Gold-VM'의 이미지를 생성합니다. 상단의 〈작업〉 → [이미지] → [이미지 생성]을 차례로 클릭합니다.

그림 3-39 골드환경-1

다음 그림과 같이 생성할 이미지 이름, 설명할 내용, 인스턴스 볼륨 내역을 작성합니다. 필요한 정보를 입력하고, <이미지 생성> 버튼을 클릭하면 최종적으로 이미지가 생성됩니다.

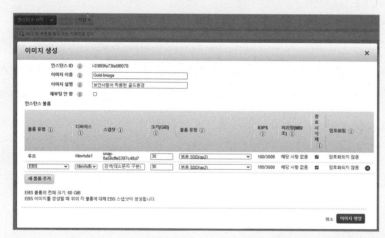

그림 3-40 골드환경-2

수 분 후에 왼쪽 대시보드의 '이미지'에서 생성된 'AMI(Amazon Machine Image)'를 확인할 수 있습니다. 'Gold-Image'라는 이름으로 이미지가 생성된 것을 확인합니다.

그림 3-41 골드환경-3

다음 그림과 같이 생성된 'Gold-Image' AMI을 통해서 보안환경이 적용된 EC2 자원을 활용할 수 있습니다. 활용할 이미지를 클릭해서 <시작하기> 메뉴를 누르면 새로운 자원을 구성할 수 있습니다.

그림 3-42 골드환경-4

현재 글로벌 클라우드 Top 3 업체는 모두 골드환경을 구축할 수 있는 서비스를 제공하고 있습니다. AWS는 AMI와 Cloudformation, Microsoft Azure에서는 Managed Disk와 Azure Resource Manager, Google Cloud Platform에서는 Image와 Cloud Deployment Manager라는 명칭으로 서비스를 제공하고 있습니다.

AWS 환경의 EC2 자원으로 골드환경을 위한 보안 요소

AWS 환경에서 가장 기본적인 EC2(컴퓨팅 자원) 서비스에 대해 골드환경을 구축하는 경우에 아래와 같은 항목들을 사전에 정의하여 보안성을 향상할 수 있습니다.

- EC2 접속 시에 알려지지 않은 포트로 변경 예 ssh 포트를 22가 아닌 다른 포트로 변경
- 서비스용 포트를 알려지지 않은 포트로 변경 예 http 포트를 80이 아닌 다른 포트로 변경
- ubuntu OS 계정은 비활성화 처리
- 서비스용 OS 계정 생성 및 관리를 위한 권한처리 설정
- 단순한 OS user와 password 로 자원 접근이 아닌, passphrase로 통해 비대칭 키로 EC2 자원에 접근하도록 설정

1.4 마켓 플레이스 활용

클라우드 서비스 제공자는 외부에서 개발한 솔루션을 적극적으로 받아들이고, 사용자가 사용할 수 있도록 마켓 플레이스를 운용하고 있습니다. 외부 제작사(3rd party)는 당사의 솔루션이나 서비스를 마켓 플레이스에 등록하며 당신은 필요한 서비스를 선택적으로 활용할 수 있습니다.

마치 동네 공원에서 물건을 사고파는 오픈마켓을 상상해 볼 수 있습니다. 판매자는 팔고자 하는 상품을 가지고 와서 자세한 설명과 가격정책을 제시합니다. 구매자들은 오픈마켓을 둘러보면서 필요한 상품을 선택하고 비용을 지불하게 되는 것입니다. 클라우드 서비스도 동일합니다. 필요한 보안 솔루션이나 모니터링, 위협탐지 서비스 등을 선택하면 사용자의 클라우드 환경에 자동으로 설정되어 사용만 하면 됩니다. 실질적인 SaaS 서비스 형태로 받게 되는 것입니다.

다음은 글로벌 클라우드 서비스 제공자들의 보안과 관련된 마켓 플레이스 페이지를 보여주고 있습니다. AWS 클라우드 서비스 제공자는 보안과 관련된 서비스로 1,000여 개가 조회되고 있습니다.

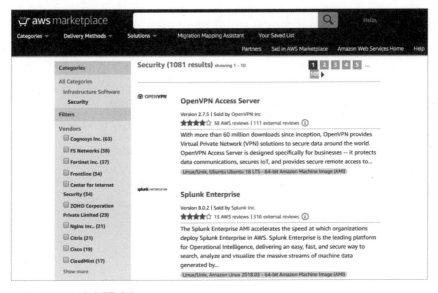

그림 3-43 AWS 보안 마켓 플레이스

MS Azure 클라우드 서비스 제공자도 보안과 관련된 서비스가 1,000여 개 조회되고 있습니다.

그림 3-44 MS Azure 보안 마켓 플레이스

GCP 클라우드 서비스 제공자는 보안과 관련된 서비스가 십여 개 수준으로 조회되고 있습니다.

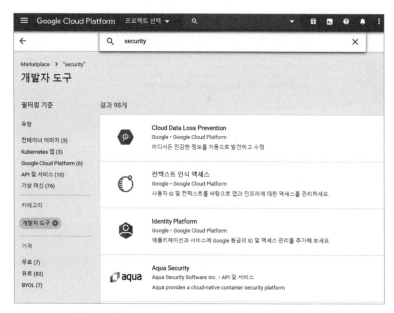

그림 3-45 구글 클라우드 플랫폼의 보안 마켓 플레이스

AWS 마켓 플레이스에서 트렌드 마이크로의 심층 보안 서비스를 사용하기 위한 구독 사례입니다. 마켓 플레이스에서 구독을 클릭하고 원하는 자원에 따른 가격정책을 선택해서 사용자 자원에 연결하면 즉시 사용 가능합니다.

그림 3-46 트렌드 마이크로의 심층 보안 서비스 구독

2 네트워크 보안 서비스

외부 인터넷 환경과 직접적으로 맞닿아 있는 네트워크 영역은 보안 검토대상에서 가장 영향이 큰 부분이라 할 수 있습니다. 불특정 다수에 의해서 직접적으로 접근 또는 악의적인 공격이 가능한 진입점이 될 수 있기 때문입니다. 또한, 물리적인 네트워크 장비가 가상화 기반으로 서비스하므로, 사용자는 더 쉽고 빠르게 네트워크 보안 서비스를 설정하고, 적용영역의 범위도 늘리거나 줄이기가 쉽습니다.

우리는 클라우드 자원에 접근하려는 외부의 데이터 센터, 서버 자원, 모바일 기기, 개인용 컴퓨터, 허가되지 않은 사용자와 다른 클라우드 제공업체의 컴퓨팅 자원에서부터 우리가 구축하려는 클라우드 자원까지 전 영역의 네트워크 구간의 보안을 고려해야 합니다. 이번 절에서는 내, 외부에서 패킷의 이동이 존재하는 네트워크 구간 상에서 독자가 적용 가능한 네트워크 보안 서비스가 무엇이 있는지, 어떻게 활용하는지 알아보도록 합니다.

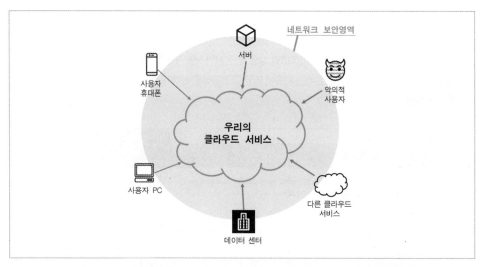

그림 3-47 클라우드의 네트워크 보안영역

2.1 가상 사설 클라우드(VPC)

가상 사설 클라우드(VPC: Virtual Private Cloud)는 클라우드 사용자가 직접 정의하는 가상의 개인 네트워크입니다. 다른 가상 사설 클라우드와 논리적으로 구분되어 있기 때문에, 상호 간에 호출이 차단되고 독립된 격리 네트워크망을 구성할 수 있습니다.

최초 클라우드 자원을 생성하기 전에, 우리는 가상 사설 클라우드를 생성하고 비즈니스 특성에 맞는 사설 IP 주소 범위를 설정해서 커다란 네트워크를 구성할 수 있습니다. 물론, 가상 사설 클라우드를 직접 생성하지 않더라도 클라우드 자원을 생성하는 즉시 자동으로 가상 사설 클라우드도 생성됩니다.

그리고 상호 간의 격리가 요구되는 환경이 필요한 경우에, 다수의 가상 사설 클라우드를 별도로 생성하여 독립적인 클라우드 네트워크망을 구성할 수도 있습니다. 이로 하여금 네트워크 간의 호출을 방지하여 보안성을 높이고, 네트워크별로 특수성이 있는 서비스를 구축할 수 있습니다.

다음 그림은 커다란 가상 사설 클라우드를 1개 구성하고, 사용 가능한 사설 IP 대역은 B 클래스인 10.10.0.0/16으로 제한하는 가상 사설 클라우드입니다. 물론 사설 IP 대역은 독자의 의도에 따라서 확장하거나 축소하여, 비즈니스 규모에 적합한 형태로 생성할 수 있습니다.

IP 주소의 클래스 이해하기

IP는 크게 A, B, C, D, E 클래스로 구분합니다. D 클래스와 E 클래스는 지정된 호스트로 전송하는 멀티캐스트나 연구용으로 예약되어 있으므로, 우리는 A, B, C 클래스를 자주 만나게 될 것입니다. IP 주소는 2진수로 구성된 8개의 숫자가 4개의 그룹으로 구성된 것은 이미 알고 계실 것입니다. 예를 들면, 10000000 . 00000000 . 00000000 . 00000000 이렇게 구성됩니다(아래의 xx는 0이 8개 나열된 것으로 약속하도록 합니다).

여기서 A 클래스는 가장 앞의 비트가 0으로 고정된 경우입니다. → 00000000.xx.xx.xx 뒤의 xx 부분은 자유롭게 활용할 수 있습니다. 즉, 첫 번째 숫자 그룹은 네트워크 수로 00000000부터 01111111까지 총 128개를 활용하고, 그 뒤의 3개 숫자 그룹은 00000000.00000000.00000000부터 11111111.11111111.11111111까지 무려 16,777,216개의 호스트 수를 가질 수 있는 것입니다.

마찬가지 방식으로 B 클래스는 앞의 비트가 1로 고정된 경우입니다. 결국, 128.0.0.0부터 191.255.0.0까지 활용할 수 있습니다. 현업에서는 편의상 IP 주소에서 첫 번째/두 번째 숫자그룹이 고정되고, 세 번째/네 번째 숫자 그룹을 자유롭게 활용할 수 있는 경우에도 B 클래스라고 지칭합니다.

C 클래스는 앞의 비트가 11로 고정된 경우로, 192.0.0.0부터 223.255.255.0까지 활용할 수 있습니다. D 클래스는 앞의 비트가 111로 고정되어, 224.0.0.0부터 239.255.255.255까지 활용할 수 있고, 마지막 E 클래스는 앞의 비트가 1111로 고정되어 240.0.0.0부터 247.255.255.255로 IP를 활용할 수 있습니다.

그림 3-48 가상 사설 클라우드 1개 구성

만약 앞의 그림과 같이 통합된 네트워크망에서 운영, 스테이지, 테스트, 개발 등의 환경을 구성한다면, 각 환경의 클라우드 자원들이 격리 없이 개방되어 위치하게 됩니다. 이는 운영환경에서 생성된 민감한 데이터가 스테이지 환경과 테스트 환경 등에 노출되어 보안 위협으로 다가올 수 있습니다. 따라서, 가상 사설 클라우드의 세분화를 통하여 비즈니스 목적별로 격리된 환경을 구성하는 방안을 고려해 볼 수 있습니다.

다음 그림은 독립된 다수의 가상 사설 클라우드를 구성해서 보안이 향상된 네트워크 구성도입니다. 앞선 사례와 같이 사용자는 운영, 스테이지, 테스트, 개발 환경을 구축할 때 독립된 다수의 가상 사설 클라우드의 보안성을 살펴보겠습니다.

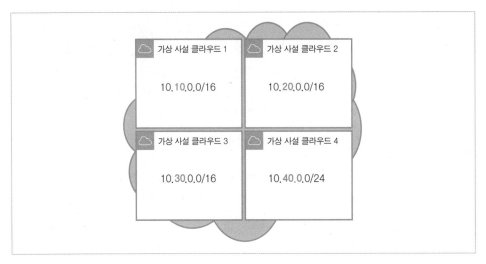

그림 3-49 가상 사설 클라우드 2개 이상 구성

앞의 그림에서 첫 번째 가상 사설 클라우드 1은 10.10.0.0/16인 B 클래스 IP 대역만 사용 가능하도록 설정하고 운영 환경Production Environment으로 사용합니다. 두 번째 가상 사설 클라우드 2는 10.20.0.0/16인 B 클래스 IP 대역만 사용 가능하도록 설정하고 사전운영 환경Stage Environment으로 사용합니다. 같은 방식으로 세 번째 가상 사설 클라우드 3도 10.30.0.0/16인 B 클래스 IP 대역으로 제한하고 테스트 환경Test Environment으로 사용합니다. 마지막 가상 사설 클라우드 4는 10.40.0.0/24로 C 클래스 대역으로 제한하고 개발 환경Development Environment

으로 사용하도록 합니다. 개발 환경은 다른 환경과 대비해 사용할 수 있는 IP 대역이 좁은 가상 사설 클라우드로 설정한 것입니다. 이런 경우, 운영, 스테이지, 테스트, 개발 환경에 대한 독립적인 사설 클라우드 망을 구성하고, 상호 간 침해를 줄일 수 있는 격리환경을 구성해 보안성을 높일 수 있는 것입니다.

 AWS에서 제공하는 가상 사설 클라우드인 VPC를 기준으로 간단한 맛보기 실습을 수행해보겠습니다.

Practice ▶ VPC 맛보기

이번 맛보기에서는 'VPC-02'라는 독립적인 가상 사설 클라우드를 생성하는 것입니다.
다음 그림와 같이 VPC 서비스를 검색해 접근해봅니다.

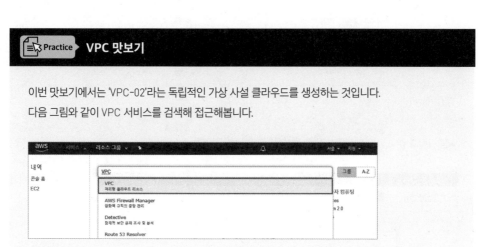

그림 3-50 VPC-1

다음 그림과 같이 'VPC-01'이라는 이름의 가상 사설 클라우드가 존재하는 것을 확인할 수 있습니다.
VPC 서비스에서 위쪽의 <VPC 생성> 버튼을 클릭해서 'VPC-02'의 가상 사설 클라우드를 생성합니다.

그림 3-51 VPC-2

다음 그림과 같이 VPC 생성 과정 중에 이름은 'VPC-02', IPv4 CIDR 블록은 '10.20.0.0/16' 대역으로 작성하고 <생성> 버튼을 클릭합니다.

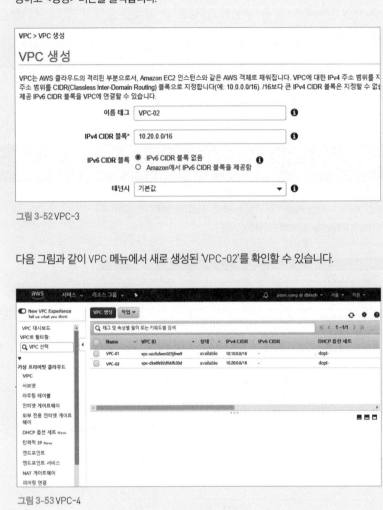

그림 3-52 VPC-3

다음 그림과 같이 VPC 메뉴에서 새로 생성된 'VPC-02'를 확인할 수 있습니다.

그림 3-53 VPC-4

현재 글로벌 Top 3 업체는 모두 가상 사설 클라우드 개념의 보안 서비스를 제공하고 있습니다. AWS는 Amazon VPC, Microsoft Azure는 VNets, Google Cloud Platform은 Virtual Private Cloud라는 명칭으로 서비스를 제공하고 있습니다.

2.2 서브넷(Subnet)

서브넷은 가상 사설 클라우드^{VPC}에서 IP 주소 범위를 설정해서 원하는 자원을 구성할 수 있는 작은 네트워크망입니다. 이는 기존의 온프레미스에도 존재하는 동일한 개념으로, 하나의 가상 사설 클라우드 내에서 IP 주소 대역을 작은 단위로 분리한 네트워크망입니다. 즉, 우리가 생성한 클라우드 자원이 존재하는 지역^{Region}에서 사용할 수 있는 영역 (Available Zone, 이하 가용영역)을 선택하여 CIDR$^{Classless\ Inter-Domain\ Routing}$ 표기법을 활용하여 구성한 네트워크입니다. 예를 들어, 서울이라는 지역에서 이중화와 재해복구(DR, Disaster Recovery) 구성을 위해 잠실, 강남, 여의도 등으로 분산된 위치를 가용영역이라 설명할 수 있습니다. 서울 리전의 특정 가용영역을 선택하여 클라우드 서비스를 배치할 수 있음을 의미합니다. 즉, 클라우드 서비스에서 자원을 생성하려면 자원이 위치해야 할 가상 사설 클라우드^{VPC}와 가용영역이 고정된 서브넷 선택은 필수입니다.

그리고 서브넷을 설정한 경우 기본적으로 같은 IP 주소 대역에서만 네트워크 통신이 가능하고, 그 외의 대역은 통신이 불가능합니다. 따라서 서브넷은 네트워크 영역에서 중요한 보안 서비스 중 하나입니다. 서브넷은 단순히 작은 네트워크이지만, 활용함에 따라 보안성을 향상시킬 수 있는 중요한 요소이며, 세분화하거나 재배치하는 방법이 응용을 통한 보안 향상 기법입니다.

1) 서브넷 세분화

다음 그림은 인터넷상에 개방된 통합 서브넷 대역에서 인터넷 사용 여부와 서비스별로 분리한 서브넷을 구체화한 사례입니다.

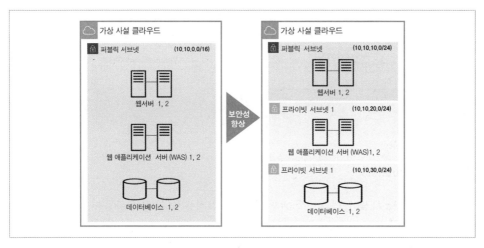

그림 3-54 서브넷 분리 형태

앞의 왼쪽 그림은 서브넷을 분리하기 전에 해당됩니다. IP 대역이 C 클래스 수준으로 개방되어 있고, 웹서버, 애플리케이션 서버, 데이터베이스의 네트워크 분리 없이 통합된 상태로 상호 간의 보안위협이 전파 가능한 상태입니다. 해당 구조의 보안성을 향상하고자 오른쪽과 같이 서브넷을 세분화하면, IP를 D 클래스만 자원 활용이 가능하도록 통신을 제어하는 것입니다. 물론, 자원의 오토 스케일링[Auto-scaling] 계획과 자원의 추가·생성 등의 계획에 따라서 서브넷상의 가용한 IP 개수는 사전에 설계되어야 합니다.

여기서 퍼블릭 서브넷이라 함은 인터넷상으로 개방된 네트워크 영역이며, 프라이빗 서브넷은 인터넷상에서 접근이 불가능한 폐쇄된 네트워크 영역을 의미합니다. 퍼블릭 서브넷에 위치한 자원은 공인 IP 또는 도메인이 설정되어 있습니다.

2) 서브넷 재배치

퍼블릭 서브넷에 존재하는 자원은 인터넷 환경에서 접근할 수 있습니다. 물론, 방화벽과 같은 보안설정으로 접근을 제어할 수 있으나, 보안설정이 미흡한 상태라면 물리적으로 직접 접근이 가능한 취약점이 존재할 수 있습니다. 해당 취약점을 방어하고자 민감한 데이터나 애플리케이션 소스 코드 등이 포함된 IT 자원은 프라이빗 서브넷으로 배치하여 외부에서 접근할 수 있는 가능성을 제거합니다.

다음 그림은 외부에 존재하는 가상머신을 내부의 프라이빗 서브넷으로 이동하고 가상머신에 대한 직접적인 접근을 통제해서 보안성을 향상시킨 개념도입니다.

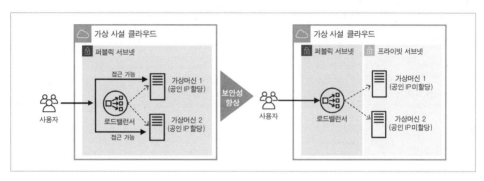

그림 3-55 퍼블릭 서브넷에서 프라이빗 서브넷으로 이동

즉, 퍼블릭 서브넷의 로드밸런서를 통해 허용된 트래픽만 프라이빗 서브넷에 위치한 가상머신에 접근할 수 있습니다. 인터넷상에서 주요 자원으로의 임의 접근을 제한하는 것입니다. AWS 환경에서의 서브넷 맛보기 실습을 수행해보겠습니다.

Practice 서브넷 맛보기

이번 맛보기에서는 원하는 서브넷을 추가하고, 기존의 EC2 자원의 서브넷을 변경하는 것입니다.
우선 서브넷 서비스는 다음과 같이 VPC(가상 사설 클라우드) 아래에 위치합니다. 서브넷 서비스 위쪽의
<서브넷 생성> 버튼을 클릭하여 신규 서브넷을 추가해보도록 합니다.

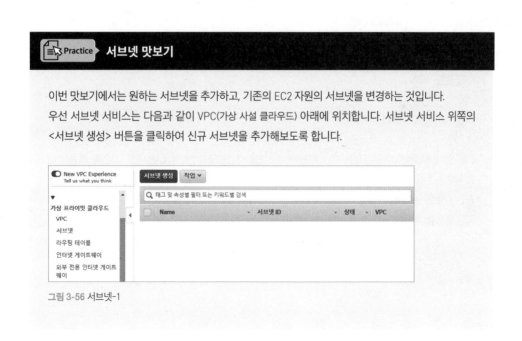

그림 3-56 서브넷-1

다음 단계는 다음 그림과 같이 서브넷 이름을 'Cloud-Private-subnet'이라 작성하고, 할당할 VPC를 선택합니다. 한국 리전인 ap-northeast 중에서 활용 가능한 a, b, c 가용영역에서 a를 선택합니다. 즉, ap-northeast-2a를 선택합니다.

기존에 생성한 10.10.0.0/16의 VPC 영역에서 일부 대역을 작성해서 서브넷으로 구성합니다. 10.10.10.0/24의 C 클래스 대역을 작성하고, <생성> 버튼을 클릭해서 서브넷을 생성합니다.

그림 3-57 서브넷-2

다음 그림과 같이 Cloud-Private-subnet의 서브넷이 추가된 것을 확인합니다.

그림 3-58 서브넷-3

이번 단계에서는 이미 존재하는 EC2 자원의 서브넷을 변경하고자 합니다. 서브넷은 자원을 생성할 때 할당하는 것이므로 기존에 생성된 자원은 AMI로 이미지를 만들어야 합니다. 그리고 해당 AMI 이미지와 같은 자원을 생성해서 원하는 서브넷을 선택합니다. 다음 그림은 현재 활용하고 있는 EC2 자원의 이미지를 생성합니다.

그림 3-59 서브넷-4

다음 그림과 같이 생성한 이미지를 선택하고 <시작하기> 버튼을 클릭해서 이전의 EC2 자원과 같은 EC2
를 생성합니다.

그림 3-60 서브넷-5

다음 그림과 같이 <시작하기> 버튼을 클릭하고 변경하고자 하는 서브넷을 선택하도록 합니다.

그림 3-61 서브넷-6

다음 그림과 같이 필요한 크기의 인스턴스 유형을 체크하고 <다음: 인스턴스 세부 정보 구성> 버튼을 클릭합니다.

그림 3-62 서브넷-7

변경할 서브넷(Cloud-Private-subnet)을 선택하고, 나머지 항목들도 기존의 EC2 값과 같게 설정해서 <다음> 버튼을 눌러 인스턴스를 생성합니다. 이를 통해 서브넷이 변경된 EC2 자원을 생성하고, 기존의 EC2는 삭제합니다.

1. AMI 선택	2. 인스턴스 유형 선택	3. 인스턴스 구성	4. 스토리지 추가	5. 태그 추가	6. 보안 그룹 구성	7. 검토

단계 3: 인스턴스 세부 정보 구성

기본 VPC 없음. 다른 VPC 또는 새 기본 VPC 생성을(를) 선택합니다.   ✕

요구 사항에 적합하게 인스턴스를 구성합니다. 동일한 AMI의 여러 인스턴스를 시작하고 스팟 인스턴스를 요청하여 보다 저렴한 요금을 활용하며 인스턴스에 액세스 관리 역할을 할당하는 등 다양한 기능을 사용할 수 있습니다.

인스턴스 개수 ⓘ	2	Auto Scaling 그룹 시작 ⓘ
구매 옵션 ⓘ	☐ 스팟 인스턴스 요청	
네트워크 ⓘ	vpc-sodiufwer023jfnw9 | VPC-01 ▾	⟳ 새 VPC 생성
	기본 VPC가 없습니다. 새 기본 VPC 생성.	
서브넷 ⓘ	subnet-23dnwkfj02kd92nkq | Cloud-Private-subnet ▾	새 서브넷 생성
	249개 IP 주소 사용 가능	
퍼블릭 IP 자동 할당 ⓘ	서브넷 사용 설정(비활성화) ▾	
배치 그룹 ⓘ	☐ 배치 그룹에 인스턴스 추가	
용량 예약 ⓘ	열기 ▾	⟳ 새 용량 예약 생성
IAM 역할 ⓘ	없음 ▾	⟳ 새 IAM 역할 생성
종료 방식 ⓘ	중지 ▾	
최대 절전 중지 동작 ⓘ	☐ 추가 종료 동작으로 최대 절전 모드를 활성화	
종료 방지 기능 활성화 ⓘ	☑ 우발적인 종료로부터 보호	
모니터링 ⓘ	☐ CloudWatch 세부 모니터링 활성화	
	추가 요금이 부과됩니다.	

취소   이전   검토 및 시작   다음: 스토리지 추가

그림 3-63 서브넷-8

현재 글로벌 Top 3 업체는 모두 동일한 명칭의 서브넷 개념의 보안 서비스를 제공하고 있습니다.

2.3 접근제어 목록(ACL)

접근제어 목록(ACL: Access Control List)은 외부 네트워크에서 사용자의 네트워크를 통과하는 경우, IP 주소와 포트 번호, 프로토콜 등을 확인해서 네트워크 패킷 통과를 허가하거나 거부하는 목록입니다. 일종의 방화벽 역할을 한다고 이해하면 됩니다. 대신에 방화벽처럼 세세한 영역이 아닌, 사용자 네트워크의 서브넷에 관여하는 커다란 방화벽이라고 생각하는 게 맞습니다.

다음 그림은 접근제어 목록^ACL에 대한 간단한 서비스 개념도입니다.

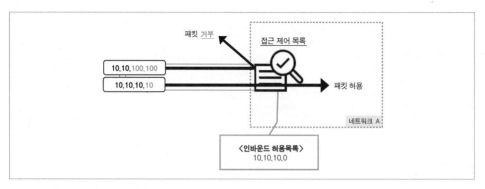

그림 3-64 접근제어 목록 서비스의 개념도

네트워크 A로 접근하는 패킷이 2개가 있다고 가정하겠습니다. 접근제어 목록인 인바운드 허용목록에는 10.10.10.0으로 C 클래스까지 고정된 IP 대역만 접근할 수 있습니다. 즉, 10.10.10.0/24가 정확한 의미입니다. 10.10.100.100 소스 IP에서 전달되는 패킷은 10.10.10.0의 C 클래스가 아니므로 패킷전송이 거부됩니다. 반면, 10.10.10.10 소스 IP에서 전달되는 패킷은 10.10.10.0의 C 클래스에 해당하므로, 사용자의 네트워크 A로 전달됩니다.

여기서 접근제어 목록에는 두 가지 규칙이 있습니다. 외부 인터넷 환경에서 클라우드 내부로 전달되는 인바운드^Inbound 규칙과 클라우드 내부에서 외부 인터넷 환경으로 나가는 아웃바운드^Outbound 규칙입니다. 다음 그림은 인/아웃바운드에서 제한 없이 모든 트래픽이 호출 가능한 접근제어 목록의 사례를 보여주고 있습니다.

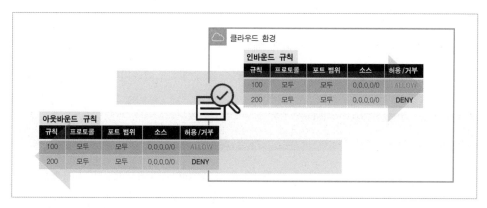

클라우드 환경

인바운드 규칙

규칙	프로토콜	포트 범위	소스	허용/거부
100	모두	모두	0.0.0.0/0	ALLOW
200	모두	모두	0.0.0.0/0	DENY

아웃바운드 규칙

규칙	프로토콜	포트 범위	소스	허용/거부
100	모두	모두	0.0.0.0/0	ALLOW
200	모두	모두	0.0.0.0/0	DENY

그림 3-65 클라우드 환경의 접근제어목록 사례

또한, 접근제어 목록의 유형에는 거부목록^{Black List}과 허용목록^{White List}이 있습니다. 거부목록은 패킷이 출발하는 소스 IP^{Source IP}를 기준으로 거부대상이 되는 IP 대역이며, 허용목록은 소스 IP를 기준으로 허용대상이 되는 IP 대역에 대한 목록입니다. 다음 그림에서는 3개의 IP 대역은 거부목록으로, 2개의 IP 대역은 허용목록으로 설정하고자 한다면, 사용자는 운영체제 수준 또는 클라우드 ACL 메뉴에서 ALLOW(허용)나 DENY(거부) 키워드를 사용해서 설정하면 됩니다.

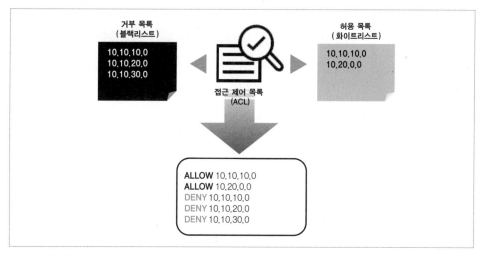

거부 목록
(블랙리스트)

10.10.10.0
10.10.20.0
10.10.30.0

허용 목록
(화이트리스트)

10.10.10.0
10.20.0.0

접근 제어 목록
(ACL)

ALLOW 10.10.10.0
ALLOW 10.20.0.0
DENY 10.10.10.0
DENY 10.10.20.0
DENY 10.10.30.0

그림 3-66 접근제어목록 유형

앞에서처럼 클라우드 자원에서 공통된 접근제어 목록을 적용하고자 한다면, 클라우드 포털의 가상 사설 클라우드 하위의 ACL 메뉴를 통해서 설정하면 됩니다. AWS에서 제공하는 ACL 서비스를 기준으로 간단한 맛보기 실습을 수행해보겠습니다.

 **ACL 맛보기**

AWS에서 ACL 서비스는 서브넷 단위로 설정합니다. ACL은 요청한 트래픽에 대한 정보를 따로 저장하지 않는 무상태(stateless) 속성이므로 인바운드와 아웃바운드 규칙을 각각 설정합니다.

다음 그림의 네트워크 ACL은 3개의 서브넷을 관리하는 규칙이고, 외부에서 할당된 서브넷으로 접속하는 경우에는 인바운드 규칙을 따르게 됩니다.

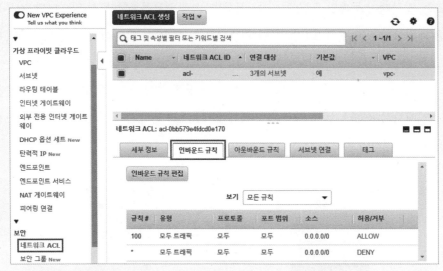

그림 3-67 ACL-1

다음 그림은 할당된 서브넷에서 외부로 나가는 트래픽에 대한 아웃바운드 규칙입니다.

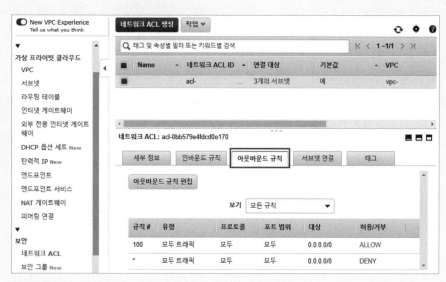

그림 3-68 ACL-2

다음 그림은 해당 ACL과 연결된 서브넷 내역입니다. 추가 ACL이 더 필요하다면 <네트워크 ACL 생성> 버튼을 클릭합니다.

그림 3-69 ACL-3

<네트워크 ACL 생성> 버튼을 클릭하면, 다음 그림과 같은 생성 창에 ACL 이름을 입력하고 할당할 VPC 를 선택합니다. 이후 <생성> 버튼을 클릭하면 하나의 ACL이 생성됩니다.

네트워크 ACL > 네트워크 ACL 생성

네트워크 ACL 생성

네트워크 ACL은 서브넷 내부와 외부의 트래픽을 제어하기 위한 방화벽 역할을 하는 선택적 보안 계층입니다.

이름 태그	ⓘ
VPC*	▼ C ⓘ

* 필수 사항   취소 **생성**

그림 3-70 ACL-4

현재 글로벌 Top 3 업체는 모두 동일한 명칭인 접근제어 목록의 보안 서비스를 제공하고 있습니다.

168

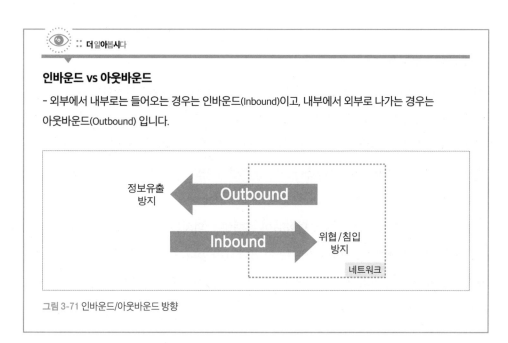

2.4 방화벽(Security Group)

방화벽은 가상 사설 클라우드[VPC] 내에서 허용된 IP와 포트[Port]만 통과를 시키는 보안 서비스입니다. OSI 7 Layer 중에서 3계층인 네트워크 계층과 4계층인 전송 계층 수준의 필터링을 수행합니다. 클라우드상의 단위 자원에 할당하여, 세밀한 트래픽 제어와 보안위협을 방지할 수 있는 것입니다. 기본적으로 클라우드 자원을 생성하기 전에 클라우드 자원의 보호막을 구성하기 위해 방화벽부터 생성해야 합니다. 물론, 클라우드 자원을 생성하면서 자동으로 방화벽이 동시에 만들어지기는 하지만, 다수의 수천~수만 개의 자원을 관리하기 위해서는 방화벽 구성에 대한 설계도 사전에 고려되어야 합니다. 방화벽의 관리 범위는 클라우드 자원 단위로 할 것인지, 클라우드 자원의 목적별로 그룹을 지을 것인지 등에 대한 설계입니다. 또한, 관리 효율성을 위해 명명 규칙 또한 정의되어야 할 것입니다.

그리고 방화벽은 외부에서 내부로 들어오는 인바운드 규칙과 내부에서 외부로 나가는 아웃바운드 규칙을 허용하는 IP와 포트를 설정합니다. 특히, 방화벽은 트래픽의 상태정보를 저장할 수 있는 Stateful 속성을 가지므로, 인바운드 규칙과 반대되는 아웃바운드 규칙을 대칭해서 구성할 필요는 없습니다.

예를 들어 인바운드 규칙의 모든 IP에서 443 포트로 들어온다고 설정하면, 443 포트로 들어온 패킷은 인바운드 규칙에 따라서 응답 결과를 가지고 리턴할 수 있습니다. 리턴을 위해서 아웃바운드 규칙에 443 포트를 다시 입력할 필요가 없다는 의미입니다. 또한, 클라우드 환경에서 방화벽의 인/아웃바운드 규칙의 추가와 변경, 삭제는 간단히 버튼 클릭만으로 즉시 적용되어 빠른 서비스 환경 구성을 하기에 매우 효율적입니다.

다음 그림은 클라우드 환경에서 방화벽이 존재하는 위치를 작성한 개념도입니다. 방화벽은 퍼블릭 서브넷와 프라이빗 서브넷 하위에 존재합니다. 가상머신 자원에 도달하는 패킷을 IP와 포트로 필터링하고자 퍼블릭과 프라이빗 유형으로 구분해 방화벽을 생성한 것을 확인할 수 있습니다.

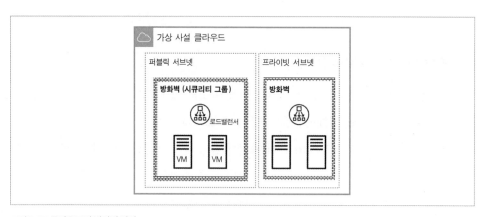

그림 3-72 클라우드의 방화벽 위치

즉, 다수의 가상머신(VM)과 로드밸런서, 컨테이너 등의 자원을 원하는 대로 그룹을 짓거나, 자원 모두 개별적으로 분리해서 방화벽을 적용할 수 있습니다. 사용자는 클라우드 자원의 방화벽을 설정함과 동시에 트래픽 제어가 시작됨으로 방화벽 변경작업을 주의깊게 수행해야 합니다. 방화벽을 설정할 때 주의할 점은 다음과 같습니다.

- 소스 IP, 목적지 IP, 포트는 사용하는 정보만으로 설정

- CIDR(Classless Inter-Domain Routing)의 범위는 최소한으로 설정

- Any IP, Any Port, Any Protocol로 설정은 최소화하고, 적절한지 정기적으로 확인

방화벽 보안 서비스는 비즈니스와 클라우드 자원의 특성에 맞게 필요한 정책만을 설정해야 보안 수준을 확보할 수 있습니다. 즉, 방화벽을 구체적으로 구성하고, IP와 포트의 적용 범위를 최소한으로 설정해야 할 것입니다.

1) 방화벽 세분화 구성

방화벽은 가장 기본적인 보안 서비스입니다. IP와 포트를 기준으로 허용된 트래픽만 접근을 할 수 있습니다. 물론, 기존 온프레미스의 방화벽 장치와 같은 개념의 보안 기술이지만, 클라우드 환경에서는 버튼 클릭만으로 방화벽 설정이 가능하다는 특징이 있습니다.

방화벽도 서브넷과 유사하게 원하는 자원을 선택해서 그룹핑하여 설정할 수 있습니다. 다음 그림은 통합된 방화벽을 세분화하여 구성한 사례입니다.

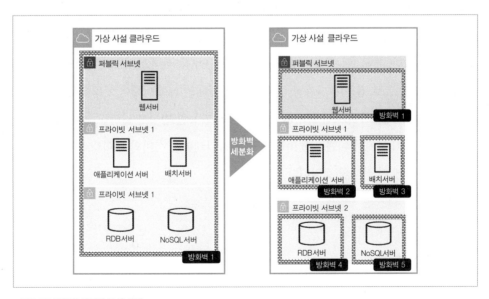

그림 3-73 방화벽 세분화 구성 사례

왼쪽 개념도처럼 관리하는 자원을 하나의 방화벽으로 통합하여 설정할 수 있습니다. 관리 효율성은 매우 좋으나 연관 없는 IP와 포트의 보안규칙이 모든 자원에 일괄 적용됨으로 보안 취약점이 존재합니다. 이에 오른쪽 개념도처럼 서비스 대상 자원을 세분화하여 방화벽을 설정합니다. 허용할 IP와 포트만 정확하게 설정하여 불필요한 IP와 포트가 허용되는 보안 취약점을 제거할 수 있습니다.

2) 방화벽 범위 최소화

애플리케이션이 수행되는 자원들은 최소한의 보안위협 대응을 위해 방화벽을 필수로 적용하게 됩니다. 단순한 적용은 쉬우나, 업무 서비스를 제공하려면 구체적이고 정확한 방화벽의 범위설정은 사전에 서비스 간 인터페이스 요소들이 모두 파악되어야 합니다.

실제적인 클라우드 환경의 방화벽 적용 상황을 파악해보면, 전체 IP 대역(0.0.0.0/0)과 모든 포트ALL로 설정된 상태로 운영하는 것을 쉽게 볼 수 있습니다. 개방된 대역과 포트가 넓으면 넓을수록 보안위협이 발생할 수 있는 영역이 커지므로, 실제 서비스한 최소한의 IP와 포트로 설정되어 있는지 점검이 필요합니다.

그림 3-74의 왼쪽 그림은 웹 애플리케이션과 데이터베이스가 하나의 방화벽으로 구성되어 있습니다. 인바운드 설정이 WAS와 DB 서비스가 합쳐져서, B 클래스 대역으로 개방되어 있습니다. 결국, 웹 애플리케이션 서버에는 DB용 서비스 목적의 방화벽 룰이 적용되어 3306 포트로 접근이 가능한 상태입니다. 반대의 데이터베이스 경우도 마찬가지로, 불필요한 IP 대역과 포트가 개방되어 있어 공격 가능한 범위가 넓어진 상태입니다. 즉, 10.10.10.0/16 대역에서 어떤 자원이든지 웹 애플리케이션 서버와 데이터베이스 서버로 접근이 가능하게 된 상태인 것입니다.

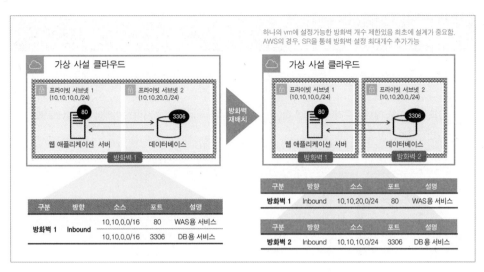

다음 그림 3-74 방화벽 재배치와 IP/포트 최소화 사례

따라서 오른쪽 그림처럼 방화벽을 서비스 단위로 축소하고, 서비스별로 필요한 포트만 개방하는 방식으로 재조정할 수 있습니다. 최종적으로 웹 애플리케이션 서버의 방화벽1은 10.10.20.0/24 대역의 80 포트로만 개방되어, 이전의 3306 포트 개방이 제외되었습니다. 반대의 데이터베이스 경우도 불필요한 개방 범위를 제거하여 보안성을 향상할 수 있습니다.

AWS에서의 방화벽 역할을 수행하는 서비스는 시큐리티 그룹Security Group입니다. 다음의 시큐리티 그룹 맛보기를 통해 서비스를 이해해보도록 하겠습니다.

이번 맛보기에서는 시큐리티 그룹을 추가하여 자원의 목적별로 시큐리티 그룹을 독립적으로 구성해 보겠습니다.

다음과 같이 두 곳에서 시큐리티 그룹을 확인할 수 있습니다. 하나는 EC2 서비스 아래에 있는 [네트워크 및 보안] → [보안 그룹]입니다.

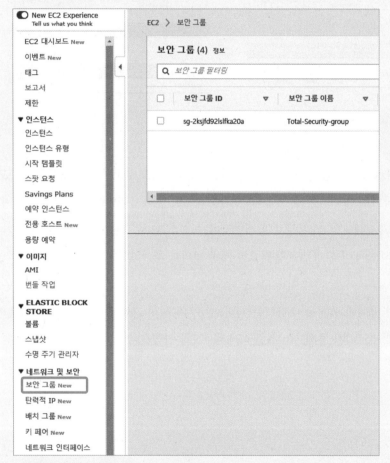

그림 3-75 시큐리티 그룹-1

다른 하나는 VPC 아래에 있는 [보안] → [보안 그룹]에 위치합니다. 둘 중의 한 곳에서 시큐리티 그룹을 확인합니다. 현재는 Total-Security-group이라는 이름의 시큐리티 그룹만 존재합니다. 이를 WEB 자원, WAS 자원, DB 자원들에 대한 별도의 시큐리티 그룹을 생성하도록 합니다.

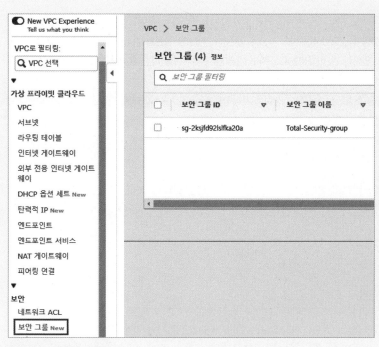

그림 3-76 시큐리티 그룹-2

오른쪽 위에 <보안 그룹 생성> 버튼을 클릭해서 새로 추가합니다.

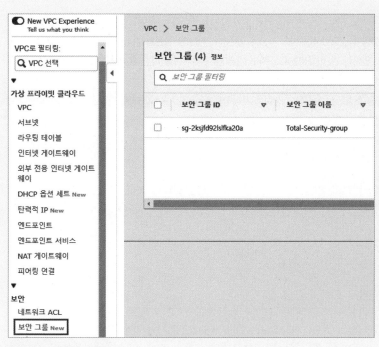

그림 3-77 시큐리티 그룹-3

WEB 보안 그룹처럼, WAS, DB 영역을 위한 보안 그룹도 생성합니다. 이름에는 'WEB-Security-group'
을 입력하고, 설명에는 해당 시큐리티 그룹을 설명하는 내용을 작성합니다. VPC는 연결하려는 VPC 항
목을 선택하고, 필요한 인, 아웃바운드 규칙을 정의합니다. 작성을 마친 후 <보안 그룹 생성> 버튼을 클
릭하여 추가합니다.

시큐리티 그룹은 호출되는 트래픽의 정보를 저장하는 Stateful 속성이므로, 인바운드 규칙이 아웃바운
드 규칙과 같을 필요는 없습니다.

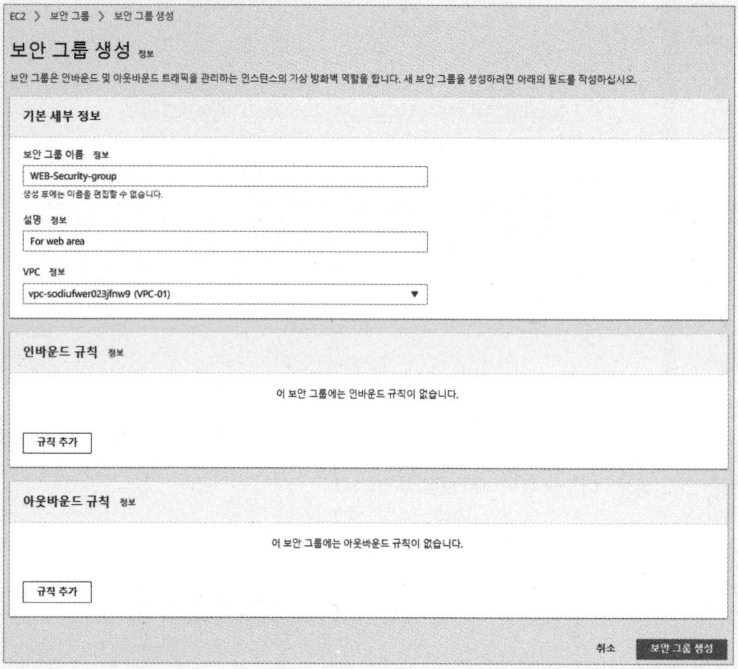

- 그림 3-78 시큐리티 그룹-5

다음 그림은 생성된 EC2 자원 내역입니다. 이전 과정에서 생성한 'WEB-Security-group' 시큐리티 그
룹을 WEB-ec2 자원에 할당합니다. 즉, 이전에 WEB-ec2, WAS-ec2, DB-ec2인 EC2 자원이 하나의 시
큐리티 그룹으로 할당된 것에서, 신규로 생성한 웹 전용 시큐리티 그룹으로 변경하는 것입니다.

다음 그림처럼 [작업] → <네트워킹> → <보안 그룹> 변경을 클릭합니다.

그림 3-79 시큐리티 그룹-6

다음 그림과 같이 보안 그룹 변경 팝업창이 나오면, 기존의 'Total-Security-group' 보안 그룹에서
'WEB-Security-group' 보안 그룹으로 변경합니다. 변경 후 <보안 그룹 할당> 버튼을 클릭합니다.

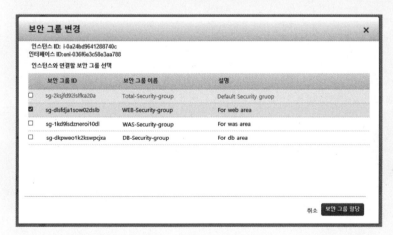

그림 3-80 시큐리티 그룹-7

이번에는 기존에 하나로 통합된 시큐리티 그룹의 IP와 포트 범위를 최소화하도록 합니다. 상대적인 보안 위협을 감소하기 위한 최소화 작업은 아래 인바운드 규칙 또는 아웃바운드 규칙을 편집하도록 합니다. <편집> 버튼을 눌러 범위를 줄여보겠습니다. 인바운드 규칙 또는 아웃바운드 규칙을 선택합니다.

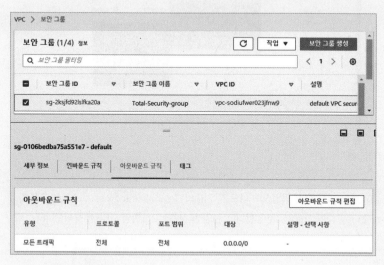

그림 3-81 시큐리티 그룹-8

기존에 전체 포트이자, 0.0.0.0/0인 전체 IP 설정 상태에서 범위를 좁히겠습니다. 접속할 소스 IP 범위와 포트를 다음과 같이 최소화합니다.

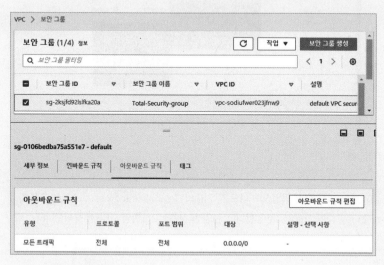

그림 3-82 시큐리티 그룹-9

현재 글로벌 Top 3 업체는 서버 자원의 보안성을 향상하기 위한 방화벽 개념의 보안 서비스를 제공하고 있습니다.

2.5 네트워크 구간 암호화(TLS)

외부 인터넷망에 존재하는 사용자와 클라우드 자원 간에 통신을 하기 위해서 네트워크 구간에 전송되는 패킷 단위 데이터를 암호화하는 'TLS^Transport Layer Security 통신'을 수행해야 합니다. 이를 통해 네트워크 구간에서는 암호문^Cypher text이 전송되는 것입니다. 만약 일반적인 TCP 프로토콜을 통해 암호화되지 않은 평문^Plain text이 전송된다면, 악의적인 공격으로 데이터의 내용이 유출되는 사고가 발생할 수 있습니다. 이는 데이터의 민감성 수준에 따라 대규모의 정보유출이나 데이터 위변조 등을 통한 2차 보안위협 공격이 발생할 수 있습니다.

다음 그림은 TLS 프로토콜을 통한 네트워크 구간 암호화로서, 도메인과 TLS 인증서를 등록하여, 외부와의 네트워크 통신 시에 암호화 처리를 수행하는 것을 보여줍니다. 클라우드 환경에서는 도메인 발급/관리 서비스와 공인 인증서 발급/등록 서비스를 통해서 TLS 설정을 가능하게 합니다. 특히, 클라우드 서비스 사용자는 주기적으로 인증서 발급과 자동 갱신 서비스를 받아, 보안과 운영 효율의 두 가지 효과를 기대할 수 있습니다.

실무 관점에서 클라우드 환경의 인증서 발급 서비스를 살펴보면, 발급/관리 비용을 무료로 제공하고 있습니다. 그리고 매년 인증서를 갱신해야 하는 절차도 서비스로 자동화하여 별도로 신경을 쓸 필요가 없게 됩니다. 이를 통해 기존에 간헐적으로 발생하던 장애 케이스인, 인증서 갱신 시점을 놓쳐서 인증서가 폐기되는 서비스 장애 문제를 사전에 방어할 수 있습니다.

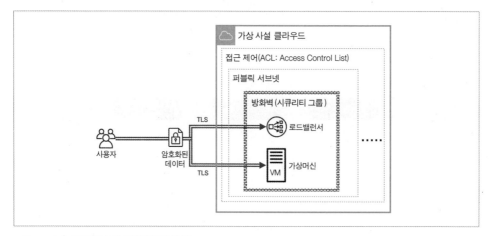

그림 3-83 TLS 프로토콜 통한 구간 암호화 개념도

즉, 인터넷 환경에서 클라우드 환경으로 네트워크 통신 시에 패킷이 암호화되어 안전한 구간통신을 할 수 있는 것을 확인할 수 있습니다. 물론, 사용자가 클라우드 외부에서 발급받은 도메인과 인증서를 클라우드 환경에 등록할 수도 있습니다. 그리고, 클라우드 서비스 제공자의 자원을 활용해서 도메인과 인증서 발급처리를 일원화한 후에 비용 절감과 운영 효율성을 향상하는 방법도 고려해볼 만 합니다.

클라우드 서비스 제공자에 따라 서비스 제공 수준과 비용 차이가 존재할 수 있으며, 다음 그림은 AWS 클라우드 환경에서의 TLS에 대한 사례입니다.

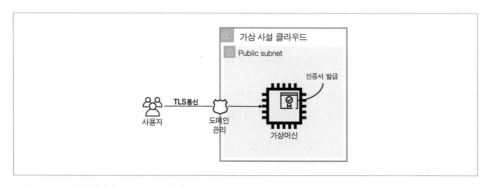

그림 3-84 AWS 환경에서의 TLS 프로토콜 적용

앞선 사례를 구성하는 요소는 도메인 관리를 위한 서비스와 인증서 발급 서비스로 이루어져 있습니다. 암호화된 통신을 구성하려면 기본적으로 도메인과 인증서가 필요하며, AWS 클라우드 제공사를 기준으로 제공된 서비스 활용은 다음과 같습니다.

- **도메인 관리를 위한 Route 53 서비스 활용**: 공식 도메인 발급 기관을 통해서 도메인을 발급받을 수 있으나, 클라우드 서비스 제공자의 도메인 발급으로 발급과 모니터링 등의 일원화된 도메인 서비스를 받을 수 있습니다.

- **인증서 발급을 위한 ACM(Amazon Certificate Manager) 서비스 활용**: 공식 인증서 발급 기관을 통해서 TLS 통신을 구현할 수 있으나, 클라우드 서비스 제공자의 인증서 관리 서비스로 비용 절감과 갱신 작업에 대한 사용자 부담을 줄일 수 있습니다.

> 도메인(Domain)_ 특정 서비스를 호출하는 경우에 물리적으로 구성된 자원의 공인 IP를 호출해야 하나, 사용자가 기억하기 쉬운 이름인 별명이라고 생각하면 이해하기 쉽습니다. 마치 12.34.56.78로 IP를 호출해야 하는 것을 www.test.com 도메인으로 호출하는 것입니다(위키피디아 정의: 넓은 의미로는 네트워크상에서 컴퓨터를 식별하는 호스트 명을 가리키며, 좁은 의미에서는 도메인 레지스트리에서 등록된 이름을 의미한다).
>
> TLS 인증서(Certificate)_ 신뢰할 수 있는 공인 인증기관으로부터 서버와 같은 자원을 신뢰하도록 암호화된 연결을 수립할 수 있도록 발급된 인증 파일입니다. 이를 클라우드 자원이나 서버 자원 등에 등록하여 네트워크 구간 내에서 암호화된 구간통신을 수행할 수 있습니다.

인증서 관리 보안 서비스(ACM: AWS Certificate Manager)는 기본적으로 클라우드 환경에서 자원을 활용하는 경우에 별도의 인증서 없이 고객들에게 서비스를 오픈하는 경우가 발생합니다. 다음 그림은 인증서를 적용하지 않고, 평문 상태로 통신을 수행하는 사례입니다.

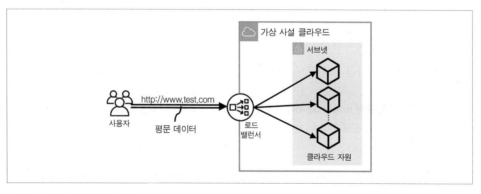

그림 3-85 인증서 미적용시의 사례

즉, 앞의 그림은 평문^{Plaintext} 통신을 수행하는 HTTP 프로토콜 기반으로, www.test.com 도메인을 호출합니다. 결국, 암호화되지 않은 평문의 데이터가 그대로 노출되어 데이터의 가로채기나 엿보기로 인해 유출이 가능한 취약점이 존재합니다.

다음 그림은 인증서를 적용으로 암호화 통신을 수행하는 사례입니다.

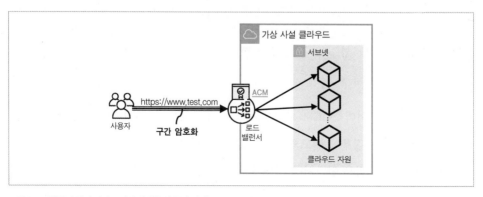

그림 3-86 인증서 관리 서비스 기반의 암호화 통신 사례

앞의 그림을 요약하면, 로드밸런서에 인증서를 적용하고 TLS 프로토콜을 통해 네트워크 구간 암호화를 구현할 수 있습니다. 물론, 인증서 적용 대상은 로드밸런서 외에도 컴퓨팅 자원 또는 API Gateway 등 서비스 호출을 수용할 수 있는 서비스, 자원에 인증서 적용이 가능합니다. 그리고 인증서 관리를 위한 보안 서비스는 외부의 공인 인증기관에서 유

료로 인증서를 구매할 수도 있으나, 클라우드 서비스 제공자의 인증서 서비스는 무료 또
는 기존의 구매비용보다 저렴합니다. 그뿐만 아니라 매년 인증서 갱신 비용과 등록 작업
이 클라우드 서비스 제공자에 의해서 자동으로 이루어지므로 인증서 교체작업의 누락에
대한 비즈니스 위험성도 최소화될 수 있습니다.

AWS에서 인증서 관리 서비스를 수행하는 ACM을 기준으로 간단한 맛보기 실습을 수
행해보겠습니다.

📑 Practice ACM 맛보기

이번 맛보기에서는 AWS에서 발급한 인증서를 통해서 로드밸런서 서비스에 적용하는 내용입니다.
처음으로 다음 그림 같이 'Certificate Manager' 서비스를 검색해서 접근합니다.

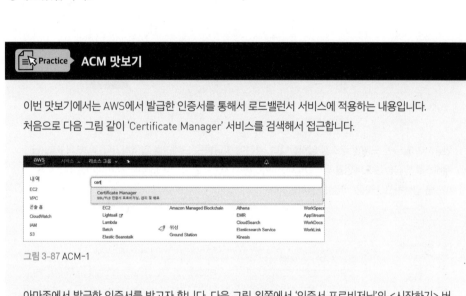

그림 3-87 ACM-1

아마존에서 발급한 인증서를 받고자 합니다. 다음 그림 왼쪽에서 '인증서 프로비저닝'의 <시작하기> 버
튼을 클릭합니다.

그림 3-88 ACM-2

다음 그림과 같이 '공인 인증서 요청'을 선택하고 아래 <인증서 요청> 버튼을 클릭합니다.

그림 3-89 ACM-3

인증서에 할당한 도메인 주소를 입력합니다. 사전에 발급받은 도메인을 입력하거나, AWS의 Route53 서비스로 발급받은 도메인을 입력합니다. 다음 그림에서는 www.test-domain.com이라는 테스트용 도메인을 입력하고, <다음> 버튼을 클릭합니다.

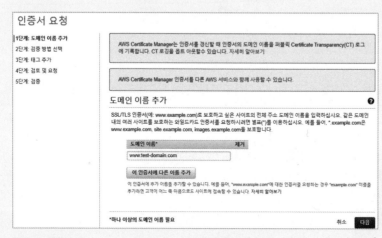

그림 3-90 ACM-4

다음 그림은 인증서를 발급하기 전에 입력한 도메인이 유효한 것인지 검증하는 단계입니다. DNS 검증을 선택해 자동으로 발급받은 CNAME 값을 DNS에 추가하여 검증하고자 합니다. <검토> 버튼을 클릭해서 CNAME으로 검증 작업을 마무리합니다.

그림 3-91 ACM-5

다음 그림과 같이 DNS를 검증하기 전까지는 '검증 보류'로 조회되고, 검증이 완료된다면 '발급 완료'라고 조회됩니다.

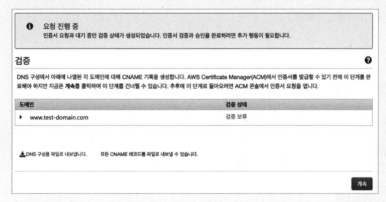

그림 3-92 ACM-6

인증서가 발급되었다면, 로드밸런서에 해당 인증서를 할당하는 실습을 수행합니다. 로드밸런서는 EC2
서비스 아래에 위치합니다. 서비스 상태에서 <로드 밸런서 생성> 버튼을 클릭합니다.

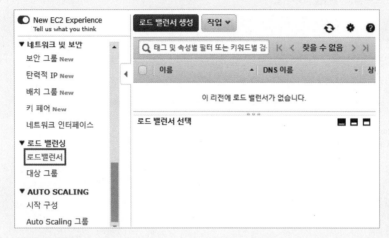

그림 3-93 ACM-7

적용할 로드밸런서를 선택하고 <생성> 버튼을 클릭합니다. 다음 그림에서는 Network Load Balancer
를 선택하고 <생성> 버튼을 클릭합니다.

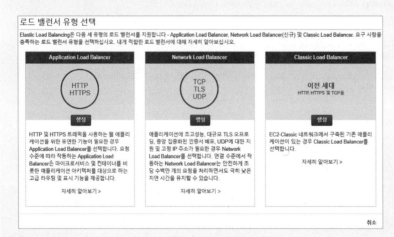

그림 3-94 ACM-8

로드 밸런서의 이름을 기입하고, 리스너 항목에서 TLS 프로토콜을 선택해서 적용합니다. 적용한 후 <다음: 보안 설정 구성> 버튼을 클릭합니다.

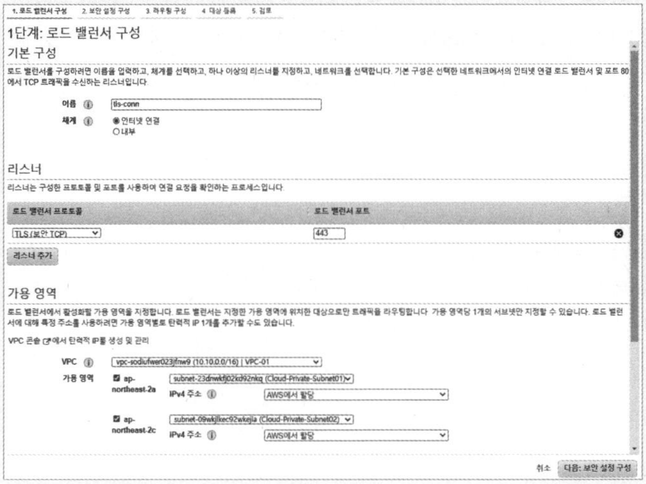

그림 3-95 ACM-9

다음 그림처럼 인증서 유형을 'ACM에서 인증서 선택(권장)'을 선택하고, ACM-6에서 선택한 인증서를 선택하고 <다음> 단계로 넘어가서 로드밸런서 생성을 마무리합니다. 즉, ACM 인증서가 설정되어 보안 전송이 가능한 로드밸런서가 구성된 것입니다.

그림 3-96 ACM-10

클라우드 환경에 외부 인증서 적용하기

외부 공인 인증기관에서 인증서를 구매하고 매년 갱신에 따른 비용을 지불해야 한다면, 발급된 인증서를 클라우드 자원에 등록합니다. 하지만 보통 인증서가 연단위로 만료되기 때문에 갱신 작업이 불가피합니다. 만약 인증서 갱신 없이 고객에게 서비스가 지속된다면, 다음과 같은 브라우저 메시지로 서비스에 차질을 빚을 수 있습니다.

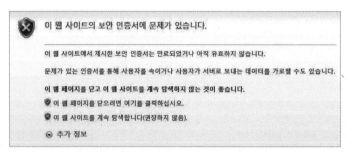

그림 3-97 보안 인증서 문제 메시지

따라서 다음과 같은 사항을 염두에 두고, 인증서 관리에 집중해야 합니다.

- 인증서 만료 기한 확인하기

- 인증서 만료 전 갱신하기

- 갱신된 신규 인증서를 클라우드 자원에 등록하기

- 서비스 호출하여 신규 인증서가 적용되었는지 확인하기

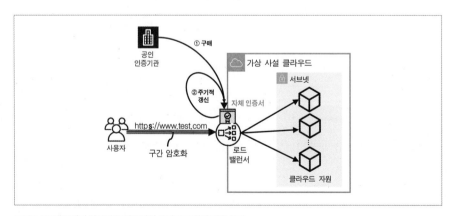

그림 3-98 외부에서 발급받은 인증서의 클라우드 환경 적용사례

현재 글로벌 Top 3 업체는 네트워크 구간 암호화를 위한 인증서 관리 서비스를 제공하고 있습니다. 각각의 서비스명은 다음과 같습니다.

2.6 가상 사설 네트워크(VPN)

클라우드 환경의 자원과 외부 인터넷 환경의 자원 간에 데이터가 전송되거나 API 호출이 발생하는 등의 인터페이스가 발생합니다. 이런 경우 양쪽 네트워크 구간에 가상의 논리적 네트워크 사설망을 구축하여 구간 암호화 통신과 외부에서의 임의적 침입을 방지하는 가상의 전용 네트워크망을 구성할 수 있습니다. 이런 보안성 향상에 초점이 맞춰진 네트워크 보안 서비스가 가상 사설 네트워크(VPN: Virtual Private Network)입니다.

개별 네트워크 통신 초입 지점에 가상 사설 네트워크 게이트웨이^{VPN Gateway}를 두고 상대방의 네트워크 설정을 추가하여 고정된 네트워크 구간에서 안전한 사설망을 구축할 수 있습니다. 기존 온프레미스에서 사설망을 위한 네트워크 장비와 케이블을 물리적으로 구성했다면, 클라우드 서비스에서는 소프트웨어로 구성된 논리적인 네트워크 서비스와 준비된 서드파티 애플리케이션으로 손쉽게 가상 사설 네트워크를 구성할 수 있습니다.

다음 그림은 클라우드 환경에서의 가상 사설 네트워크를 설정한 개념도입니다.

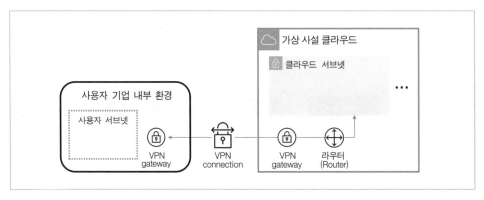

그림 3-99 AWS 환경의 VPN 통신을 위한 환경구축 사례

VPN 서비스로 통신을 수행하고자 양단 끝의 위치에 VPN Gateway를 적용합니다. 그리고 각 VPN G/W를 연결할 수 있는 VPN Connection 설정으로 완전히 암호화된 논리적 사설망이 구축됩니다.

이에 AWS 클라우드에서는 VPN Connection 서비스를 통해 중간의 중계 포인트를 추가적으로 설정할 수 있습니다. 그리고 사용자의 네트워크 대역폭과 트래픽 모니터링, 가용성 등의 추가 보안을 설정할 수 있습니다. 다음의 VPN 맛보기를 통해서 서비스를 이해해보도록 하겠습니다.

Practice ▸ VPN 맛보기

VPN(가상 프라이빗 네트워크)은 VPC 서비스 아래에 위치합니다. 고객 게이트웨이, 가상 프라이빗 게이트웨이, 사이트 간 VPN 연결, 클라이언트 VPN 엔드포인트인 4가지 중에서 상황에 맞는 하나를 선택해 논리적인 암호 통신을 수행할 수 있습니다.

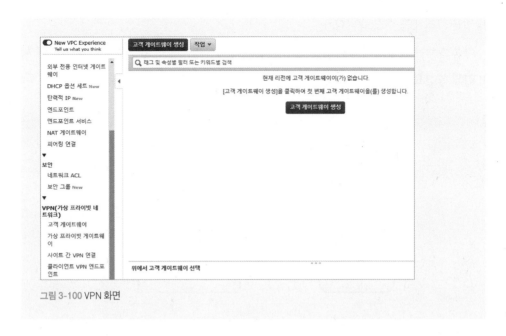

그림 3-100 VPN 화면

현재 글로벌 Top 3 업체는 속도와 보안향상을 위한 가상의 사설 네트워크 서비스를 제공하고 있습니다. 각각의 서비스명은 다음과 같습니다.

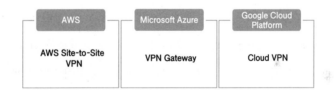

2.7 전용선 구축(직접 연결: Direct Connect)

원거리 네트워크 구간에서 통신을 수행하기 위해서 일반적으로 인터넷망을 사용합니다. 누구나 사용하는 공용망이므로, 사용환경에 따라서 대역폭과 속도, 보안 등에 영향을 받기 쉽습니다. 따라서 성능이나 보안에 민감한 비즈니스 요건이 존재하는 상황이라면 물리적인 네트워크망, 즉 전용망을 구성하여 크리티컬[Critical]한 비기능 요건을 충족시키는 방법을 고려해볼 수 있습니다.

　다음 그림은 사용자의 프라이빗 환경인 온프레미스와 퍼블릭 환경인 클라우드 환경 A, B 간의 통신요건을 고려하여 망 구성을 구축한 예시 도식입니다.

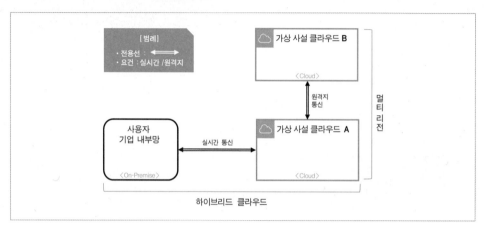

그림 3-101 비즈니스 요건에 따른 전용선 구축

　앞의 그림을 설명하면 하이브리드 클라우드 형태인 사용자 네트워크망과 클라우드 환경 A 간에는 실시간 통신요건이 존재하며, 같은 클라우드 서비스 안에 A와 B의 장거리 원격 통신 환경이 존재합니다. 실시간 통신요건을 충족하고자, 클라우드 서비스에서 제공하는 전용선 서비스를 적용합니다. 그리고 같은 클라우드 서비스 제공자 환경인 A, B 간의 장거리 통신을 위해서는 멀티 리전기반의 클라우드 제공업체의 자체적인 네트워크망을 즉시 설정할 수 있습니다. 즉, 하이브리드 클라우드는 사용자 네트워크망이 위치한 데이터 센터나 로코케이션colocation 환경까지 네트워크 장비를 구성하여 전용선을 구축할 수 있습니다.

　AWS의 클라우드 서비스 제공자는 Direct Connect 서비스라는 이름으로, 지역별로 선정한 네트워크 파트너사를 통해 고객사에 직접 전용망 구축을 제공합니다. 다음 그림은 AWS 클라우드 제공사 기준으로 구축한 Direct connect 개념도입니다.

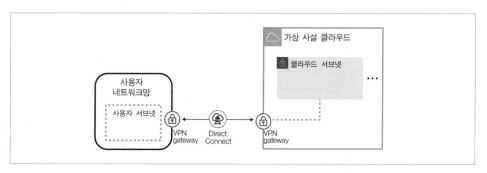

그림 3-102 AWS 환경의 전용망 개념도

현재 글로벌 Top 3 업체는 속도와 보안향상을 위한 전용선 서비스를 제공하고 있습니다. 각각의 서비스명은 다음과 같습니다.

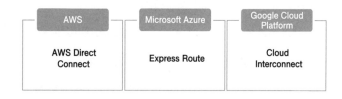

2.8 외부 침입탐지/차단(IDS/IPS)

외부 인터넷 환경에서 우리가 구축한 클라우드 환경으로 악의적인 목적의 침입 시도가 발생한다면, 그에 대응하기 위한 실시간 모니터링이 필요합니다. 기존 온프레미스에서는 IDS[Intrusion Detection System] 또는 IPS[Intrusion Protection System] 장비를 구매해서 침입탐지를 수행했으나, 클라우드 환경에서는 마켓 플레이스를 활용하여 소프트웨어로 룰 기반[Rule based], 이상패턴, 지능형 학습모델을 적용할 수 있는 서비스를 제공합니다.

다음 그림은 외부 트래픽의 실시간 침입탐지를 수행해서 애플리케이션으로의 공격을 방어하는 사례를 보여줍니다.

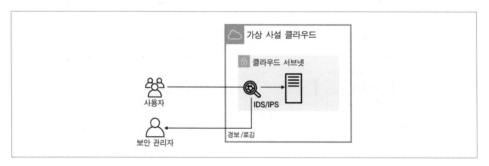

그림 3-103 외부 침입탐지 및 침입방지 서비스

즉, IDS/IPS는 정상 트래픽으로 감지되면 백엔드 ^Back-End 로 전달하고 비정상 트래픽으로 감지되면 보안 관리자에게 경보 알람을 전달하게 됩니다. 일반적인 침입탐지에 대한 자동 조치는 서비스 장애로 확대될 수 있으므로, 관리자에 의한 조치와 로깅^logging 으로 인한 일괄 조치는 보수적으로 수행되는 경우가 많습니다.

최근에 딥러닝 알고리즘과 데이터 마이닝 기술이 발전함에 따라 위협 패킷의 패턴과 유추가 가능하여 지능적인 위협탐지를 수행하게 됩니다. 현재 글로벌 Top 3 업체는 IDS/IPS 항목을 직접 서비스하지 않고, 마켓 플레이스를 통해서 사용자에게 파트너사의 제품을 연결해주고 단일 가상자원 이미지나 SaaS 형태로 서비스 비용을 지불해서 사용할 수 있도록 제공하고 있습니다.

2.9 DDoS 방지 서비스

악의적인 목적으로 공격 자원을 분산 배치하여 동시에 수행되는 분산 서비스 거부 공격(DDoS, Distribute Denial of Service Attack)이 발생할 수 있습니다. 이는 애플리케이션을 중지하거나 지연을 유발시키므로 DDoS 방지 서비스를 적용해서 상시 탐지를 수행합니다. 다음 그림은 DDoS를 탐지하여 위협을 사전에 방지하는 서비스를 개념화한 도식입니다.

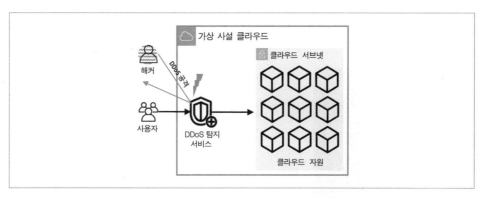

그림 3-104 DDoS 방지 서비스 적용

DDoS 방지 서비스는 OSI 7 Layer의 네트워크와 전송 계층에서 클라우드 서비스 추가 비용을 지불하면 상위 레벨에서 발생하는 DDoS도 방지할 수 있습니다. 만약 AWS 환경 사용자라면 쉴드 서비스을 확인해보도록 합니다. 실무에서 클라우드 서비스 제공자에게 DDoS 서비스를 받는 경우 많은 부담이 발생하므로 핵심 시스템은 별도의 클라우드 마켓 플레이스에 있는 DDoS 전용 서비스를 검토해볼 수도 있습니다.

AWS에서 제공하는 DDoS 방지 서비스인 Shield에 대해서 간단한 맛보기 실습을 수행해보겠습니다.

Practice Shield 맛보기

이번 맛보기는 네트워크 계층의 기본적인 DDoS 방어 기능이 포함된 Shild 서비스입니다. 'WAF & Shield'를 검색하여, shield 서비스에 접근할 수 있습니다.

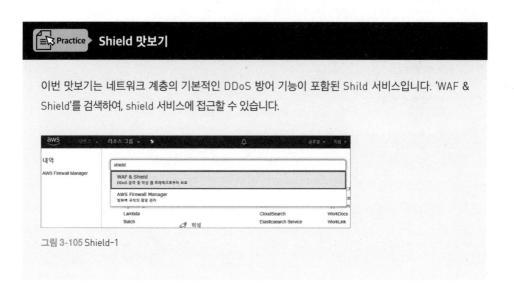

그림 3-105 Shield-1

왼쪽 대시보드에 AWS Shield 서비스의 'Summary'를 클릭합니다.

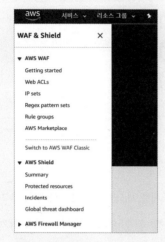

그림 3-106 Shield-2

다음 그림과 같이 AWS 환경에 자원을 생성하면, 기본적으로 AWS Shield Standard 보안 수준이 제공됩니다. 그러나 OSI 7 Layer와 같이 고수준의 향상된 보안 기능을 적용하려면, 'Activate AWS Shield Advanced'를 선택해서 적용하면 됩니다.

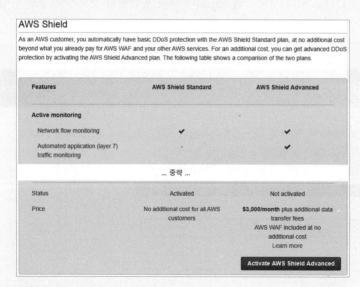

그림 3-107 Shield-3

현재 글로벌 Top 3 업체는 DDoS 방지를 위한 쉴드 서비스를 제공하고 있습니다. 각각의 서비스명은 다음과 같습니다.

지금까지 클라우드 환경에서의 네트워크 보안을 알아보았습니다. 네트워크 영역에서 클라우드 서비스 제공자의 보안 서비스를 활용하거나 사용자가 직접 네트워크 보안 강화를 구축하는 것입니다. 좀 더 깊게 고민해보면, 네트워크를 분리하는 관점과 영역 간 접점에서 접근을 통제해 근본적인 보안성을 확보할 수 있습니다. 클라우드 환경은 논리적으로 구성된 가상환경이지만, 침투 가능한 취약점이 존재하는지 고려해봐야 합니다.

① 네트워크 분리

- 네트워크를 사용하는 그룹(Tenant)별 분리
- 서비스가 동작하는 망과 지원망 간 분리: 사용자 서비스망과 관리망, IP 스토리지망 간 분리

② 네트워크 접점 간의 접근통제

- 네트워크 경계 통제(Perimeter Firewall): 방화벽 또는 UTM(통합위협관리: Unified Threat Management)을 이용해 네트워크 경계에서의 통제
- 가상머신 간 통신 통제(Sub-tier firewall): 같은 물리 서버상의 다른 가상머신에서 공격과 방어
- L2 레이어 공격 방어: 가상 스위치(vSwitch)에 접근제어목록(ACL)을 적용하여 플러딩(Flooding: 변경된 라우팅 정보가 모든 네트워크 노드로 전달되는 방식)과 스캐닝(Scanning: 의도하지 않은 포트가 열려있는지 탐색하는 방식) 등으로 OSI 2 Layer 공격으로부터 가상머신 보호

3 컴퓨팅(서버) 자원 및 저장소 보안 서비스

클라우드 환경에서 컴퓨팅 자원과 저장소 보안 즉, IaaS^{Infrastructure as a Service} 기반으로 제공되는 서버, 가상머신^{VM}, 파일 시스템 등의 보안은 기존 온프레미스와 크게 다르지 않습니다. 사실 하드웨어의 구매와 데이터 센터로의 입고 절차를 클라우드 서비스 제공자가 대신하는 것이고, 운영체제가 설치된 상태에서 소프트웨어를 설치하고 데이터를 이관하는 일련의 작업들은 클라우드 사용자가 전담하는 것입니다. 따라서 컴퓨팅 자원과 저장소 보안은 기존의 보안 담당자가 수행한 보안 항목과 다르지 않으며, 클라우드 환경에서 보안 서비스를 직접 구축해야 하는 항목입니다.

만약 우리가 운영체제가 설치된 상태로 제공된 클라우드 컴퓨팅 자원 저장소의 보안성 수준을 확보하고자 한다면, 클라우드 자원의 접근 포인트부터 그 위의 애플리케이션, 데이터, 미들웨어까지 모두 관리해야 합니다. 그러나 이번 절은 컴퓨팅 자원과 저장소가 주인공이므로, 자원과 직접적으로 연관된 접근^{Access}과 관련된 연결고리의 보안 요소를 알아봅니다.

3.1 중계 서버(Bastion-host)

클라우드 서비스에서 활용하려는 대부분의 자원은 외부에 공개되지 않은 프라이빗 서브넷(Private Subnet, 내부망)에 배치하는 것이 일반적입니다. 단지 인터넷에서 접속 가능하도록 개방할 이유가 없는 경우가 이에 해당합니다. 일반적으로 서버 자원이나 데이터베이스 자원, 컨테이너 자원 등은 보안성 향상을 위해서 프라이빗 네트워크(Private Network, 사설망)에 위치합니다.

그러나 우리는 외부의 악의적인 위협을 방지하기 위해 내부망에 있는 클라우드 자원을 대상으로 서비스 설정(데이터 이관, 소프트웨어 설치, 애플리케이션 배포 등)을 위한 접속이 불가피합니다. 과연 인터넷망에 있는 당신은 클라우드 자원에 어떻게 접근할 수 있을까요?

이 해결책이 바로 배스천 호스트^{Bastion-host} 또는 중계 서버^{Gateway server}를 활용하는 것입니다. 즉, 네트워크 내부와 외부 사이의 연결을 위해 중계역할을 수행하는 서버 또는 호스트를 구성하는 것입니다.

내부망의 보호 대상인 서버 자원은 접근 가능한 경로를 최소화하는 목적으로 '배스천 호스트'의 접근만을 허가하는 것입니다. 즉, 사용자는 집에서 배스천 호스트를 통해 원하는 내부망 서버에 접속하는 것입니다. 이를 '점프 호스트'로 자원에 접근한다라고 합니다.

물론, 외부망에 있는 배스천 호스트는 우리만 접속하도록 배스천 호스트에만 할당된 방화벽의 인바운드 규칙을 명확하게 설정해주어야 합니다. 그리고 우리는 배스천 호스트를 접속함과 동시에, 배스천 호스트와 내부망의 자원으로 터널링[Turnneling]을 연결하여 원하는 클라우드 자원으로 접속합니다.

다음 그림에서 사용자는 HTTPS 프로토콜을 통해 서비스를 제공하고, 서버 관리자는 배스천 호스트[Bastion-host]에 터널링된 웹/애플리케이션 서버1, 2와 데이터베이스 1, 2번 서버에 모두 접속할 수 있습니다.

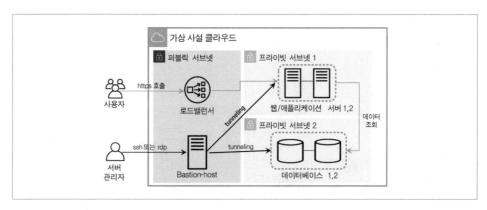

그림 3-108 Bastion-host 통한 자원 접근의 일원화

중계 서버는 클라우드 서버 자원과 컨테이너 자원, 관리형 서비스[Managed Service] 자원에도 동일하게 적용 가능한 자체적인 보안구축 방법입니다. 추가로 배스천 호스트의 인바운드 방화벽 규칙은 명확한 출발지 IP[Source IP]로 설정해서 퍼블릭 서브넷에 위치한 배스천 호스트의 보안성도 향상시킵니다.

명확한 출발지의 의미는 배스천 호스트로 접속하는 출발지 IP 대역을 범위로 설정하지 않고, 정확한 출발지 IP로 명시하는 것입니다. 예로 10.10.10.0/24처럼 다수의 IP가 임의로 접속하는 가능성을 제거하고, 10.10.10.100/32처럼 특정된 1개의 IP만 접속 가능하도록 범위를 최소화해야 한다는 것입니다. 또한, 배스천 호스트의 접속이 필요한 경우만 자원을 가동시키고, 그 외의 시간에는 자원을 중지합니다. 이를 통해 자원을 임의 접속할 수 있는 커버리지^{Coverage}는 최소화할 수 있습니다.

 :: 더 알아봅시다

터널링(Tunneling)

인터넷에서 전송된 데이터를 가상의 파이프로 전송하는 기술입니다. 네트워크 패킷 내에서 터널링 대상을 그룹핑(Grouping: 일명 캡슐화)하여 목적지까지 전송하게 됩니다. 따라서 우리는 배스천 호스트에 연결을 설정하는 경우, 접속하려는 목적지의 내부망 서버 자원을 지정하여 터널링을 설정해야 합니다.

다음은 외부에서 접속 가능한 배스천 호스트(공인 IP: 12.34.56.78)와 외부에서 접속하지 못하는 서비스용 운영 서버(사설 IP: 10.10.10.10)가 있다고 가정합니다. 독자의 운영 서버에 애플리케이션을 수정하기 위해 접속하는 경우, SSH 포트로 배스천 호스트의 연결 설정과 함께 터널링 설정으로 운영 서버에 연결 설정을 합니다. 이후 독자는 바로 앞에 있는 PC처럼 직접 접속이 가능합니다.

그림 3-109 터널링 통한 접속 사례

SSH 접속 툴을 활용하여 다음과 같이 터널링 설정과 내부망의 서버를 직접 접속할 수 있습니다. 편의상 접속 프로그램은 putty 툴을 사용합니다(단, 배스천 호스트 서버와 운영 서버 모두는 리눅스 계열이고, 디폴트 SSH 프로토콜 포트인 22를 사용한다고 가정).

① 배스천 호스트의 공인 IP가 12.34.56.78이고, 포트는 기본 SSH 포트인 22로 설정합니다.

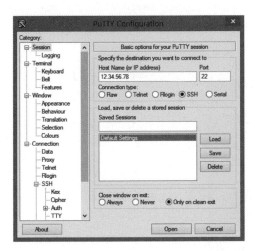

② Putty 툴에서 터널링 설정을 위해 Tunnels(터널) 메뉴에서 접속하고자 하는 내부망 운영 서버 자원을 설정합니다. 운영 서버의 사설 IP는 10.10.10.10이고, 리눅스 계열의 운영체제이므로 SSH 기본 포트인 22로 설정합니다. Source Port에서는 내가 원하는 임의의 포트인 1234로 지정합니다. 해당 1234 포트는 고정된 것이 아닌, 원하는 포트로 설정해도 됩니다. 이와 같이 설정을 완료한 후, <Open> 버튼을 눌러 터널링 설정을 최종 연결합니다.

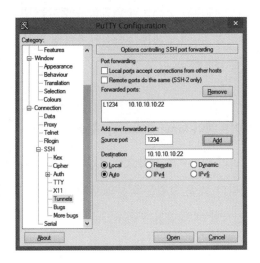

③ ②와 같이 터널링이 연결된 상태에서 SSH 접속 툴인 Putty 툴로 내부망의 운영 서버에 접속합니다. 이미 독자의 컴퓨터와 배스천 호스트를 거쳐 내부망 운영서버까지 연결되어 있으므로, 터널링에 설정한 임의의 1234 포트로 접속하면 됩니다. 여기서 호스트 명(Host Name)에는 다음과 같이 localhost 또는 127.0.0.1 로 입력하면 원하는 서버로 바로 접속 가능한 상태가 됩니다.

배스천 자원은 별도의 보안 서비스가 아닌, 배스천 호스트의 역할을 수행하는 컴퓨팅 자원을 추가하는 것입니다. 따라서 현재 글로벌 Top 3 업체는 일반적인 컴퓨팅 자원을 통해서 배스천 호스트를 통한 클라우드 자원을 보호할 수 있습니다.

3.2 클라우드 서비스 자원 간의 내부 게이트웨이(Inner Gateway) 구성

클라우드 환경에서 대국민 서비스 또는 멀티 클라우드 전략으로 특정 자원을 내외부에 개방하여 공용으로 사용하는 경우가 있습니다. 다음 그림은 외부의 인터넷 환경으로 개방된 스토리지와 데이터베이스 자원으로 저장할 때 취약점이 존재합니다.

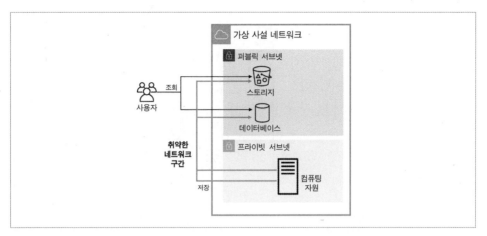

그림 3-110 클라우드 저장소까지 구간 취약점 사례

공용 IP를 보유한 스토리지와 데이터베이스 자원이 외부에 노출되어 있고, 해당 저장소에 저장 작업을 수행하는 컴퓨팅 자원이 있습니다. 공용 IP를 호출해서 데이터를 저장하므로 민감한 데이터를 저장하는 과정 중에 평문 데이터가 노출되거나, 위/변조되어 저장될 수 있는 취약점이 존재합니다. 따라서, 클라우드 자원 간 내부 게이트웨이Inner Gateway를 구성해서 구간 암호 통신으로 외부 노출을 줄여 안전한 데이터 저장 프로세스를 수행할 수 있습니다. 추가로 내부 게이트웨이는 일명 프라이빗 링크Private Link로 불리기도 합니다.

다음 그림은 내부 자원에서 개방된 자원(스토리지, 데이터베이스)으로 접근할 때, 내부 게이트웨이를 통해 구간 암호화 네트워크로 데이터를 저장하는 사례입니다.

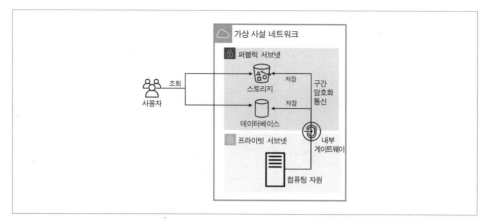

그림 3-111 AWS 서비스 공격표면 축소방안

추가로 IAM 서비스로 외부 사용자는 변경 없이 조회만 가능하도록 접근 권한을 제한하고, 특정한 컴퓨팅 자원에만 스토리지와 데이터베이스로 데이터를 저장할 수 있도록 조정할 수 있습니다. AWS 클라우드 기준으로 내부 게이트웨이에 해당하는 서비스는 엔드포인트입니다. 엔드포인트의 간단한 맛보기 실습을 수행해보겠습니다.

Practice 내부 게이트웨이 맛보기

내부 게이트웨이 서비스에 해당하는 AWS의 서비스는 엔드포인트입니다. 다음 그림과 같이 엔드포인트 서비스는 VPC 서비스 아래에 [엔드포인트] 메뉴를 통해 접근합니다.

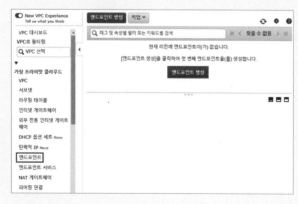

그림 3-112 엔드포인트 서비스-1

다음 그림과 같이 내부 통신이 필요한 서비스명과 연결하고자 하는 VPC 명을 선택합니다. 보안성을 위하여 서브넷은 사설망을 선택하는 것이 일반적이며, 완료된 이후에는 <엔드포인트 생성> 버튼을 클릭합니다.

그림 3-113 엔드포인트 서비스-2

요약하면, 엔드포인트로 S3 서비스와 구축한 VPC를 연결할 것입니다. VPC에서 S3로 호출되는 경우에 외부의 인터넷망을 통과하는 것이 아닌, 엔드포인트를 호출하여 구간 암호화 기반의 데이터 통신을 수행되게 됩니다.

현재 글로벌 Top 3 업체는 클라우드 자원 간의 보안성 향상을 위한 내부 게이트웨이를 수행하는 보안 서비스를 제공하고 있습니다. 각각의 서비스명은 다음과 같습니다.

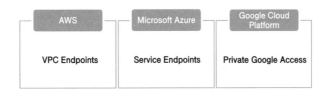

4 애플리케이션 보안 서비스

클라우드 환경에 구현하는 애플리케이션은 주로 웹 환경의 서비스를 제공하지만, 온프레미스의 애플리케이션과는 다른 특징을 가지고 서비스를 제공합니다. 클라우드 서비스 제공자가 제공하는 SaaS 서비스를 이용해 서비스를 제공할 수 있고, 전통적인 웹 서버 없이 스토리지에 저장된 웹 페이지들이 함수를 통해 호출되는 방식으로 구현되기도 합니다. 애플리케이션 서비스의 확장성과 호환성을 확보해 클라우드의 특징을 최대화할 수 있는 구조로 설계합니다. 애플리케이션의 보안을 위해 우리는 사용자가 접속하는 영역과 내부적으로 함수가 호출되는 영역, 소스코드의 취약점 영역에 대한 보안대책을 수립해야 합니다.

4.1 웹 방화벽(WAF)

웹 방화벽(WAF: Web Application Firewall)은 애플리케이션으로 전송되는 사용자 요청이 정상인지 판단하여 애플리케이션의 취약점 공격을 차단합니다. OSI 7계층 중에서 7계층(응용 계층)의 트래픽 필터링을 담당하게 됩니다. 반면, 앞 절에서 다룬 방화벽은 네트워크 계층의 3계층(네트워크 계층)과 4계층(전송 계층)에서 네트워크 패킷을 검사하여 접근제어를 수행합니다. 즉, 출발지와 목적지의 IP와 포트만을 검사하는 방화벽은 정상적인 웹 서비스를 통해서 애플리케이션을 공격하는 경우 방어가 불가능하므로, 웹 방화벽을 적용하게 됩니다.

다음은 웹 방화벽과 방화벽의 대한 관리대상 영역에 대한 계층도입니다.

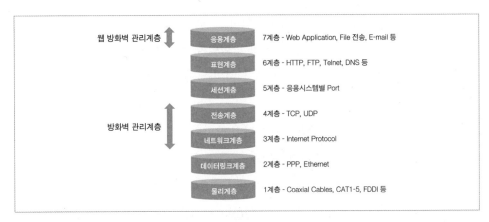

그림 3-114 네트워크 계층에서 웹 방화벽과 방화벽의 관리 영역

요약하면, 웹 방화벽은 외부로부터 전달된 사용자 요청 정보를 분석하여 악의적인 의도가 포함되었는지 판단하게 됩니다.

다음 그림은 클라우드 환경에서 웹 방화벽이 위치된 구성의 개념도입니다. 클라우드 상에서 가장 외부에 위치하고, 들어오는 모든 트래픽을 수신하게 됩니다.

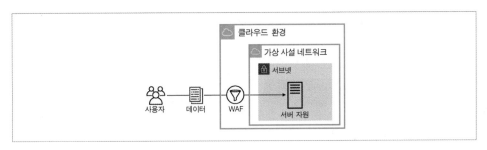

그림 3-115 WAF(웹 방화벽) 활용구간

즉, 클라우드 환경에서 보호해야 할 자원의 앞단에 위치하고, 웹 방화벽을 통과한 정상 트래픽만 클라우드 내부로 인바운드 됩니다. 구체적으로 방화벽을 통해 일차적으로 접근 제어한 정상 패킷에 공격코드가 포함되었는지를 분석합니다. DDoS 공격과 같이 대용량의 패킷이 전달될 경우, 웹 방화벽에 많은 부하가 발생되어 애플리케이션 처리속도에 문제가 될 수 있습니다. 따라서 웹 방화벽을 구성하는 경우에 DDoS 방어나 오토스케일링

과 같은 가용성 보장 방안도 함께 고려해야 합니다.

웹 방화벽은 2가지 모드를 제공합니다. 웹 방화벽을 적용할 때 가용성 분석을 위해 보통 6개월 정도는 학습모드로 공격 모니터링과 서비스 영향도 분석을 수행하고 이후에 운영모드를 적용합니다.

기존 온프레미스에서 웹 방화벽은 구성 방식에 따라 네트워크 기반 솔루션과 호스트 기반 솔루션으로 구분할 수 있습니다. 클라우드 환경에서는 빠르게 변경되는 가상서버에 에이전트 프로그램을 설치하고 관리하기 어렵기 때문에 호스트 기반의 웹 방화벽보다는 네트워크 기반 웹 방화벽이 주로 사용되고 있습니다. 다음 그림과 같이 네트워크 기반 웹 방화벽은 설치 위치에 따라 구분합니다. 사용자 단에서 공격을 파악해 사용자 엣지단에 구성하는 방식과 클라우드의 로드밸런서에 구성하는 방식으로 구분할 수 있습니다.

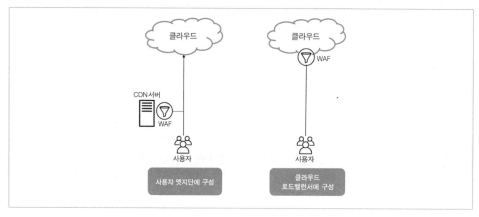

그림 3-116 네트워크 기반 웹 방화벽 배치방식

그림 3-116의 왼쪽 사용자 엣지단에 구성하는 방식은 사용자에게 빠르게 콘텐츠를 배포하기 위해 구성한 CDN^{Contents Delivery Network} 서버에 웹 방화벽을 구성하는 방식입니다. 사용자와 가까운 근거리에서 실시간으로 HTTP/HTTPS 트래픽에 대한 보안을 수행하며 클라우드 환경에서는 사용자에게 빠르게 콘텐츠를 제공하기 위한 클라우드 서비스인 프론트^{Cloud Front} 서비스에 적용할 수 있습니다. 사용자의 근거리 네트워크에 위치한 웹 방화벽은 분석해야할 콘텐츠가 인터넷 망으로 분산되어 애플리케이션에 대한 공격이 클라우드

에 도달하기 전에 차단됩니다. 차단된 패킷은 사후분석을 위해 클라우드 스크러빙 센터 또는 샌드박스로 즉시 전송하게 구성할 수 있습니다.

반면, 오른쪽 그림은 클라우드의 로드밸런서에 구성하는 방식으로 클라우드의 애플리케이션 레벨의 로드밸런서인 ALB^Application Load Balancer에서 인터넷 게이트웨이나 웹 서버에 도달하기 전에 공격을 차단하고 내부 자원을 보호하게 됩니다.

추가로 웹 방화벽에서 필터링 규칙, 보안정책에 대한 설정이 매우 중요합니다. 정상 규칙이 웹 방화벽으로 인해 예상치 못하게 제어될 수 있으므로 규칙 설정 이후에는 반드시 수개월 이상의 테스트 기간이 필요합니다. 또한, 웹 액세스 제어 목록의 수(웹 사이트 수), 웹 액세스 제어에 추가한 규칙의 수, 그리고 수신한 웹 요청의 수를 기준으로 비용이 부과됩니다. 그리고 최근 클라우드를 활용한 IoT와 IP 기반 센서들의 서비스가 증가함에 따라 웹 방화벽 서비스를 검토하게 되는 경우가 늘어나고 있습니다. 이런 경우에는 IPv6의 주소체계를 가진 네트워크 트래픽에 대해서도 클라우드 서비스 제공자가 지원하는지 확인해야 합니다.

AWS에서 웹 방화벽 서비스는 WAF라는 이름으로 제공하고 있습니다. AWS WAF의 간단한 맛보기 실습을 수행해보겠습니다.

Practice **AWS WAF 맛보기**

AWS WAF는 일전에 맛보기 실습을 수행한 shield와 같은 메뉴에 위치합니다. 'WAF & Shield' 서비스에서 접근합니다. 접근한 이후에 <Create web ACL> 버튼을 클릭합니다.

그림 3-117 WAF-1

다음 그림과 같이 다섯 단계를 거치며, WAF 규칙, 규칙의 우선순위, 지표값들을 정의합니다. 최종 생성 이후, 비용 지불을 통해서 보안 서비스를 받습니다. WAF 서비스의 경우 필터링 규칙의 설정 작업이 매우 중요하고 쉽게 설정하기 어려운 부분이므로, 마켓 플레이스를 통해서 필터링 규칙까지 포함하여 PaaS 서비스를 제공하는 경우도 있습니다.

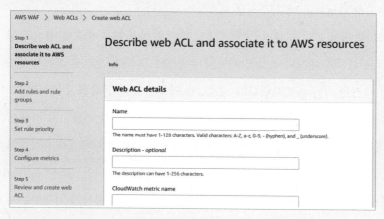

그림 3-118 WAF-2

요약하면, WAF 서비스로 애플리케이션 레벨까지 필터링을 설정하여, VPC 외부에서 공격하는 트래픽의 위협을 감지하고 방어할 수 있습니다.

현재 글로벌 Top 3 업체는 애플리케이션 레벨의 위협 필터링을 위한 웹 방화벽 보안 서비스를 다음과 같이 제공하고 있습니다.

OWASP TOP 10 Vulnerabilities: 2023

OWASP(Open Web Application Security Project)에서 발표하는 대표적인 애플리케이션 공격 10가지 유형입니다. 클라우드 서비스 제공자가 제공하는 웹 방화벽의 경우도 대부분 OWASP TOP 10의 공격을 방어하는 정책을 설정할 수 있도록 제공합니다.

다음 표는 웹 애플리케이션 보안위험 중 공격 가능성, 취약점 확산 정도, 취약점 탐지 정도, 기술적인 영향도에 따라 선정된 Top 10 위협 요소입니다.

No	취약점	No	취약점
A01	접근 권한 취약점(Broken Access Control)	A06	취약점이 있고 오래된 구성요소 사용 (Vulnerable and Outdated Components)
A02	암호화 실패(Cryptographic Failures)	A07	식별 및 인증 실패(Identification and Authentication Failures)
A03	인젝션(Injection)	A08	소프트웨어 및 데이터 무결성 실패 (Software and Data Integrity Failures)
A04	안전하지 않은 설계(Insecure Design)	A09	불충분한 로깅 및 모니터링(Security Logging and Monitoring Failures)
A05	보안 설정 오류(Security Misconfiguration)	A10	서버 측의 요청 위조(SSRF, Server-Side Request Forgery)

A01. 접근 권한 취약점(Broken Access Control)

애플리케이션이나 API에서 사용자 인증 설정이 없거나 작업에 대한 권한이 과도하게 설정된 경우 다른 사용자 계정에 접근하거나 중요 데이터를 수정, 삭제할 수 있는 위험이 존재합니다. 즉, 사용자는 할당된 권한을 벗어나 모든 데이터 및 애플리케이션, 자원 등를 임의로 탈취하거나, 삭제할 수 있는 위협으로 이어질 수 있습니다.

A02. 암호화(Cryptographic Failures)

단순 인증으로 인해 패스워드나 암호화 키, 토큰 정보 등이 노출되어 사용자의 계정이 위험에 노출됩니다. 적절한 암호화 적용이 없을 경우, 민감한 데이터가 노출되거나 탈취될 수 있습니다.

A03. 인젝션(Injection)

데이터베이스나 시스템과 연동된 웹 애플리케이션에서 SQL 쿼리나 시스템 명령어 입력값에 대한 검증이 누락된 경우, 악의적인 의도로 임의의 명령어를 추가하여 정상적인 명령어를 변조하여 인증 로직이나 데이터 접근 권한을 우회하는 공격입니다.

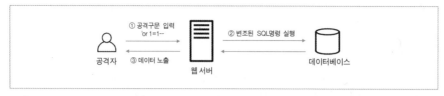

그림 3-119 SQL Injection 공격패턴

사례 아이디나 패스워드 입력란에 '--(이후 명령어 주석처리) 또는 ' or 1=1-- (항상 참이 되는 조건절 추가 후 주석처리)와 같은 공격 구문을 입력 시 항상 참이 되는 SQL 문으로 변조되어 인증이 우회되는 취약점 발생

> SELECT user_id FROM user_table
> WHERE user_id = 'attacker' or 1=1-- AND password = 'test'

앞의 명령어는 다음 명령어와 같이 변조되어 password에 어떤 값을 입력하든 로그인 허용

> SELECT user_id FROM user_table
> WHERE user_id = 'attacker' or 1=1

대응방안 사용자 입력값을 서버에서 검증하는 로직을 추가해야 공격을 방어할 수 있습니다. SQL 명령문에 명시적으로 변수타입을 정의해서 다른 형태의 입력값이 입력되지 않도록 처리하고, 사용자 입력값에 특수문자(', ", ₩,:, %, -- 등)의 값이 입력되지 않도록 필터링을 합니다.

A04. 안전하지 않은 설계(Insecure Design)

이 취약점은 구현 결함이 아닌, 아키텍처 설계 결함에 중점을 둡니다. 부적절하게 설계된 시스템은 내/외부 공격에 취약하며, 애플리케이션 내의 보안 제어 및 정책 자체가 부족합니다. 이는 필요한 보안 설계의 적절한 수행을 방해하고, 기대한 보안 수준을 달성하지 못하게 합니다.

A05. 보안 설정 오류

클라우드 확산으로 인한 설정 오류는 스토리지 정보 노출, 취약한 기본설정 등의 위험을 초래합니다. 예를 들어, 최신 보안 버전이 적용되지 않았거나, 기본 계정과 비밀번호를 사용하도록 설정된 경우, 불필요한 포트, 서비스, 페이지, 계정, 권한 등이 허용되어 설치된 경우를 말합니다.

A06. 취약점이 있고 오래된 구성요소 사용(Vulnerable and Outdated Components)

애플리케이션에 취약한 라이브러리나 프레임워크를 사용하는 경우, 심각한 데이터 손실이나 다양한 공격에 노출되는 위험이 있습니다. 또한 애플리케이션이 오래되어 공식 보안 패치를 지원하지 않는 경우, 패치가 있더라도 업데이트를 수행하지 않고, 관련 라이브러리의 호환성을 확인하지 않은 경우도 포함됩니다.

A07. 식별 및 인증 실패(Identification and Authentication Failures)

애플리케이션에서 사용자 식별, 인증 처리, 세션 관리가 부적절하게 수행될 때 발생하는 취약점입니다. 즉, 잘 알려진 암호를 사용하는 경우, URL에서 세션 정보를 노출하는 경우, 로그인 후에 사용된 세션을 재사용하는 경우 등 낮은 보안 수준을 유지하거나 보안 처리를 소홀히 하는 경우에 발생되는 취약점입니다.

A08. 소프트웨어 및 데이터 무결성 실패 (Software and Data Integrity Failures)

소프트웨어와 데이터의 무결성 보장에 실패하는 것과 관련되며, 크게 두 가지 방식으로 나타납니다.

- 소프트웨어 업데이트의 무결성 위반: 악성 코드가 포함된 업데이트를 실수로 또는 악의적인 의도를 가지고 배포하는 경우입니다. 이는 CI/CD 파이프라인의 보안이 취약할 때보다 자주 발생합니다.

- 데이터 무결성 위반: 데이터를 전송하거나 저장하는 과정에서 데이터가 위조 또는 변경되는 경우를 말합니다. 이는 데이터를 검증하거나, 암호화하는 과정에서 취약점이나 부주의로 인해 발생합니다.

A09. 보안 로깅 및 모니터링 실패 (Security Logging and Monitoring Failures)

보안 사고를 탐지하는 데 지연을 초래하고, 사고 추적에 많은 시간을 소비하게 만드는 위험입니다. 애플리케이션에서 발생하는 이벤트의 로그를 생성하여 분석하고 모니터링하지 않을 경우 공격이 발생해도 인지하기 어렵기 때문에 큰 피해가 발생한 후에야 인지하게 됩니다. 인지하더라도 이미 공격자에 의해 로그가 삭제되고 데이터가 유출될 수 있습니다.

A10. 서버 측의 요청 위조(SSRF, Server-Side Request Forgery)

공격자는 서버를 이용해 내부 또는 외부 시스템에 대한 악의적인 요청을 보내는 취약점입니다. 첫 번째는 공격자가 서버를 조작하여 내부 네트워크의 다른 시스템에 접근하거나 데이터를 요청합니다. 특히 클라우드 환경에서 위험할 수 있습니다. 두 번째는 공격자가 서버를 이용해 외부 서비스에 요청을 보내고, SSRF는 공격자가 서버의 권한과 리소스를 이용하여 내부 네트워크에서 보호되는 정보에 접근하거나 시스템을 손상시킬 수 있게 합니다.

4.2 API 보호 서비스

API는 프로그램들 간에 애플리케이션이나 서비스를 연결해주는 역할을 하는 인터페이스용 프로그램입니다. PC에서 웹 브라우저를 이용해서 버튼을 클릭하거나 정보를 검색하는 행위들이 대부분 API를 통해 서버에 있는 기능을 호출한다고 볼 수 있습니다. 이전에는 에이전트를 통해 다른 프로그램을 호출하였으나, 최근에는 웹 기반 API 호출이 일반화되어 있습니다.

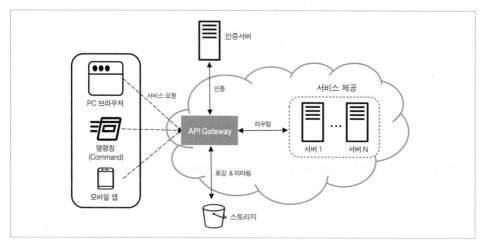

그림 3-120 API Gateway 개념도

API는 API Gateway라는 단일 접점에서 인증, 라우팅^{Routing}, 조정^{Mediation}, 로깅^{Logging}과 미터링^{Metering} 등의 기능을 수행합니다. 우선 '**인증**'은 서비스를 요청하는 클라이언트를 인증하고 API 토큰^{Token}을 생성/발급하는 기능이고, '**라우팅**'은 사용자의 서비스 요청을 받아 해당 서비스를 제공하는 서버로 전달하는 기술로써 부하를 조절하여 로드밸런싱을 수행하고 메시지와 헤더 기반으로 요청사항을 전달하는 기능입니다. '**조정**'은 API 요청 메시지를 받아 서비스 제공을 위해 API를 추가하거나 프로토콜을 변환하는 기능이고, '**로깅**'과 '**미터링**'은 API 운영상태를 모니터링하고 최적화하기 위해 호출 로그를 저장하고 호출 패턴을 분석하여 과금 처리하고 빅데이터와 연계하는 기능입니다.

따라서, API는 클라우드에 있는 자원을 브라우저나 모바일로 쉽게 호출해서 사용할 수 있도록 기능을 제공하는 만큼, 외부 공격과 내부 유출을 방지하는 보안과 제어가 필요합니다. 다음 그림은 서비스 A~D에서 발생할 수 있는 취약점과 API Gateway와의 인터페이스 관계를 보여주는 도식입니다.

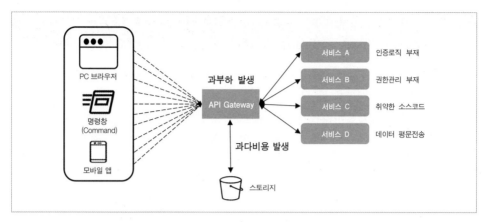

그림 3-121 서비스에서 발생할 수 있는 보안취약점

따라서, 앞의 API Gateway는 웹 프로그램처럼 외부에서 호출되기 때문에 서비스 요청자가 인가된 사용자인지, 적합한 권한을 가진 사용자인지 판단하는 기능이 필요합니다. API 측면에서의 이유는 인증로직이나 권한 관리가 확인되지 않는 API가 오용될 수 있고, API에 취약한 소스 코드가 있는 경우는 인증을 우회하거나 권한 없는 데이터에 접근할 수 있기 때문입니다.

또한, 가용성 측면에서의 이유는 API Gateway가 단일 접점으로 클라우드에 있는 다양한 서비스를 호출하기 때문에 API Gateway가 DDoS 공격으로 서비스 장애가 발생하면 모든 서비스가 중단될 수 있습니다. 그리고 API 호출 건수로 사용 비용이 청구될 경우 DDoS 공격은 클라우드를 사용하는 기업에 막대한 비용을 발생시킬 수도 있습니다.

API를 보호하기 위해 우리는 클라우드 환경에서 제공하는 API의 URL을 변환하거나 HTTP 헤더 정보를 은닉하는 방법과 API 실행 중에 API 토큰 정보를 확인하는 등 API를 보호하는 서비스를 활용할 수 있습니다. 다음 API 게이트웨이의 시작 단계를 확인해보도록 합니다. AWS에서 제공하는 API Gateway 맛보기 실습을 수행해보겠습니다.

다음과 같이 API Gateway 서비스로 접근합니다. HTTP, 웹 소켓, REST API 중에서 업무 유형에 적합한 API를 선택하여 구축을 진행합니다.

API 게이트웨이를 설정할 유형을 선택하고, URL 엔드포인트를 입력하여 1단계 구성을 완료합니다. 이후 접근 경로를 정의하고, 스테이지 환경을 구성해서 최종 검토를 통해 API Gateway를 생성하도록 합니다.

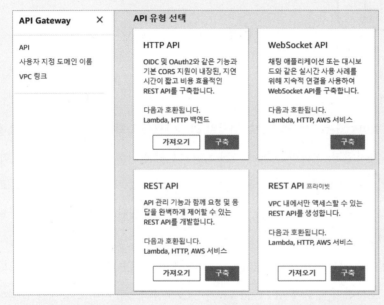

그림 3-122 API Gateway 메뉴

요약하면, 서비스를 받아주는 통로를 만든다고 생각하면 됩니다. 통로에는 유일하게 불리는 고유한 이름이 있기 때문에 URL을 붙여줍니다. 이를 통해서 서비스 업무로드에 따라서 외부의 과도한 트래픽에도 유동적으로 서비스의 수용이 가능하게 됩니다.

다음은 대표적인 클라우드 서비스 업체의 API 보안 관련 서비스입니다.

OWASP Top 10 API Security Risks: 2023

API를 활용하는 서비스가 증가함에 따라 대표적인 취약점에 대해 OWASP(Open Web Application Security Project)에서 발표한 API 공격 10가지 유형입니다.

No	취약점	No	취약점
API1:2023	손상된 오브젝트 수준의 권한 확인(Broken Object Level Authorization)	API6:2023	민감한 비즈니스 플로우에 대한 무제한 접속(Unrestricted Access to Sensitive Business Flows)
API2:2023	취약한 인증(Broken Authentication)	API7:2023	서버 측 요청 위조(Server Side Request Forgery)
API3:2023	손상된 오브젝트 프로퍼티 수준의 권한 확인(Broken Object Property Level Authorization)	API8:2023	잘못된 보안 설정(Security Misconfiguration)
API4:2023	무제한 리소스 사용 (Unrestricted Resource Consumption)	API9:2023	부적절한 인벤토리 관리(Improper Inventory Management)
API5:2023	손상된 기능 수준의 권한 확인(Broken Function Level Authorization)	API10:2023	안전하지 않은 API 사용(Unsafe Consumption of APIs)

API1:2023 손상된 오브젝트 수준의 권한 확인(Broken Object Level Authorization)

특정 오브젝트 ID에 접속하기 위해 클라이언트의 권한이 제대로 검증되지 않은 경우 광범위한 공격 취약점을 노출시킵니다. 데이터에 접속하는 모든 기능에 대해서는 오브젝트 수준의 권한 부여 확인이 필요합니다.

API2:2023 취약한 인증(Broken Authentication)

인증 프로세스가 잘못 구현된 경우 인증 토큰을 손상시키거나 구현 결함을 악용하여 타인으로 위장할 수 있습니다.

API3:2023 손상된 오브젝트 프로퍼티 수준의 권한 확인(Broken Object Property Level Authorization)

API3:2019 과도한 데이터 노출과 API6:2019 대량 할당에 결함이 있어 API 엔드포인트가 최소 권한 원칙을 무시하고 승인되지 않은 정보의 노출이나 조작을 발생시킬 수 있는 취약점입니다.

API4:2023 무제한 리소스 사용(Unrestricted Resource Consumption)

DDoS와 같이 API가 사용하는 네트워크, CPU, 메모리 등의 리소스를 고갈시킬 수 있어 서비스 거부 또는 운영 비용 증가를 발생시키는 취약점입니다. API가 주어진 시간 내에 제공하는 요청 수나 데이터 양에 제한이 필요합니다.

API5:2023 손상된 기능 수준의 권한 확인(Broken Function Level Authorization)

계층 구조나 역할설정이 서로 다른 복잡한 접근제어 정책과 일반 기능의 불명확한 구분으로 인해 인증 결함이 발생하는 취약점입니다.

API6:2023 민감한 비즈니스 플로우에 대한 무제한 접속(Unrestricted Access to Sensitive Business Flows)

취약한 API가 충분한 접속 제어 없이 과도하게 사용될 경우 티켓 구매, 댓글 게시 등의 비즈니스 로직 흐름이 노출되는 취약점입니다.

API7:2023 서버 측 요청 위조(Server Side Request Forgery)

SSRF를 사용하면 공격자는 서버 측 애플리케이션이 공격자가 선택한 임의의 도메인에 HTTPS 요청을 하도록 유도할 수 있습니다. API나 내부 서버가 사용자가 요청한 URI의 정보를 검사하지 않고 원격 리소스를 가져올 때 발생합니다.

API8:2023 잘못된 보안 설정(Security Misconfiguration)

API에 필요한 보안설정을 미적용하여 시스템을 공격에 취약하게 만드는 것입니다.

API9:2023 부적절한 인벤토리 관리(Improper Inventory Management)

API는 기존의 웹 애플리케이션보다 더 많은 엔드포인트를 노출하는 경향이 있습니다. API 보안 솔루션은 알려진 API를 보호할 수 있지만 이전에 사용된 API 등이 관리되지 않고 노출되어 공격에 취약할 수 있습니다.

API10:2023 안전하지 않은 API 사용(Unsafe Consumption of APIs)

안전하지 않은 써드파티 API를 사용할 때 발생할 수 있는 리스크를 의미합니다. 공격자는 대상 API를 손상시키기 위해 직접 공격하지 않고 써드파티 API를 공격할 수 있습니다.

4.3 보안 감사(Security Inspector)

웹 방화벽^{WAF}과 API 보호 서비스가 클라우드 환경의 애플리케이션을 보호하기 위한 서비스라면 다음에 설명할 내용은 애플리케이션 자체의 보안 취약점을 제거하기 위한 서비스와 솔루션 구성도입니다.

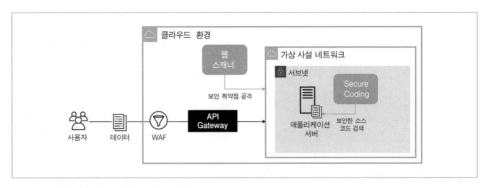

그림 3-123 애플리케이션 보안 서비스/솔루션 구성도

기존 온프레미스에서도 애플리케이션의 보안 강화를 위해 웹 스캐너와 소스 코딩 Secure Coding 점검 솔루션을 사용하였습니다. 물론, 클라우드 환경에서도 기존에 사용하던 솔루션을 적용할 수 있습니다.

1) 웹 스캐너 서비스

웹 스캐너 Web Scanner 는 애플리케이션이 사용자에게 제공하는 웹 사이트에서 발생 가능한 취약점을 자동으로 점검해주는 솔루션입니다. 구버전 Old Version 의 웹 서버나 WAS 서버가 가진 취약점, OWASP에서 확인했던 SQL 인젝션 Injection , 명령어 인젝션 Command Injection 등의 다양한 공격 시도, 애플리케이션의 구조를 파악하는 경로 탐지 Path Traversal 와 취약한 서버 설정 등을 탐지하는 데 효과적입니다. 다음 그림은 웹 스캐너 보안 서비스 활용 절차입니다.

보안 관리자가 웹 스캐너에 점검하고자 하는 클라우드의 정보를 입력하면 웹 스캐너에서 오픈된 포트 정보와 소프트웨어 버전을 확인해서 다양한 보안 취약점 공격을 수행하게 됩니다.

그림 3-124 웹 스캐너 보안 서비스 활용 절차

즉, 웹 스캐너는 클라우드 자원의 정보를 수집하고 공격 가능한 취약점을 발견하는 과정을 거치게 됩니다. 만약 웹 스캐너 서비스의 라이선스를 보유했다면, 클라우드 환경에 구축하여 클라우드의 애플리케이션 URL을 대상으로 취약점을 점검할 수 있습니다. 라이선스를 가지고 있지 않다면 별도의 마켓 플레이스를 통한 SaaS 서비스를 활용할 수 있습니다.

2) 시큐어 코딩 점검 서비스

시큐어 코딩secure coding 점검은 개발 단계 또는 완료 후에 소스 코드상의 보안 취약점을 점검하는 것입니다. 사실, 온프레미스보다 상대적으로 개방된 클라우드 환경에서의 개발 방식이 더 편리하고 빠를지 모릅니다. 개발 환경과 프로세스는 상당히 변모했지만, 소스 코드와 애플리케이션에서 발생하는 취약점은 클라우드 환경과 기존 온프레미스는 크게 다르지 않습니다. 이는 여전히 개발자별로 개발하는 습관이나 주로 사용하는 함수는 이전과 같기 때문입니다.

따라서 사전에 코딩 표준화 기준Code Convention을 수립하고 취약한 함수나 비효율적인 코딩 방식을 사용하지 않도록 교육하고, 개발 단계에서 시큐어 코딩방식을 적용하고 점검하여 관리적 측면에서 보안 프로세스를 수행해야 합니다.

무엇보다 형상관리나 소스코드가 커밋Commit되는 자원을 대상으로 자동화된 시큐어 코딩 보안 서비스가 접목되어야 할 것입니다. 다음은 시큐어 코딩 보안 서비스의 상호관계를 나타냅니다.

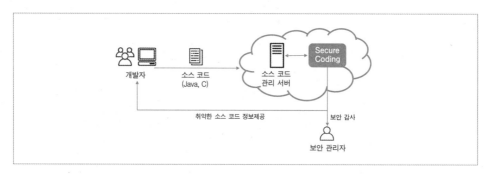

그림 3-125 시큐어 코딩 보안 서비스와 상호관계

즉, 개발자가 커밋한 소스코드 관리 서버를 대상으로 시큐어 코딩 점검을 수행하고, 보안 관리자는 해당 결과를 바탕으로 취약점을 해소해야 합니다. 그리고 클라우드 환경에서 개발과 운영을 연계하여 소프트웨어를 개발하는 데브옵스^DevOps 문화가 활발히 확산함에 따라서, 개발과 운영 기간의 역할을 구분하지 않고 분석·설계 단계에서부터 선제적인 보안 취약점 제거 활동이 필요할 것입니다.

AWS 클라우드 서비스를 기준으로 자원의 전반적인 보안감사를 수행하는 Inspector 서비스 맛보기 실습을 수행해보겠습니다. Inspector 서비스는 시큐어 코딩 서비스는 아니지만, 보안대상의 취약점 항목을 체크하는 측면에서 동작 방식이 유사합니다.

 **Inspector 맛보기**

다음과 같이 Amazon Inspector 서비스로 접근합니다. 가운데 '시작하기' 버튼을 클릭하여 보안평가를 수행해보도록 합니다.

그림 3-126 Inspector-1

보안평가를 수행할 항목을 선택합니다. 네트워크 측면의 보안평가, 호스트 측면의 보안평가에 대해서 선택하고, <Run Once> 버튼을 클릭해봅니다. 상황에 따라서, 일주일에 한 번씩 주기적인 보안평가를 수행하기 위해서는 <Run weekly> 버튼을 클릭할 수 있습니다.

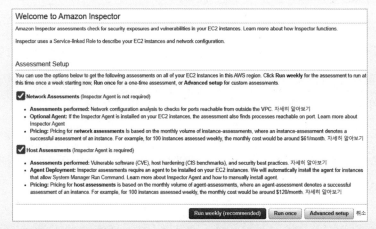

그림 3-127 Inspector-2

보안평가의 대시보드가 다음과 같이 출력됩니다. 평가 결과와 취약점 평가 등이 색상과 숫자로 표시되어 평가결과를 확인하고 그에 대한 보안책을 모색해야 합니다.

그림 3-128 Inspector-3

요약하면, 보안평가를 통해서 생성한 자원의 비정상적인 수행 상태나 발생 가능한 위협이 존재하는지 확인할 수 있는 것입니다.

5 콘텐츠 보안 서비스

클라우드 환경에 보관된 파일, 영상, 데이터 등을 아우르는 콘텐츠를 안전하게 보관하려면 기본적으로 암호화 키와 복호화 키가 필요합니다. 기존에는 서버에서 직접 콘텐츠를 암/복호화를 하거나, 클라이언트에서 직접 암호화 라이브러리를 사용하여 클라우드 콘텐츠를 대상으로 암/복호화를 수행했습니다. 그러나 이번 절은 클라우드 환경에서 키 관리와 주기적인 갱신 측면에서 보안성을 향상하고자 키 관리와 키를 안전하게 저장하는 서비스, 민감한 정보유출을 탐지하는 서비스 등을 알아보겠습니다.

5.1 키 관리 서비스(KMS)

클라우드 환경에서 서버나 디스크의 내부 데이터를 암호화하려는 경우에 암/복호화 키가 필요합니다. 기존의 온프레미스에서는 사용자가 수동으로 키 쌍$^{key pair}$을 만들었다면, 클라우드 환경에서는 키 발급과 관리, 보안위협에 대한 방어까지 일원화된 키 관리 서비스를 제공합니다. 키 관리 서비스를 이용하면, 사용자는 암호화 키를 별도로 보관하지 않고, 클라우드 내부 서비스로 키를 발급받아 지속적인 데이터 암/복호화 수행에 활용할 수 있습니다. 다음 그림은 키 관리 서비스로 데이터를 암호화 또는 복호화하는 관계도입니다.

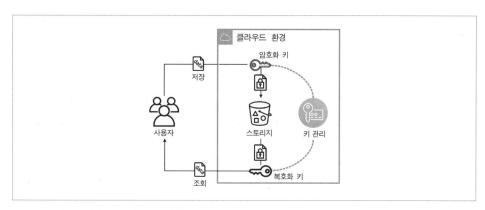

그림 3-129 키 관리 서비스에서 암/복호화 관계

앞의 그림에서 사용자가 데이터를 클라우드 환경에 저장하려는 경우, 키 관리 서비스에서 발급된 암호화 키를 이용하여 데이터 암호화를 수행합니다. 스토리지에 저장된 암호화 데이터를 사용할 때도 키 관리 서비스에서 복호화 키를 발급받아 암호문을 평문으로 변환합니다. 다음 그림은 키 관리 서비스와 암호 모듈 간의 관계를 나타냅니다.

그림 3-130 키 관리 서비스와 암호 모듈의 관계

즉, 키 관리 서비스는 암호화에 사용한 암호화 키를 보관하고 암호 모듈과 통신하여 암호화 키를 새롭게 변경하는 등의 암호화 키의 라이프사이클을 관리합니다. 암호 모듈은 암호 알고리즘과 키 생성 함수로 구성된 하드웨어나 소프트웨어를 말합니다.

키 관리 서비스는 '암호화 키 정책'(암호 알고리즘, 암호화 키 길이, 암호화 키 사용 기간 등)에 따라 암호 모듈에 신규 암호화 키 생성을 요청하고, 암호 모듈은 생성한 암호화 키를 다시 키 관리 서비스로 전달합니다. 추가로 클라우드 암호화 관리 서비스는 암호화 키의 상태와 라이프사이클을 관리합니다. 암호화 키의 상태는 총 5가지가 있으며, 다음 표로 상태에 대한 개념을 알아보겠습니다.

단계	설명
준비상태	암호화 키가 생성되었지만, 사용이 허가되지 않은 상태
운영상태	암호화, 복호화에 사용되는 상태
정지상태	암호화 키의 유효기간이 만료되어 키를 변경해야 하는 상태 기존에 암호화된 정보를 처리하기 위해 일정 기간 보관
폐기상태	키 파기 기능으로 암호화 키가 폐기된 상태
위험상태	허가되지 않은 공격자에게 암호화 키가 노출된 상태

표 3-1 암호화 키 상태

AWS에서 제공하는 키 관리 서비스 KMS(Key Management Service)를 기준으로 간단한 맛보기 실습을 수행해보겠습니다.

Practice **KMS 맛보기**

AWS에서 제공하는 KMS를 통해 자동으로 키를 발급받을 수 있고, 직접 KMS로 키를 생성하여 자원에 할당할 수도 있습니다. 이번 맛보기에서는 KMS를 생성해보도록 하겠습니다.

다음 그림과 같이 KMS 서비스에서 [고객 관리형 키] 메뉴로 접근하여 <키 생성> 버튼을 클릭합니다.

그림 3-131 KMS-1

다음 그림과 같이 편의상 대칭 키를 선택합니다.

그림 3-132 KMS-2

키의 이름을 'data-encryption'으로 작성하고 <다음> 버튼을 클릭합니다.

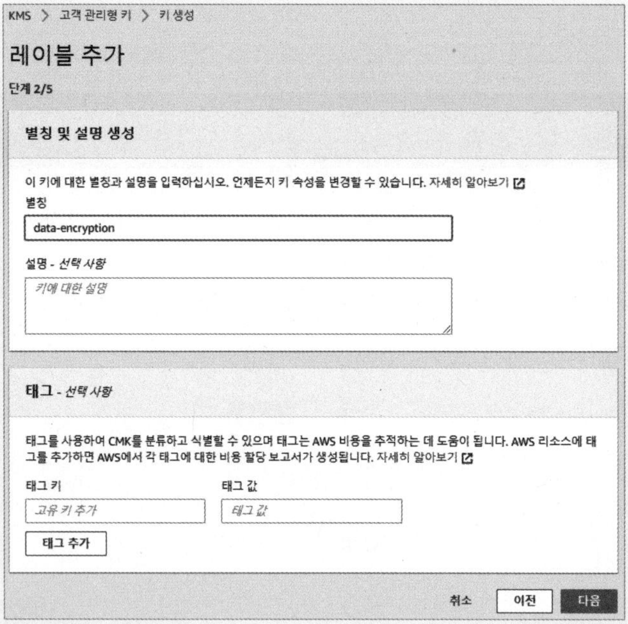

KMS > 고객 관리형 키 > 키 생성

레이블 추가

단계 2/5

별칭 및 설명 생성

이 키에 대한 별칭과 설명을 입력하십시오. 언제든지 키 속성을 변경할 수 있습니다. 자세히 알아보기 ☑

별칭

```
data-encryption
```

설명 - 선택 사항

```
키에 대한 설명
```

태그 - 선택 사항

태그를 사용하여 CMK를 분류하고 식별할 수 있으며 태그는 AWS 비용을 추적하는 데 도움이 됩니다. AWS 리소스에 태그를 추가하면 AWS에서 각 태그에 대한 비용 할당 보고서가 생성됩니다. 자세히 알아보기 ☑

태그 키   태그 값

```
고유 키 추가              태그 값
```

태그 추가

취소   이전   다음

그림 3-133 KMS-3

키 관리자를 선택하고 <다음> 버튼을 클릭합니다.

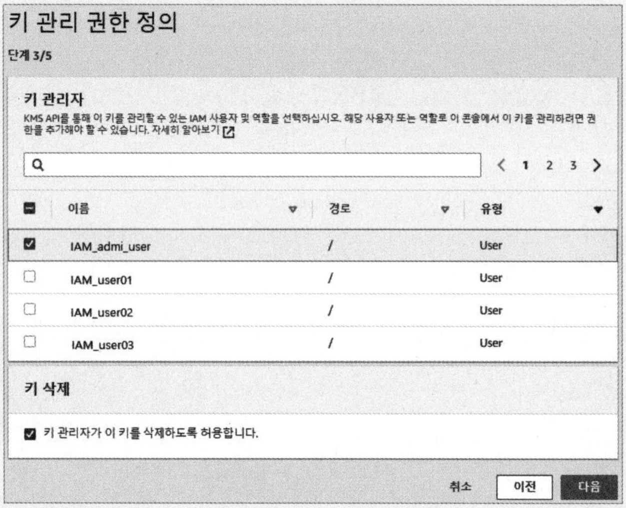

키 관리 권한 정의

단계 3/5

키 관리자

KMS API를 통해 이 키를 관리할 수 있는 IAM 사용자 및 역할을 선택하십시오. 해당 사용자 또는 역할로 이 콘솔에서 이 키를 관리하려면 권한을 추가해야 할 수 있습니다. 자세히 알아보기 ☑

🔍			‹ 1 2 3 ›
☐	이름 ▼	경로 ▼	유형 ▼
☑	IAM_admi_user	/	User
☐	IAM_user01	/	User
☐	IAM_user02	/	User
☐	IAM_user03	/	User

키 삭제

☑ 키 관리자가 이 키를 삭제하도록 허용합니다.

취소   이전   다음

그림 3-134 KMS-4

키를 사용할 사용자를 선택하고 <다음> 버튼을 클릭합니다.

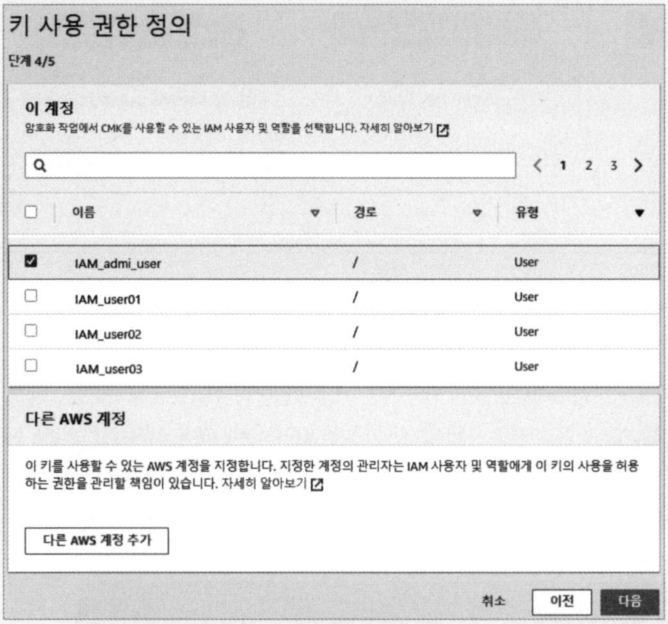

키 사용 권한 정의
단계 4/5

이 계정
암호화 작업에서 CMK를 사용할 수 있는 IAM 사용자 및 역할을 선택합니다. 자세히 알아보기 ▣

	이름	경로	유형
☑	**IAM_admi_user**	/	User
☐	**IAM_user01**	/	User
☐	**IAM_user02**	/	User
☐	**IAM_user03**	/	User

다른 AWS 계정
이 키를 사용할 수 있는 AWS 계정을 지정합니다. 지정한 계정의 관리자는 IAM 사용자 및 역할에게 이 키의 사용을 허용하는 권한을 관리할 책임이 있습니다. 자세히 알아보기 ▣

다른 AWS 계정 추가

취소   이전   다음

그림 3-135 KMS-5

최종적으로 키 정책을 검토하고, 키 발급을 위하여 <완료> 버튼을 클릭합니다.

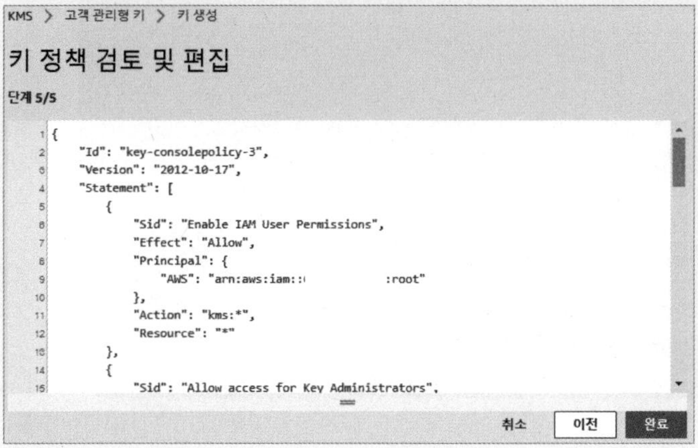

KMS ⟩ 고객 관리형 키 ⟩ 키 생성

키 정책 검토 및 편집
단계 5/5

```
1  {
2      "Id": "key-consolepolicy-3",
3      "Version": "2012-10-17",
4      "Statement": [
5          {
6              "Sid": "Enable IAM User Permissions",
7              "Effect": "Allow",
8              "Principal": {
9                  "AWS": "arn:aws:iam::            :root"
10             },
11             "Action": "kms:*",
12             "Resource": "*"
13         },
14         {
15             "Sid": "Allow access for Key Administrators",
```

취소   이전   완료

그림 3-136 KMS-6

다음은 대표적인 클라우드 서비스 업체의 키 관리 보안 서비스입니다.

 :: 더 알아봅시다

기존의 키 생성 방식

기존의 키 발급방식은 사용자가 자체적으로 공개 키와 개인 키를 발급받아 수동으로 클라우드 자원에
접근하는 방식을 사용했습니다. 다음과 같이 자체적으로 키 쌍을 발급하는 사례를 살펴보겠습니다. 편
의상 리눅스 계열의 운영체제에서 RSA(Rivet, Shamir, Adelman 세 사람의 이름 첫 문자) 알고리즘으로 공개
키와 개인 키를 발급합니다.

```
$ ssh-keygen -t rsa

Generating public/private rsa key pair.
Enter file in which to save the key (/home/secu/.ssh/id_rsa):
Created directory '/home/secu/.ssh'.
Enter passphrase (empty for no passphrase):
Enter same passphrase again:
Your identification has been saved in /home/secu/.ssh/id_rsa.
Your public key has been saved in /home/secu/.ssh/id_rsa.pub.
The key fingerprint is:
a9:49:2e:2a:5e:33:3e:a9:de:4e:77:11:58:b6:90:26 cloud-security@localhost
The key's randomart image is:
+--[ RSA 2048]----+
|        ..o      |
|     E o= . o    |
|      o. o       |
|                 |
|       ..        |
|      ..S        |
|       o o.      |
|      =o.+.      |
|.    =++..       |
|o=++.            |
+-----------------+
```

그림 3-137 비대칭 키 발급 사례

228

사용자가 발급한 키 쌍은 다음 그림과 같이 공개 키인 id_rsa.pub 파일과 개인 키인 id_rsa 파일이 생성됩니다. 개인 키는 클라우드 자원이 아닌 사용자가 잘 보관해야 합니다. 그렇지 않으면 발급받은 공개 키와 개인 키를 클라우드 자원상에 그대로 두게 되어 누구나 접근 가능하게 방치될 수 있고, 인터넷에 개방된 오브젝트 스토리지 등에 그대로 놓아둘지도 모릅니다.

```
$ ls -al ~/.ssh/

drwx------  2 secu secu 4096 Feb 18 18:54 .
drwxr-xr-x 16 secu secu 4096 Mar  1 06:02 ..
-rw-------  1 secu secu 1675 Feb 18 18:51 id_rsa
-rw-r--r--  1 secu secu  395 Feb 18 18:51 id_rsa.pub
```

그림 3-138 비대칭 키 발급된 결과 사례

5.2 키 관리 보안모듈(Cloud HSM)

KMS가 암호화 키의 라이프사이클을 관리하는 서비스라면, 클라우드 HSM(Cloud Hardware Security Module)은 암호화 키를 필요로 할 때, 별도의 전용장치로 암호화 키를 생성, 저장, 백업, 복구를 제공하는 서비스입니다. 클라우드 HSM은 보안 향상과 성능 향상, 관리 효율성을 강점으로 활용성이 부각되고 있습니다.

첫째, 클라우드 HSM은 암호화 키를 보관하기 위한 목적으로 만들어진 전용 장비입니다. 클라우드 HSM은 공격자가 암호화 키를 유출하려고 시도할 때, 이를 감지하여 저장되어 있던 암호화 키를 스스로 삭제하는 기능이 있습니다. 클라우드에서 서비스하는 HSM의 안전성을 증명하기 위해 미국의 표준인증인 FIPS(Federal Information Processing Standardization, 연방정부 정보처리 표준) 140-2를 취득한 HSM 모듈로 서비스를 제공하기도 합니다. FIPS 140-2는 IT 제품이 강력한 암호화 알고리즘과 안전한 보안수단이 제품에 적용된 것을 보증하는 인증으로, 다음과 같은 4가지 보안 레벨을 명시하고 있습니다.

레벨	설명
레벨 1	소프트웨어 측면에서 암호화 모듈 평가
레벨 2	암호화 모듈과 하드웨어적인 보안 적합성 평가
레벨 3	제품에 무단 접근할 때 중요 보안 변수 삭제
레벨 4	물리적 보호가 어려운 환경을 고려해 평가

표 3-2 FIPS 140-2 인증 레벨

그중 레벨 3은 강력한 암호화 보호와 키 관리, ID 기반 인증, 중대한 보안 변수가 입출력되는 인터페이스 간의 물리적, 논리적 분리를 요구하고 있습니다. 대부분의 클라우드 서비스 제공자들은 FIPS 140-2 레벨 3 인증을 받은 HSM으로 서비스를 제공합니다.

둘째, 클라우드 HSM은 애플리케이션을 통해 키를 관리하는 것보다 뛰어난 성능을 제공합니다. 앞에서 다룬 키 관리 서비스는 보안 모듈에서 암호화 키 생성을 요청하는 반면, 클라우드 HSM 서비스는 자체적으로 암호화 키를 손쉽게 생성하고 사용할 수 있도록 지원하는 하드웨어 보안 모듈입니다. 그리고 사용자를 위해 하드웨어 프로비저닝, 소프트웨어 패치, 고가용성, 백업 등의 관리작업을 자동화하고, 클라우드 HSM의 사용자를 생성하고 정책을 설정해 접근제어를 수행할 수 있도록 기능을 제공합니다. 그뿐만 아니라, 애플리케이션들에서 데이터의 암호화를 요청할 때, 자동으로 부하를 분산시켜 클라우드 HSM에 저장된 키를 클러스터 기능으로 다른 HSM으로 안전하게 복제하는 기능을 제공합니다. 즉 애플리케이션 대신 키 생성과 처리를 수행하므로 부하를 줄여줍니다.

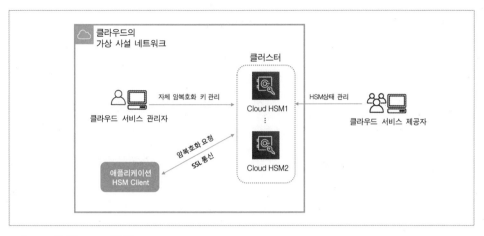

그림 3-139 클라우드 HSM 개념도

셋째, 클라우드 HSM은 중앙 집중적인 키 관리를 수행합니다. KMS는 여러 클라우드 사용자들의 암호화 키를 사용하는 멀티테넌시 형태의 서비스인 반면, 클라우드 HSM은 클라우드 사용자가 자신의 클라우드 가상 네트워크에서 클라우드 HSM을 구성하여 독점적으로 제어하는 서비스입니다. 따라서 클라우드 서비스 사용자는 클라우드 HSM으로 보다 안전하게 키를 보관할 수 있고, 암호화 키의 생성, 백업, 복구, 파기 등의 키 관리 정책을 별도로 운영할 수 있습니다.

다음은 현재 글로벌 기준으로 퍼블릭 클라우드 Top 3 업체에서 제공하는 HSM 보안 서비스명입니다.

5.3 민감정보 자동검색, 분류, 보호 서비스(DLP)

우리는 클라우드 서비스를 통해 시간과 공간의 제약 없이 데이터에 접속하고 개인의 IT 기기를 사용하는 것에 자유롭습니다. 그에 따라 허용하지 않는 사용자가 클라우드 자원을 사용하게 되는 일명 섀도 IT의 보안 취약점이 발생할 수 있습니다. 즉, 시스템 관리자에 의해서 통제되지 않는 사용자들이 클라우드 환경에 임의로 접근하거나 데이터를 유출하는 사고가 증가하고 있는 것입니다. 이에 대응하고자 등장한 보안 솔루션이 DLP^{Data Loss Prevention} 솔루션입니다. 다음 그림은 클라우드 환경에서 DLP 서비스가 제공하는 기능입니다.

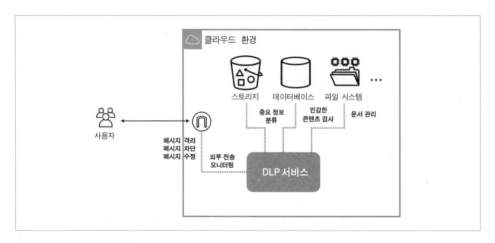

그림 3-140 DLP 보안 서비스 기능

클라우드 서비스를 통한 DLP 서비스는 클라우드 사용자가 누락한 개인정보나 민감한 데이터를 자동으로 분석하여 마스킹^{Masking} 작업 등의 비식별화 처리하는 것입니다. 만약 중요한 정보가 승인 없이 외부로 전송된 경우에 DLP 서비스는 메시지를 별도로 분류하여 격리할 수 있고, 메시지의 발송을 지연 또는 차단하는 정책을 설정할 수 있습니다. 최근에는 비트맵이나 JPEG, PNG 등의 이미지 파일에서 글자를 인식하는 OCR^{Optical Character Recognition} 기술을 이용하여 중요한 정보가 이미지 형태로 유출되는 것을 차단할 수 있습니다.

다음은 현재 글로벌 기준으로 퍼블릭 클라우드 Top 3 업체에서 제공하는 DLP 보안 서비스명입니다.

섀도 IT_ 기업에서 허용하지 않은 IT 디바이스나 소프트웨어, 클라우드 서비스를 사용하는 것을 의미합니다. 섀도 IT는 클라우드 기반의 모바일 앱이나 문서작성 애플리케이션 등이 활성화되고 개인의 디바이스 활용이 증가되면서 기업에서 파악하지 못한 애플리케이션이나 서비스로 기업 정보가 저장되고 사용되기 때문에 보안관리나 모니터링 측면에서 문제가 됩니다.

5.4 환경변수 관리 서비스

클라우드 서비스에서 사용하는 애플리케이션 간에 정보교환과 데이터베이스 패스워드, API 호출을 위한 키 값, 라이선스 키 값 등을 환경변수(설정파일) 안에 보관이 필요한 경우가 있습니다. 보통 중요한 정보이기 때문에 별도의 암복호화 기능을 애플리케이션으로 구현하여 타깃 정보를 암호화하여 저장합니다. 그러나 클라우드 보안 서비스 중 중요한 환경변수 관리 서비스는 별도로 애플리케이션의 기능 구현 없이 타깃 정보를 암호화하여 저장할 수 있고, 애플리케이션에서 호출하는 경우에도 권한제어와 인가된 호출은 복호화된 정보를 반환합니다. 다음은 환경변수 관리 서비스에 대한 프로세스를 나타냅니다.

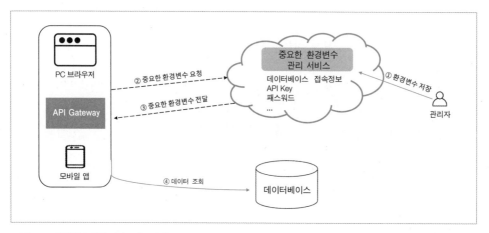

그림 3-141 환경변수 관리 서비스의 프로세스

환경변수 관리 서비스는 상호 애플리케이션 간에 사용해야 할 중요정보가 평문으로 노출되는 것을 방지하고 네트워크 통신구간에는 통신구간 암호화$^{HTTPS with TLS}$를 적용해서 환경변수를 전달합니다. 또한, 다른 클라우드 서비스들과 연계하여 더 강력하게 중요한 정보를 관리할 수 있습니다. 예를 들면 키 관리 시스템인 KMS나 알람 서비스, 로깅 서비스와 연계하여 이벤트 발생에 따른 로그 적재와 그에 따른 실시간 알람으로 이상 현상을 감지할 수 있습니다.

다음은 현재 글로벌 기준으로 퍼블릭 클라우드 Top 3 업체에서 제공하는 환경변수 관리 서비스명입니다.

6 Managed 보안 서비스

클라우드 서비스가 활성화되면서 전문인력을 활용한 클라우드 Managed 보안 서비스 시장도 활성화되고 있습니다. SaaS와 같이 클라우드 서비스만 사용하는 경우, 보안 모니터링이나 보안기능에 제약이 발생합니다. 또한, 멀티 클라우드 환경에서 클라우드별로 보안 운영자를 양성하고 확보하는데 어려움이 많습니다. 이러한 클라우드 기술에 대한 어려움을 해결하고 기업의 보안정책을 적용하기 위해 Managed 보안 서비스를 살펴보겠습니다.

6.1 클라우드 접근 보안 중계(CASB)

클라우드 서비스의 활용률이 높아질수록, 보안 담당자가 관리해야 할 영역이 넓어지고 통제가 어려워집니다. 멀티/하이브리드 클라우드를 사용할 경우, 클라우드 서비스 제공자별로 일관된 보안 정책을 적용하기 어려우며 내부 임직원들이 사용하는 SaaS형 애플리케이션이나 개인용 IT 기기들을 통해 데이터가 유출되는 것을 탐지하기 어렵습니다.

다음은 2개 이상의 클라우드를 사용하는 환경에서 일관된 보안정책과 섀도 IT 등의 이슈가 발생하는 사례입니다.

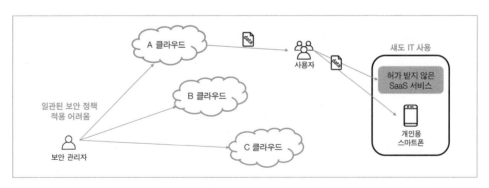

그림 3-142 2개 이상의 클라우드 적용 환경의 보안 취약점 사례

앞선 그림과 같이 보안 취약점으로 인해 클라우드 서비스 관리자인 우리는 클라우드 자원에 적용된 환경 파일, 설정 관련 라이브러리, 패키지, 데이터, 애플리케이션 소스에 이르기까지 보안 수준을 높이고 가시성을 제공할 수 있는 무언가가 필요할 것입니다.

이를 해결해줄 수 있는 솔루션은 바로 CASB^{Cloud Access Security Broker} 입니다. CASB는 클라우드 서비스 사용자와 클라우드 서비스 제공자 사이에 위치하여 클라우드 환경으로 중앙 데이터 인증과 암호화 등의 보안 기능을 제공하는 허브라고 볼 수 있습니다. 그리고 사용자가 클라우드에 접속하기 전에 사용자 접근 인증, 웹 애플리케이션의 트래픽 필터링, ID 관리, SSO^{Single Sign On}, 개인정보 보호법에 따른 규칙과 정책 준수 등을 관리해줍니다. 또한, 알려진 데이터 침해사고 방지와 같은 위험 기반^{Risk based}과 적응형 인증^{Adaptive authentication}으로 위험 요약 대시보드^{Risk summary dashboard}를 제공하여 가시성을 높여줍니다.

다음 그림은 멀티 클라우드에서 CASB를 활용해 클라우드 서비스 보안 수준을 향상시키는 사례입니다.

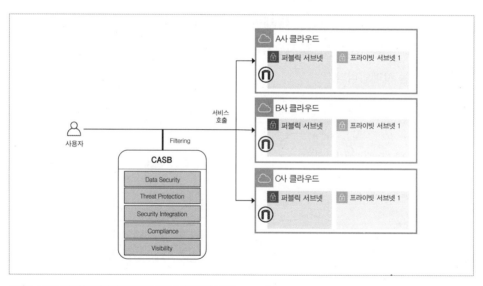

그림 3-143 CASB 활용기반의 클라우드 서비스 보안 향상 사례

CASB는 기본적으로 데이터 보안^{Data security}, 위협으로부터 보호^{Threat protection}, 보안 서비스 통

합$^{\text{Security Integration}}$, 컴플라이언스^{Compliance}, 가시성 통한 대시보드 제공^{Visibility} 등의 기능으로 제공합니다. 다음 표는 일반적으로 제공되는 CASB의 기능입니다.

기능	기능 설명
클라우드 보안위험 평가	사용자의 클라우드 사용 분석, 위험 요소에 대한 정보 제공
암호화	클라우드로 데이터를 저장하는 애플리케이션을 관리하여 중요 데이터와 통신구간 암호화를 통해 데이터 보호
접근통제	비인가 사용자나 애플리케이션이 클라우드에 접근할 때 인증과 권한을 확인하여 역할과 등급에 따라 접근제어
DLP(데이터 손실방지)	DLP 솔루션과 연계하여 클라우드로 이동하는 데이터 모니터링. 중요한 데이터의 유출 위험을 검색하고 대시보드를 통해 보안 담당자에게 정보 제공
로깅 및 모니터링	로그 분석을 통해 이상징후를 탐지하여 알람을 발생하거나 이미 발생한 보안사고의 추적과 증거확보 지원
이상 탐지	보안사고를 사전에 인지하고 대응할 수 있도록 시나리오 기반으로 잠재적인 정보 유출과 보안 위반 사항을 경고
컴플라이언스 준수	국내외 규정, 표준을 통해 클라우드 사용과 서비스에 대한 컴플라이언스 준수와 위험 식별

표 3-3 일반적인 CASB 기능

무엇보다 중요한 것은, CASB는 클라우드의 종류나 서비스 유형과 관계없이 클라우드를 사용하는 사용자나 애플리케이션에 대한 일관된 보안정책을 적용하고 통합, 관리할 수 있는 장점이 있습니다. 특히 SaaS가 적용되었다면 사용자가 보안을 제어할 수 있는 부분이 제한되므로 CASB를 통해 보안을 더욱 강화할 수 있습니다.

다음은 비즈니스 요건과 구축방식에 따라 다른 CASB의 세 가지 유형을 간단히 확인해 봅니다.

❶ API형 CASB

소프트웨어 형태로 제공되는 CASB로 사용자의 클라우드 환경과 별도로 존재하며 API를 통해 클라우드 서비스의 데이터 사용, 보안위험 탐지 등의 기능을 수행합니다. 다음 그림 3-146과 같이 API 유형은 클라우드 인프라에 변경을 최소화하고 API로 수집된 로그를 바탕으로 대시보드나 알람 등으로 가시성을 제공합니다.

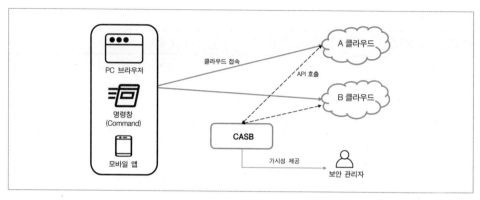

그림 3-144 API형 CASB와의 관계

API형 CASB 솔루션의 장점은 서비스용 앱에 라이브러리 형태로 소프트웨어를 추가할 수 있고 클라우드 자원에서 CAS 솔루션으로 로그를 전달하는 방식으로도 구현할 수 있습니다. 반면, API 호출이 실시간으로 이루어지므로 보안 위반은 실시간 탐지가 어렵습니다. 이에 사후추적을 위한 주기적인 위험 알람 방식으로 변경하여 사후대응을 수행하는 방식으로 구성할 수 있습니다.

❷ Forward Proxy형 CASB

Forward Proxy형은 사용자가 클라우드 자원에 접속하는 경우, CASB를 통해 접속하는 방식입니다. 앞서 웹 방화벽WAF에서 설명했던 In-line 방식과 같습니다. 모든 클라우드 자원에 접속하는 사용자나 애플리케이션은 CASB를 통과하도록 구성합니다. 이는 클라우드 자원에 접속하기 전에 사용자 인증으로 접근을 통제할 수 있고 일원화된 보안정책을 적용할 수 있습니다. 다음 그림 3-147의 Forward Proxy형 CASB는 주변 자원과의 관계를 나타낸 것입니다.

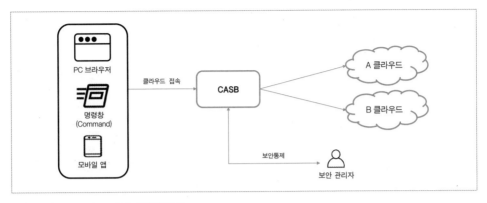

그림 3-145 Forward Proxy형 CASB간의 관계

Forward Proxy형 CASB는 실시간으로 보안위험 탐지가 가능하고 사전에 보안정책 위반이나 섀도 IT를 통해 클라우드에 접속하지 못하도록 강력한 보안통제를 적용할 수 있습니다. 하지만 CASB 장애 시 서비스 제공과 보안통제 적용에 문제가 발생하기 때문에 CASB의 가용성에 대한 대책과 장애 발생 시 우회경로를 신속히 구성할 수 있는 준비가 필요합니다.

❸ Reverse Proxy형 CASB

Reverse Proxy형은 외부에 Reverse Proxy의 주소를 노출하여 사용자의 서비스 요청 시 Reverse Proxy 서버가 요청을 받아 내부에서 처리내용을 전달하는 방식을 사용합니다. Reverse Proxy형 CASB는 사용자가 직접 클라우드 자원 접속을 허용하되 인증 서버를 통해 인증 토큰을 발행하여 CASB의 주소로 접속하도록 합니다. CASB는 사용자 요청에 해당하는 클라우드로 처리정보를 전달하고 보안에 대한 실시간 탐지를 수행합니다. 사용자나 애플리케이션이 CASB에 접속하기 전에 인증을 받기 때문에 CASB에 대한 부하가 감소합니다. 따라서 신규 사용자나 새로운 애플리케이션은 인증절차를 거친 후에 CASB로 접속하므로 Forward 프록시와 같은 보안통제가 가능합니다.

다음 Reverse Proxy형 CASB은 주변 자원과의 관계를 나타낸 것입니다.

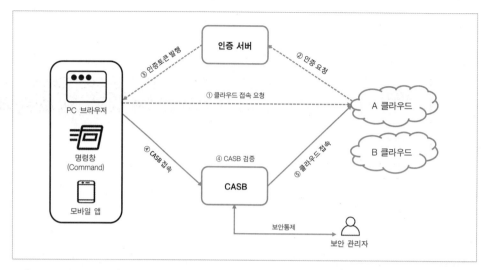

그림 3-146 Reverse Proxy형 CASB 간의 관계

6.2 클라우드 보안 서비스(SECaaS)

SECaaS^{Security as a Service}는 보안 서비스를 제공하는 SaaS 형태의 클라우드라고 생각할 수 있습니다. 클라우드 환경과 솔루션을 투자하기 어려운 환경에서 서비스 형태로 기업에서도 이용할 수 있습니다. 클라우드 환경에서 SECaaS가 주목을 받는 이유는 클라우드 환경에서 비즈니스 요건에 맞는 보안 솔루션을 적용하는데 제약이 존재하기 때문입니다. 모든 기능이 가상화 기술로 동작하는 클라우드 환경에 별도의 소프트웨어, 하드웨어 장비 등의 기술을 적용하려면 많은 비용 투자와 제약이 존재합니다. 왜냐하면, 클라우드 서비스 제공자가 관리하는 물리적인 환경으로 장비를 추가하는 것이 거의 불가능하고, 온프레미스와의 연동 또한 지원 가능한 범위가 국한되기 때문입니다. 따라서 물리적인 장비 없이 소프트웨어로 적용할 수 있는 솔루션을 활용하거나 원격지의 장비를 통해서 간접적인 보안 기술을 적용할 수 있습니다.

시시각각 변화하는 클라우드 환경에서 자산 변화에 따른 보안위험 대응과 막대한 초기 비용의 투자 없이 적용 가능한 SECaaS 형태가 대두되었습니다. SECaaS는 클라우드 서비스의 장점처럼 사용한 만큼 비용을 지불하며, 필요할 때에 적용하는 온디맨드^{On-deman} 형태로 보안 수준은 극대화하고, 비용은 절감할 수 있습니다. 또한, 최신의 보안 위협요소와 법/정책 등에 대한 내용도 실시간 업데이트하여, 전문 보안 인력 없이 자동으로 보안 수준을 향상할 수 있습니다.

SECaaS와 CASB는 유사한 보안 기능을 제공하기도 개념, 목적, 장점에서 차이점이 존재합니다. CASB는 클라우드 서비스와 사용자가 증가함에 따라 다양해진 클라우드 서비스에 통합된 보안정책을 적용하기 위한 서비스라 할 수 있습니다. SECaaS는 클라우드 서비스에서 제공하지 않는 추가적인 보안 기능을 서비스 형태로 이용하는 방식이라고 할 수 있습니다.

구분	SECaaS	CASB
개념	기존의 물리적, 구축형으로 제공되던 보안 솔루션을 소프트웨어 기반으로 제공하는 클라우드 보안 서비스	클라우드 사용자와 서비스 사이에서 공통된 보안 기능을 제공하는 서비스
목적	클라우드에 보안 기능 적용 어려움 해결	클라우드 서비스의 이용 증가에 따른 보안정책 통합관리 어려움 해결
주요기능	네트워크 보안, 웹 보안, IAM, 취약점 스캐닝 등	사용자 인증, 클라우드 서비스 위험평가, 접근통제 등
장점	보안 솔루션 도입 비용 절약과 유연성 확보	보안 솔루션을 적용하기 어려운 SaaS 서비스에도 보안정책 적용이 가능

표 3-4 SECaaS와 CASB의 차이점

SECaaS 서비스는 CASB에 비해 더 다양한 보안 솔루션을 제공합니다. 기업에서 사용하는 대부분의 보안 솔루션이 SECaaS 형태의 클라우드 기반으로 제공될 수 있습니다.

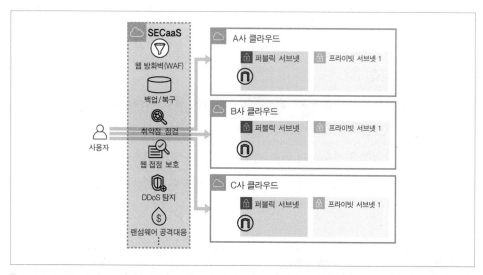

그림 3-147 SECaaS 기반의 클라우드 서비스 보안향상 사례

앞 그림은 멀티 클라우드 환경에서의 SECaaS 설정한 보안 서비스 사례입니다. SECaaS 서비스를 이용하면 클라우드에 구축한 시스템과 기존 온프레미스에서도 같은 보안 솔루션을 적용할 수도 있습니다.

클라우드 보안 연합인 CSA에서 발표한 SECaaS로 이용 시 효과적인 보안 서비스는 다음과 같습니다.

- **네트워크 보안**: DDoS 대응 서비스, 네트워크 패킷 모니터링과 분석 등 네트워크 서비스 보호

- **웹 보안**: 서비스 제공자의 웹 트래픽을 분석해서 악성코드 탐지, 웹 방화벽 등의 서비스를 통해 애플리케이션 취약점 공격으로부터 실시간 보호

- **IAM(IDaaS)**: 사용자 계정관리와 접근영역에 대한 인증, 계정보증, 사용자 관리 서비스 제공

- **침입 관리(Intrusion Management)**: IDS/IPS 등의 솔루션과 로그 분석으로 비정상적인 행위의 침입탐지 여부를 판단하고 알람을 제공하는 서비스

- **SIEM(Security information and event management)** : 여러 가지 로그 정보의 분석과 대용량 파일에서 빠른 검색 기능 등을 제공하여 이벤트에 대한 상관관계 분석과 데이터 분석 기능 제공

- **지속적인 모니터링**: 지능형 지속 공격(APT, Advanced Persistent Threat)과 같은 공격에 대응하고 지속적인 위험 관리 기능을 수행해서 취약점을 모니터링하여 현재 보안 수준을 관리하는 기능

- **취약점 스캐닝(Vulnerability Scanning)**: 클라우드 보안설정, 인프라 보안설정, 애플리케이션 취약점 등을 스캐닝하여 보안 취약점을 탐지하는 서비스

- **이메일 보안**: 이메일로 첨부되는 악성파일 검사나 악성코드 링크 등의 보안통제 기능을 제공하여 피싱, 악의적인 접근, 스팸으로부터 사용자 보호

- **암호화**: 데이터 암복호화 기능을 제공하고 암호화 키를 관리해주는 서비스

- **내부정보 유출방지(Data Loss Prevention)**: 잠재적인 데이터의 유출이나 외부로의 전송을 감시하여 기업의 중요한 데이터를 보호하는 서비스

- **지속적인 백업과 재해복구(Business Continuity and Disaster Recovery)**: 기업의 서비스 가용성을 높이고 시스템이 위치한 데이터 센터나 클라우드에 장애가 발생할 경우, 백업용 사이트를 통해 빠르고 안정적으로 서비스를 다시 제공할 수 있도록 지원하는 서비스

- **보안평가(Security Assessment)**: 산업 표준에 기반을 두어 클라우드 서비스를 평가하고 보증하는 서비스

 :: 더 알아봅시다

SECaaS 서비스로 활용하는 주요 솔루션을 알아봅니다.

1) 네트워크 보안(Gartner : Anti-DDoS, Website Protection)

클라우드 기반에서 네트워크를 보호하는 서비스입니다. 대표적으로 Anti-DDoS 서비스와 Deep IDS/IPS 서비스를 설명할 수 있습니다.

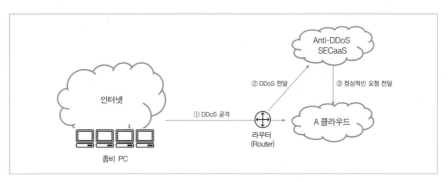

그림 3-148 Anti-DDoS SECaaS서비스

최근에는 DDoS 해킹공격도 클라우드 서비스를 이용해서 대량의 패킷을 한번에 전송하는 형태로 공격이 발전하고 있습니다. 온프레미스와 클라우드 서비스의 자원도 DDoS 공격에 대한 위험성을 가지고 있습니다. 클라우드 서비스 제공자가 Anti-DDoS 서비스를 제공하고 있으나, SECaaS 서비스를 이용해서 기업의 데이터 센터와 클라우드 시스템을 함께 보호할 수 있습니다.

Anti-DDoS 서비스의 경우 DDoS 공격이 탐지되면 모든 패킷을 Anti-DDoS 서비스를 제공하는 클라우드로 전달합니다. Anti-DDoS 클라우드는 정상적인 패킷만 판별하여 클라우드 서비스로 제공하고 나머지 공격 패킷은 모두 'Drop' 처리합니다.

클라우드의 내부 네트워크에서 발생하는 보안위협을 방어하기 위해 Deep IDS/IPS SECaaS 서비스를 사용할 수 있습니다. 특히 클라우드 가상환경에서 발생할 수 있는 가상머신 악성코드 감염과 가상머신 간 공격, 가상서버를 관리하는 하이퍼바이저로 침투하는 등의 위협에 대응하기 위해 사용할 수 있습니다.

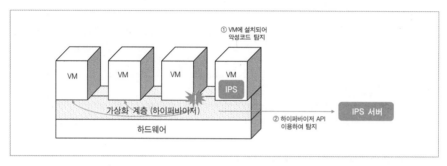

그림 3-149 IPS SECaaS서비스

클라우드 환경에서 가상화 기술의 취약점을 통해 악성코드의 내부 네트워크에서의 전파는 큰 위험입니다. 특히 래터럴 무브먼트(Lateral Movement)라는 APT 공격방법, 내부망 공격, 내부 확산, 횡적이동 등으로 불리는 공격이 클라우드 환경에서 큰 위협으로 부각되면서 시스템 감염 시 확산을 차단하거나 역추적을 위한 목적으로 Deep IDS/IPS SECaaS 보안 서비스를 활용할 수 있습니다.

2) IDaaS(IDentity as a Service)

IDaaS는 클라우드에 접근하는 사용자나 애플리케이션을 인증하는 보안 서비스입니다. 클라우드 환경에 접근 가능한 자원, 수행 가능한 권한 등을 사전에 정의하고 사용자의 역할과 관리 정책에 따라 자원에 접근하는 것을 통제합니다. 앞서 설명한 IAM 서비스와 같은 기능을 수행합니다. 클라우드에서 제공하는 IAM의 경우 해당 클라우드의 계정에 대해서만 관리할 수 있으므로 기업의 통합된 계정관리를 위해 별도의 계정관리 서비스를 이용할 수 있습니다.

클라우드 환경에서 IDaaS는 'Federation'이라는 기술을 이용해 신뢰관계에 있는 여러 도메인(Domain)에 대해서 ID와 접근 권한을 공유하고 인증을 확장할 수 있습니다.

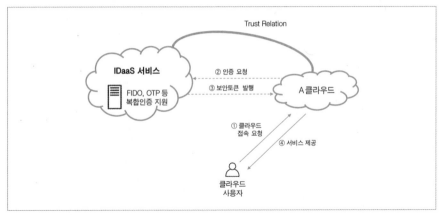

그림 3-150 IDaaS SECaaS 서비스

Federation에서 인증을 위해 사용하는 프로토콜은 크게 3가지가 사용됩니다.

- **SAML(Secrity Assertion Markup Language)**: OASIS에서 개발한 개발형 인증(Authentication) 및 인가(Authorization) 표준으로 XML 기반이며 SSO 기능을 제공
- **OIDC(OpenID Connect)**: OpenID Foundation에서 정의한 개방형 인증(Authentication) 표준으로 컨슈머 애플리케이션의 SSO 기능 제공을 위해 JSON 기반으로 개발
- **OAuth**: Twitter와 Google이 정의한 개방형 인가(Authorization) 표준으로 API에 대한 권한을 부여하고 제어하여 중요한 정보를 공유하지 않고도 필요한 자원에 접근할 수 있는 권한을 부여하는 기술

3) 웹 시큐리티(Gartner : Security Web Gateway)

웹 시큐리티(Web Security) 서비스는 내부 사용자가 인터넷을 통해 웹 서비스 접속 시 정보유출이나 해킹으로부터 보호하는 서비스입니다. Security Web Gateway라고도 부르며, 프록시와 같이 유해 사이트로 접속을 차단하며 SSL 트래픽을 분석하여 데이터가 유출되는 것을 방지합니다. 또한, 외부에서 웹 서비스를 통해 유입되는 악성코드를 차단하는 기능을 제공합니다.

웹 시큐리티 서비스는 구성 방식에 따라 4가지 형태로 구성할 수 있습니다.

(1) 프록시(Proxy) 방식

사용자가 인터넷 접속 시 SECaaS 서비스 제공자의 클라우드로 접속하여 Web Proxy를 통해 인터넷을 사용하는 방식으로 Web Proxy에서 악성코드의 유입 차단과 사용자 PC가 유해 사이트에 접속하는 것을 사전에 차단합니다.

그림 3-151 Proxy 방식 Web Security 서비스

(2) 에이전트(Agent) 방식

클라우드에 접속하는 사용자의 PC나 모바일에 에이전트를 설치하여 클라우드로 웹 트래픽을 전송하는 방식으로 특정 장소에서 접속하지 않고 이동이 많거나 모바일 기기 등을 보호하기 위해 사용하는 방식입니다.

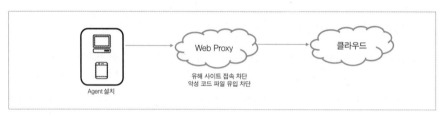

그림 3-152 에이전트 방식의 웹 보안(Web Security) 서비스

(3) 하이브리드(Hybrid) 방식

프록시 방식과 에이전트 방식을 혼합하여 사용하는 방식으로 SECaaS 클라우드에서 웹 보안정책을 통합 관리하여 사업장이나 외부에서 인터넷 사용 시 악성코드로부터 클라우드 사용자를 보호합니다.

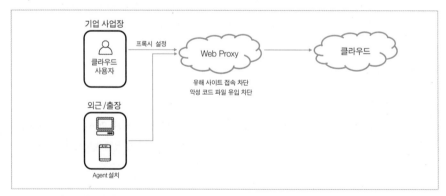

그림 3-153 하이브리드 방식 Web Security 서비스

4) 이메일 보안(Gartner: Secure Email Gateway)

악성파일이 첨부된 이메일을 이용한 해킹공격은 지속적으로 발생하고 있습니다. 특히 기업 임직원들의 관심사인 '견적서', '급여 명세서' 등의 업무 관련 콘텐츠로 위장한 메일, 사회적인 이슈사항과 같이 정보를 공유하는 메일 등의 더 정교한 콘텐츠로 공격 메일이 보내지고 있습니다. 이메일에 첨부되는 악성코드도 다양해서 랜섬웨어를 통해 사용자 PC의 파일을 암호화하거나 채굴용 악성코드를 심는 악성코드까지 여러 종류가 있습니다.

이메일 보안 서비스는 사용자에게 발송되는 악성메일이나 스팸메일을 차단하고 혹시 사용자의 PC가 악성코드에 감염된 경우 정보가 외부로 유출되지 않도록 차단하는 서비스를 제공합니다.

이메일 보안 서비스의 주요기능은 다음과 같습니다.

- 메일 사용자 인증
- 스팸 및 피싱 메일 차단(피싱: 개인정보(Private data)과 낚시(Fishing)의 합성어로, 악성코드가 포함되거나 악성링크가 포함된 메일을 마치 낚시를 하는 것처럼 무작위로 발송하여 개인정보나 금융정보를 탈취하는 사회 공학적 해킹기법)
- 멀웨어 포함 메일 차단(멀웨어: 악성코드를 통칭): 멀웨어는 메일의 첨부, 메일 본문 내 URL이나 링크, 메일 본문 내 스크립트 실행 방식으로 공격
- 메일 암호화 및 암호화 대상(개인정보, 금융정보) 관리

이메일 보안 서비스는 기존의 사내 메일 시스템과 연계하는 방식과 SECaaS에서 제공하는 이메일을 사용하는 방식이 있습니다.

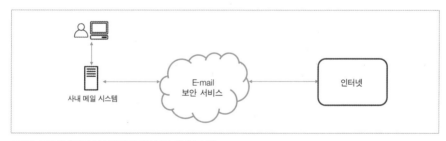

그림 3-154 사내 메일 시스템에 이메일 보안 서비스 사용

기존 자체 메일 시스템의 보안을 강화하는 방식으로 이메일 사용자에게 전달되는 스팸이나 악성메일을 사전에 필터링하고 안전한 메일만 전달하는 방식입니다. 첨부파일 분석, 위험한 URL 링크 알림 등 주로 보안과 관련된 서비스만 사용하는 방식입니다.

그림 3-155 SECaaS의 이메일 서비스 사용

이메일 보안 서비스가 Secure Email Gateway가 되어 자체적으로 메일 서비스를 E-mail 사용자에게 제공하는 방식입니다. 보안 서비스 외에 메일 저장과 검색, 이메일 암호화 기능 등을 제공합니다.

5) 이상징후 탐지(Gartner : SIEM)

이상징후 탐지는 기업의 여러 보안장비에서 발생하는 로그를 분석하는 용도로 사용하는 솔루션입니다. 클라우드에서 발생하는 로그 포맷이 다양하고, 대용량의 데이터 분석이 어렵기 때문에 SECaaS 기반의 이상징후 탐지 서비스를 활용하여 클라우드 상에서 이상징후를 탐지할 수 있습니다.

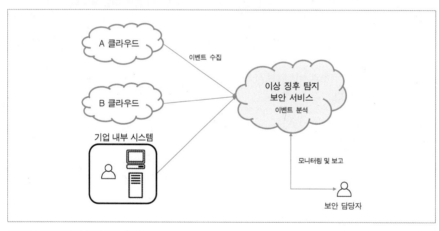

그림 3-156 이상징후 탐지 보안 서비스

클라우드 이상징후 탐지 서비스는 고객이 사용하는 여러 클라우드에서 이벤트를 수집하고 기업의 내부 시스템도 연계하여 보안 이벤트 분석과 탐지된 이상징후를 알려주는 서비스를 제공합니다.

단계별로 이상징후 탐지 서비스의 주요 기능을 살펴보겠습니다.

① 수집단계

다양한 이벤트 수집: 클라우드에서 발생하는 로그(VPC Flow, Cloudtrail, Cloudwatch, 서버로그, DB로그 등), 기업 내부 시스템에서 발생하는 로그(syslog, 로그파일 등)를 실시간 또는 주기적으로 수집

이벤트 정보 전처리: 대량으로 수집하는 로그의 중복제거, 정규화하여 분석을 위한 데이터 준비

이벤트 정보 보호: 수집된 이벤트 정보가 사고조사 시 법적인 효력을 가질 수 있도록 포렌식을 위해 원본 그대로 저장하고 무결성 보장 기능 제공

② 분석단계

상관분석: 시나리오 기반으로 이상행위 탐지, 최근에는 머신러닝과 같은 기술을 이용해 새로운 보안위협을 탐지하는 방식도 사용

예측분석: 클라우드의 빅데이터 분석 플랫폼을 활용해 대용량의 정형 데이터(형식이 일정한 데이터), 비정형 데이터(이미지 파일, 위치 정보 등) 파일까지도 분석하여 잠재적인 보안위험 탐지

③ 결과보고 단계

대시보드: 다양한 시각화 기술(통계정보, 데이터 색채, 이미지 등)을 이용해 분석 결과를 쉽게 이해할 수 있도록 시각적인 대시보드 제공

보고 및 경보: 탐지된 이벤트 추가확인 알람과 조치방안을 가이드

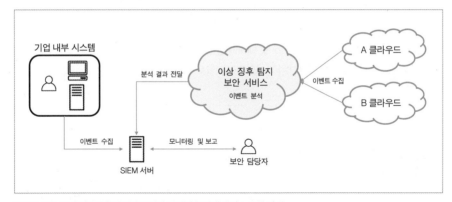

그림 3-157 사내 이상징후 탐지 솔루션과 이상징후 탐지 서비스 통합 방식

기업에서 발생하는 다양한 로그 정보 안에는 개인정보나 기업의 중요정보가 저장될 수 있기 때문에 데이터에 대한 보안이 중요한 경우, 외부의 퍼블릭 클라우드에서 발생하는 로그는 SECaaS의 이상징후 보안 서비스를 이용해서 분석하고 분석된 결과를 내부의 SIEM(이상징후 탐지) 시스템으로 전달하여 내부에서 이상징후를 통합 모니터링을 하는 형태로 구성할 수도 있습니다.

6) 암호화(Gartner : Cloud-Based Encryption Services)

클라우드 환경에서 데이터의 전달, 저장 시 암호화 기능을 제공하는 서비스입니다. 앞서 콘텐츠 보호에서 언급했던 암복호화 기능과 키 관리를 SECaaS에서 제공하는 서비스입니다.

암호화 보안 서비스는 주로 하드웨어 보안 모듈(HSM)을 이용해서 암호화 키 수명 주기를 보호하고 다양한 클라우드 서비스 제공자의 암호화 키와 데이터 액세스를 통합관리하는 서비스를 제공합니다.

기업의 어플라이언스 중심 암호화 장비에 성능적 한계를 클라우드를 활용해서 암호화 성능을 높이고, 데이터의 암복호화 모니터링을 기록해 이상징후 시스템과 연계하여 위협을 탐지하는 기능도 제공합니다.

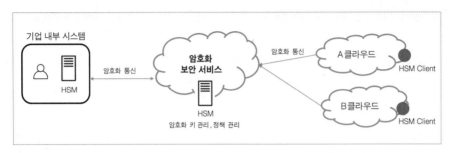

그림 3-158 암호화 보안 서비스 구성 사례

암호화 보안 서비스는 암복호화 위치에 따라서 3가지 타입으로 구성할 수 있습니다.

① 기업 내부에서 암복호화 수행 방식

클라우드 도입 초기에 구현하는 형태로 기업 내부에 암호화 장비를 설치하여 암복호화를 설치하고 암호화 보안 서비스는 암복호화 요청에 대한 게이트웨이 역할을 하며 모니터링 서비스만 수행합니다.

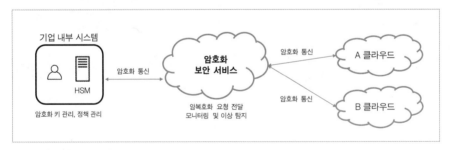

그림 3-159 기업 내부에서 암복호화하도록 구성

② SECaaS 암호화 보안 서비스에서 암복호화 수행 방식

암호화 보안 서비스에서 키 관리와 정책관리를 통합으로 관리하며 기업 내부와 외부 클라우드의 암복호화 요청을 서비스하는 방식입니다.

그림 3-160 암호화 보안 서비스 활용 암복호화 구성

③ 퍼블릭 클라우드에서 암복호화 수행 방식

암호화 보안 서비스는 키 관리와 정책 관리를 수행하고 HSM 클라이언트를 이용하여 기업 내부와 각각의 퍼블릭 클라우드에서 암복호화를 수행하는 방식입니다. 암호화 보안 서비스에 부하를 줄이고 암호화된 데이터의 네트워크를 통한 전달을 최소화하는 방식입니다.

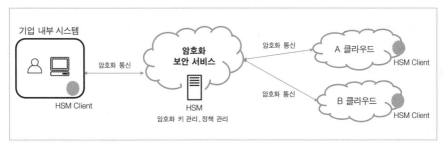

그림 3-161 HSM Client 이용 암복호화 구성

6.3 보안운영 아웃소싱(MSSP)

MSSP^{Management Security Service Provider}는 보안운영, 모니터링, 문제점 해결 등 효율적인 보안관리를 수행하는 아웃소싱 서비스입니다. MSSP는 클라우드 이전부터 전통적인 네트워크 보안영역에 대한 서비스를 제공했고 점차 발전되고 있는 서비스입니다. 주로 보안 컨설팅, 보안관제 기업에서 보안 운영 분야를 주도하고 있으며, 최근에는 클라우드 보안운영 서비스를 제공하는 형태로 서비스 영역이 확장되고 있습니다.

다음은 초기부터 현재에 이르기까지 보안관리 서비스의 발전과정에 관한 내용입니다.

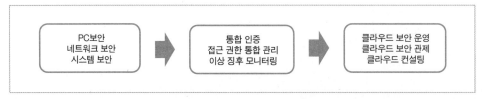

그림 3-162 보안관리 서비스 발전과정

보안을 위한 조직을 구성하기 어렵거나 전문 인력이 부족한 기업은 MSSP에게 보안 기능을 아웃소싱할 수 있습니다. MSSP는 초기에 물리 보안과 함께 방화벽 운영, 기업 업무 시스템 보안의 운영을 관리했습니다. 그리고 해킹기술이 고도화되고 시스템이 복잡해지면서 통합관리를 수행하고 대시보드를 통해 빠르게 위협을 탐지하고 대응하는 관제형태로 발전했습니다.

현재는 기업 내부와 클라우드까지 보안 전 영역의 위험 관리와 애플리케이션의 취약점 모니터링, 컴플라이언스 준수를 위한 컨설팅 기능까지도 제공하고 있습니다. 특히 보안관제 형태의 보안운영 서비스는 기업으로서 클라우드 서비스에 대한 가시성과 자동화, 전문성을 제공하므로 자체적으로 구축할 수 없다면 최소한의 보안 가시성 확보를 위해 검토가 필요합니다. 클라우드 보안관제 보안운영 업무는 다음과 같습니다.

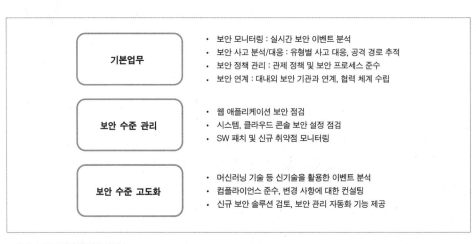

그림 3-163 보안관제 제공 서비스

클라우드 보안관제 서비스도 SECaaS와 같이 클라우드 환경에서 보안관제 센터를 구성하여 멀티 클라우드와 기업의 온사이트^{On-Site} 시스템에 대한 관제를 수행할 수 있습니다. 특히 SECaaS에서 제공하는 보안 솔루션들을 통합하여 운영 서비스를 제공하기도 합니다. 또한, 기업의 보안 관리자는 MSSP가 제공하는 포털 사이트를 통해 전체 시스템의 보안 수준을 관리하고 이벤트를 모니터링 할 수 있습니다. 다음은 기본적인 보안관제 센터에 대한 구성도입니다.

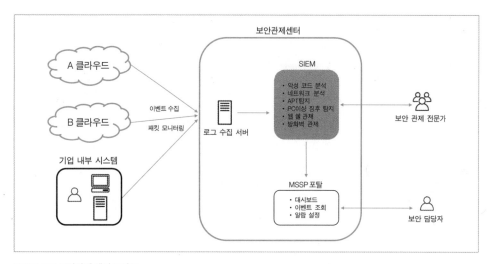

그림 3-164 보안관제 센터 구성도

보안관제는 전문가의 네트워크 패킷 분석과 인프라 시스템, 응용 시스템의 로그를 분석하여 보안 솔루션을 통해 공격들을 방어하고 신속하게 대응할 수 있습니다. 보안관제 서비스를 제공하는 MSSP마다 운영하는 범위나 비용이 다르므로 서비스 제공자 선정과 SLA 항목, 운영성과에 대한 측정방법 등의 검토가 필요합니다.

과학기술정보통신부에서는 정보보호산업 기반 조성을 위해 보안관제 전문 기업을 매년 1회 지정하는 제도를 운영하고 있습니다. 관련된 법적 근거는 다음과 같습니다.

- 국가 사이버안전관리규정 제10조의2(보안관제 센터의 설치·운영)
- 보안관제 전문기업 지정 등에 관한 공고(과학기술정보통신부 공고 제2019호-441호)

번호	지정기업	전화번호	홈페이지	최초지정일
1	에스케이쉴더스㈜	031-5180-5000	https://infosec.adtcaps.co.kr/	2011.10.31
2	한전케이디엔㈜	061-931-7114	https://www.kdn.com/	2011.10.31
3	㈜싸이버원	02-3475-4900	https://www.cyberone.kr/	2011.10.31
4	㈜이글루코퍼레이션	02-3452-8814	http://www.igloosec.co.kr/	2011.10.31
5	한국통신인터넷기술㈜	02-597-0600	https://www.ictis.kr/	2011.10.31
6	㈜안랩	031-722-8000	https://www.ahnlab.com/	2011.10.31
7	㈜윈스	02-622-8600	http://www.wins21.co.kr/	2011.10.31
8	㈜시큐어원	02-6090-7690	http://www.secureone.co.kr/	2012.04.27
9	㈜케이티디에스	02-523-7029	https://www.ktds.com/	2016.01.12
10	삼성에스디에스㈜	02-6155-3114	https://www.samsungsds.com/	2016.08.05
11	㈜파이오링크	02-2025-6900	https://www.piolink.com/kr/	2017.10.18
12	㈜가비아	02-3473-3911	https://www.gabia.com/	2017.10.18
13	㈜에이쓰리시큐리티	02-6952-2511	http://www.a3sc.co.kr/	2018.04.25
14	롯데정보통신㈜	02-2626-4000	http://www.ldcc.co.kr/	2018.07.13
15	㈜엘지씨엔에스	02-2146-0913	https://www.lgcns.co.kr/	2018.07.13
16	㈜시큐아이	02-3786-6600	https://www.secui.com/	2019.03.19
17	씨엠티정보통신㈜	02-6011-1377	http://www.cmtinfo.co.kr/	2020.11.10
18	㈜피디정보통신	02-538-6500	http://pdic.co.kr/	2021.06.14
19	㈜신한디에스	02-724-1374	https://www.shinhands.co.kr/	2021.10.18.
20	엔아이티서비스㈜	031-784-5601	https://www.nits-corp.com/	2022.04.18.

표 3-5 20개 보안관제 전문기업(출처: https://www.kisa.or.kr/1040210)

2023년 10월 기준으로 보안관제 전문기업은 총 17개 업체가 지정되어 있습니다.

목적별 보안 아키텍처 구축

목표하는 시스템을 클라우드 서비스 기반으로 구축하는 경우, 사용자 업무에 필요한 기능을 제공하는 기능 요건과 보안, 가용성, 성능, 안전/신뢰, 비용 효율성, 개발/운영 편의성 등의 필수적인 비기능 요건을 우선적으로 파악해야 합니다.

기능적 요건 차원에서는 사용자의 요구사항을 빠짐없이 정확하게 구현하기 위해 요구 분석 명세서와 같이 문서로 만들어 정확하게 표현해야 합니다. 반면, 비기능적 요구사항은 시스템이 수행 가능한 환경과 품질, 제약사항 등 수준에 관한 요구사항입니다. 비기능적 요구사항은 보통 명시적으로 드러나지 않지만, 특히 클라우드 환경에서는 비기능 요구사항 중 보안성, 성능, 안정성 등이 중요합니다. 특히 많은 기업이 보안에 대한 걱정 때문에 클라우드 사용을 어려워합니다. 이번 장에서는 기업의 여러 가지 기능적 요구사항에 맞는 아키텍처를 살펴보면서 보안 고려사항을 도출하는 한편, 비기능 요구사항 중 보안 관련 해결 방안도 함께 도출해보겠습니다.

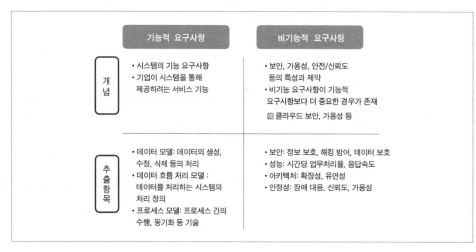

	기능적 요구사항	비기능적 요구사항
개념	• 시스템의 기능 요구사항 • 기업이 시스템을 통해 제공하려는 서비스 기능	• 보안, 가용성, 안전/신뢰도 등의 특성과 제약 • 비기능 요구사항이 기능적 요구사항보다 더 중요한 경우가 존재 예 클라우드 보안, 가용성 등
추출항목	• 데이터 모델: 데이터의 생성, 수정, 삭제 등의 처리 : • 데이터 흐름 처리 모델 : 데이터를 처리하는 시스템의 처리 정의 • 프로세스 모델: 프로세스 간의 수행, 동기화 등 기술	• 보안: 정보 보호, 해킹 방어, 데이터 보호 • 성능: 시간당 업무처리율, 응답속도 • 아키텍처: 확장성, 유연성 • 안정성: 장애 대응, 신뢰도, 가용성

그림 4-1 요구사항의 개념과 추출항목

1 가용성을 고려한 서비스 보안

해당 서비스는 24시간 365일 동안 항상 가동되어야 하고, 특정 자원의 장애나 이상 현상이 발생하더라도 사용자(고객)는 문제없이 서비스를 사용해야 하는 환경이 있다고 가정하겠습니다. 일반적으로 결제와 금융, 통신사, 교통/안전 관련 서비스 등이 해당합니다.

무엇보다 가용성이 고려된 아키텍처에서 보안 기술요소가 반영되어 적용되어야 합니다. 다음과 같이 구체적인 요구사항을 위한 서비스 구성과 비기능 요건을 파악하여 보안 고려사항을 도출해보겠습니다.

🔐 가용성을 위한 요구사항

- 서비스는 24시간, 365일 언제나 제공되어야 함
- 장애가 발생하더라도 서비스는 유지되어야 함
- 전반적인 지역의 자연재해, 물리적 파손 등에도 데이터는 보존되고 서비스는 제공되어야 함

1.1 다중 지역 기반의 아키텍처와 보안

클라우드에서 리전^{Region}은 특정 지역을 의미합니다. 'Multi-Region'은 다중 지역, 즉 여러 지역에 시스템을 복제하거나 준비하여 특정 지역에서 장애나 해킹 등으로 가용성에 문제가 발생했을 때 가용성을 확보하기 위해 사용합니다. 다중 지역으로 구축한 시스템은 특정한 지역의 전체적인 장애 영향을 최소화하고, 다른 지역에서 사용자 요청을 처리함으로써 지속적인 서비스를 제공합니다.

특히 다중 지역 구조의 아키텍처를 구축하여 물리적인 문제를 경감시킬 수 있습니다. 다음 그림은 다중 지역에서의 가용성 확보를 위한 아키텍처입니다.

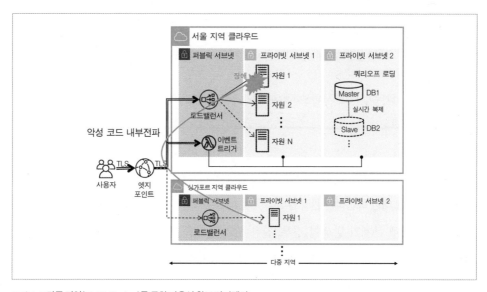

그림 4-2 다중 지역(Multi-Region)를 통한 가용성 확보 아키텍처

즉, 로드밸런서를 통해 자원의 오토 스케일링을 설정하고 스케일 아웃$^{scale-out}$을 수행하여 자원을 수평적으로 확장하며 유동적으로 활용합니다. 데이터베이스의 경우에는 읽기와 쓰기 요청을 별도로 처리하는 쿼리 오프로딩 기술을 활용하여 가용성을 확보할 수 있습니다.

특정한 자원에 장애가 발생하면 GSLB$^{Global Server Load Balancing}$를 통해 로드밸런서의 헬스체크

기능으로 가동 중인 자원으로 접속 가능하게 합니다. GSLB는 지역과 지역 간의 연결을 수행하여 특정 지역에 자연재해나 시스템 장애가 발생하더라도 서비스가 가능한 다른 지역에서 서비스가 제공될 수 있도록 분산하는 역할을 합니다.

그림 4-2를 보면 평상시에는 서울 지역의 클라우드를 통해서 서비스가 제공되는 것을 확인할 수 있습니다. 하지만 싱가포르 지역에 같은 서비스 환경을 구성하고 데이터를 주기적으로 백업함으로써 특정 지역인 서울 지역에 장애가 발생해도 GSLB를 통해 싱가포르에서 서비스를 대신 처리하도록 구성합니다. 다중 지역에서 발생할 수 있는 보안 위협은 무엇이 있을까요?

🔐 보안 고려사항

- 여러 지역이 하나의 네트워크처럼 연결되어 있는가?
- 여러 지역의 시스템 설정이나 계정이 같게 설정되어 하나의 계정으로 여러 지역의 시스템에 모두 접속할 수 있는가?
- 여러 지역 간의 데이터 통신 시 안전하게 데이터가 복제, 전송되는가?

보안 위험을 해결하기 위해 고려할 보안요소는 다중 지역^{Multi-Region}에 있는 **리소스 간의 접근 통제와 설정에 대한 독립적인 관리**입니다. 즉, 서울 리전에 랜섬웨어나 악성 코드 등의 공격으로 가용성에 문제가 발생할 경우, 같은 환경과 애플리케이션 코드로 서비스를 수행하는 싱가포르 리전에도 문제가 발생할 수 있습니다. 이를 해결하는 방법인 다음 그림은 다중 지역에 안전한 서비스를 수행하기 위한 아키텍처입니다.

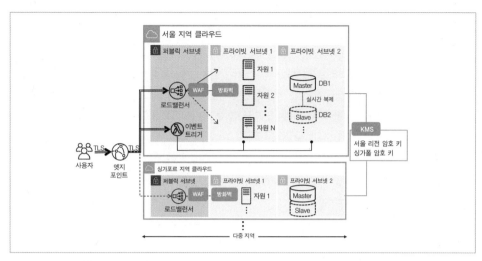

그림 4-3 안전한 다중 지역의 서비스 아키텍처

앞의 그림은 리전별로 가용성 확보를 위해 최소한의 네트워크 연결만 허용하는 서비스 환경을 구성한 것입니다. 즉, 로드밸런서와 자원 등의 방화벽 구성에는 통신에 필요한 최소한의 IP와 포트만 허용해야 합니다. 서브넷의 IP 대역 구성 또한 세부 서비스별로 분리하여 상호 간의 필요한 통신만 가능하도록 설정해야 합니다.

즉, 클라우드 서비스의 제공 유형에 따라 보안 서비스와 솔루션의 구성 검토가 필요합니다. 가용성 확보를 위한 다중 지역Multi-Region 기반은 기존 기업 시스템 환경의 재해 복구Disaster Recovery 시스템을 구성하는 것과 유사합니다.

No	보안 위협 요소	해결안	보안 서비스 및 솔루션
1	지역 간 임의 접근	엣지 포인트에 접근 제어, 필터링	WAF, Security Group, Network ACL, Routing 설정, 외부에 존재하는 엣지 포인트(AWS의 Cloud Front 또는 일반적인 CDN)에 접근 권한 설정을 통한 제어 및 컨텍스트 (Context) 필터링 설정
2	인터넷 구간 데이터 노출	인터넷 구간 데이터 보호	AWS Certificate Manager, TLS, 엣지 포인트 및 로드밸런서에 공인 인증서 적용
3	다른 지역으로 공격의 확산	지역별로 독립적인 서비스 환경 구성	개별 지역 내 구성된 자원의 구조는 같더라도, 사용한 계정, 키, 자원 명명 등을 다르게 구성, 리전별로 독립적인 구성 정보 설정, Resource Groups Tagging API, KMS

표 4-1 다중 지역 기반 보안 고려사항

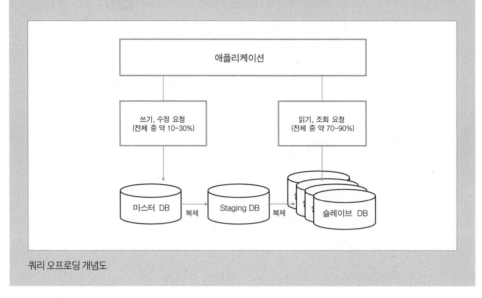

데이터베이스의 가용성 확대, 쿼리 오프로딩 기술

클라우드 시스템에서 데이터베이스는 하나의 마스터(Master) 데이터베이스와 다수의 슬레이브(Slave) 데이터베이스를 구성하여 과중한 트래픽을 수용할 수 있도록 가용성을 확보합니다. 또한, 일반적인 서비스 환경에서는 데이터의 쓰기보다 읽기 비율이 높기 때문에, 마스터 노드는 쓰기 요청을 처리하고 슬레이브 노드는 읽기 요청을 분리하여 처리하도록 구성하는 쿼리 오프로딩을 구현할 수 있습니다.

애플리케이션

쓰기, 수정 요청
(전체 중 약 10~30%)

읽기, 조회 요청
(전체 중 약 70~90%)

마스터 DB

복제

Staging DB

복제

슬레이브 DB

쿼리 오프로딩 개념도

1.2 멀티 클라우드 기반의 아키텍처와 보안

단일 클라우드 서비스 제공자를 이용한 서비스 사용 시 발생할 수 있는 가용성 문제는 특정 클라우드 서비스 제공자에 대한 의존도가 높아질수록 시스템 종속성이 발생하는 것입니다. 갑작스러운 서비스 비용 증가나 클라우드 서비스 제공자의 인프라 환경에 중대한 취약점 발생 시 시스템 전체가 위험해질 수 있기 때문에, 여러 클라우드 서비스 제공자를 활용하는 '멀티 클라우드Multi-Cloud' 기반을 이용하면 하나의 클라우드에 종속되는 위험을 줄일 수 있습니다.

서비스의 가용성 확보를 위해, 다양한 클라우드 제공 업체의 서비스를 혼합하는 방식을 검토해봅시다. 각 클라우드 업체의 장점만 선택해 활용하는 방식으로 가용성과 성능을 확보할 수도 있습니다. 예를 들어 사용자의 인증 시스템은 Mircosoft Azure의 'Active Directory'를 활용하고 시스템에서 발생하는 데이터나 로그 정보는 Amazon의 S3 스토리지를 사용할 수도 있습니다.

다음 그림은 멀티 클라우드 환경에서 지역적인 엣지 포인트(AWS에서는 Cloud Front 서비스) 또는 CSB^{Cloud Service Broker}를 통해 원격지 서비스 간의 통신을 구성한 그림입니다.

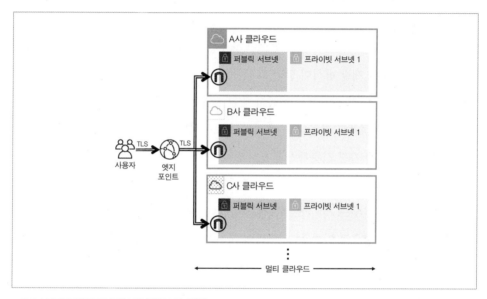

그림 4-4 멀티 클라우드를 통한 가용성 확보 아키텍처

요약하면, 개별 클라우드를 퍼블릭 서브넷과 프라이빗 서브넷으로 분리하고, 인/아웃바운드 방화벽과 엣지 포인트 설정을 대역이 아닌 구체적으로 설정하여 기본적인 보안 환경을 구성합니다. 또한, 인터넷 공용망으로 통신하는 구간은 통신 구간 암호화로 네트워크 보안 수준을 향상합니다.

멀티 클라우드를 이용할 경우 클라우드별 장단점을 활용하여 서비스를 위해 사용하는 인프라의 비중을 조정할 수 있고, 가용성 측면에서 단일 클라우드 대비 향상된 서비스를 제공할 수 있습니다. 하지만 관리해야 할 영역이 늘어나고 클라우드별로 적용 가능한 보안 서비스나 정책들이 다를 수 있다는 어려움도 있습니다.

- 여러 클라우드에서 일관성 있는 사용자 인증, 보안 정책을 적용할 수 있는가?

- 보안 이벤트 추적이 쉽고, 모니터링이 가능한가?

- 클라우드 서비스 간에 접속 로그, 행위 로그 등이 연계되는가? 사용자 ID, 사용자 IP, 이벤트 발생 시간, 이벤트 상세 내용 등이 유사하게 저장되는가?

멀티 클라우드 구조에서 고려해야 할 보안 요소는 **복잡성 해결**입니다. 하나의 클라우드 내에서도 서비스별로 개발 방식이 달라 다양한 정보 교환 방법이 존재합니다. 이러한 서비스가 하나가 아닌 여러 클라우드 제공사에 분포되어 있을 뿐만 아니라, 클라우드별로 보안 서비스와 보안 정책도 다릅니다. 그러므로 보안 정책의 적용과 운영 측면에서 클라우드별로 전문 지식을 가진 전문가가 필요하게 됩니다

이러한 복잡성을 해결해주는 서비스가 바로 CASB^{Cloud Access Security Broker}입니다. 클라우드에 상관없이 하나의 클라우드 서비스로 접점을 만들어 보안 정책을 적용해주기 때문에, 여러 클라우드의 다양성으로 인한 보안 관리의 복잡성을 줄여줍니다. 또한, 클라우드 운영 서비스를 제공하는 CSB^{Cloud Service Brokerage}를 통해 클라우드별로 운영 노하우나 기술 부담을 줄일 수 있습니다. 서비스 수준 계약(SLA: Sevice Level Agreement)을 통해 기능적, 비기능적 요구사항에 대한 수준을 유지할 수 있습니다.

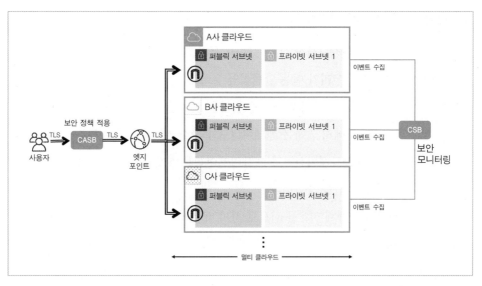

그림 4-5 안전한 멀티 클라우드 서비스 아키텍처

No	보안 위협 요소	해결안	보안 서비스 및 솔루션
1	클라우드 운영 미숙으로 인한 보안 위협	클라우드 운영 전문가 활용	CSB(Cloud Service Brokerage) 활용해서 다수의 이기종 클라우드를 통합 관리
2	클라우드 서비스별 다른 보안 수준	표준화된 보안 정책 적용	CASB(Cloud Access Security Broker) 활용해서 클라우드 접속 시 보안 요소를 표준화 및 일원화하여 관리
3	이기종 클라우드 간 데이터 전송 시 노출	인터넷 통신 구간의 데이터 보호	TLS 통한 구간 암호화 또는 비대칭 키 적용, 클라우드 간에 직접적인 데이터 공유 및 참조가 필요한 경우는 필수적으로 네트워크 구간의 암호화 및 데이터 자체의 암호화 적용 필요

표 4-2 멀티 클라우드 기반 보안 고려사항

기업의 서비스 규모가 작으면 클라우드별로 담당자를 두어 관리할 수 있습니다. 하지만 서비스가 다양해지고 커질수록 통합된 보안정책 관리와 보안 모니터링에 대한 운영의 어려움이 발생합니다. CASB나 CSB와 같은 서비스로 부족한 클라우드 보안 관리 수준을 개선할 수 있습니다.

1.3 컨테이너 기반 아키텍처와 보안

컨테이너 기반 아키텍처는 시장 상황에 따라 서비스 규모가 자주 변화하는 업무에 사용하는 아키텍처입니다. 우리가 아는 일반적인 용어로 '컨테이너'는 물체를 별도로 격리하는 공간입니다. 규격화된 형태의 구조물에 화물을 보관하고 배나 비행기로 이송하는데 사용합니다. 클라우드에서 말하는 컨테이너도 유사한 개념으로 사용하는 가상화 모듈입니다. 컨테이너는 애플리케이션[App]과 애플리케이션을 실행하는데 필요한 환경을 별도로 모듈화하여 격리한 공간을 뜻합니다.

기존 가상서버는 운영체제[Guest OS]를 필요로 하기 때문에 전체적인 부팅과 사용하지 않는 리소스도 동작하는 시간이 필요합니다. 하지만, 컨테이너의 경우에는 '**모듈화된 프로그램 패키지**'로써 프로세스 수준으로 동작하기 때문에 가볍고 빠르게 동작할 수 있습니다.

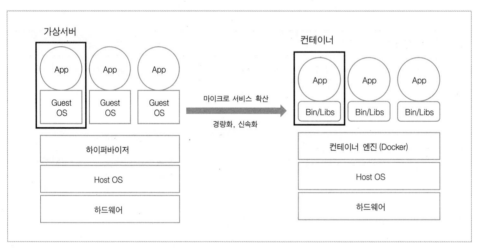

그림 4-6 가상서버(Virtual Machine)와 컨테이너 구조 비교

가상서버와 컨테이너를 비교해 보면 다음 표와 같습니다.

항목	가상서버	컨테이너
가상화 레벨	하드웨어 가상화	OS 레벨 가상화
가상화 OS	독립적인 OS 가상화 지원 (Host OS와 다른 OS에서 동작 가능)	여러 컨테이너가 호스트 OS 공유
Isolation (독립성)	OS 레벨의 격리	프로세스 레벨의 격리
보안수준	높은 보안성	가상서버 대비 낮은 보안성
장점	하드웨어 가동률의 향상 다양한 OS 적용 가능	적은 HW 오버헤드로 높은 가용성 제공 플랫폼에 상관없이 실행
단점	자원 소비율이 높고 가동 시간 필요	컨테이너 수가 많아지면 관리와 운영이 어려움

표 4-3 가상서버와 컨테이너 비교

컨테이너 기반 서비스는 큰 애플리케이션을 작은 서비스 단위로 나누어 개발함으로써 구동 환경이 달라 발생하는 특정한 서비스 이슈가 전체 서비스로 확산하는 것을 줄일 수 있는 장점이 있습니다. 이 같은 마이크로서비스는 기능별로 독립된 작은 서비스들이 상호작용하여 전체 애플리케이션을 동작시키는 방식의 서비스입니다. 가용성 측면에서 서비스별로 구축된 컨테이너로 수요의 증가나 감소에 따라 서비스 확대/축소를 자유롭게 수행할 수 있습니다.

다음 그림은 클라우드 서비스의 컨테이너를 활용하여 서비스의 빠른 개발과 등록, 배포를 수행하는 개념도입니다. 사용자는 API Gateway로 서비스를 요청하고 Service Discovery에서 등록된 서비스를 확인하여 요청을 전달합니다.

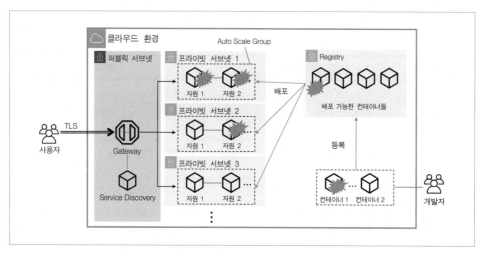

그림 4-7 컨테이너 기반 아키텍처 구성

컨테이너 기반 클라우드 서비스 구조에서 고려할 보안 요소는 **빠른 확장성**입니다. 이는 분명 장점이지만, 단점으로 작용하기도 합니다. 가령, 하나의 애플리케이션에서 발생한 보안 취약점이 빠른 속도로 배포되어 시스템 전체를 위협할 수 있습니다. 또, 클라우드의 확장성과 컨테이너의 가볍고 빠른 특성이 작용하여 악성 코드가 빠르게 배포될 수 있습니다. 이러한 보안 취약점에 대응하려면 컨테이너에 위치한 애플리케이션의 취약점을 사전에 제거하는 것과, 취약점 발생 시 빠르게 안전한 애플리케이션을 재배포할 수 있는 체계가 필요합니다. 이미 배포된 애플리케이션에서 취약점을 제거하기보다는 취약점이 제거된 애플리케이션을 빨리 재배포하는 형태로 대응하는 것이 좋습니다. 그럼 컨테이너에서의 보안 이슈는 무엇일까요?

🔒 보안 고려사항

- 안전한 컨테이너들이 배포되도록 관리하는가?
- 취약점이 존재하는 애플리케이션으로 만든 컨테이너가 빠르게 배포되는 것을 통제할 수 있는가?
- 컨테이너 간의 독립성을 유지할 수 있는가?

컨테이너 관리에서는 컨테이너를 구성하는 애플리케이션의 버전 관리가 중요합니다. 취약한 버전의 애플리케이션은 서비스 실행 시 취약점을 가진 상태로 배포되기 때문입니다. 특히, 오픈 소스처럼 공개된 소스코드를 사용할 때는 취약점이 존재하는 버전을 사용하고 있는지 점검이 필요합니다. 만약 취약한 컨테이너가 빠르게 배포된 상황이라면 배포된 컨테이너를 수정하기보다는 안전한 컨테이너를 새로 만들어 재배포하는 것이 빠른 방법입니다.

컨테이너는 가상서버보다 독립성 수준이 낮습니다. OS 수준에서 관리되는 것이 아니라 프로세스 수준에서 관리되기 때문에 컨테이너가 동작하는 OS에서 여러 컨테이너에 접속할 수가 있습니다. 따라서 중요한 서비스 유형별로 컨테이너를 함께 구성하고 중요한 데이터를 처리하는 컨테이너는 별도의 OS 서버에 구성하는 전략이 필요합니다.

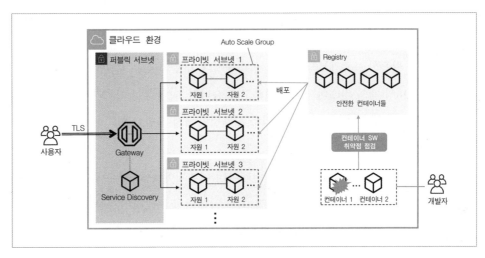

그림 4-8 안전한 컨테이너 기반 아키텍처 구성

No	보안 위협 요소	해결안	보안 서비스 및 솔루션
1	취약한 애플리케이션이 포함된 컨테이너의 배포	안전한 컨테이너 배포와 관리	시큐어 코딩 체크, 컨테이너 레파지토리 정기점검 등을 통해 컨테이너 생성 시 SW 버전 체크와 취약점 있는 애플리케이션에 대한 사전 검증을 수행하고 안전한 컨테이너만 배포
2	공유 데이터의 무결성 침해	공유 데이터의 독립 구성	오토 스케일링에 의한 서비스의 생성, 삭제, 변경으로 공유되는 데이터는 별도 환경에 구성하여 데이터의 보안과 정합성을 유지
3	다른 컨테이너에서 민감 데이터에 임의 접근	민감 데이터 격리	Security Group, 방화벽, 데이터 접근 제어 등을 통해 마이크로 서비스 또는 오토 스케일 그룹에 대하여 접근 가능한 자원 간의 대상을 명확하게 설정하며, 접근 포트와 IP 대역을 최소화 설정
4	컨테이너의 독립성 우회	동일 클러스터링 내 구성된 서비스 (Pod) 간의 접근통제 적용	클러스터링 구성 기준을 수립하여 서비스 유형별로 서로 다른 서버에 컨테이너를 구성하며, 클라우드 간에 직접적인 데이터 공유와 참조가 필요한 경우는 필수로 네트워크 구간의 암호화와 데이터 자체의 암호화 적용 필요

표 4-4 컨테이너 기반 보안 위협 대응방안

컨테이너를 활용한 프로젝트의 사례를 살펴봅시다. 구글의 경우 검색 서비스와 수많은 서비스를 약 20억 개의 컨테이너로 운영하고 있습니다. 이처럼 컨테이너는 빠르고 가벼운 가상화 환경을 구성할 수 있도록 지원하고 개발자에게 가볍고 편리한 개발환경을 제공해줍니다.

앞에서 언급한 보안 고려사항을 통해 컨테이너 이미지에 신뢰할 수 있는 소스코드가 탑재될 수 있도록 취약점 점검을 수행하고 최신 상태의 소프트웨어가 빠르게 배포될 수 있도록 버전 관리 프로세스를 수립해야 합니다.

2 고성능을 위한 아키텍처 보안

일반적으로 서비스의 성능과 보안은 반비례 관계이므로 서비스를 구축할 때, 성능과 보안의 양립점을 찾는 것이 중요합니다. 따라서 성능에 초점을 두고, 적정 수준의 보안을 유지하는 아키텍처를 알아보겠습니다.

2.1 오토 스케일 업/아웃 성능 보장 아키텍처와 보안

클라우드 서비스에서 구성된 자원(가상머신 등)에 오토 스케일을 설정해서 수행 가능한 자원 크기와 자원의 수를 적용할 수 있습니다. 다음 그림은 클라우드 서비스에 존재하는 각종 자원의 오토 스케일링을 설정하는 구성도입니다

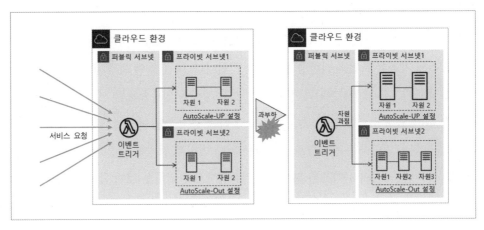

그림 4-9 스케일 업/아웃 설정

자원의 허용 범위(임계치)를 설정해서 이를 초과할 때, 자원의 사양(CPU나 메모리 등)을 추가하여 스케일 업(고성능으로 업그레이드)하거나, 추가 장비를 통해 스케일 아웃(병렬 처리하여 부하를 분산)하는 형태로 자원의 활용성을 극대화할 수 있습니다.

스케일 업/아웃$^{Scale\ up/out}$은 사용자에게 항상 최상의 서비스를 제공할 수 있는 기능입니다. 하지만 리소스를 자동으로 생성하는 강력한 권한이기 때문에 사용 권한에 대한 정밀한 제어와 서비스의 특성에 맞는 최소한의 권한 적용이 필요합니다.

🔒 보안 고려사항

- 서비스 특성과 사용량에 따라 오토 스케일 업/아웃 설정이 적용되었는가?
- 오토 스케일을 설정하는 시스템 권한은 최소한의 관리자에게 할당되고 정기적으로 감사가 이루어지는가?

스케일 업/아웃 설정 기반의 클라우드 서비스 구조에서 고려할 보안요소는 권한 제어입니다. 첫 번째로 가상서버의 오토 스케일링 리소스 생성이나 변경에 대해 권한 관리를 해야 합니다. 스케일링의 설정 오류는 많은 잉여 자원을 사용하도록 만들기 때문에 오토 스케일 업/아웃 설정 같은 중요 작업에 대해서는 강화된 인증 방식을 사용해야 합니다. 오토 스케일이 권한 없는 사용자나 서비스에 의해 자동으로 확장된다면 많은 비용이 발생해 큰 피해를 입을 수 있습니다.

두 번째로 오토 스케일링 자원을 요청하는 사용자나 서비스의 범위를 제한하는 것입니다. 즉, 접근 가능한 조건과 권한을 통제하는 것입니다. 예를 들어 특정 IP 주소에서만 서비스를 호출하도록 제한하거나 지정된 시간, SSL, 강화된 인증으로만 서비스를 요청하도록 제한하면 오토 스케일 업/아웃을 타깃으로 하는 공격을 방어할 수 있습니다. 이는 오토 스케일 설정 기능에는 자동으로 늘어나는 최대 범위를 지정할 수 있기 때문이며 고성능 제공을 위한 최적의 사이즈를 분석해서 지속적으로 관리하는 것이 필요합니다.

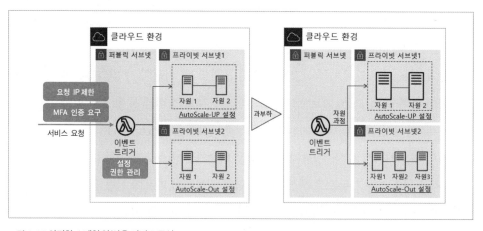

그림 4-10 안전한 스케일 업/아웃 서비스 구성

No	보안 위협 요소	해결안	보안 서비스 및 솔루션
1	오토 스케일 변경 실수, 임의 변경으로 인한 위험	오토 스케일 설정 권한 관리	IAM Role 설정을 통한 스케일 업/아웃(scale up/out)을 자원 변경 권한에 대한 제어 설정 확인
2	DDoS와 같은 공격으로 서비스 자원 소모 공격	서비스를 호출할 수 있는 범위 제한	만약 서비스 사용자의 범위를 제한하거나 특정지을 수 있다면 방화벽으로 서비스 요청 IP 범위를 제한 설정하거나 복합 인증 등의 절차 추가
3	자원의 확장과 축소에 따른 민감 데이터 노출	자원 이미지 권한 제어 및 데이터 보안	자동적인 스케일 아웃을 수행하기 위해 사용하는 자원 이미지(스냅샷)의 민감한 정보 포함을 확인하고, 다른 자원 이미지를 임의로 접근하지 못하도록 통제되는지 확인

표 4-5 스케일 업/아웃 보안 고려사항

2.2 FaaS를 통한 성능이 보장된 아키텍처와 보안

FaaS[Function as a Service]는 클라우드 환경에서 사용자의 함수 호출만으로 성능을 보장하는 서비스로, 업무를 여러 개의 함수 단위로 분할하여 개발하고 클라우드에 등록된 함수가 실행된 횟수나 시간에 따라 비용을 지불하는 서비스입니다. FaaS는 주기적으로 실행되는 기능을 구현하거나 웹 요청을 처리할 수 있습니다. 또한, 서버 시스템을 신경 쓰지 않고 필요한 시점에만 이벤트에 따라 실행되기 때문에 비용 효율적입니다.

다음 그림은 함수 기반으로 이벤트성 자원을 활용하는 내용입니다. 사용자가 이벤트 트리거에 대해 함수를 호출하지만, 실제 비즈니스 로직이 수행되는 자원은 사용자가 관리하는 대상이 아닙니다. 백엔드[Back-End] 환경에서 수행되는 데이터베이스나 컨테이너, 스토리지, 가상머신 등의 자원은 클라우드 서비스 제공자가 직접 관리하게 됩니다.

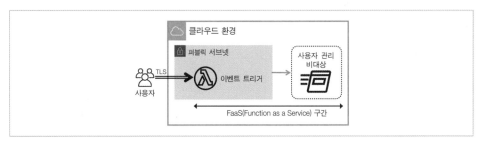

그림 4-11 함수 기반의 이벤트성 자원 활용

- 중요한 업무처리 함수가 인증 처리 없이 임의로 호출되지 않는가?
- 함수 내에서 보안이 취약한 소스코드나 기능이 포함되어 서비스 공격에 활용되지 않는가?

FaaS를 통해 성능이 보장된 아키텍처에서의 보안 고려사항은 함수 호출에 대한 인증입니다. 함수를 구현할 때, 함수를 호출할 수 있는 허가된 사용자인지 인증하는 로직과 민감한 정보를 호출할 때 암호화 또는 복호화에 대한 권한 관리 기능이 포함되어야 합니다. 또한, 함수 호출 URL로 DDoS와 같은 공격이 발생할 때, 많은 비용이 발생할 수 있으므로 함수를 호출할 수 있는 IP 대역을 제한하는 방법도 고려해야 합니다.

FaaS에서는 해당 서비스가 항상 실행 중인 것이 아니라 호출할 때만 실행되기 때문에, 충분한 테스트 과정이 없다면 소스코드상의 취약점(인증 누락, 취약한 소스코드 사용, API 인증 키나 인증서 등을 코드 저장소에 평문으로 저장 등)이 포함될 수 있습니다.

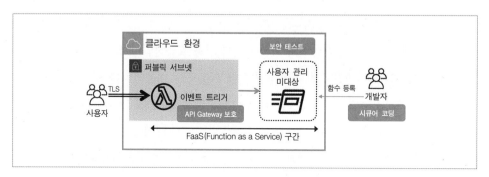

그림 4-12 안전한 함수기반 서비스 구성

No	보안 위협 요소	해결안	보안 서비스 및 솔루션
1	취약한 모듈이 포함된 함수 사용	시큐어 코딩 및 보안 테스트	Code Inspector, Web Scanner 등의 점검 도구로 함수에 대한 인증, 권한 관리, 취약한 코드 등에 대한 정적 소스코드 점검 및 동적인 보안 테스트 수행
2	API Gateway 공격	API Gateway 보호	API Gateway 모니터링을 통해 API 사용에 탐지 및 안티 DDoS 관제 서비스 등으로 급격한 트래픽 증가와 DDoS 공격으로부터 API 보호
3	인증없이 중요한 함수 호출	함수 내 민감 정보의 권한 관리	DLP, 데이터 암호화 기술을 이용하여 이벤트 트리거가 수행되는 비즈니스 로직에 개인정보 탐지, 민감 정보가 노출되지 않도록 보호

표 4-6 FaaS 기반 보안 고려사항

FaaS는 쉽게 애플리케이션을 개발할 수 있는 장점이 있지만 반면에 클라우드 서비스 제공자에게 의존도가 높습니다. 클라우드 서비스 제공자에 따라 접근 가능한 클라우드 자원, 함수로 구현할 수 있는 기능의 제약들이 존재합니다.

서버리스(Serverless)

서버리스는 개발자가 인프라나 컴퓨팅 기술을 신경 쓰지 않고 애플리케이션 개발에만 집중할 수 있도록 지원하는 클라우드 서비스입니다. 애플리케이션 관점에서 BaaS(Backend as a Service)와 FaaS(Function as a Service)로 분류할 수 있습니다.

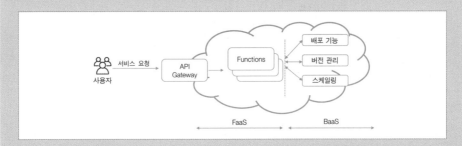

그림 4-13 서버리스 컴퓨팅 개념도

'BaaS'는 웹이나 모바일 애플리케이션을 개발한 후에 서비스하기 위한 클라우드 환경에서의 배포나 버전 관리 등의 백엔드 기능을 클라우드 서비스 제공자가 사전에 개발하여 제공하는 서비스입니다. 백엔드 기능을 위한 별도의 시간과 에너지를 절약할 수 있습니다.

'**FaaS**'는 앞서 설명한 것처럼 서버에서 서비스에 필요한 기능을 함수 단위로 개발하고 클라우드에 등록하여 필요할 때마다 호출하는 형태로 서비스를 구현하는 것입니다. 개발자는 클라우드상에 함수 호출을 위한 서버를 할당받거나 오토 스케일 인/아웃 등에 대해 고민할 필요 없이 애플리케이션을 함수로 구현하는 것에 집중할 수 있습니다.

2.3 성능이 보장된 전용 할당 자원으로 구축된 아키텍처와 보안

클라우드의 공용 자원은 CPU, 메모리, 네트워크 자원을 공용으로 사용하므로 자원의 한계가 존재합니다. 성능 확보를 위해 다음 그림처럼 공용 자원이 아니라 별도로 독립된 자원을 생성해서 고성능 서비스를 제공하는 환경을 구성할 수 있습니다. 공용으로 사용하는 VM4에서 독립적인 전용^{Dedicated}자원으로 VM4를 구성해서 CPU, 메모리, 네트워크 대역폭 등을 사용하는 만큼 성능을 보장받을 수 있습니다. 클라우드 전용 자원은 가상서버가 아닌 물리 서버를 사용하는 서비스로 기존에 기업 내부 서버에 한정된 소프트웨어 라이선스를 사용할 수 있습니다.

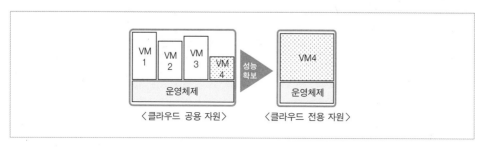

그림 4-14 공용자원과 전용자원

클라우드는 한정된 자원을 최대로 활용하므로 다른 사용자가 운영체제의 네트워크나 디스크 리소스를 과다하게 사용하면 같은 가상 자원을 공유하는 다른 사용자에게 영향을 끼칠 수 있습니다. 따라서 공용 자원을 전용 자원으로 변경해서 사용하게 되면, 다른 사용자의 개입과 서비스 부하에 영향을 받지 않고 온전한 자원의 성능을 활용할 수 있습니다.

전용 자원은 주로 중요한 핵심 데이터나 성능의 보장이 필요한 중대 작업에 사용되기 때문에 다른 공용 자원과 분리되어 처리해야 합니다. 다른 공용 자원을 이용한 처리로 인해 전용 자원의 처리 시간에 영향을 줄 수 있는 요소를 제거하고, 핵심 데이터에 대한 기밀성 확보가 필요합니다.

🔒 보안 고려사항

- 전용으로 할당된 클라우드의 성능이 보장되는가? 공용자원을 통한 작업으로 처리 속도 지연이나 데드락 (Deadlock) 등의 문제가 발생하지 않는가?
- 전용 클라우드에 중요한 데이터가 저장된 경우 데이터가 노출되어 있거나 인증 절차를 거치지 않은 접근이 허용되는가?

전용 클라우드는 비용이 많이 들지만, 기업의 중요 데이터 보안이나 보호를 위해 사용하거나 개인정보 활용을 위한 분석, 고성능의 시뮬레이션 프로그램 실행 등의 특수한 목적으로 사용될 수 있습니다. 공용 클라우드와의 인터페이스를 최소화하고 인가된 사용자만 전용 클라우드에 접근할 수 있도록 관리가 필요합니다.

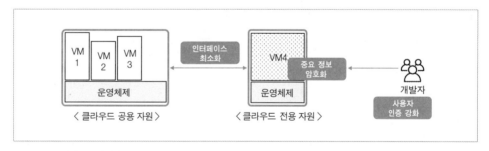

그림 4-15 안전한 전용자원 사용 구성

No	보안 위험 요소	해결안	보안 서비스 및 솔루션
1	공용 클라우드와 인터페이스로 속도 지연이나 교착 상태 (Dead Lock) 발생	공용 클라우드와의 최소한의 인터페이스	Network Access Control, 방화벽을 통한 공용 클라우드와 전용 클라우드 간의 필요한 IP, 포트만 최소한으로 허용
2	중요 정보의 노출	전용 자원 내 중요 정보 권한 관리	데이터 암호화, 데이터 접근 제어로 전용 클라우드 내 중요 정보, 개인정보 등에 대한 암호화 및 접근 권한 관리
3	권한 없는 접근	사용자 인증	IAM, 권한 관리, 모니터링

표 4-7 전용 자원 기반 보안 고려사항

2.4 글로벌 서비스 성능 제고를 고려한 아키텍처와 보안

특정 지역에 구축된 클라우드 서비스를 세계 각지의 사용자가 접속하게 되는 경우, 지역별 엣지 포인트 서비스로 캐싱^{caching}된 정적 자료를 제공하기 위한 글로벌 서비스가 가능해집니다. 다음 그림은 전 세계 거점별 엣지 포인트 서비스를 활용하여 정적 자원의 글로벌 서비스를 제공하고 비즈니스 로직 전용선을 통한 성능 확보로 클라우드 서비스를 구축한 사례입니다.

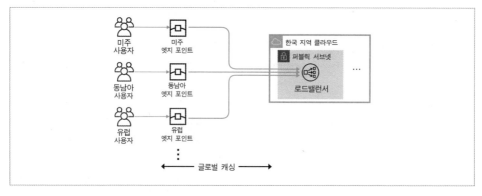

그림 4-16 지역별 엣지 포인트 기반의 글로벌 서비스 구축

앞의 그림은 미주, 동남아, 유럽 등 여러 지역에서 한국의 클라우드로 정보를 요청할 때, 각 지역에 있는 엣지 포인트에서 정적 데이터를 저장하여 바로 제공하고 추가로 필요

한 동적 데이터만 한국의 클라우드로 요청하여 정보를 주고받는 사례입니다.

- 데이터의 국가별 이동에 따른 개인정보 보호와 같은 컴플라이언스는 준수하고 있는가?
- 데이터의 전송과 엣지 포인트에 저장되는 데이터가 안전하게 이동하는가?

사용자에게 빠른 서비스 제공을 위해 국가별로 엣지 포인트를 구성함에 따라 관련 법률과 데이터 보호 방법을 고려해야 합니다. 또한, 엣지 포인트별로 접속 권한이 부여된 대역 한정과 보안 위협 필터링 설정으로 기초적인 보안 수준을 확보할 수 있습니다.

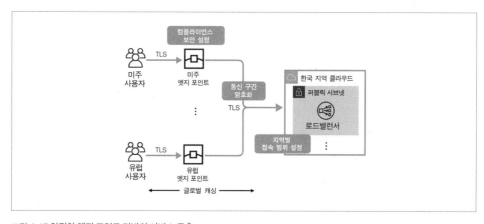

그림 4-17 안전한 엣지 포인트 기반의 서비스 구축

No	보안 위협 요소	해결안	보안 서비스 및 솔루션
1	국가별 컴플라이언스	데이터의 독립적 구성 및 컴플라이언스 대응	Amazon Inspector, 데이터 암호화
2	엣지 포인트에 대한 해킹 시도	지역별 접속 가능한 범위 설정	방화벽, 프록시 등으로 엣지 포인트에 접속 가능한 권한 구체화 및 컨텍스트 필터링 수행
3	엣지 클라우드 통신 구간에 대한 데이터 노출	인터넷 구간의 데이터 보호	SSL, VPN, 통신구 간 암호화로 원격지의 엣지 포인트와 중앙 클라우드 간에 네트워크 보안 향상

표 4-8 엣지 포인트 기반 보안 고려사항

3 애플리케이션과 데이터의 안전성이 고려된 아키텍처 보안

클라우드에 개인정보나 기업의 중요 데이터가 저장되면 데이터 등급에 따른 데이터 흐름과 안정성을 확보하기 위한 방안이 고려되어야 합니다. 특히, 개인정보는 암호화와 데이터의 저장 위치, 흐름에 대한 데이터 통제와 모니터링이 필요합니다. 클라우드 환경에서 데이터 보호를 위한 아키텍처와 보안 고려사항을 살펴보겠습니다.

3.1 하이브리드 클라우드 기반의 데이터 아키텍처와 보안

온프레미스 On-Premises 환경은 데이터의 생성, 저장, 변경, 삭제 등의 라이프사이클에 따라서 데이터의 중요도가 달라집니다. 예를 들어 로그 정보들은 일정 기간 이벤트 분석을 위해 서버나 네트워크 장비에 저장되지만, 일정 기간이 지나면 값싼 스토리지로 이동시켜 보관합니다. 데이터의 가치가 변경됨에 따라 더 저렴한 스토리지에 저장하는 것을 IT 용어로는 스토리지 티어링 Storage Tiering 이라고 합니다.

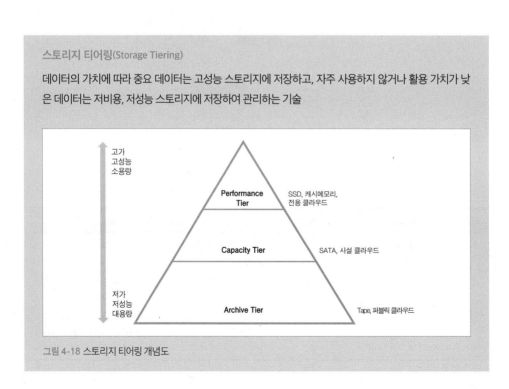

스토리지 티어링(Storage Tiering)

데이터의 가치에 따라 중요 데이터는 고성능 스토리지에 저장하고, 자주 사용하지 않거나 활용 가치가 낮은 데이터는 저비용, 저성능 스토리지에 저장하여 관리하는 기술

그림 4-18 스토리지 티어링 개념도

다음 그림은 보안상 중요한 데이터를 온프레미스 또는 프라이빗 클라우드에 저장하고, 상대적으로 보안상 덜 중요한 데이터는 퍼블릭 클라우드에 저장하는 하이브리드 클라우드를 구축한 사례입니다.

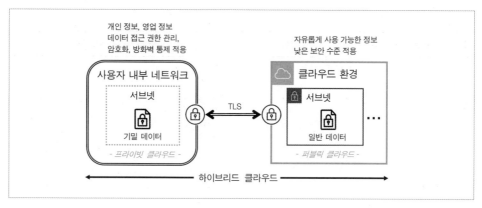

그림 4-19 이기종 인프라 환경 간의 데이터 안전성 확보 방안

앞의 그림은 이기종 인프라 환경에서 데이터의 관리방식을 별도로 구분합니다. 고비용의 고기밀성을 유지할 수 있는 온프레미스 환경과 저비용으로 서비스 환경을 발 빠르게 구성할 수 있는 퍼블릭 클라우드를 활용해서 데이터 아키텍처를 구성합니다. 데이터 중요도에 따라 인프라 환경을 구성하여 보안성을 확보할 수 있습니다.

> **보안 고려사항**
>
> - 데이터의 중요도에 따라 적절한 보안 통제를 받고 있는가?
> - 기업의 중요한 정보가 외부에서 접근 가능한 상태로 저장되는가?
> - 데이터 사용에 대한 정기적인 감사 및 모니터링이 수행되고 있는가?

하이브리드 클라우드 기반의 데이터 아키텍처에서 중요한 보안 고려사항은 데이터에 관한 관리 정책 수립과 운영입니다. 기업에서 어떤 데이터가 중요한지 우선순위에 따라

등급을 구분해야 합니다. 데이터의 종류와 사용성에 대한 분석을 통해 계층^{Tier} 간의 데이터 흐름 기준을 수립하고, 비용 효율적인 구성을 구축해야 합니다. 데이터 관리 기준을 수립한 후에는 데이터 사용에 대한 로그 설정을 통해 정기적인 감사^{Audit}와 모니터링으로 데이터의 보안 수준을 관리할 수 있습니다.

No	보안 위협 요소	해결안	보안 서비스 및 솔루션
1	데이터 중요도에 따른 보안 관리	데이터 관리 정책 수립	S3 Intelligent-Tiering, 데이터 저장 및 보안 관리 전략 수립, 성능과 용량의 기준에 따라 데이터를 저장 및 운영
2	민감 데이터의 노출	클라우드 환경의 데이터 감사 모니터링	민감한 데이터, 개인정보 등이 포함되어 있는지 상시 확인
3	통신 구간의 데이터 보호	네트워크 구간 암호화	프라이빗 클라우드와 퍼블릭 클라우드 간에 이기종으로 통합된 구조이므로, 네트워크 구간에서 암호화 처리로 인터페이스가 수행되도록 설정 도메인과 인증서를 통해서 SSL 통신을 수행하거나 전용선, 가상 사설망(VPN) 구축으로 외부 침입으로 인한 데이터 유출을 차단

표 4-9 하이브리드 클라우드 기반 보안 고려사항

　데이터에 대한 거버넌스 확립을 위해서 한국데이터산업진흥원에서 운영하는 데이터 인증제도를 참고하여 관리 체계를 수립할 수도 있습니다.

데이터 품질 인증제도

데이터 품질 인증제도(DQC: Data Quality Certification)는 정보 시스템의 데이터 품질을 확보하기 위해 데이터 값(Data Value), 데이터 관리(Data Management), 데이터 보안(Data Security) 세 가지 영역에 대해 심사와 인증하는 제도입니다. 데이터 품질 인증제도를 통해 데이터 관리 수준을 높이고 데이터 활용과 보안성을 지속적으로 개선할 수 있습니다.

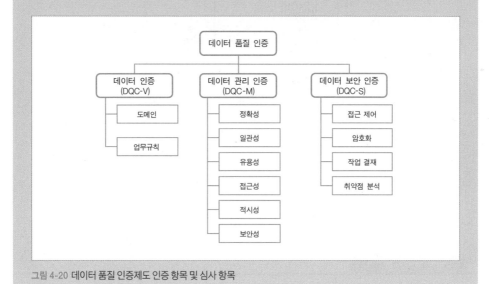

그림 4-20 데이터 품질 인증제도 인증 항목 및 심사 항목

3.2 애플리케이션/데이터 암호화 기반의 아키텍처와 보안

클라우드 서비스를 수행할 때, 애플리케이션 레벨에서는 비즈니스 로직이 처리되는 애플리케이션 소스코드와 애플리케이션에 의해서 발생하는 데이터가 존재합니다. 비즈니스 로직의 노출을 방지하기 위해 애플리케이션인 소스코드를 자동으로 바이너리 파일(실행 파일)로 변환하는 보안 서비스를 활용할 수 있으며, 키 관리 서비스를 활용해 데이터 암호화 서비스를 고려해볼 수 있습니다.

다음 그림은 가상머신 또는 컨테이너에 배포된 소스코드를 바이너리 파일로 변환하고, 키 관리 서비스로 데이터베이스와 스토리지의 데이터를 암호화한 사례를 보여줍니다.

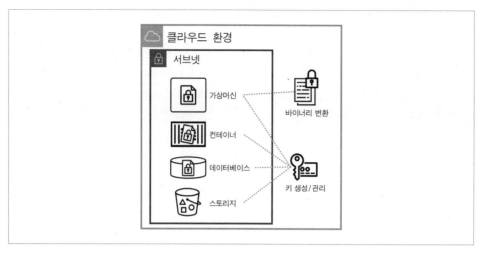

그림 4-21 자동 바이너리 변환과 키 변환 서비스에 의한 애플리케이션 기밀성 확보 방안

사용자가 직접적인 키 관리 또는 바이너리 변환을 위한 라이브러리 관리에 관여할 필요 없이, 클라우드 서비스 적용만으로 손쉽게 보안 수준 향상을 검토할 수 있습니다.

🔒 보안 고려사항

- 중요 정보가 포함된 소스코드 등이 클라우드에 업로드되어 관리되며, 외부에서 소스코드에 접근이 가능한가?
- 내, 외부에 소스코드 저장소 운영 시 핵심 소스코드는 보호되고 있는가?
- 외부 소스코드 저장소를 통해서 내부로 악성코드 유입이 가능한가?

애플리케이션을 클라우드 환경에서 개발할 때 중요한 보안 고려사항은 소스코드의 노출입니다. 소스코드는 기업의 핵심 자산이므로 외부 유출 시 기업의 비즈니스에 타격을 줄 수 있으며 노출된 소스코드상의 취약점을 이용한 소프트웨어 공격이 발생할 수 있습니다.

소스코드는 프라이빗 구간의 서버에서 관리하고, 퍼블릭 구간은 바이너리로 변환된 실행파일만 배포되도록 관리해야 합니다.

기업의 핵심 소스코드가 아닌 인프라를 관리하기 위한 스크립트 코드나 이미 알려진 오픈 소스를 외부의 클라우드에서 활용하기 위해 클라우드의 소스코드 저장소에 업로드하거나, 주기적인 소스코드 전송과 동기화할 필요가 발생할 경우에도 보호 조치가 필요합니다.

내부에서 외부로 단방향 전송만 허용하고, 외부로 전송되는 소스코드는 핵심 소스코드와 분리하여 중요 정보가 포함되지 않도록 주기적으로 점검해야 합니다. 또한, 클라우드에 있는 데이터가 외부로 업로드되거나 공유되는지 모니터링하고 접근하는 서비스나 사용자에 대한 감사를 수행해야 합니다.

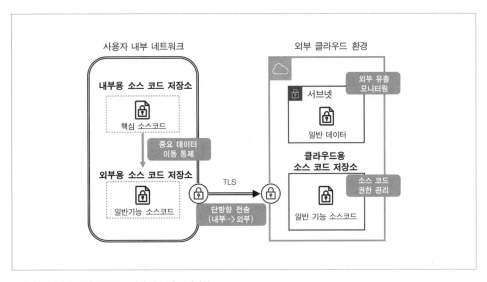

그림 4-22 소스코드의 클라우드 저장 시 보안 고려사항

No	보안 위험 요소	해결안	보안 서비스 및 솔루션
1	소스코드의 외부노출	바이너리 변환	애플리케이션 소스 등 내부 자산의 유출 방지를 위하여 난독화 또는 바이너리화 하여 보호 가능
2	중요 데이터의 평문 노출	키 생성/관리 서비스	요청하는 알고리즘에 따른 키 생성과 키 유출을 방지하는 자체적인 서비스를 제공하며, 주기적으로 키 변경을 수행하여 보안성 향상 가능
3	중요 데이터 관리	중요 데이터 이동 통제	내부 개발용 소스코드의 저장소와 외부 클라우드에서 사용이 필요한 소스코드의 분리, 내부 중요 소스코드의 외부용 저장소 이동/복사에 대한 통제 및 모니터링

No	보안 위협 요소	해결안	보안 서비스 및 솔루션
4	외부 클라우드 소스코드 저장소에서 내부로 악성코드 전파	단방향 방화벽 설정	외부 클라우드에서 내부 소스코드 저장소로 임의의 파일이 다운로드 되지 못하도록 내부에서 외부로만 통신 허용
5	소스코드의 임의 사용	소스코드 권한 관리	클라우드용 소스코드 저장소에 접근하는 서비스 및 사용자 권한 관리

표 4-10 클라우드 저장 시 보안 고려사항

3.3 로컬 환경와 클라우드 환경의 연계를 위한 아키텍처와 보안

외부에 노출된 퍼블릭 클라우드 환경은 순수하게 클라우드 환경만 활용하는 경우보다 사용자가 있는 환경과 연계하여 활용하는 경우가 있습니다. 예를 들어 여러분이 학교에 있거나 회사에 있다면, 사내망에 있는 서비스와 연계하여 신규 서비스를 런칭하거나 새로운 데이터를 재생산할 수 있을 것입니다. 이러한 경우에 클라우드 환경을 단순하게 구축한다면, 외부에서 접근이 가능한 공인 IP(Elatic IP, Public IP)를 접근 대상에 설정하게 됩니다. 이후 로컬 환경에서 인터넷 망을 통과하여 클라우드 환경에 접근하게 됩니다. 이는 네트워크 및 데이터 보안 관점에서 민감한 정보가 노출될 가능성이 높은 환경일 수 밖에 없습니다.

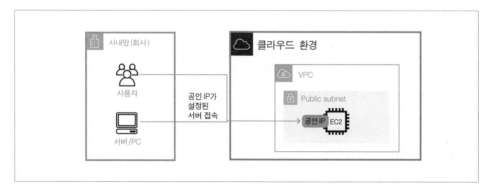

그림 4-23 로컬 환경과 클라우드 서비스 간의 연계 구조

- 트래픽은 인터넷 망을 통과하여 클라우드 환경에 도달하는가?
- 사용자나 서버에 전송하는 데이터는 외부에 노출되어 있는가? 또는 누군가 임의적으로 탈취 가능한가?

트래픽의 외부 노출은 매우 민감하고 유출이 쉬운 환경입니다. 따라서 공개되고 암호화되지 않은 환경이 아닌 암호화되고, 개인화된 망(Customer Gateway-VPN 연결-VPN Gateway)으로 구성하는 구성이 바람직합니다. 또한 각 클라우드 자원에 접근을 단순한 ID/Password 체계가 아닌 비대칭 알고리즘 기반의 키 관리 서비스Key Management Service를 사용하는 방식이 보안수준을 높이는 방법입니다.

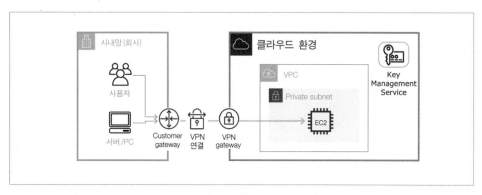

그림 4-24 VPN 서비스와 키 관리 서비스 기반의 보안성 수준이 향상된 연계 구조

4 비용 효율이 고려된 보안 아키텍처

클라우드 서비스만의 유일한 특징(온 디맨드On-demand, 유틸리티 컴퓨팅, 서비스 종류와 구축시간의 유연성 등)을 활용해 원하는 서비스만 골라 환경을 구축하거나, 비 업무 시간에는 클라우드 자원을 반납하여 자원을 효율적으로 이용하는 방식 등으로 자원의 절감 효과를

얻을 수 있습니다. 이에 비용 절감을 목적으로 구성된 클라우드 환경의 아키텍처를 분석해보고, 적용해야 할 보안 서비스와 소프트웨어 구축방안을 고민해보도록 하겠습니다.

4.1 저렴한 클라우드 서비스로 구축한 클라우드 아키텍처와 보안

클라우드 서비스 제공자가 배포한 서비스 중에서 기존 온프레미스^{On-Premises} 또는 프라이빗 클라우드^{Private cloud} 대비 저렴한 비용의 서비스가 존재할 수 있습니다. 일반적으로 클라우드 서비스에서는 네트워크 구간의 암호화 통신을 위한 공인 인증서 관리 서비스가 무료이거나 저렴하며, 저장 용량의 제약 없이 대용량 파일을 저장하는 스토리지의 단가가 저렴하다는 사실을 경험적으로 알 수 있습니다. AWS 클라우드의 ACM과 S3가 그에 해당하는 서비스라고 할 수 있습니다. IT 투자비용이 민감한 조건이라면, 저렴한 클라우드 서비스를 선택적으로 활용해 IT 투자부터 운영에 이르는 비용을 감소할 수 있을 것입니다.

그림 4-25는 저렴한 클라우드 서비스를 활용한 대국민 서비스 형태인 B2C^{Business to Customer} 구조를 구축하기 위해 신규로 웹서버 환경이 필요하다고 가정한 아키텍처입니다. 기존의 온프레미스 환경에서 외부의 웹 서비스를 제공하기 위해 신규 서버 구매와 네트워크 구성, 인프라 관리 등의 초기 투자가 필요하므로, 상대적으로 비용이 저렴하거나 무료로 제공되는 클라우드 서비스를 활용하고자 하는 것입니다. 온프레미스에 있는 웹 애플리케이션 서버^{Web Application Server}와 데이터베이스^{Database}는 그대로 사용하고, 클라우드 환경에서 인터넷을 통한 접점인 EC2를 이중화로 구성하려고 합니다. EC2 이중화 구성을 위해 EC2 앞단에 로드밸런서^{Load Balancer}를 위치시켜 EC2로의 분배와 라우팅^{Routing}, 포트 포워딩^{Port Forwarding}, 페일 오버^{Fail-over} 등의 역할을 수행합니다. 또한, 스토리지의 저렴한 활용을 위해 S3도 클라우드 서비스를 적용하여 비용 절감을 기대해볼 수 있습니다. 이로써, 온프레미스와 클라우드 환경 간의 이기종 인프라 환경을 통합하여, 하이브리드 구조로 대국민 서비스를 지원합니다.

최종 사용자는 ① 클라우드 환경의 로드밸런서(ELB; Elastic Load Balancer) 최종 접속 주소$^{\text{End Point URL}}$를 통해 서비스를 접속합니다. ② ELB는 2대의 EC2 중에 하나의 EC2, 웹 자원으로 접속하게 됩니다. ③ 웹 자원의 화면을 통해서 원하는 결과나 질의를 요청하면, 온프레미스에 위치한 WAS/DB를 통해 비즈니스 로직과 데이터 처리를 수행해서 원하는 결과를 최종 사용자에게 반환하게 됩니다. 또한, 최종 사용자는 오브젝트 스토리지에 적재된 파일을 인터넷상에서 언제나 조회하여 확인할 수 있습니다.

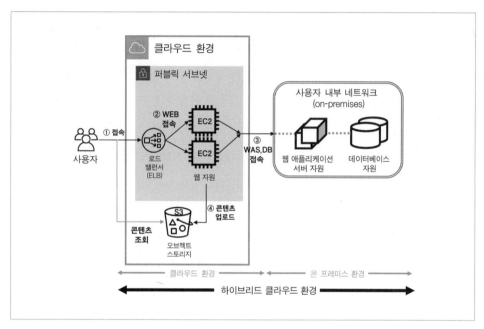

그림 4-25 저렴한 클라우드 서비스를 활용한 아키텍처

그러나 앞선 하이브리드 아키텍처 환경에서 최소한의 보안 위협요소에 대해 인지하고 방어할 필요가 있습니다.

- 사용자의 접속 장비와 클라우드 환경으로 진입하는 구간 사이에 평문으로 트래픽이 전송되지 않는가?
- 클라우드 환경에서 온프레미스 환경으로 트래픽이 전송되는 경우, 데이터가 안전하게 보호되고 있는가?
- 클라우드의 웹 EC2 자원에서 S3(오브젝트 스토리지) 방향으로 수시로 데이터가 적재되거나 변경된다고 할 때, 데이터의 위변조가 발생할 가능성이 있는가?

위와 같은 보안 위협 요소를 인지하고, 구축된 아키텍처의 '비용 절감'이라는 목적을 토대로 최소한의 보안 서비스와 소프트웨어를 적용해서 악의적인 위협에 대응할 수 있습니다. 먼저, 사용자의 접속 장비에서 클라우드 환경에 접속하는 구간까지는 암호화 통신이 이루어져야 합니다. 그러려면 AWS 클라우드 제공사의 ACM(인증서 관리 서비스)을 통해서 무료 서버 공인 인증서를 발급받아 로드밸런서ELB에 적용하면 됩니다. 이를 통해 사용자는 HTTPS의 도메인 호출을 통해 보안 통신(TLS: Transport Layer Security)을 할 수 있습니다.

또한, 클라우드 환경 내의 모든 자원이 인터넷 환경에 개방된 퍼블릭 서브넷에 노출되지 않도록, 서버 자원인 EC2는 프라이빗 서브넷으로 위치를 변경하여 임의적인 서버 자원의 외부 침입을 차단할 수 있습니다.

마지막으로 EC2에서 S3로 콘텐츠를 업로드하는 구간에서 데이터 위변조와 탈취 등의 위협요소를 방어하기 위해 VPC Endpoints를 구성하고 외부 인터넷망에 노출하지 않고 가상 사설 네트워크VPN를 구성해서 안전한 데이터 전송을 수행할 수 있습니다. VPC Endpoints 서비스는 데이터 트래픽 용량에 따라 요금이 부과되는 방식이지만, VPC Endpoints를 미적용한 경우에는 NAT Gateway를 통해 외부로 데이터 트래픽이 발생하고 네트워크 대역 비용과 개방된 환경의 데이터 노출로 보안 취약점이 발생하므로 VPN Endpoints 적용을 권고합니다.

추가적으로 하이브리드 클라우드 환경에서 발생 가능한 보안 위협 요소에 대해서 알아봅니다. 하이브리드 클라우드의 경우, 클라우드 환경에서 온프레미스 환경(또는 프라이빗 클라우드)으로 호출되기까지의 구간이 외부 인터넷에 노출어 있으므로, 별도의 구간 암호화 통신이 필요합니다. 온프레미스 환경에서 이미 보유하고 있거나 신규로 구매한 웹 애플리케이션 서버에 공인 인증서를 적용하고 HTTPS 프로토콜을 통해 구간 암호화 통신을 수행할 수 있습니다. 또는, 추가로 클라우드 보안 서비스 비용을 지불해서 AWS 클라우드 서비스의 Site-to-Site VPN(사이트 간의 VPN), Direct connect(전용선 연결) 등의 추가 과금이 되는 보안 서비스를 선택할 수도 있습니다.

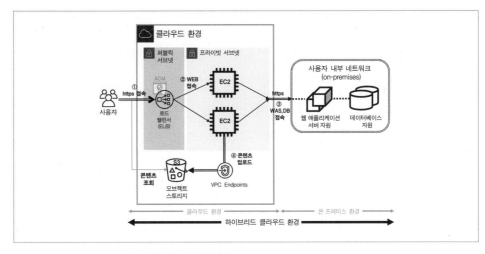

그림 4-26 저렴한 클라우드 서비스를 활용한 보안 아키텍처

No	보안 위협 요소	해결안	해결 서비스 및 상세 방법
1	사용자 <-> 클라우드 웹 접점 간 평문 전송 발생	네트워크 구간 암호화	AWS의 ACM(인증서 관리 및 발급 서비스) 적용
2	퍼블릭망의 클라우드 자원 노출	서브넷 설정 변경	주요 자원은 퍼블릭 서브넷 → 프라이빗 서브넷으로 이동
3	데이터 적재 시, 외부 인터넷망을 통한 노출 가능성	S3 서비스의 내부망 사용	VPC Endpoint
4	이기종망 간의 평문 전송 가능	하이브리드 환경 간 구간 암호화	ACM(for free), Site-to-Site VPN(데이터 송신 요금 + VPN 연결 요금 부과), Direct Connect(데이터 송신 요금 + 파트너사 통한 호스팅 사용 비용 + Direct Connect 전용 연결 비용)

표 4-11 저렴한 클라우드 서비스 보안 고려사항

4.2 서비스 환경에 따른 자원의 유연성을 수반하는 아키텍처와 보안

여러분의 시스템은 24시간 가동되는 서비스인가요? 아니면 평일에만 가동되나요? 또는 주간 시간에만 가동되는 서비스인가요? 클라우드 환경은 자원이 가동 중^{running}인 상태에서만 비용이 지불되는 구조이므로, 서비스가 제공되지 않아도 될 때는 자원을 중지^{stopped}하여 비용을 절감할 수 있습니다.

다음 그림은 주간 시간(낮)에는 자원이 가동되어야 하고, 야간 시간(밤)에는 자원을 중지시켜도 되는 서비스의 예입니다. 서비스가 매일 오전 6시부터 24시까지 수행되어야 한다면, 그 외의 시간대(0시~6시)에는 자원을 중지시켜 자원 사용 비용을 줄이도록 합니다. 사용자가 지난달에 24시간 동안 자원을 가동해 100만 원을 지불했다고 가정한다면, 이번달의 0~6시(하루의 25%)는 자원을 중지시켜 75만 원의 비용을 지불했습니다. 무려, 25만 원의 비용을 절감한 것입니다. 사용자가 담당하는 업무 사이클^{Lifecycle} 또는 서비스 환경 패턴이 명확하다면, Python/JS Code와 클라우드 서비스의 스케줄 이벤트를 활용하여 자원의 개수와 크기를 유동적으로 변경할 수 있습니다.

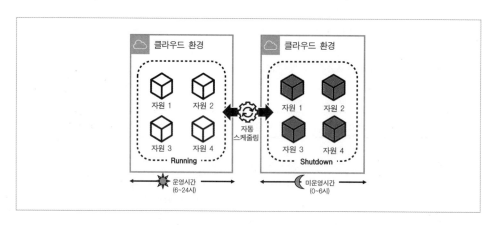

그림 4-27 업무 비즈니스에 따른 자원의 자동적 가동/종료 적용

다음 그림은 EC2 자원의 운영 서비스 패턴을 파악하여, 시간에 따라 자원을 중지해서 비용을 절감하고자 하는 아키텍처입니다. 자원 패턴을 구분하기 위해 EC2 자원에 태그를 달았습니다. 즉, 24시간 동안 가동돼야 하는 자원은 '24hours', 주간 시간(9시~18시) 동

안에 가동되어야 하는 자원은 '9hours'라고 구분합니다.

클라우드와치^{Cloudwatch}의 시간 이벤트를 설정해서 오전 9시 시점에는 '9hours' 태그가 달린 EC2 자원을 대상으로 시작 Lambda 함수 서비스(Start Lambda 함수)를 호출합니다. 마찬가지로, 오후 18시 시점에는 '9hours' 태그가 달린 EC2 자원을 대상으로 중지 Lambda 함수 서비스(Stop Lambda 함수)를 호출합니다. 이를 통해 EC2 자원의 유연성을 부여하여, EC2 자원이 중지되는 시간에는 비용을 지불하지 않게 됩니다.

사용자는 EC2 자원을 직접 중지하지 않더라도, 사전에 정의한 클라우드와치 이벤트와 Lambda 함수에 의해 가동과 중지를 수행하게 됩니다.

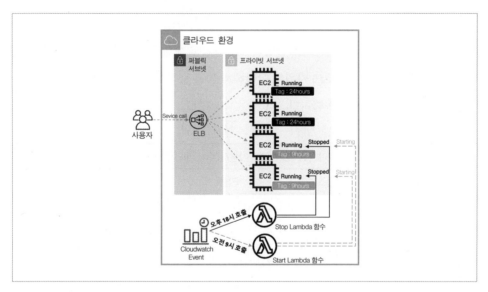

그림 4-28 워크로드 특성에 따른 비용 절감 목적의 아키텍처

🔒 보안 고려사항

- 자동적으로 자원을 중지/가동하려는 IAM Role에는 최소한의 권한과 역할, 정책이 부여되어 있는가?
  예 Lambda:* 식으로 전체 권한이 부여되지 않았는지 확인

- 예상치 못한 클라우드 자원 변경을 확인하거나, 추적할 수 있는가?

앞선 보안 체크리스트를 토대로 '비용 절감'의 목적하에 역할과 접근 권한의 최소화, 그리고 클라우드 자원 변경과 사용자 접근 이력을 로깅 처리해서 보안 위협 사항을 방어하도록 합니다.

먼저 클라우드 자원에 접근하는 사용자와 클라우드 서비스에 대해 IAM Role을 통해서 제약을 설정할 수 있습니다. 접근 가능한 자원에 수행할 수 있는 권한을 역할^{Role}로 명시하고 사용자와 클라우드 서비스에 할당합니다. 시스템 담당자는 EC2 자원에 태그^{Tag}를 생성/삭제하고, Lambda 함수를 생성해서 원하는 자원의 유연성을 계획할 수 있습니다. 일반 사용자는 생성된 Lambda 함수와 EC2 자원의 상태를 조회할 수 있습니다. EC2 자원을 가동하고 중지하는 주체인 Lambda 함수에는 EC2 자원을 가동하거나 멈출 수 있는 권한과 로그파일에 수행 결과를 남길 수 있는 쓰기 권한 역할을 부여합니다. 즉, 수행할 수 있는 역할을 허용 목록$^{White List}$ 형태로 할당하므로 허용되지 않은 수행은 모두 거부됩니다.

그리고 IAM Role은 클라우드 자원에 할당해서 다른 클라우드 자원을 사용해도 필요한 범위만 최소한으로 적용해야 합니다.

No	클라우드 자원	액세스 수준	권한	설명
\multicolumn{5}{} 자원 가변 스케줄링 관리 사용자(시스템 담당자) Role				
1	EC2	List	DescribeInstances	EC2 목록 출력
2	EC2	Read	DescribeTags	태그 정보 조회
3	EC2	Tagging	CreateTags DeleteTags	EC2 태그를 신규 생성 등록된 EC2 태그 삭제
4	Lambda Function	Read	GetFunction	Lambda 함수의 함수 정보 조회
5	Lambda Function	Write	CreateFunction UpdateFunctionCode PublishVersion	신규 Lambda 함수 생성 기존 Lambda 함수 코드 수정 Lambda 함수의 활성화
6	Cloudwatch Logs	List	DescribeLogGroups DescribeLogStreams	존재하는 로그 그룹 출력 존재하는 로그 스트림 출력
7	Cloudwatch Logs	Read	FilterLogEvents GetLogEvents GetLogRecord	필터링된 로그 이벤트 조회 로깅된 이벤트 조회 로깅된 일반 데이터 조회

일반 담당자(사용자) Role				
No	클라우드 자원	액세스 수준	권한	설명
1	EC2	List	DescribeInstances	EC2 목록 출력
2	EC2	Read	DescribeTags	태그 정보 조회
3	Cloudwatch Logs	List	DescribeLogGroups DescribeLogStreams	존재하는 로그 그룹 출력 존재하는 로그 스트림 출력
4	Cloudwatch Logs	Read	FilterLogEvents GetLogEvents GetLogRecord	필터링된 로그 이벤트 조회 로깅된 이벤트 조회 로깅된 일반 데이터 조회

Lambda 함수(클라우드 자원) Role				
No	클라우드 자원	액세스 수준	권한	설명
1	EC2	List	DescribeInstances	EC2 목록 출력
2	EC2	Write	StartInstances StopInstance	EC2 종료 EC2 가동(시작)
3	Cloudwatch Logs	Write	CreateLogStream PutLogEvents	로그 스트림 생성 로그 이벤트 저장

표 4-12 IAM Role

다음으로 클라우드 자원 변경, API 호출과 사용자 접근 이력에 대한 로깅과 추적성을 확보하기 위해 CloudTrail과 Athena 서비스를 활용해서 보안 위협에 대응할 수 있습니다. 사실 악의적인 목적으로 클라우드 자원을 대량으로 신규 생성하거나 삭제해도 사용자는 인지하기 어렵습니다. 이에 Audit 로깅과 알람, 시각화로 의도치 않은 변경사항을 확인하고자, 자원의 변경사항, API 호출, 이벤트 기록 등을 모두 CloudTrail로 적재하고, 시각화하여 단순하게 확인할 수 있는 대시보드를 제공합니다. 이는 S3에 데이터가 적재되는 양에 대해서만 비용을 지불하면 됩니다. 또한, 장기간의 대량 CloudTrail 로그가 존재한다면, Athena 서비스로 별도의 DB 서버 없이도 서버리스^{Serverless}의 대화식 쿼리를 통해 원하는 데이터를 조회해서 문제 원인을 발견할 수 있습니다.

단, Athena는 실행한 쿼리에 대해서 스캔한 데이터양을 기준으로 요금이 부과되게 됩니다. 그러나 저장된 데이터를 압축하거나 파티셔닝^{Partitioning}하고, 또는 데이터를 칼럼 형식

(Columnar DB 방식)으로 변환하면 스캔하는 데이터 양이 절감되어 성능을 높이고 지불 비용을 줄일 수 있습니다.

비용 절감을 목적으로 보안 대응 수준을 향상한다면, CloudTrail에 적재된 데이터를 Cloudwatch Logs와 연계할 수 있습니다. Cloudwatch Logs에 실시간으로 저장되는 로그 파일들을 Lambda 함수에 이벤트를 설정해서 외부 협업 도구인 Slack으로 인터페이스 하거나, 엘라스틱서치ElasticSearch 서비스를 연결해서 ELK 스택처럼 실시간 시각화까지 구축할 수 있습니다. 클라우드 환경의 자원 변경 현황에 대해 즉시 알람을 받거나 가시적으로 확인할 수 있는 것입니다.

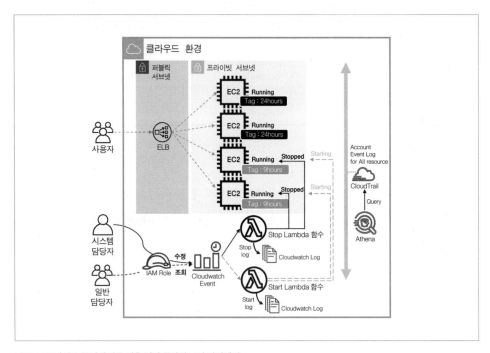

그림 4-29 서비스 특성에 따른 비용 절감 목적의 보안 아키텍처

No	보안 위험 요소	해결안	해결 서비스 및 상세 방법
1	임의적 자원 접근과 변경 가능	접근 권한 최소화	IAM Role 통한 White List 기반의 필요한 권한만 부여
2	클라우드 자원의 변경 인지 불가	로깅과 알람 처리	Cloud Trail + Athena (옵션) Cloudwatch logs + ElasticSearch Service + Kibana로 실시간 가시화 구성

표 4-13 서비스 특성에 따른 보안 위협 대응방안

4.3 자원 소비 패턴으로 할인된 자원을 사용하는 아키텍처와 보안

여러분이 사용하려는 클라우드 자원이 수년 이상 장기 활용이 계획되었다면, 클라우드 자원의 약정 서비스를 체결해서 비용 절감을 고려할 수 있습니다. 클라우드 서비스를 제공하는 업체 입장에서는 비정기적으로 사용하는 자원보다, 장기적이고 꾸준하게 소비되는 자원이 프로비저닝(사전 준비, 구성)과 유지 보수 측면에서 수월하므로 할인된 비용으로 제공됩니다.

만약 독자가 신규 휴대전화를 구매했다고 가정했을 때 2년 동안 사용하는 통신사 약정 서비스를 등록하게 되면 매월 내는 통신비용을 25% 할인해주게 됩니다. 그렇지 않고 단기간만 휴대전화를 사용할 것이라면, 정가의 통신비용을 지불하게 됩니다. 클라우드 서비스도 이와 같습니다. 1년 약정, 3년 약정 서비스로 클라우드 자원을 사용하는 RI$^{Reserved Instance}$가 존재하고, 기간의 한정 없이 필요한 경우에 바로 대여해서 사용하는 온디멘디드$^{On-Demand}$ 형태의 사용 방식이 존재합니다.

다음 그림은 약정 서비스와 비약정 서비스에 다른 비용의 차이를 개념적으로 나타냅니다. 약정 서비스$^{RI Instance}$는 정한 기간에 가동된 자원을 할인된 금액으로 사용할 수 있습니다. 반면, 비약정 서비스는 자원이 가동과 중지됨에 따라 가동^{running}된 기간만큼 표준 가격으로 비용을 지불합니다$^{On-Demand Instance}$. 예를 들어 1년 동안 약정 서비스를 적용하게 되면 최대 75%까지 저렴해지므로, 비용 절감 목적이 있다면 고려해볼 만합니다.

그리고 자원을 수시로 가동, 중지하거나 개발용으로 일시적으로 사용하는 자원에 대한 서비스 유형$^{Spot Instance}$도 존재하니, 클라우드 서비스 제공사에 문의하여 최대 90%까지 할

인된 자원을 검토해 볼 수 있습니다.

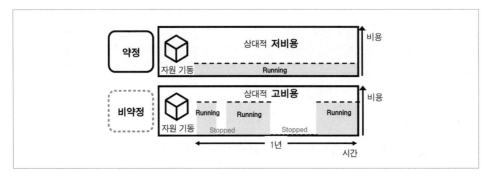

그림 4-30 자원의 약정, 비약정 비교

다음 아키텍처는 목표하는 환경 특성을 고려해서 리소스 소비 모델을 검토합니다. 크게 개발 환경과 개발에 대한 검증을 수행하기 위한 테스트 환경, 최종 운영에 반영되기 전에 품질을 검증하는 스테이지 환경, 마지막으로 실제 서비스를 제공하는 운영 환경을 구축한 것입니다.

그림 4-31은 각 환경별로 다른 자원 비용을 옵션으로 설정한 아키텍처로서, 프라이빗 서브넷에 개발용 EC2 1대, 테스트용 EC2 1대, 스테이지용 EC2 3대로 구성되어 있습니다. 운영 환경도 스테이지와 같은 구성으로 위치합니다. 퍼블릭 서브넷에는 퍼블릭 서브넷의 EC2로 로드 밸런싱과 트래픽을 포워딩하는 역할을 하도록 배치합니다. 특히, 일시적으로 가동하는 개발 환경과 테스트 환경의 자원은 'Spot Instance'로, 필요한 시점에 즉시 자원을 가동했다 반납하는 스테이지 환경은 'On-Demand Instance'로, 24시간 항시 운영하는 환경은 약정 서비스인 'RI^Reserved Instance'로 설정합니다.

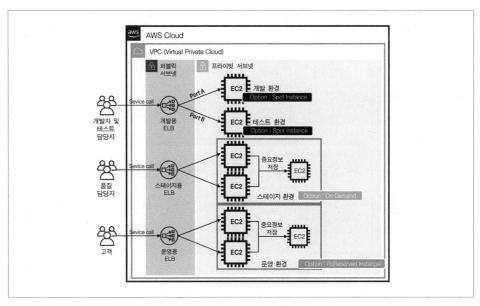

그림 4-31 각 환경별로 다른 자원 비용을 옵션으로 설정한 아키텍처

- 운영 환경의 정보가 다른 환경으로 유출될 가능성이 있는가?
- EC2 자원에는 허용된 IP에서만 접근할 수 있고, 허용된 외부 환경으로 데이터 전송이 되는가?(데이터의 인, 아웃바운드 룰 정책)

앞선 구성에서는 개별 환경이 하나의 통합 환경에 존재하므로 사용자의 인적 실수와 중요한 데이터 혼재로 인한 내부 정보 유출의 위협이 존재할 수 있습니다. 따라서 환경별로 구성된 네트워크망을 분리하고, 방화벽^{Security Group}을 세분화하여 각 방화벽 그룹별로 인바운드 룰과 아웃바운드 룰을 독립적으로 설정해서 보안 위협에 대응할 수 있습니다. 그뿐만 아니라, VPC 분리와 Security Group은 별도의 비용이 지불되지 않기 때문에 비용 절감에 효과적일 수 있습니다.

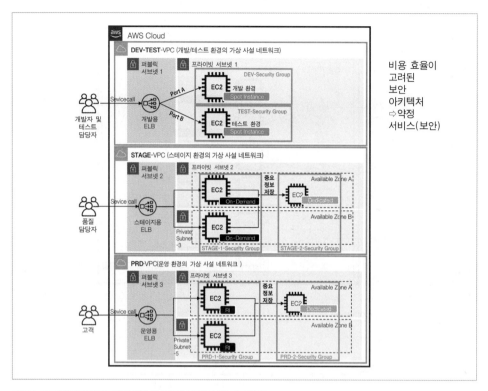

그림 4-32 환경별로 다른 자원과 비용 옵션으로 설정한 보안 아키텍처

앞의 그림은 보안 항목이 고려된 '환경별로 다른 자원과 비용 옵션으로 설정한 보안 아키텍처'입니다. 우선 개발, 테스트 환경과 스테이지 환경, 운영 환경을 VPC(가상 사설 클라우드)망으로 분리해서 독립적으로 구성합니다. 또한, 특정 환경이더라도 업무 목적에 따라서 PRD-1-Security Group과 PRD-2-Security Group으로 분리 설정하여, 특정된 출발지와 목적지를 제약하여 네트워크 위협에 대응합니다. 그리고 중요한 데이터가 포함되어 외부의 공격 가능성까지 철저히 제거하고자 전용Dedicated 형식의 전용 EC2 자원을 활용해서 보안 수준을 최적으로 향상할 수 있습니다.

No	보안 위협 요소	해결안	해결 서비스 및 상세 방법
1	내부 정보 유출	사설 네트워크 분리 및 방화벽 세분화	VPC를 환경별 별도 설정 및 Security group 을 세분화하여 인, 아웃바운드를 상세하게 설정
2	가상화 기술로 인한 공격 가능성 존재(EC2 자원에 한정)	물리적인 전용 자원 할당	Dedicated 자원 활용

표 4-14 보안 고려사항

4.4 유지 비용에 따른 서비스 수준을 선택하는 아키텍처와 보안

클라우드 환경에서는 시스템 구성을 위해 사전에 서비스 아키텍처를 구축하게 됩니다. 편의점에 비유해 쉽게 설명하겠습니다. 예를 들어 여러분이 편의점을 운영한다면, 24시간 동안 매장에서 계산을 수행할 인력과 그에 대한 경험이 필요할 것입니다. 만약 고용할 인력의 인건비가 높거나, 과거에 편의점의 계산 경험이 없다면, 셀프 계산과 CCTV를 통해 보안이 확보된 무인 자동화 결제 시스템을 도입할 것입니다. 반대로, 이미 편의점에서의 계산 경험이 풍부하거나 고용할 인력의 인건비가 저렴하다면, 해당 인력을 고용하게 될 것입니다. 그렇다면 고용된 인력이 편의점의 상품들의 재고를 파악하고, 진열하고, 손님들의 움직임을 감시하는 등의 업무를 병행해야 될 것입니다.

이처럼 클라우드 환경에서도 향후 유지 보수와 클라우드 자원을 관리할 담당자에 대한 인력 계획과 비용이 검토되어야 합니다. 당면한 인력 운영비와 기타 부대 비용을 검토한 후에, 풍부한 경험을 가진 수행 인력이 많고, 비용이 저렴한 편이라면 클라우드 제공 서비스 수준이 낮은 IaaS, PaaS로 구성할 수 있습니다. 반면에 유경험 인력이 없고, 수행할 인력을 추가로 선발해야 하거나(비용 투자), 교육 기간이 필요하다면(러닝 커브가 높음), 클라우드 제공 서비스 수준이 높은 SaaS, FaaS로 방향을 잡고 환경을 구축할 것을 권장합니다.

그 이유는 IaaS, PaaS 같은 낮은 수준의 클라우드 서비스는 사용자가 관리하고 설정해야 할 영역이 많지만, 서비스 사용 비용이 낮고 경험자들에 의해서 자유로운 형태로 유연하게 사용할 수 있기 때문입니다. 그러므로 현재의 인력과 경험으로 클라우드에 운영이 가능하다면 클라우드 서비스를 활용해서 내, 외부 보안 위협을 방어하고, 가용성에 대한 오토 스케일링과 이중화, 멀티 리전Multi-Region 등의 기술을 응용해 자유롭게 서비스 특성에 적합하도록 구성, 설정하면 됩니다.

다음 그림은 높은 운영비를 투자해야 하는 경우에 보안, 품질, 가용성 등을 보장받고자 클라우드에서 제공하는 상위 레벨 서비스를 활용하고, 낮은 운영비를 지불할 것으로 예상되는 경우는 사용자 정의가 가능한 하위 레벨 서비스를 활용하는 개념을 나타냅니다.

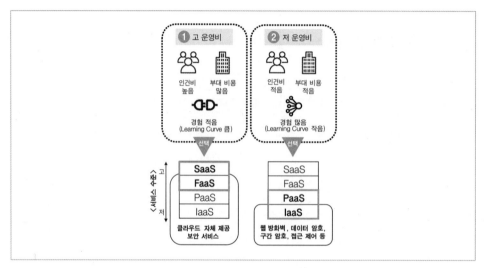

그림 4-33 상황에 따른 클라우드 제공 서비스 활용기준

단순히 운영비(인력비, 부대 비용) 규모나 경험 여부에 따라 서비스 수준을 선택해야 하는 것은 아니지만, 일반적인 현장 경험을 바탕으로 사례를 통해 쉽게 설명하기 위한 목적임을 이해하길 바랍니다.

다음 그림 4-34는 높은 운영비가 발생하는 SaaS/FaaS 기반 아키텍처와 보안에 대한 구성도입니다. 인증과 비즈니스 처리로 구분하여, 서버리스Serverless 서비스로 함수 호출FaaS과 상위 서비스를 활용하는 수준SaaS으로 구축한 아키텍처입니다. 외부에서 전송되는 웹 애플리케이션 공격을 방어하고자 웹 방화벽(WAF: Web Application Firewall) 서비스를 최전선에 위치시키고, API Gateway를 통해서 호출되는 API에 따라서 인증 Lambda와 업무 Lambda로 분산 처리합니다. 서버리스 처리를 위한 Lambda 함수는 트래픽의 용량 급증에 유연하게 대응하여, 서비스 가용성과 보안을 서비스 제공자 측면에서 보장합니다. 따라서 인증 Lambda 함수는 외부의 소셜 계정(Google, Facebook 등)을 기반으로 인증 서비스를 제공하는 Cognito를 통해서 인증을 처리하고, 업무 Lambda 함수의 중요한 데이터는 DynamoDB에 적재한 후 임시 정보와 세션 정보 등은 메모리인 Elaticache에 적재하는 비즈니스를 수행합니다. 앞선 Lambda 함수와 소프트웨어 활용에 대한 모든 서비스는 클라우드 자원에 해당되고, 암호화된 데이터 전송의 보안과 품질, 가용성을 보장하는 아키텍처입니다. 즉, 클라우드 서비스 사용자가 상대적으로 고려해야 할 보안 요소가 적습니다.

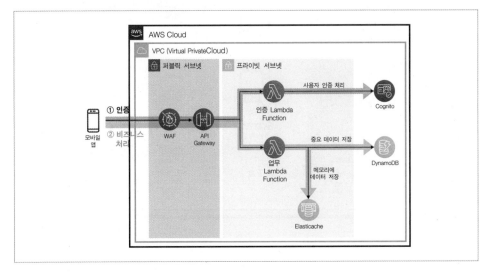

그림 4-34 높은 운영비가 발생하는 SaaS/FaaS 기반 아키텍처와 보안

다음 그림은 인프라, 플랫폼, 클라우드 서비스에 경험이 많은 인력이 존재하고, 운영할 인력의 인건비가 적을 것으로 예상이 되어 IaaS와 PaaS 수준의 클라우드 서비스로 구성한 아키텍처입니다. 인증과 비즈니스 처리로 구분되고, 그에 대한 처리가 IaaS에 대표적인 EC2로 업무 프로세스가 수행되고 데이터가 저장되는 것입니다. EC2는 기본적인 운영체제, 그 위에 미들웨어 설치와 관리, DB 설치와 관리, 이중화 처리, 장애 발생 시 복구, 주기적인 백업 등을 모두 사용자가 담당하는 구조입니다. 운영체제 수준부터 미들웨어 수준까지 관리해야 하므로 관리 포인트가 많지만, 원하는 설정과 구조를 자유롭게 구성할

수 있습니다. 물론, 자원 사용률도 저렴합니다.

추가로, 시스템 운영자가 인터넷망을 통해서 프라이빗 서브넷에 위치한 EC2 자원을 관리하기 위해 중계 서버인 배스천 호스트^{Bastion-host}가 존재합니다.

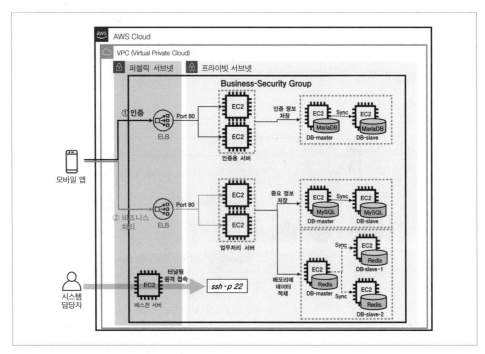

그림 4-35 낮은 운영비의 IaaS/PaaS 기반 아키텍처

🔒 보안 고려사항

- 외부 인터넷에서 웹 공격, SQL 변조, XSS(Cross Site Scripting) 등의 보안 위협이 존재하는가?
- 허용되지 않은 사용자가 EC2에 접속할 수 있는가?
- EC2 내 운영체제의 데이터는 암호화되어 관리되는가?
- 예기치 않은 자원 변경이 발생하면, 시스템 담당자가 인지할 수 있는가?

다음 그림은 '낮은 운영비의 PaaS/IaaS 기반 아키텍처'에 보안 고려사항이 적용된 아키

텍처입니다. 외부로부터의 웹 공격은 웹 방화벽^{WAF}을 통해 방어하고, 네트워크 구간 암호화를 위한 인증서 관리 서비스^{ACM}를 통해 기밀성을 확보합니다. 또한 로드밸런서^{ELB}를 통해 호출되는 EC2 자원에 대해서도 잘 알려진 포트(Known Port, 예시: 80)에서 잘 알려지지 않은 포트(Unknown Port, 예시: 8080, 8081)로 변경하여 전송 처리^{Forwarding} 합니다.

EC2에 저장되는 데이터는 키 관리 서비스^{KMS}를 통해서 마스터 키를 활용해 자동으로 암/복호화를 구현하며, 전체 통합된 방화벽^{Security Group}에서 세분화된 방화벽으로 구분하여 목적에 맞게 설정합니다.

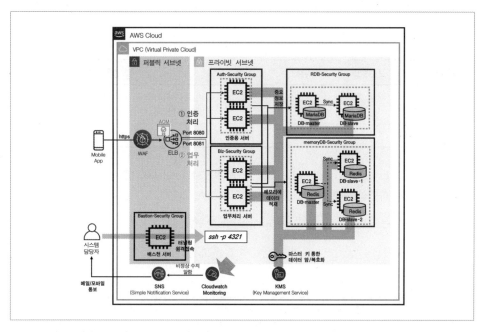

그림 4-36 낮은 운영비를 활용한 IaaS/PaaS 기반 보안 아키텍처

앞선 그림에서 MariaDB의 방화벽을 세분화하기 전과 후의 보안 수준이 어떻게 향상되었는지 확인해보겠습니다. 편의상 Security-Group은 SG 약자로 표기합니다.

보안 위협 대응 전의 아키텍처[AS-WAS]에서는 모든 클라우드 자원이 하나의 방화벽[Business-SG]에 포함되고, 보안 위협이 대응된 아키텍처[TO-BE]에서는 각 서버 그룹별로 별도의 방화벽(Bastion-SG, Auth-SG, Biz-SG, RDB-SG, memoryDB-SG) 5개가 존재합니다(참고로 이미 기존에 등록한 인바운드 룰 또는 아웃바운드 룰에 대한 정보는 지면 효율을 위해 생략합니다.).

▌[AS-WAS] Business-SG

인바운드 룰

유형	프로토콜	포트 범위	소스 정보	설명
Custom TCP	TCP	3306	Business-SG	인증용 서버와 업무 처리 서버, 배스천 서버가 DB에 접속하기 위한 인바운드 룰
(생략)				

- 외부에서 Business-SG 로 인바운드 룰을 작성합니다. Stateful(상태 보존) 특성을 가지는 Security-Group은 인바운드 룰을 아웃바운드 룰에 작성할 필요는 없습니다.
- 소스 정보에는 IP 또는 CIDR, Security-Group을 작성할 수 있습니다.

아웃바운드 룰

유형	프로토콜	포트 범위	소스 정보	설명
N/A				
(생략)				

- DB와 관계된 아웃바운드 룰은 없음

▌[TO-BE] RDB-Security-Group

인바운드 룰

유형	프로토콜	포트 범위	소스 정보	설명
Custom TCP	TCP	3306	Bastion-SG	시스템 담당자가 배스천 호스트를 통한 터널링 설정을 하기 위해 RDB에 접속 필요
Custom TCP	TCP	3306	Auth-SG	인증용 서버에서 발생된 중요 데이터는 RDB로 저장 필요
Custom TCP	TCP	3306	Biz-SG	업무 처리용 서버에서 발생된 중요 데이터는 RDB로 저장 필요
(생략)				

아웃바운드 룰

유형	프로토콜	포트 범위	소스 정보	설명
N/A				

- [TO-BE] Bastion-Security-Group: 인바운드 룰, 아웃바운드 룰
- [TO-BE] Auth-Security-Group: 인바운드 룰, 아웃바운드 룰
- [TO-BE] Biz-Security-Group: 인바운드 룰, 아웃바운드 룰
- [TO-BE] memoryDB-Security-Group: 인바운드 룰, 아웃바운드 룰

앞선 4가지 방화벽 역시 인바운드 룰과 아웃바운드 룰로 독립적 구성됩니다. 이에 대한 구체적인 방화벽 설정값은 RDB-Security-Group의 예시를 통해서 이해하면 됩니다.

그리고 컴퓨팅 자원인 EC2는 평문Plain text이 보관되는 것이 아니라, 클라우드 자체에서 발급하고 갱신, 관리되는 마스터 키를 통해서 암/복호화되어 저장됩니다. 이를 통해 인증된 조건에서만 데이터 조회와 이동이 가능해집니다. 추가로 자원의 의도치 않은 변경(스케일 업/다운, 스케일 인/아웃), 외부 좀비 PC를 통한 트래픽 호출 수 급증의 이상치를 클라우드와치 서비스로 모니터링하여 SNS 서비스로 실시간 알람을 받을 수 있습니다. 알람 형태는 모바일 디바이스 문자, 이메일, 또는 서드파티3rd party 솔루션으로 설정할 수 있습

니다.

즉, 모니터링을 통한 알람과 데이터 암호화를 통해서 외부 침입에 의한 정보 유출을 방지하고, 공격 여부의 빠른 판단으로 취약한 보안 수준을 향상할 수 있습니다. 다음은 4가지 보안 취약점을 방어하는 아키텍처에 해당합니다.

No	보안 위협 요소	해결안	해결 서비스 및 상세 방법
1	애플리케이션 레벨의 공격	구간 암호화 및 웹 방화벽 구축	ACM(무료), WAF 활용(설정하는 규칙과 요청 건수에 따라 비용 지불)
2	비인가자의 클라우드 자원 접속	Known Port 제거	클라우드 서비스의 Unknown Port로 재구성, Trust Advisor 서비스를 통한 취약 항목 검증
3	IaaS 자원의 평문 데이터로 정보 노출	저장되는 데이터의 암호화	KMS 서비스(월 만 건 이상인 경우에 비용 지불, 이하는 무료)를 통한 데이터 암/복호화 처리 또는 EBS의 암호화 기능(무료)을 활성화하여 암호화 처리
4	자원 변동의 인지 불가	비용 총합계 및 임계치 조건 설정의 모니터링	Cloudwatch monitoring(사용자 정의 지표가 10개 이상일 때 비용 지불)과 SNS 서비스 연계로 연계 처리

표 4-15 4가지 보안 취약점 방어 아키텍처

5 데브옵스 효율성이 강조된 보안 아키텍처

데브옵스^{DevOps}는 개발^{Developer}과 운영^{Operator}의 두 팀이 단일팀으로 병합되어 개발, 테스트, 배포, 운영에 이르기까지 전체 애플리케이션 수명 주기에 걸쳐 작업하는 조직 또는 문화라고 익히 잘 알려져 있습니다. 이미 여러분의 조직이 데브옵스 체계로 되어 있을지 모릅니다. 그러나 최근 개발과 운영만으로 사용자의 업무가 마무리되지 않지 않고, 외부로부터의 침입과 내부로부터의 정보 유출, 개인정보, 민감 정보의 법 체계와 연계 등의 이슈가 부각되면서 '보안 영역'이 업무의 중심으로 자리 잡아 가고 있습니다. 사실상 품질 보증팀과 보안팀, CSO$^{Chief\ Strategy\ Officer}$ 등을 주축으로 구성된 보안조직을 선두로 하여, 데브옵스에서 DevSecOps(개발자^{DEVeloper} + 보안^{SECurity} + 운영팀^{OPErator}) 체제로 변화해야 할 것입니다.

5.1 자동화 배포 프로세스가 적용된 보안 아키텍처

데브옵스 구조에서 개발자는 소스코드를 작성하고, 형상 관리와 충돌을 방지하기 위해 소스 관리 서버에 체크인Check-in을 수행합니다. 다수의 개발자가 동시에 같은 버전의 소스 코드를 다루고 업데이트를 수행해야 하므로 소스코드를 저장하고 버전을 관리하는 프로세스는 필수입니다. 그다음 프로세스는 통합된 소스코드를 실행이 가능한 소프트웨어 형태로 만드는 작업입니다. 소스코드를 컴파일하고 패키징해서 테스트를 수행하므로써 최종 실행 가능한 산출물이 생산되는 것입니다. 일반적으로 Ant, Maven, Gradle 같은 툴로 빌드를 수행한 경험이 있을 것입니다. 마지막으로는 빌드 결과물을 클라우드 자원에 배포하는 과정을 수행해서 고객이 요구하는 기능 개선과 패치, 업그레이드를 수행할 수 있습니다.

다음 그림은 사내 기업망에서 형상 관리를 위한 소스코드 관리 서버를 거쳐 빌드를 수행하고 배포 서버를 통해 클라우드 환경의 자원으로 배포하는 과정입니다. 직접적으로 개발 영역의 물리 서버와 운영체제, 미들웨어 등의 개발 이외의 범위까지 관리하고 운영할 것입니다. 만일 개발에만 집중하는 경우에는 데브옵스 구조가 오버헤드Overhead로 느껴질 수 있습니다.

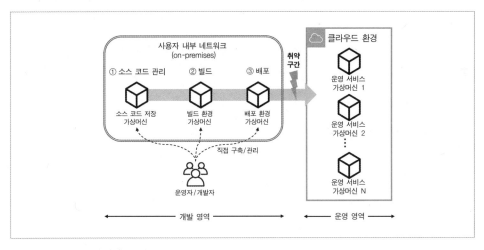

그림 4-37 일반적인 수동 배포 프로세스

- 최종 배포 결과 파일을 클라우드 환경으로 배포(Deploy)하기 위한 통신 구간에 위협 요소는 없는가?
- 소스코드 저장 가상머신, 빌드환경 가상머신, 배포 환경 가상머신의 파일들은 안전하게 보관되어 있는가?

앞서 운영자, 개발자는 개발한 최종 배포 파일을 사용자의 네트워크상에 업로드 한 후, 클라우드 환경으로 다시 전송하는 이원화된 방식을 유지할 필요가 없습니다. 물론, 배포를 위한 통신 구간에 VPN이나 TLS 프로토콜로 암호화 통신을 구축할 수 있으나, 보안 취약의 가능성을 최소화하기 위한 동종 환경을 권고합니다. 코드 파이프라인 서비스 Code Pipeline Service로 코드 저장 서비스Code Commit Service와 코드 빌드 서비스Code Build Service, 코드 배포 서비스Code Deploy Service를 하나의 라이프사이클로 구현합니다. 개발자는 코드 저장 서비스를 대상으로 암호화 구간을 통한 소스코드 체크인을 수행한 후, 코드 빌드 서비스를 통한 빌드 결과는 최종 배포 자원을 구분해서 S3(가상머신의 빌드 결과 저장소)와 ECR(컨테이너 서비스의 빌드 결과 저장소)로 저장합니다. 코드 배포 서비스를 통해 단순한 롤링 배포 방식, 카나리 배포 방식, 블루-그린 배포 방식 등을 사용해 자동 배포가 이루어지도록 설정합니다.

즉, 개발자와 코드 관리 서비스 간의 SSL 통신을 통한 구간 암호화를 수행해 중간의 위변조를 방지합니다. 그리고 배포 대상 파일과 배포 대상 자원 그룹을 자동화해서 서비스 장애를 방지하고, 민감한 소스코드를 내부 공간에서 암호화 저장/관리를 수행할 수 있으므로 내부 자산을 보호하고 유출을 방지할 수 있습니다.

다음 그림은 앞선 내용을 정리한, 클라우드 서비스에서 개발부터 배포, 운영에 이르는 라이프사이클에 대한 자동화를 구축한 아키텍처입니다.

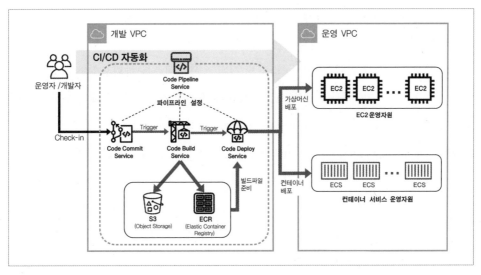

그림 4-38 자동 배포 프로세스 아키텍처와 보안

No	보안 위험 요소	해결안	해결 서비스 및 상세 방법
1	이기종 환경에서의 데브옵스 구조 간 통신 취약점	환경의 일원화	개발과 운영 환경의 일원화
2	개발과 배포 과정에서 민감한 데이터 노출	형상, 빌드, 배포 관리 서비스 적용	Code Commit Service, Code Build Service, Code Deploy Service, Code Pipeline Service 인 클라우드 서비스 활용으로 보안 수준 확보

표 4-16 자동 배포 프로세스 보안 고려사항

5.2 인프라 자동 구축 기반의 보안 아키텍처

데브옵스 개발 환경에서는 서비스 개발, 테스트, 품질 검증 등의 목적을 위해 독립된 환경이 필요합니다. 사실 여러분이 개발자라면, 기능 테스트 환경, 모의 해킹 환경, 통합 테스트 환경, UX 검증 환경처럼 수개의 각기 다른 목적을 만족하기 위한 개별 환경이 별도로 필요하다고 생각할 것입니다. 그러나 유지 관리의 문제와 비용 투자를 이유로 실상 2개나 3~4개 환경으로 제한된 클라우드 환경을 구축하고 활용하고 있는 것이 현실입니다.

여러분이 클라우드 서비스를 사용하고 있다고 가정했을 때, 클라우드 환경의 특징인 손쉬운 서비스와 인프라 구축을 이용하여, 임시 기간에 필요한 환경을 즉시 구축할 수 있을 것입니다. 이는 빠른 개발과 빠른 요구사항 개선, 빠른 버그 수정 등을 수행할 수 있어, 장기적으로 서비스 품질과 고객의 만족으로까지 이어질 것이 분명합니다.

우선 현재 일반적으로 구축하는 클라우드 서비스 프로세스를 살펴보도록 하겠습니다. 다음 그림은 개발 VPC에서 최종적으로 구축해야 할 서비스와 구성 흐름에 대한 아키텍처이며, 운영 VPC는 수동으로 서비스를 구축하는 방석을 나타냅니다. 개발 VPC인 개발 환경에서 Lambda, Cloudfront, ELB(NLB, ALB), EC2, ECS 등의 다양한 클라우드 서비스를 적용해서 개발하고 테스트를 수행했습니다. 이후, 같은 구조의 운영 환경을 구축하고자 클라우드 관리 포탈(CMP, Cloud Management Portal)을 사용하거나 CLI^{Command Line Interface}를 통해 API를 호출합니다. 물론, Security Group과 서브넷, ACL 등의 보안 구성까지 모두 CLI와 SDK를 통해 스크립트, 클라우드 관리 콘솔의 생성 버튼 클릭으로 구현할 수 있습니다.

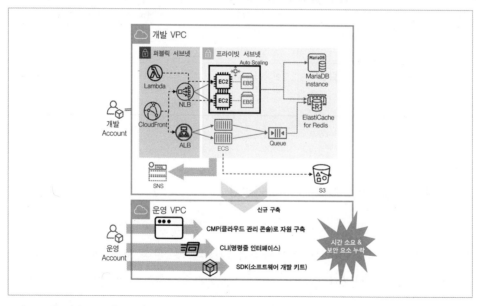

그림 4-39 인프라의 수동 구축 프로세스

자바를 통한 Cloudformation 서비스로 인스턴스를 생성 가능한 소스코드 사례

이해를 도울 수 있도록 주석으로 설명합니다.

```java
import com.amazonaws.services.ec2.AmazonEC2;
import com.amazonaws.services.ec2.AmazonEC2ClientBuilder;
import com.amazonaws.services.ec2.model.InstanceType;
import com.amazonaws.services.ec2.model.RunInstancesRequest;
import com.amazonaws.services.ec2.model.RunInstancesResult;
import com.amazonaws.services.ec2.model.Tag;
import com.amazonaws.services.ec2.model.CreateTagsRequest;
import com.amazonaws.services.ec2.model.CreateTagsResult;


public class CreateInstance // EC2 인스턴스 생성 클래스
{
  public static void main(String[] args)
  {
    final String USAGE =
      "EC2 인스턴스를 생성하기 위해서, 인스턴스 명과 AMI 이미지 ID를 입력해주세요. \n" +
      "예시: CreateInstance <인스턴스 명> <AMI 이미지 ID> \n";

    if (args.length != 2) {       // 해당 함수의 2개의 인자를 받지 못하면, 종료
      System.out.println(USAGE);
      System.exit(1);
    }

    String name = args[0];     // 첫 번째 인자는 "인스턴스 명"
    String ami_id = args[1]; // 두 번째 인자는 "AMI 이미지 ID"

    final AmazonEC2 ec2 = AmazonEC2ClientBuilder.defaultClient();

    RunInstancesRequest run_request = new RunInstancesRequest()
      .withImageId(ami_id) // 생성할 AMI의 이미지 ID
      .withInstanceType(InstanceType.T1Micro) // 인스턴스 타입은 t1.micro로 임의 설정
```

```
            .withMaxCount(1) // 생성할 수 있는 EC2 최대개수는 1ea
            .withMinCount(1); // 생성할 수 있는 EC2 최소개수는 1ea

        RunInstancesResult run_response = ec2.runInstances(run_request); // EC2 생성결
                                                                           과 리턴
        String reservation_id = run_response.getReservation().getInstances().get(0).
getInstanceId();
// 생성된 EC2의 ID 값 리턴

      Tag tag = new Tag()
        .withKey("Name") // Name이라는 태그 명칭으로 설정
        .withValue(name); // Name에 대한 실 값은 첫 번째 인자인 "인스턴스 명"으로 설정

      CreateTagsRequest tag_request = new CreateTagsRequest()
        .withTags(tag); // EC2 태그 생성

      CreateTagsResult tag_response = ec2.createTags(tag_request); // 태그 생성결과 리턴

      System.out.printf( // 생성이 정상적으로 완료된 경우의 메시지 출력
        "AMI %s 를 사용한 EC2 인스턴스인 %s 는 성공적으로 가동되고 있습니다.",
          reservation_id, ami_id);
    }
  }
```

🔒 보안 고려사항

- 수동 구축에 따라 계획되지 않은 클라우드 자원을 추가 구성하거나 누락되어 있지 않은가?
- 환경을 구성할 수 있는 IAM 계정은 불필요한 자원까지 권한이 부여되어 있는가?

사용자가 수동으로 운영 환경을 구축하는 것이 아니라, 코드에 의해 클라우드 인프라 서비스를 구축해서 과도한 추가 작업과 설정 누락을 제거할 수 있습니다. 그럼으로 계획된 보안 항목을 그대로 유지할 수 있습니다. 다음 그림은 AWS의 Cloudformation 서비스를 통해 클라우드 환경을 자동으로 구축하는 프로세스입니다. 최종적으로 구축할 아키텍처가 정의되었다면, JSON이나 YAML 파일에 구축할 코드를 고정된 템플릿^{Template}으로 작성합니다. 즉, 클라우드 인프라를 자동으로 구축하는 서비스인 Cloudformation으로 IaC^{Infrastructure as Code}를 적용하는 것입니다. 이것은 클라우드의 서비스 단위 수준으로 소규모 영역의 인프라를 관리하고 통제하는 SDK와 전체 기업형의 대규모 인프라를 자동 구축, 통제하는 Cloudformation과는 구분해야 합니다.

즉, IaC 개념을 기반으로 원하는 아키텍처를 코드로 작성해서 대규모 인프라를 관리하는 것이며, 템플릿 안에는 보안 설정, 인프라 변경, 모니터링 구성 등의 모든 영역이 기작성되어 있습니다. 작성된 템플릿을 실행하는 것만으로 대규모의 클라우드 서비스를 자동 구축하고 운영할 수 있는 것입니다. 이때 Cloudformation에는 구축, 통제할 클라우드 서비스에 한해서만 역할이 부여된 IAM Role을 할당하여, 비용과 관리 효율을 향상합니다.

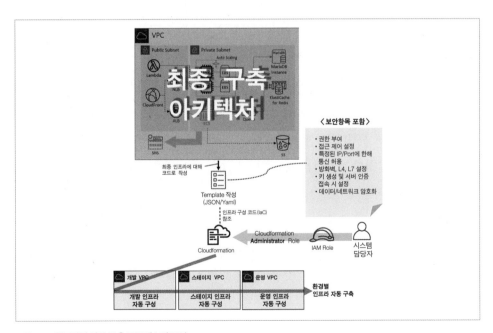

그림 4-40 인프라의 자동 구축 프로세스와 보안

No	보안 위협 요소	해결안	해결 서비스 및 상세 방법
1	수동 구성에 의한 보안요소 누락 및 계획된 서비스 구성요소와 상이	자동 인프라 구축	Cloudformation 클라우드 서비스 이용 또는 Ansible 등의 코드 기반의 인프라 구성
2	IAM 계정의 과도한 권한 부여	IAM Role의 필요한 권한만 명시 및 최소화	Cloudformation에 최소화된 IAM Role 을 할당

표 4-17 인프라 자동구축 시 보안 위협 대응방안

5.3 애플리케이션 레벨의 서비스 형태를 활용하는 보안 아키텍처

여러분은 IaaS, PaaS, SaaS 등의 다양한 클라우드 서비스 수준을 사용할 것입니다. 최근에는 BaaS[Backend as a Service], DaaS[Desktop as a Service], AIaaS[Artificial Intelligence as a Service]로 상위 수준의 기능을 제공하는 상용 서비스가 발표되어 있습니다. 그동안 운영체제가 설치된 가상머신[VM] 같은 하위 수준의 서비스는 사용자가 직접 관리해야 할 부분이 많았지만, 서비스 수준이 향상될수록 운영체제 보안, 네트워크 암호화, 데이터 암호화, 웹 공격 등의 대응은 관리할 필요가 없어졌습니다. 즉, 서비스 제공 수준과 클라우드 서비스의 보안 수준도 비례하는 관계가 보이는 것이 사실입니다.

현재 사용자가 IaaS 서비스를 사용하고 있으므로 시스템 담당 인력이 직접 관리(인프라, 운영체제, 미들웨어, 보안 설정 등)하고, 사람의 실수로 필수 항목이 누락되거나 잘못된 설정이 발생할 가능성이 존재합니다. 이와 같은 모든 인적 실수나 보안 설정 누락으로 인한 장애와 책임은 사용자에게 전가될 수 있습니다. 반면, 서비스의 수준이 상위로 올라갈수록, 즉 클라우드의 ECS(컨테이너 서비스 - PaaS), Lambda 함수형 서비스는 클라우드 서비스 제공 업체에서 기본적인 보안성을 제공합니다. 따라서 사용자는 그 주변의 보안 대응을 검토하여 상대적으로 높은 보안 수준을 확보할 수 있게 됩니다.

그림 4-41은 클라우드 서비스 수준에 따라 클라우드 서비스 제공사가 지원하는 보안성 수준이 다름을 보여주는 아키텍처입니다. 데브옵스의 효율을 위해 기존의 EC2에서 ECS 컨테이너와 Lambda 서비스의 코드 작성에만 집중할 수 있는 것입니다.

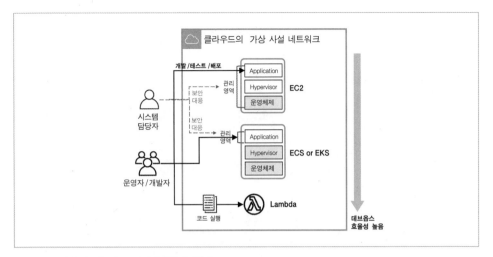

그림 4-41 고효율 데브옵스(DevOps)를 위한 아키텍처

- EC2의 데이터 암호화, 구간 암호화, 접근 제어는 적용되어 있는가?

데브옵스 체계에서 사용자는 클라우드 서비스의 보안과 성능을 생각하지 않고, 개발과 서비스 운영에만 집중해야 할 것입니다. 저가형 하위 레벨의 서비스인 가상머신 서비스 EC2는 사용자가 직접적인 보안 서비스 설정과 설계를 고려해야 하며, 고가형 상위 레벨의 서비스인 함수형 서비스 FaaS는 클라우드 서비스 제공자로부터 보안 자동화와 암호화 기능을 제공합니다. 이전 아키텍처에 Security 영역까지 포함한 DevSecOps 아키텍처는 다음 그림과 같습니다. 그러나 보다 빠르고 효율적인 개발과 운영에 집중하는 것이 목적이라면, 상위 수준의 서비스로 구축하는 것이 좋을 것입니다.

최근에는 개발과 운영의 효율을 극대화하기 위한 챗옵스(Chatops, 실시간 커뮤니케이션 도구), Elastic Beanstalk(애플리케이션을 신속하게 배포 및 관리), OpsWorks(구성 관리 서비스) 등의 PaaS 수준 이상의 서비스들이 적극적으로 배포되고 있습니다.

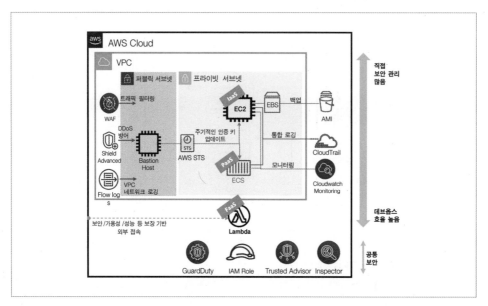

그림 4-40 DevSecOps를 위한 아키텍처

No	보안 위협 요소	해결안	해결 서비스 및 상세 방법
1	하위 수준의 보안성 수준 저하	상위 수준의 서비스 변경 또는 보안 서비스 적용	WAF, DDos Shield, KMS, STS, AMI 등으로 보안 서비스 적용 ECS 또는 Lambda 서비스로 변경

표 4-18 클라우드 서비스 수준에 따른 보안 위협 대응방안

5^장

클라우드 보안관리 도구

앞서 클라우드 보안설계와 서비스, 목적별 보안 아키텍처를 살펴보았습니다. 클라우드 시스템을 구축한 이후에 고민할 부분은 효율적인 관리입니다. 이번 장에서는 효율적인 보안 운영을 위해 클라우드에서 다양하게 쓰이고 있는 파이썬과 Ansible, Lambda 함수를 구체적으로 어떻게 활용하는지, 몇 가지 실습과 사례를 중심으로 살펴보도록 하겠습니다.

1 파이썬(Python)을 활용한 보안관리

여러 개의 클라우드 시스템을 사용할 경우 클라우드 콘솔에 하나의 설정을 확인하는 것은 어려운 일이 아니지만, 10개 이상의 시스템 설정을 수동으로 확인하는 작업은 많은 시간과 노력이 필요합니다. 특히 AWS의 Security Group 설정이 다양하게 적용된 경우 네트워크 구성과 과다하게 오픈된 정책을 파악하기 어렵습니다. 파이썬을 활용해 클라우드 콘솔 보안점검을 좀 더 쉽게 할 수 있는 방법을 살펴보도록 하겠습니다.

1.1 파이썬 개요

　파이썬은 다양한 분야에서 사용되고, 배우기 쉬워 클라우드의 자동화와 데이터 분석에 많이 사용되고 있는 언어입니다. 파이썬은 인터프리터^{Interprinter}라는 컴퓨터 프로그램 또는 환경을 이용해 소스코드를 바로 실행할 수 있는 스크립트 언어입니다. 커맨드라인 인터페이스(CLI: Command Line Interface) 환경에서 파이썬 코드를 실행하면 바로 출력값이 나오므로 사용자와 상호작용을 할 수 있습니다. 또한, 통합 개발 환경(IDE: Integrated Development Environment)에서 제공하는 여러 개발도구를 활용해 개발할 수 있습니다. 실제 클라우드의 자동화와 데이터 분석에 파이썬이 많이 활용되고 있습니다.

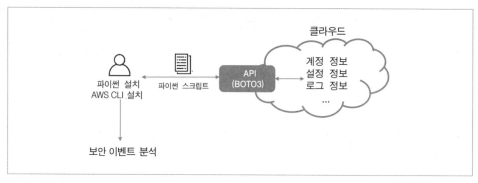

그림 5-1 파이썬을 활용한 보안관리 개념도

　파이썬을 활용하는 방법은 3가지 방식으로 나누어 볼 수 있습니다.

① 텍스트 에디터와 ② 커맨드라인 인터페이스를 이용한 방법

　Notepad, Sublime text, Visual Studio Code 등의 텍스트 에디터를 이용하여 파이썬 코드를 작성하고 커맨드라인에서 파이썬 코드를 실행하는 방법입니다. 가장 쉽고 간편한 방법이지만 소스코드의 오류를 찾거나 복잡한 코드를 작성하기에는 어려움이 있습니다.

③ 통합개발환경(IDE, Integrated Development Environment)을 활용한 방법

통합된 개발자 툴을 활용해 개발환경에서 파이썬 코드를 작성하는 방법입니다. 여러 종류의 파이썬을 설정할 수 있고 자동완성 기능 활용, 다양한 코드 스타일 적용 등 개발 편의성을 제공해 주는 여러 모듈을 추가 설치할 수 있습니다. 개발의 편의성을 제공하므로 시간과 노력을 들여 사용 방법을 익힐 필요가 있습니다.

1.2 CLI를 활용한 파이썬 환경구성

이번 절에서는 텍스트 에디터와 커맨드라인을 활용한 파이썬 환경 구성을 중심으로 설명하고, 통합 개발환경은 설치와 사용 방법만 간단히 설명하도록 하겠습니다.

▌ 파이썬 설치

파이썬 사이트(https://www.python.org)에 접속해서 파이썬을 설치합니다. 파이썬 버전은 Python 2.7, Python 3.4 또는 상위 버전을 설치합니다. 파이썬은 2.x와 3.x 버전으로 나뉘고 3.x 버전은 2008년에 처음으로 발표되었습니다. 파이썬 2.x 버전에는 많은 자료가 있기 때문에 여전히 많이 사용하고 있으나 3.x 버전과 호환되지 않기 때문에 실습환경에서는 3.x 버전으로 구성하겠습니다.

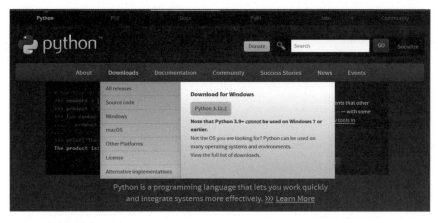

그림 5-2 파이썬 다운로드 사이트

화면에 보이는 Python 3.8.2 버튼을 눌러 파이썬 설치 파일을 내려받습니다. Linux/ UNIX, Mac OS 사용자들은 내려받기 화면에서 해당하는 OS 이름을 클릭하면 링크에 연결되어 다음과 같이 내려받기 목록을 확인할 수 있습니다.

Files

Version	Operating System	Description	MD5 Sum	File Size	GPG
Gzipped source tarball	Source release		f9f3768f757e34b342dbc06b41cbc844	24007411	SIG
XZ compressed source tarball	Source release		e9d6ebc92183a177b8e8a58cad5b8d67	17869888	SIG
macOS 64-bit installer	Mac OS X	for OS X 10.9 and later	f12203128b5c639dc08e5a43a2812cc7	30023420	SIG
Windows help file	Windows		7506675dcbb9a1569b54e600ae66c9fb	8507261	SIG
Windows x86-64 embeddable zip file	Windows	for AMD64/EM64T/x64	1a98565285491c0ea65450e78afe6f8d	8017771	SIG
Windows x86-64 executable installer	Windows	for AMD64/EM64T/x64	b5df1cbb2bc152cd70c3da9151cb510b	27586384	SIG
Windows x86-64 web-based installer	Windows	for AMD64/EM64T/x64	2586cdad1a363d1a8abb5fc102b2d418	1363760	SIG
Windows x86 embeddable zip file	Windows		1b1f0f0c5ee8601f160cfad5b560e3a7	7147713	SIG
Windows x86 executable installer	Windows		6f0ba59c7dbeba7bb0ee21682fe39748	26481424	SIG
Windows x86 web-based installer	Windows		04d97979534f4bd33752c183fc4ce680	1325416	SIG

그림 5-3 운영체제별 파이썬 파일 목록

내려받은 설치 파일을 클릭해서 실행합니다. Add Python 3.8 PATH를 체크하고 'Install Now'를 눌러 PC에 파이썬 설치를 진행합니다. Add Python 3.8 PATH를 체크하면 파이썬 프로그램이 컴퓨터의 어느 경로에 설치되든지 현재의 cmd.exe에서 파이썬을 실행할 수 있습니다. 즉, 환경변수에 자동으로 설정되는 것입니다.

그림 5-4 파이썬 설치 파일 실행 화면

설치 파일의 위치를 지정하거나 설치되는 옵션을 변경하고 싶다면 'Customize installation'을 클릭하여 파이썬을 설치할 수 있습니다. 기본으로 설정되는 파일 경로에 접근하기 어렵기 때문에 C 드라이브 아래에 Python 폴더를 만들어 설치하는 것을 권장합니다. 또한, 필요할 때, 다른 버전의 파이썬을 사용할 수 있으므로 파이썬 버전으로 폴더를 생성하여 관리하면 버전 관리에 수월합니다.

그림 5-5 파이썬 설치 위치 변경

정상적으로 설치가 완료되었다면 컴퓨터에서 cmd.exe 프로그램을 실행하여 python이라는 글자를 넣어보겠습니다.

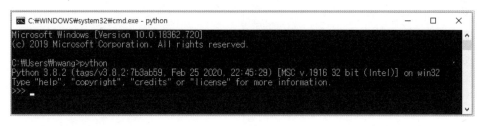

그림 5-6 python 명령어 실행화면

만약 python 명령어를 찾을 수 없다는 메시지가 나타나면 내컴퓨터의 속성에서 설정 변경을 클릭하고 <시스템 설정> → <고급>에서 환경변수를 설정합니다.

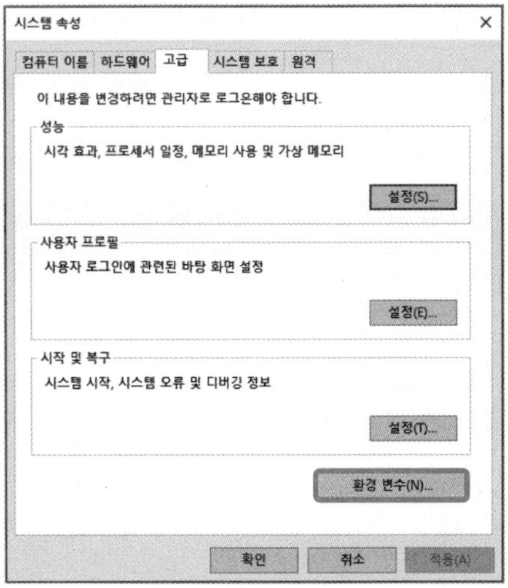

그림 5-7 내 컴퓨터 시스템 속성 화면

환경변수 중 Path라는 환경변수에서 파이썬이 설치된 폴더와 하위의 Scripts 폴더 2개를 설정합니다.

```
C:\Python\Python38\Scripts\
C:\Python\Python38\
```

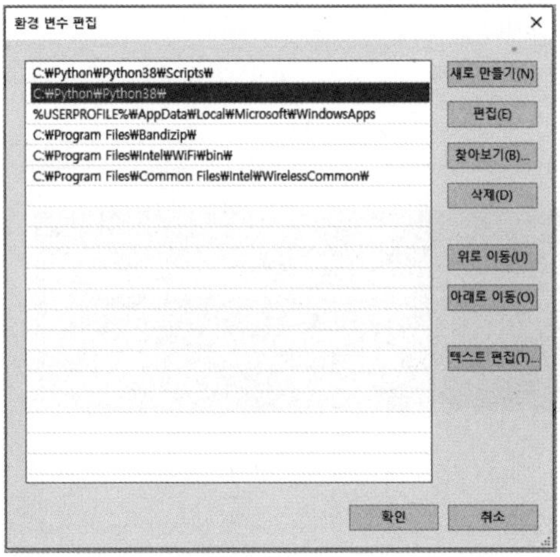

그림 5-8 환경변수 편집 화면

Cmd 창에서 python 명령어가 실행되는지 확인합니다. 다음과 같이 cmd 창에 python 이라고 입력하면 파이썬이 설치된 경우 다음 그림과 같이 '>>>' 파이썬 셸이 실행됩니다.

```
C:\WINDOWS\system32\cmd.exe - python
C:\Users\hwang>python
Python 3.8.2 (tags/v3.8.2:7b3ab59, Feb 25 2020, 22:45:29) [MSC v.1916 32 bit (Intel)] on win32
Type "help", "copyright", "credits" or "license" for more information.
>>> ^R
```

그림 5-9 파이썬 명령어를 실행하여 설치 여부 확인

▌Boto3 설치

AWS에서 제공하는 API와 데이터 분석을 하기 위해 AWS SDK인 Boto3를 설치해보겠습니다. Boto3는 AWS의 약 40여 개 서비스의 API를 지원하고 있고 AWS뿐만 아니라 파이썬 커뮤니티에서 끊임없이 지원하고 있습니다. Boto3 사용과 관련된 내용은 다음 그림의 홈페이지에서 확인할 수 있습니다.

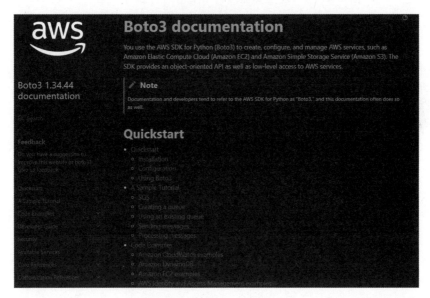

그림 5-10 Boto3 Documentation 홈페이지(https://boto3.amazonaws.com/v1/documentation/api/latest/index.html)

Boto3를 설치하려면 pip 명령어를 통해 Python Package Index(파이썬 패키지들을 모아놓은 저장소)에서 패키지들을 내려받을 수 있습니다. 파이썬 2.7.9 이후 버전과 파이썬 3.4 이후 버전에서는 pip를 기본으로 포함하므로 다음 명령어를 이용해 Boto3를 설치할 수 있습니다.

그림 5-11 pip 명령어를 이용한 boto3 설치

설치가 완료되면 python 명령어를 통해 파이썬 셸을 실행합니다. 다음과 같이 import boto3라는 명령어를 입력 후 엔터를 눌렀을 때 다음 입력화면이 나타나면 정상으로 Boto3 패키지가 설치된 것을 확인할 수 있습니다.

그림 5-12 Boto3 설치 확인

프록시가 있는 환경에서 pip 실행

1) 커맨드라인 화면(cmd)에서 환경변수를 먼저 설정하는 방법

(프록시 IP가 10.10.10.10 이고 port가 8080이라고 가정)

```
Set proxy_http=http://10.10.10.10:8080
Set proxy_https=http://10.10.10.10:8080
```

2) 파라미터로 프록시를 추가 설정하는 방법

```
Pip install boto3 --trusted-host pypi.org --proxy http://10.10.10.10:8080
```

requests 패키지 설치

인터넷을 통해 API에 요청을 해야 하기 때문에 파이썬의 requests 패키지 설치가 필요합니다. pip install requests 명령어를 실행하여 requests 패키지를 설치합니다.

그림 5-13 requests 패키지 설치 화면

AWS CLI 설치

Boto3에서 AWS 리소스에 접근하려면 AWS CLI를 이용해 AWS IAM에서 발급한 AWS access Key ID와 AWS secret access Key를 통해 인증을 받거나 임시 자격 증명을 위해 발급한 aws_session_token을 사용해 AWS 클라우드에 접근할 수 있습니다.

AWS CLI를 활용해 ~/.aws/credentials 파일에 자격 증명 정보를 설정하고, boto3로 클라우드에 접근하여 다양한 정보를 호출할 수 있습니다.

AWS CLI는 AWS 사이트(https://docs.aws.amazon.com/cli/latest/userguide/install-cliv2.html)에서 설치 프로그램을 내려받을 수 있습니다.

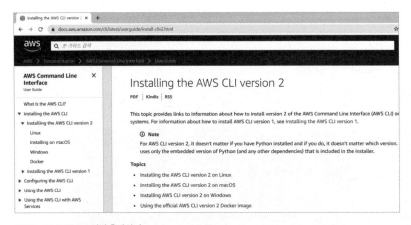

그림 5-14 AWS CLI 설치 홈페이지

윈도우의 경우 설치 파일을 내려받아 <Next> 버튼을 차례로 눌러 설치를 진행합니다.

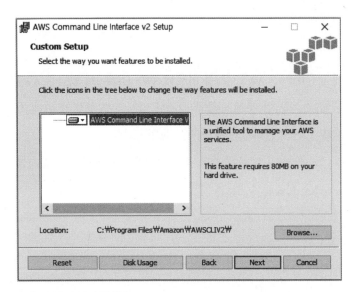

그림 5-15 AWS CLI 설치 화면

AWS CLI가 설치되면 다음과 같이 aws --version 명령어를 입력하여 설치된 버전을 확인할 수 있습니다.

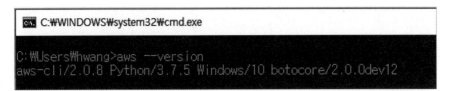

```
C:\WINDOWS\system32\cmd.exe

C:\Users\hwang>aws --version
aws-cli/2.0.8 Python/3.7.5 Windows/10 botocore/2.0.0dev12
```

그림 5-16 AWS CLI 버전확인

AWS CLI 버전 2.x 소개

2020년에 AWS CLI 버전2.x가 배포되었습니다. 2.0 버전의 내려받기 URL은 다음과 같습니다. 사용자의 실습 운영체제와 맞는 설치 파일을 내려받습니다. 받은 설치 파일을 실행해서 설치합니다.

URL : https://docs.aws.amazon.com/ko_kr/cli/latest/userguide/install-cliv2.html

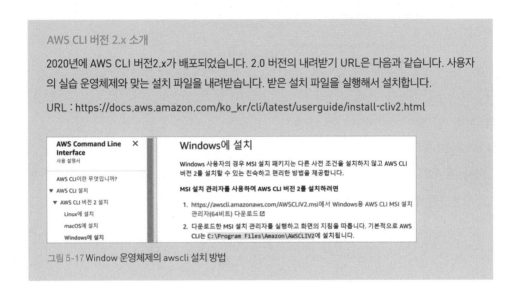

그림 5-17 Window 운영체제의 awscli 설치 방법

▌클라우드 콘솔에서 AWS Access Key 발급

boto3와 AWS CLI를 설치했으므로 실제 API를 호출하고자 IAM 계정을 생성하고 액세스 키를 발급받겠습니다. 액세스 키를 이용해 AWS 클라우드에 접속하는 방식을 프로그래밍 방식 액세스라고 합니다. 다음 그림과 같이 IAM에서 사용자 생성을 클릭해서 액세스 유형을 선택합니다. 사용자명은 SecurityAudit이라는 명칭으로 생성했습니다.

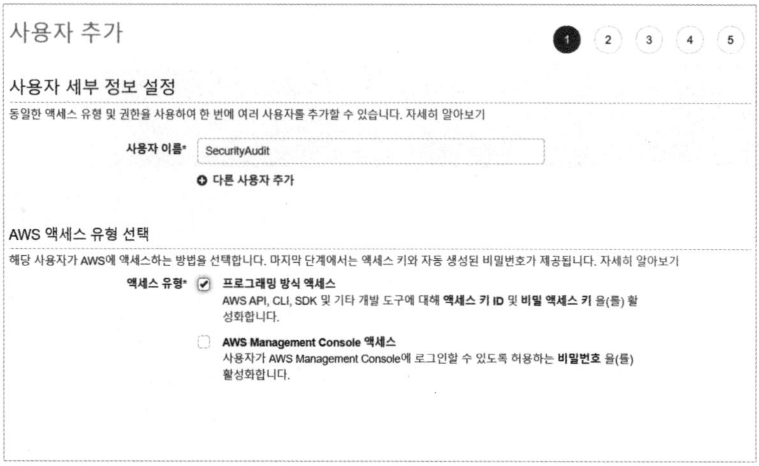

그림 5-18 사용자 계정 생성 1단계 액세스 유형 선택 화면

사전에 AWS에서 제공하는 ReadOnlyAccess 정책으로 AWS_Reader라는 그룹을 생성하고, 사용자를 AWS_Reader 그룹에 추가했습니다.

그림 5-19 사용자 추가 권한 설정 화면

다음 단계를 진행하면 다음과 같이 사용자 추가 화면이 나타나고 액세스 키 ID와 비밀 액세스 키를 생성할 수 있습니다. <csv 다운로드> 버튼을 누르면, 생성한 IAM 사용자의 액세스 키 ID, 비밀 액세스 키가 포함된 내용을 저장할 수 있습니다.

그림 5-20 사용자 추가 후 Access Key 발급 화면

▍ 개발환경에서 Access Key 설정

Boto3의 경우 다음과 같은 순서로 인증정보를 처리합니다.

① 파이썬 프로그램 내에서 직접 액세스 키를 입력하는 방법

```
import boto3

session = boto3.Session(
    aws_access_key_id = "Access Key ID 정보",
    aws_secret_access_key = "Secret Access Key 정보"
)
```

boto.client( ) 메소드나 Session 객체를 이용해 aws_access_key_id, aws_secret_access_key, aws_session_token의 파라미터로 정보를 사용할 경우, 환경변수나 다른 설정 정보를 무시하고 소스코드 내에 있는 인증 정보를 사용합니다. 소스코드가 외부로 공유될 경우 액세스 키 정보가 함께 공유될 수 있으므로 주의가 필요합니다.

② 환경변수로 설정한 경우

다음과 같이 환경변수로 설정을 하면 Boto3가 환경변수를 확인하고 인증 시 활용합니다.

- AWS_ACCESS_KEY_ID : AWS 계정의 access key

- AWS_SECRET_ACCESS_KEY : AWS 계정의 secret key

- AWS_SESSION_TOKEN : AWS 계정의 세션 키

③ Shared Credential file(~/.aws/credentials) 또는 AWS config file(~/.aws/config)

AWS CLI를 설치하고 cmd를 실행했을 때, 보통 사용자의 홈 디렉토리에서 cmd 경로가 실행됩니다. aws configure 명령을 실행해 AWS Access Key ID, AWS Secret Access Key, Default region name을 설정하면 홈 디렉토리에 .aws 폴더가 생성되며 credentials 파일과 config 파일이 생성됩니다.

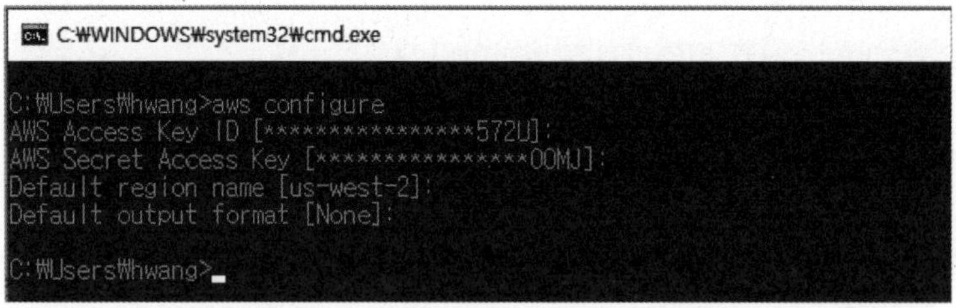

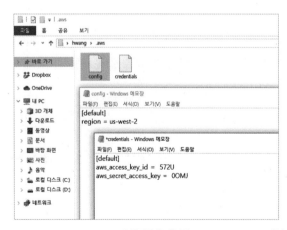

그림 5-21 PC에 AWS CLI를 이용해 Access Key를 Configure에 설정하는 화면

aws configure 명령어를 통해 설정한 값은 다음과 같이 config와 credentials 파일에 저장됩니다.

그림 5-22 AWS Access Key가 설정된 후 생성된 config, credentials 파일

그 외에 boto3 config파일(/etc/boto.cfg and ~/.boto)에 인증 정보를 설정할 수 있습니다.

시나리오 1 - IAM 사용자 계정 권한 관리

▌IAM 서비스 살펴보기

AWS에서 제공하는 API를 활용해 사용자 계정에 대한 접근제어와 클라우드 자원에 대한 정책을 관리할 수 있습니다. 특히 사용자 인증은 클라우드 환경에서 가장 중요한 보안 설정입니다. API를 활용하려면 사용자 계정을 관리하는 클라우드 서비스를 먼저 이해해야 합니다. AWS의 IAM 화면에 접속하면 그룹, 사용자, 역할이라는 항목이 있습니다.

- 사용자는 그룹에 속할 수 있고, 개별 사용자로 생성할 수도 있습니다. 그룹에 속한 경우 그룹에 있는 권한(정책)이 적용됩니다.
- 역할은 IAM 사용자, 애플리케이션, AWS 서비스에 할당할 수 있고 IAM 역할에 설정된 권한(정책)이 적용됩니다.

그림 5-23 AWS IAM 화면

이번 시나리오에서는 사용자에게 적절한 권한이 할당되었는지를 확인하고 사용자에게 접근제어, 복합 인증(MFA, Multi-Factor Authentication)을 적용할지 여부를 점검하려고 합니다.

IAM에서 정책은 고객이 설정하는 고객 관리형 정책과 AWS 관리형 정책, 역할 기반의

AWS 관리형 정책으로 크게 구분됩니다. 접근제어나 MFA 정책의 경우는 고객이 접속하는 IP 설정이나 MFA가 필요한 리소스마다 차이가 있을 수 있기 때문에 AWS에서 가이드하고 사용자가 직접 정책을 생성해야 합니다.

그림 5-24 IAM 정책 유형

정책은 JSON^{JavaScript Object Notation}으로 작성되며, 키와 값의 쌍으로 구성이 됩니다. 정책에서는 크게 허용과 차단, 행동, 자원을 설정합니다. 특정 자원에 어떤 행동(읽기, 쓰기 등)을 허용할 것인지, 차단할 것인지를 결정합니다.

접근제어 정책을 참고로 살펴보겠습니다. 다음과 같이 특정한 2개의 IP 대역만 허용하는 정책을 JSON 형태로 작성해서 고객 관리형 정책에 추가할 수 있습니다.

Allow로 특정 IP만 접근허용하는 정책 사례

```
{
  "Version": "2012-10-17", → 정책 언어의 개정된 버전을 지정하기 위해 사용, 이전 버전과 호환되는 버전기입
  "Statement": [ → json에 설정할 내용 정의
  {
    "Effect": "Allow", → Effect는 Allow와 Deny가 있으며, Deny가 항상 Allow보다 우선 적용
    "Action": "*", → 행동 목록을 지정하며, *는 모든 행동을 의미
```

```
    "Resource": "*",
    "Condition": { → 특정 조건을 추가하여 접근제어
     "IpAddress": {
       "aws:SourceIp": [ → AWS에 접근한 IP, 특정 IP를 제외할 경우에는 NotIpAddress 조건으로 변경하여 사용
         "10.20.30.0/24",
         "100.100.200.0/24"
       ]
     }
    }
   }
  ]
}
```

Deny로 특정 IP만 제외하고 접근차단하는 정책 사례

```
{
  "Version": "2012-10-17",
  "Statement": {
    "Effect": "Deny",
    "Action": "*",
    "Resource": "*",
    "Condition": {
      "NotIpAddress": {
        "aws:SourceIp": [
          "10.20.30.0/24",
          "100.100.200.0/24"
        ]
      },
      "Bool": {"aws:ViaAWSService": "false"}
    }
  }
}
```

▌Boto3 IAM 살펴보기

Boto3의 Available Services라는 메뉴에서 AWS 클라우드에 있는 다양한 API 함수의 호출 방법과 결괏값의 구조를 자세히 설명하고 있습니다. 따라서 클라우드 서비스의 사용 방법을 이해하고 적합한 API 함수를 선택해서 파이썬으로 구현할 수 있습니다.

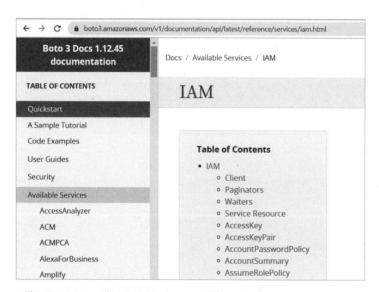

그림 5-25 Boto3 Docs의 Available Services → IAM 메뉴

가장 먼저 살펴볼 부분은 Client입니다. Client는 IAM을 대표한다고 할 수 있습니다. Client를 다음 그림의 코드와 같이 호출해서 관련된 API 함수들을 사용할 수 있습니다.

Client

class `IAM.Client`

A low-level client representing AWS Identity and Access Management (IAM):

```
import boto3

client = boto3.client('iam')
```

These are the available methods:

- `add_client_id_to_open_id_connect_provider()`
- `add_role_to_instance_profile()`
- `add_user_to_group()`
- `attach_group_policy()`
- `attach_role_policy()`
- `attach_user_policy()`
- `can_paginate()`

그림 5-26 IAM의 Client 설명과 호출 방법

함수들은 유사한 방식으로 호출되고 값을 리턴하기 때문에 하나의 함수에 대해서 정확히 살펴보면 다른 함수들도 쉽게 이용할 수 있습니다.

IAM에서 정책정보를 확인하기 위해 get_account_authorization_details(**kwargs) 함수를 살펴보겠습니다. 이 함수는 사용자별, 그룹별, 역할별 정책에 대한 정보를 제공하는 함수입니다. 요청할 때는 Filter를 이용해서 사용자, 역할, 그룹 등의 정보를 지정하여 요청할 수 있습니다.

Request Syntax

```
response = client.get_account_authorization_details(
    Filter=[
        'User'|'Role'|'Group'|'LocalManagedPolicy'|'AWSManagedPolicy',
    ],
    MaxItems=123,
    Marker='string'
)
```

그림 5-27 get_account_authorization_details() 함수의 Request 문법

리턴되는 값은 조금 복잡하지만, 키와 값의 쌍으로 구성된 JSON 문법을 알고 있다면 수월하게 이해할 수 있습니다.

```
Return type
    dict
Returns
    Response Syntax

    {
        'UserDetailList': [
            {
                'Path': 'string',
                'UserName': 'string',
                'UserId': 'string',
                'Arn': 'string',
                'CreateDate': datetime(2015, 1, 1),
                'UserPolicyList': [
                    {
                        'PolicyName': 'string',
                        'PolicyDocument': 'string'
                    },
                ],
                'GroupList': [
                    'string',
                ],
```

그림 5-28 get_account_authorization_details() 함수의 Response 문법

먼저 리턴 타입이 dict라고 되어 있으며 키와 값이 여러 쌍으로 회신이 온다는 의미입니다. 리턴되는 Response 문법을 해석하려면 파이썬의 딕셔너리와 리스트 자료형에 대해서 우선 이해를 해야 합니다.

파이썬 데이터 타입

파이썬 딕셔너리

파이썬에서는 딕셔너리는 키와 값의 쌍 여러 개가 중괄호 { } 로 둘러싸여 있고, 각각의 요소는 '키' : '값' 형태로 작성되며 쉼표(,)로 구분됩니다.

⑩ userdictionary = { 'name1' : 'Bob', 'name2' : 'Alice', 'name3' : 'hwang' }

딕셔너리에서 키로 값을 얻기 위해서는 딕셔너리변수이름[키] 형태로 사용합니다.

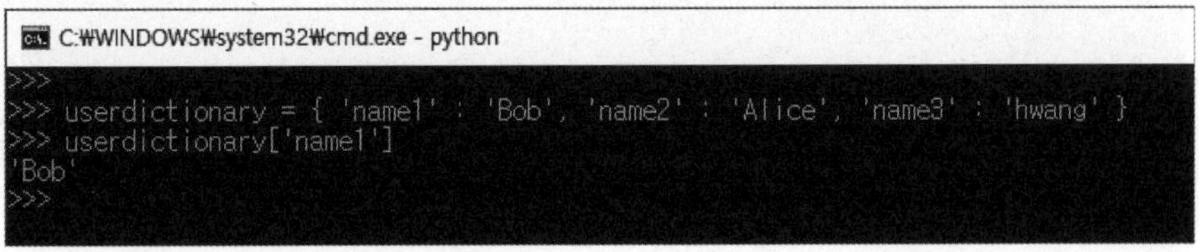

```
C:\WINDOWS\system32\cmd.exe - python

>>>
>>> userdictionary = { 'name1' : 'Bob', 'name2' : 'Alice', 'name3' : 'hwang' }
>>> userdictionary['name1']
'Bob'
>>>
```

그림 5-29 딕셔너리에서 키로 값을 구하는 예시

파이썬 리스트

리스트는 여러 가지 타입(숫자, 문자, 딕셔너리 등)의 요소를 목록으로 만들어주는 자료형입니다. 리스트는 대괄호 [ ] 로 전체를 둘러싸고 각 요소는 쉼표(,)로 구분합니다.

⑩ citylist = ['busan', 'seoul', 1, 2]

리스트는 인덱싱을 적용해서 값을 호출합니다. 리스트변수이름을 호출하면 전체 값이 나타나고 리스트 변수이름[인덱스] 형태로 원하는 값을 사용할 수 있습니다.

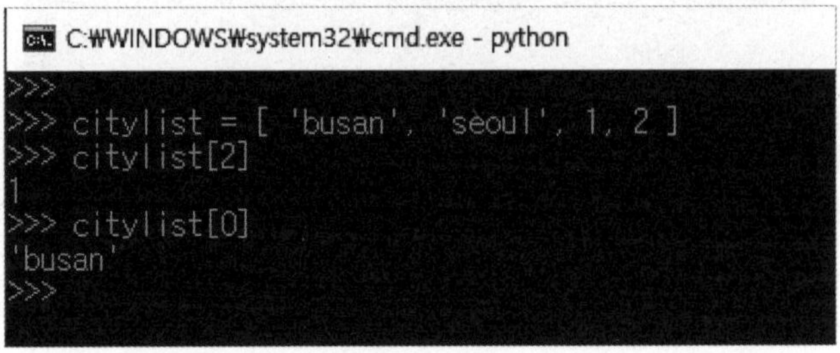

```
C:\WINDOWS\system32\cmd.exe - python

>>>
>>> citylist = [ 'busan', 'seoul', 1, 2 ]
>>> citylist[2]
1
>>> citylist[0]
'busan'
>>>
```

그림 5-30 리스트에서 인덱스로 값을 구하는 예시

Form dict of lists, Form list of dicts

딕셔너리와 리스트는 서로의 구성요소로도 활용됩니다. 리스트를 만들고 딕셔너리로 구성할 수 있습니다.

```
names = [ 'Bob', 'Alice', 'hwang' ]
ages = [10, 20, 30]
heights = [170, 180, 150]
dit = { 'name' : names, 'ages' : ages, 'height' : heights }
```

그림 5-31 리스트로 구성된 딕셔너리

반대로 딕셔너리로 된 리스트 형태로 사용될 수 있습니다.

```
family_list = [
    { 'name' : 'Bob', 'age' : 10, 'height' : 170 },
    { 'name' : 'Alice', 'age' : 20, 'height' : 180 },
    { 'name' : 'hwang', 'age' : 30, 'height' : 150 }
]
```

그림 5-32 딕셔너리로 구성된 리스트

딕셔너리와 리스트의 개념을 알고 다시 Response 값을 살펴보면 다음과 같이 딕셔너리 형태로 정리할 수 있습니다. 키를 통해 리스트 자료구조를 가진 값을 받아서 다시 내부의 딕셔너리 형태로 키-값 쌍을 호출해서 정보를 얻는 것이 가능합니다.

```
response = { 'UserDetaillist' : [ { 'Path' : 'String' , 'UserName' : 'String'
                                      , 'UserId' : 'String' , ... } ] ,
            'GroupDetaillist' : [ { 'Path' : 'String' , GroupName' :
                                     'String' , GroupId; : 'String' , ... } ] ,
            'RoleDetailList' : [ { 'Path' : 'String' , 'RoleName' :
                                     'String' , 'RoleId' : 'String' , ... } ] ,
            'Policies' : [ { PolicyName' : 'String' , 'PolicyId' : 'String'
                                      , 'Arn' : 'String' , ... } ] ,
            'IsTruncated' : True|False ,
            'Marker': 'string'
        }
```

이제 실제 API 호출을 하는 파이썬 코드를 살펴보며 API 사용에 대해 살펴보도록 하겠습니다.

API 호출 파이썬 코드

Boto3로 AWS IAM에서 제공하는 API를 호출하고, 사용자 계정별 정책을 호출해서 현황을 파악해보겠습니다. 다음 코드에서는 사용자에게 할당된 정책과 그룹을 'policy.csv' 파일에 저장하는 예제 코드입니다.

```python
# -*- coding: utf-8 -*-

import boto3
import json
import csv          # 결괏값을 csv로 생성하기 위한 패키지
import requests     # 인터넷으로 API 호출을 위한 패키지
# https 사용 시 발생하는 인증서 관련 warning 예외처리
from requests.packages.urllib3.exceptions import InsecureRequestWarning
requests.packages.urllib3.disable_warnings(InsecureRequestWarning)

session = boto3.Session()

def find_user():    # find_user() 함수 정의
    # 'policy.csv' 라는 이름을 가진 파일을 생성
```

```
    f = open('policy.csv', 'w', encoding='utf-8', newline='')
    wr = csv.writer(f)

    iam = session.client('iam', verify=False) # iam 클라이언트를 생성

    iamdetaillist = iam.get_account_authorization_details(Filter=["User"]) # User 필터 적용

    wr.writerow(["User Name", "Group/Policy", "Group/Policy Name"]) # 'policy.csv'파일에 제목줄 추가
    for user in iamdetaillist["UserDetailList"]: # UserDetailList 딕셔너리 키값
        varname = user["UserName"] # 사용자 이름
        varinlinelist = user["AttachedManagedPolicies"] # 사용자에게 할당된 정책 리스트
        for inline in varinlinelist:
            varpolicyname = inline['PolicyName'] # 사용자에게 할당된 정책 이름
            wr.writerow([varname, "Inline Policy", varpolicyname]) # 사용자의 정책을 파일에 저장
        vargrouplist = user["GroupList"] # 사용자에게 할당된 그룹 리스트
        for group in vargrouplist:
            wr.writerow([varname, "Groups", group])
    f.close() # 파일을 저장하고 종료

if __name__ == '__main__':
    find_user() # find_user() 함수 실행
```

출력값은 다음과 같은 형태의 csv 파일로 생성됩니다. 다음은 예시입니다.

User Name	Group/Policy 구분	Group/Policy Name
Test_User	Groups	Developer
Test_User	Groups	DBA
Test_User	Inline Policy	IP_Access_Policy
Security_Admin	Groups	Administrator
Security_Admin	Inline Policy	IP_Access_Policy
Security_Admin	Inline Policy	MFA_Policy

앞서 설명한 고객 관리형 정책과 AWS 관리형 정책은 관리형 정책^{Managed Policy}에 해당합니다. 관리형 정책은 독립형 정책으로 재사용과 변경 관리가 쉽습니다. 정책을 변경하면 정책을 사용하는 모든 사용자, 역할과 그룹에 자동으로 반영됩니다. 즉, 버전 관리와 롤백이 편리합니다. 반면에 인라인 정책은 특정 사용자, 그룹, 역할에 1:1로 적용되는 정책입니다. 인라인 정책을 사용하는 사용자, 그룹, 역할이 삭제되면 정책도 함께 삭제됩니다.

프록시가 적용된 환경일 경우

프록시가 적용된 경우 소스코드에서 프록시 설정을 해야 합니다. 커맨드라인에서 실행할 때 os 패키지를 이용하여 환경변수를 세팅하는 코드를 추가해줍니다. 프록시 IP가 10.10.10.10이고, Port가 8080인 경우 아래의 코드를 추가해줍니다.

```
import os
os.environ['HTTP_PROXY'] = "http://10.10.10.10:8080"
os.environ['HTTPS_PROXY'] = "http://10.10.10.10:8080"
```

이번엔 사용자가 아닌 사용자 그룹에 적절한 정책이 설정되어 있는지 확인하는 예제 코드입니다. Group 필터를 적용해 get_account_authorization_details 함수를 호출하겠습니다.

```
# -*- coding: utf-8 -*-

import boto3
import json
import csv          # 결괏값을 csv로 생성하기 위한 패키지
import requests  # 인터넷으로 API호출을 위한 패키지
# https 사용 시 발생되는 인증서 관련 warning 예외처리
from requests.packages.urllib3.exceptions import InsecureRequestWarning
requests.packages.urllib3.disable_warnings(InsecureRequestWarning)


session = boto3.Session()
```

```python
def find_group():          # find_group() 함수 정의
    # group.csv' 라는 이름을 가진 파일을 생성
    f = open('group.csv', 'w', encoding='utf-8', newline='')
    wr = csv.writer(f)

    iam = session.client('iam', verify=False)     # iam 클라이언트를 생성

    iamdetaillist = iam.get_account_authorization_details(Filter=["Group"])     # Group 필터 적용

    # group.csv'파일에 제목줄 추가
    wr.writerow(["User Name", "Group/Policy", "Group/Policy Name"])
    for group in groupdetaillist["GroupDetailList"]:
        vargroup = group["GroupName"]     # 그룹 이름
        varpolicies = group["AttachedManagedPolicies"] # 그룹에 할당된 관리형 정책
        for policy in varpolicies:
            varpolicyname = policy['PolicyName']
            wr.writerow([vargroup, "Managed Policy", policy['PolicyName']]) # 그룹의 정책을 파일에 저장
        varinlinelist = group["GroupPolicyList"]     # 그룹에 할당된 인라인 정책
        for inline in varinlinelist:
            wr.writerow([vargroup, "Inline Policy", inline['PolicyName']])
        f.close()

if __name__ == '__main__':
    find_group()          # find_group() 함수 실행
```

사용자 그룹별로 할당된 관리형 정책$^{Managed Policy}$와 인라인 정책$^{Inline Policy}$이 출력됩니다.
사용자 그룹별로 적절한 권한이 부여되었는지 쉽게 확인할 수 있습니다.

Group name	Managed/Inline Policy	Policy Name
Administrator	Managed Policy	AdministratorAccess
DBA	Managed Policy	DynamoDB_Deny
DBA	Inline Policy	DynamoDB_Group_Inline_Deny

시나리오 2 - CloudTrail 로그 설정 확인

클라우드에서 사용자 인증 다음으로 관리가 필요한 항목은 모든 이벤트에 대한 로깅 설정입니다. 개발이나 테스트 용도로 클라우드를 사용하거나 비용을 줄이기 위한 클라우드 환경일 때 로그 설정은 비용을 증가시키는 요인으로 생각될 수 있습니다. 하지만, 클라우드 서비스 제공자가 인프라를 제공하기 때문에 보안 사고나 클라우드에서 발생하는 이벤트를 확인하기 위해서는 로그 설정을 반드시 해야만 합니다.

AWS에서는 서비스별로 로깅 설정을 제공하며, 그중 CloudTrail 서비스는 AWS 관리 콘솔 작업부터 AWS 계정을 통해 활동한 모든 이벤트를 기록합니다. CloudTrail 설정을 통해 비정상적인 활동을 탐지하고 운영상의 문제해결 현황 등을 분석할 수 있습니다.

그림 5-33 CloudTrail 설정 화면

CloudTrail은 리전별로 설정할 수 있으며, '추적을 모든 리전에 적용' 항목을 '예'로 선택하면 모든 리전에 같은 설정이 적용되어 하나의 리전에서 관리할 수도 있습니다. 기본적으로 90 일만 저장이 되기 때문에 별도의 스토리지로 관리해야 하며, 특정 S3와 Lambda를 지정해서 데이터 이벤트를 기록할 수 있습니다.

CloudTrail Boto3 API

Boto3에서 제공하는 CloudTrail API를 살펴보도록 하겠습니다.

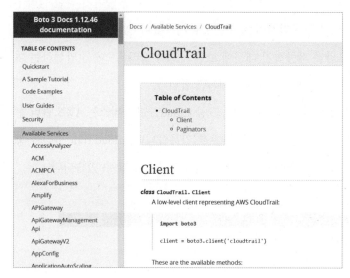

그림 5-34 CloudTrail의 Client 설명과 호출 방법

CloudTrail도 Client를 이용해서 호출합니다. IAM의 경우는 특정 리전(지역)을 선택할 필요 없는 Global(공통) 서비스인 반면에, CloudTrail은 리전별로 설정이 되어 전체 리전의 이벤트를 특정 리전에서 통합 관리할 수도 있습니다.

CloudTrail의 설정을 확인하기 위해서 describe_trails 함수를 확인해보겠습니다.

```
Request Syntax

response = client.describe_trails(
    trailNameList=[
        'string',
    ],
    includeShadowTrails=True|False
)
```

그림 5-35 describe_trails 함수의 Request 문법

파라미터로 trailNameList를 요청할 수 있으며, 만약 특정 CoudTrail 이름을 모를 경우에는 디폴트로 설정된 리전의 CloudTrail의 정보를 Response합니다.

리턴되는 Response 값을 확인해보겠습니다.

```
Return type
    dict
Returns
    Response Syntax

        {
            'trailList': [
                {
                    'Name': 'string',
                    'S3BucketName': 'string',
                    'S3KeyPrefix': 'string',
                    'SnsTopicName': 'string',
                    'SnsTopicARN': 'string',
                    'IncludeGlobalServiceEvents': True|False,
                    'IsMultiRegionTrail': True|False,
                    'HomeRegion': 'string',
                    'TrailARN': 'string',
                    'LogFileValidationEnabled': True|False,
                    'CloudWatchLogsLogGroupArn': 'string',
                    'CloudWatchLogsRoleArn': 'string',
                    'KmsKeyId': 'string',
                    'HasCustomEventSelectors': True|False,
                    'HasInsightSelectors': True|False,
                    'IsOrganizationTrail': True|False
                },
            ]
        }
```

그림 5-36 describe_trails 함수의 Response 문법

리턴되는 값은 복잡한 구조가 없으며, trailList라는 키와 리스트 구조로 된 값을 리턴합니다. CloudTrial의 다른 함수들을 이용하려면 TrailARN이라는 값을 활용해야 합니다.

ARN(Amazon Resource Name)

ARN은 AWS의 리소스(자원)를 식별하게 해주는 고유한 이름입니다. API 호출이나 IAM 정책 등을 설정할 시 AWS의 리소스를 정확하게 지정하기 위해서 ARN을 사용합니다. ARN의 형식은 다음과 같습니다. 구체적인 형식은 리소스마다 약간의 차이가 있습니다.

```
arn:partition:service:region:account-id:resource-id
arn:partition:service:region:account-id:resource-type/resource-id
```

partition : AWS 리전의 그룹(예 aws: 표준 리전, aws-us : 미국 리전 등)
service : 클라우드 서비스 이름(예 EC2, S3 등)
account-id : AWS 계정의 ID(예 012345678912: 12자리의 고유의 값)
resource-id : 리소스 식별자(예 IAM에서 사용자 ID, EC2에서 Instance ID 등)

CloudTrail의 로깅 상태를 확인하려면 get_trail_status 함수의 IsLogging 값을 통해 확인합니다.

Request Syntax

```
response = client.get_trail_status(
    Name='string'
)
```

그림 5-37 get_trail_status 함수의 Request 문법

CloudTrail의 상태를 확인하려면 특정 리전과 ARN 값을 전달해야 합니다.

```
Return type
    dict
Returns
    Response Syntax

    {
        'IsLogging': True|False,
        'LatestDeliveryError': 'string',
        'LatestNotificationError': 'string',
        'LatestDeliveryTime': datetime(2015, 1, 1),
        'LatestNotificationTime': datetime(2015, 1, 1),
        'StartLoggingTime': datetime(2015, 1, 1),
        'StopLoggingTime': datetime(2015, 1, 1),
        'LatestCloudWatchLogsDeliveryError': 'string',
        'LatestCloudWatchLogsDeliveryTime': datetime(2015, 1, 1),
        'LatestDigestDeliveryTime': datetime(2015, 1, 1),
        'LatestDigestDeliveryError': 'string',
        'LatestDeliveryAttemptTime': 'string',
        'LatestNotificationAttemptTime': 'string',
        'LatestNotificationAttemptSucceeded': 'string',
        'LatestDeliveryAttemptSucceeded': 'string',
        'TimeLoggingStarted': 'string',
        'TimeLoggingStopped': 'string'
    }
```

그림 5-38 get_trail_status 함수의 Response 문법

리턴되는 값은 단순한 딕셔너리 형태로 구성되어 있습니다.

CloudTrail 로깅 상태를 파악하는 파이썬 코드

다음 예제 코드는 2개의 API 함수를 호출해서 CloudTrail의 로깅 상태를 확인하는 파이썬 코드입니다. describe_trails 함수에서 CloudTrail의 ARN 정보를 확인하고 그 값을 get_trail_status 함수로 전달해서 CloudTrail이 로깅 상태인지를 True/False 값으로 출력합니다.

```python
# -*- coding: utf-8 -*-

import boto3
import csv
import requests
from requests.packages.urllib3.exceptions import InsecureRequestWarning
requests.packages.urllib3.disable_warnings(InsecureRequestWarning)

session = boto3.session.Session()

def Cloudtrail_check():

    regions = session.get_available_regions('cloudtrail')  # Cloudtrail 서비스를 제공하는 리전

    for region in regions:
        cloudtrail_client = session.client('cloudtrail', region, verify=False)  # Cloudtrail client 생성
        try:
            traillist = cloudtrail_client.describe_trails()  # describe_trails 함수 호출
            for trail in traillist['trailList']:
                varname = trail["Name"]  # Cloudtrail 이름
                varTrailARN = trail["TrailARN"]  # Cloudtrail ARN
                varIsMultiRegionTrail = trail["IsMultiRegionTrail"]  # '추적을 모든 리전에 적용' 항목
                varLogging = cloudtrail_client.get_trail_status(varTrailARN)  # get_trail_status 함수 호출
                print("Trail Name : ", varname, ", Trail ARN : ", varTrailARN, ", Is Multi Region : ", varIsMultiRegionTrail, ",
                                                                                IsLogging : ", varLogging)

        except Exception as e:
            print(region + " is Inactivated")

if __name__ == '__main__':
    Cloudtrail_check()
```

시나리오 3 - Security Group 정책 확인

AWS에서 생성하는 VM 서버는 Security Group을 이용해서 네트워크 접근 통제를 수행합니다. Security Group은 방화벽과 같은 역할을 합니다. Security Group은 외부에서 들어오는 인바운드 정책과 외부로 나가는 아웃바운드 정책으로 구성되며 인바운드와 아웃바운드 정책을 별도로 설정하도록 구분되어 있습니다.

그림 5-39 Security Group 관리화면

인바운드 규칙을 신규로 생성 시 유형, 프로토콜, 포트범위, 소스, 설명을 추가할 수 있습니다.

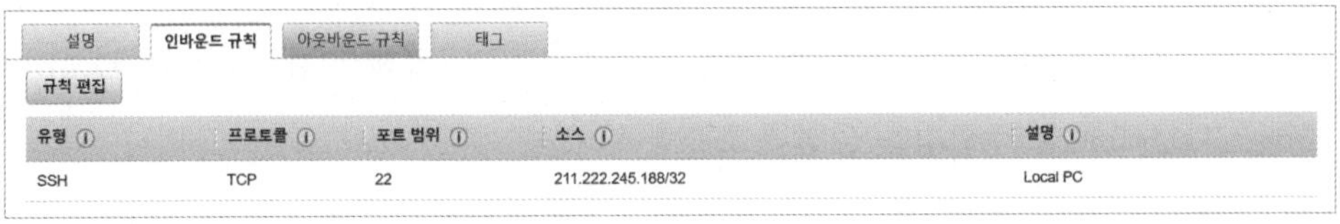

그림 5-40 Security Group의 인바운드 규칙 추가 화면

클라우드에 생성한 자원에 이러한 Security Group을 설정하게 되며 서버가 많은 경우한 번에 조회하기가 어렵기 때문에 파이썬으로 Security Group API를 호출해서 전체 리전에 있는 EC2을 확인합니다. EC2가 설정된 리전별로 정책을 엑셀 형태로 정리해서 현황을 관리하도록 하겠습니다.

▌Security Group API 확인

Security Group은 EC2(AWS 가상서버) 서비스에 있습니다. Security Group 정책 확인을 위해서 describe_security_groups 함수를 살펴보겠습니다.

```
Request Syntax

response = client.describe_security_groups(
    Filters=[
        {
            'Name': 'string',
            'Values': [
                'string',
            ]
        },
    ],
    GroupIds=[
        'string',
    ],
    GroupNames=[
        'string',
    ],
    DryRun=True|False,
    NextToken='string',
    MaxResults=123
)
```

그림 5-41 describe_security_groups 함수의 Request 문법

Security Group 정보를 호출할 때, 특정한 조건을 가진 정책을 검색하거나 Security Group ID, Name 등의 조건을 설정해 호출할 수 있습니다. Security Group이나 EC2는 VPC에 속하는 자원이므로 CloudTrail처럼 EC2가 있는 VPC를 통해 리전을 확인해서 함수를 사용해야 합니다.

```
Return type
    dict
Returns
    Response Syntax

        {
            'SecurityGroups': [
                {
                    'Description': 'string',
                    'GroupName': 'string',
                    'IpPermissions': [
                        {
```

그림 5-42 describe_security_groups 함수의 Response 문법

리턴값은 SecurityGroups라는 키에 리스트 자료구조 값으로 정보가 전달됩니다. 자세한 구조를 살펴보면 다음과 같습니다.

```
response = { 'SecurityGroups' : [ { 'Description' : 'String' , 'GroupName' : 'String' ,
                'IpPermissions': [ { 'FromPort' : 123, 'IpProtocol' : 'string',
                        'Ipv6Ranges' : [ ... ], 'PrefixListIds' : [ ... ],
                        'ToPort' : 123, 'UserIdGroupPairs' : [ ... ] }, ],
                'OwnerId': 'string', 'GroupId': 'string',
                'IpPermissionsEgress' : [ { 'FromPort' : 123, 'IpProtocol' : 'string',
                        'Ipv6Ranges' : [ ... ], 'PrefixListIds' : [ ... ],
                        'ToPort' : 123, 'UserIdGroupPairs' : [ ... ] }, ],
                'Tags' : [ ... ], 'VpcId' : 'string' }, ],
        'NextToken': 'string'
        }
```

Security Group에 대한 기본적인 정보와 외부에서 클라우드 자원으로 접근하는 인바운드 정책(IpPermissions 리스트 변수)과 클라우드 자원에서 외부로 통신하는 아웃바운드 정책(IpPermissionEgress 리스트 변수)으로 구성되어 있습니다. 이 함수를 활용해서 파이썬으로 클라우드의 Security Group 정책을 csv 파일로 정리하도록 하겠습니다.

API 호출 파이썬 코드

get_available_regions 함수로 EC2가 존재하는 리전에서 describe_security_groups 함수를 이용해서 Security Group 정책을 'Security_Group.csv'라는 파일에 저장하는 프로그램입니다. 프로그램 길이는 다소 길지만 하나의 함수에서 인바운드와 아웃바운드 Rule을 가져오는 단순한 프로그램입니다. 주의할 점은 Client를 호출할 때, 서비스를 제공하는 리전을 리턴하는데, 미사용 리전의 기본 설정이 비활성화 상태이므로 예외 처리가 없으면 API 호출 시 오류가 발생합니다. 그래서 Try, Catch 문으로 예외를 처리합니다. 또 다른 주의 사항은 API 호출 시 API가 리턴하는 키 값들이 존재하지 않는 경우가 있습니다. 다음 소스에서 Description의 경우, 일부 Security Group에서 값이 리턴되지 않아 keys() 함수를 통해 키 값이 있는지 확인하고 값을 전달받아야 합니다.

```python
# -*- coding: utf-8 -*-

import boto3
import csv
import requests
from requests.packages.urllib3.exceptions import InsecureRequestWarning
requests.packages.urllib3.disable_warnings(InsecureRequestWarning)


session = boto3.session.Session()


def get_securitygroup():
    cidr_block = ""    # IP 표기방법 (ex. 10.10.10.0/24)
    ip_protpcol = ""   # TCP, UDP, ICMP 등의 통신 프로토콜
    from_port = ""
    to_port = ""
    from_source = ""   # Security Group

    # Security_Group.csv 파일 생성
    f = open('Security_Group.csv', 'w', encoding='utf-8', newline='')
    wr = csv.writer(f)
```

```python
# 커맨드창에 출력
print("%s,%s,%s,%s,%s,%s,%s,%s" % ("Region", "Group-Name", "Group-ID", "In/Out",
"Protocol", "Port", "Source/Destination"))

# csv파일에 출력
wr.writerow(["Region", "Group-Name", "Group-ID", "In/Out", "Protocol", "Port", "Source/
Destination"])

# EC2서비스가 제공되는 리전 조회
regions = session.get_available_regions('ec2')

for region in regions:
# EC2 Client 요청
    ec2_client = session.client('ec2', region, verify=False)

    try: # EC2 서비스는 제공하지만 미사용 리전인 경우 예외 처리
        vpcs = ec2_client.describe_vpcs()

        sgs = ec2_client.describe_security_groups()["SecurityGroups"]

        for sg in sgs:
            group_name = sg['GroupName']
            group_id = sg['GroupId']

            # InBound permissions
            inbound = sg['IpPermissions']

            for rule in inbound:
                # -1은 가장 마지막 숫자를 의미, Any 정책으로 판단
                if rule['IpProtocol'] == "-1":

                    traffic_type="All Trafic"
                    ip_protpcol="All"
                    to_port="All"
                else:
```

```python
        ip_protpcol = rule['IpProtocol']
        from_port=rule['FromPort']
        to_port=rule['ToPort']
        # to_port가 -1이면 ICMP/IMCPv6
        if to_port == -1:
            to_port = "N/A"


        # 32비트 IP, IPv4
        if len(rule['IpRanges']) > 0:
            for ip_range in rule['IpRanges']:
                cidr_block = ip_range['CidrIp']
                if 'Description' in ip_range.keys():
                    desc = ip_range['Description']
                    wr.writerow([region,group_name,group_id, "Inbound", ip_protpcol, to_port, cidr_
                                                                                    block, desc])


        # 128비트 IP, IPv6
        if len(rule['Ipv6Ranges']) > 0:
            for ip_range in rule['Ipv6Ranges']:
                cidr_block = ip_range['CidrIpv6']
                if 'Description' in ip_range.keys():
                    desc = ip_range['Description']
                    wr.writerow([region,group_name,group_id, "Inbound", ip_protpcol, to_port, cidr_
                                                                                    block, desc])


        #Is source/target a security group?
        if len(rule['UserIdGroupPairs']) > 0:
            for source in rule['UserIdGroupPairs']:
                from_source = source['GroupId']
                wr.writerow([region,group_name,group_id, "Inbound", ip_protpcol, to_port, from_
                                                                                    source])


    # OutBound permissions
    outbound = sg['IpPermissionsEgress']
```

```python
for rule in outbound:
    if rule['IpProtocol'] == "-1":
        traffic_type="All Trafic"
        ip_protpcol="All"
        to_port="All"
    else:
        ip_protpcol = rule['IpProtocol']
        from_port=rule['FromPort']
        to_port=rule['ToPort']
        #If ICMP, report "N/A" for port #
        if to_port == -1:
            to_port = "N/A"


    #Is source/target an  IPv4?
    if len(rule['IpRanges']) > 0:
        for ip_range in rule['IpRanges']:
            cidr_block = ip_range['CidrIp']
            if 'Description' in ip_range.keys():
                desc = ip_range['Description']
                wr.writerow([region,group_name,group_id, "Outbound", ip_protpcol, to_port, cidr_
                    block, desc])


    #Is source/target an IPv6?
    if len(rule['Ipv6Ranges']) > 0:
        for ip_range in rule['Ipv6Ranges']:
            cidr_block = ip_range['CidrIpv6']
            if 'Description' in ip_range.keys():
                desc = ip_range['Description']
                wr.writerow([region,group_name,group_id,"Outbound", ip_protpcol, to_port, cidr_
                    block, desc])


    #Is source/target a security group?
    if len(rule['UserIdGroupPairs']) > 0:
        for source in rule['UserIdGroupPairs']:
```

```
            from_source = source['GroupId']
            wr.writerow([region,group_name,group_id, "Outbound", ip_protpcol, to_port, from_
                                                                        source])


        except Exception as e:
            print(region + " is Inactivated") # 리전이 비활성화된 경우 Inactivated라고 출력


    f.close()


if __name__ == '__main__':
    get_securitygroup()
```

출력하면 다음과 같이 설정된 Security Group이 출력됩니다. Rule이 많은 경우 IP나
Security Group만으로 판단하기 어렵기 때문에 Rule에 Description을 추가해서 어떤 IP인
지 어떤 용도인지를 표기하면 정책을 검토할 때 유용합니다.

Resion	Group-Name	Group-ID	In/Out	Protocol	Port	Source/Destination	Description
지역	Security Group 이름	Security Group ID	Inbound 와 Outbound 구분	TCP, UDP, ICMP 등 표시	포트	소스 또는 목적지	주석 또는 태그

1.3 통합개발환경을 활용한 파이썬 환경 구성

통합개발환경IDE 개요

파이썬을 이용해서 API를 호출하거나 자동화하기 위해 개발하는 경우, 통합개발환경
이 필요합니다. 프로그램은 디버깅이라는 과정을 통해 실제 동작을 확인하고 오류를 처
리해야 합니다. 그러한 모든 환경을 제공하는 소프트웨어가 통합개발환경이며, 파이썬을
개발할 수 있는 통합개발환경으로는 주피터 노트북, 비주얼 스튜디오, 이클립스, 파이참

(파이참) 등이 있습니다. 이 책에서는 편의상 파이참을 기준으로 활용하는 방법을 설명하도록 하겠습니다.

▌파이참^{PyCharm} 설치와 사용방법

파이참은 JetBrains라는 회사에서 개발한 파이썬 개발 도구입니다. 윈도우와 맥 운영체제 모두를 지원하며 커뮤니티 버전을 무료로 사용할 수 있습니다. 인터넷 브라우저에서 https://www.jetbrains.com/파이참/ 에 접속해서 다운로드 메뉴를 클릭합니다.

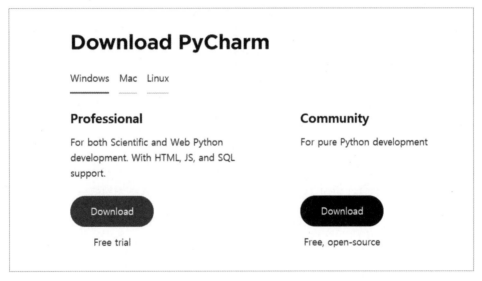

그림 5-43 파이참 다운로드 유형

Community 버전을 내려받아 설치합니다. 통합개발환경은 많은 기능을 내장하고 있어 설치 파일이 크고 다음과 같은 CPU와 메모리 사양을 권장하고 있습니다.

- 64-bit versions of Microsoft Windows 10, 8
- 2 GB RAM minimum, 8 GB RAM recommended
- 2.5 GB hard disk space, SSD recommended
- 1024x768 minimum screen resolution
- Python 2.7, or Python 3.5 or newer

환경변수 설정을 자동으로 세팅하는 'Update PATH variable'을 선택하고 설치 PC가 64 비트인 경우에는 '64-bit launcher'를 선택해서 설치를 진행합니다. 설치가 끝나면 PC를 재시작합니다.

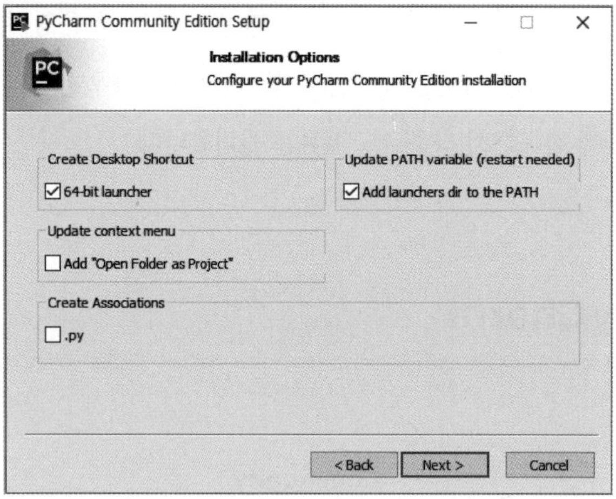

그림 5-44 파이참 설치 옵션

파이썬 실행 시 화면과 같이 용도에 따라 몇 가지 기능을 추가로 설치하는 설정 화면이 나타납니다. AWS Toolkit을 설치하고 진행하겠습니다. AWS Toolkit은 개발된 코드를 운영 환경으로 배포하거나 로컬 또는 원격에서 Lambda 함수를 호출하는 등 개발자에게 편의 기능을 제공합니다.

설치 후 파이참 툴을 실행하고, [Create New Project]를 선택하면 프로젝트 이름과 경로를 작성하는 창이 나타납니다.

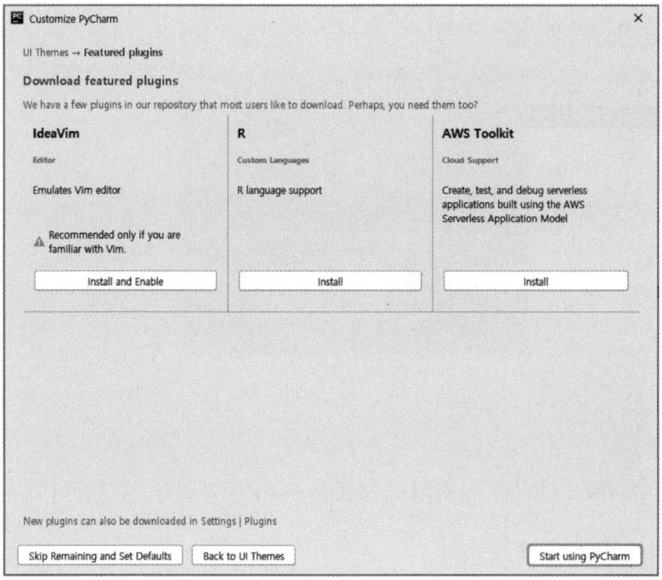

그림 5-45 파이참 사용자 환경 설정 화면

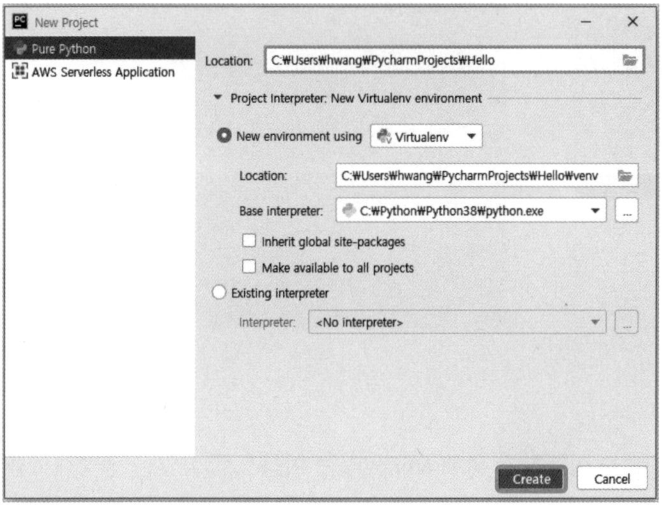

그림 5-46 파이참 프로젝트 생성

Location에 Hello라는 이름으로 프로젝트를 설정하겠습니다. 이미 파이썬은 설치되어 있기 때문에 환경변수에 있는 파이썬 설치 경로가 Base Interpreter로 설정된 것을 확인할 수 있습니다.

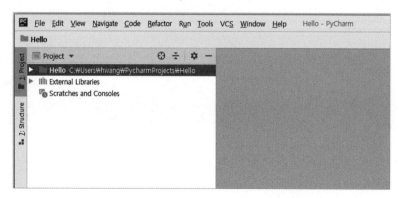

그림 5-47 파이참 프로젝트 화면

[File] 메뉴에서 [New] → [Python File]을 선택해서 새로운 파이썬 파일을 생성합니다.

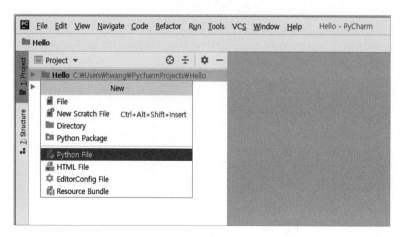

그림 5-48 새로운 Python File 생성

앞에서 설명한 '시나리오 1'을 실행하기 위해 iam.py라는 이름으로 파일을 생성해보겠습니다.

사용자별 정책을 확인하는 코드를 iam.py에 추가하고 실행하면 다음과 같은 오류 화면이 나타납니다.

```
Run:    iam ×
    C:\Users\hwang\PycharmProjects\Hello\venv\Scripts\python.exe C:/Users/hwang/PycharmProjects/Hello/iam.py
    Traceback (most recent call last):
      File "C:/Users/hwang/PycharmProjects/Hello/iam.py", line 2, in <module>
        import boto3
    ModuleNotFoundError: No module named 'boto3'

    Process finished with exit code 1
```

그림 5-49 iam.py 코드 실행 시 오류화면

파이참의 환경에 Boto3와 같은 패키지가 설치되지 않아 발생한 오류입니다. 파이참에서 제공하는 기능을 이용해 패키지를 설치합니다.

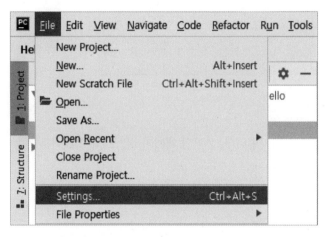

그림 5-50 파이참 설정 메뉴

[File] 메뉴에서 [Settings]를 선택하고 [Project] 메뉴의 [Python Interpreter]를 선택하면 다음과 같이 설치된 파이썬 패키지를 확인할 수 있습니다. 오른쪽에 <+> 버튼을 클릭하면 Available Packages 화면이 나타나고 검색을 통해 필요한 패키지를 쉽게 설치할 수 있습니다.

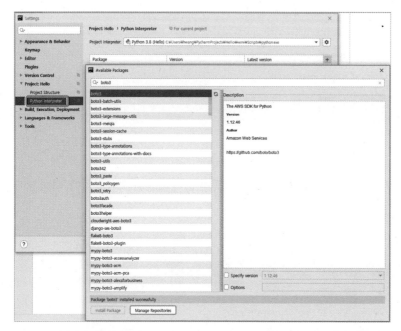

그림 5-51 파이썬 패키지 설치 화면

Boto3와 requests 패키지를 추가로 설치합니다. 설치된 패키지 리스트와 업데이트 가능한 최신 패키지 버전도 확인할 수 있습니다.

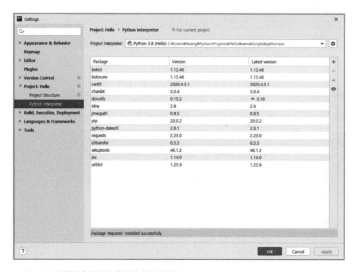

그림 5-52 파이참에 설치된 파이썬 패키지 화면

다시 iam.py 프로그램을 실행하면 프로그램이 정상으로 실행되고, Hello 프로젝트 경로에 policy.csv 파일이 정상으로 생성된 것을 확인할 수 있습니다.

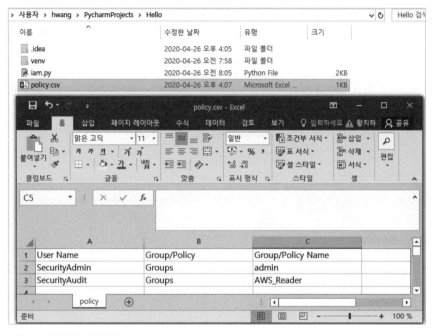

그림 5-53 프로그램 실행 결과

▌파이참에서 디버깅하기

파이참의 강력한 기능은 디버깅 기능입니다. 프로그램 소스코드 중간에 Breakpoint를 설치하고 AWS API를 호출했을 때 어떤 값을 가지고 오는지 확인하며 단계별로 프로그램을 실행할 수 있습니다.

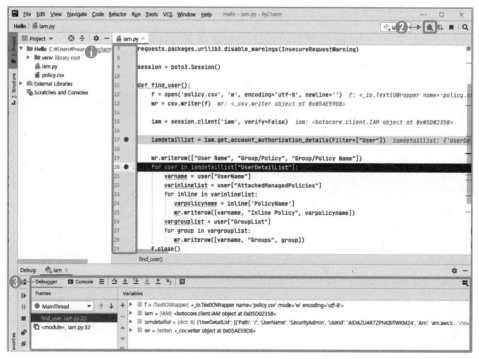

그림 5-54 파이참에서 Debugging 모드로 실행한 화면

　　소스코드 라인 앞쪽(①)을 클릭하면 빨간색 동그라미 기호로 Breakpoint가 생성됩니다. 오른쪽 위에 벌레 모양의 아이콘(②)을 클릭하거나 [Shift+F9]를 누르면 디버깅 모드가 실행됩니다.

　　Breakpoint가 설정되어 있으면 프로그램이 Breakpoint 표시된 곳까지 실행이 되고 멈추며, [F9]를 누르면 다음 Breakpoint까지 실행됩니다. 아래쪽 화면에 Debugger(③) 탭에 프로그램에 선언한 변수들에 어떤 값들이 입력되는지를 보여줍니다.

　　iamdetaillist에 dict 타입의 UserDetailList의 키와 리스트 타입의 변수가 확인됩니다.

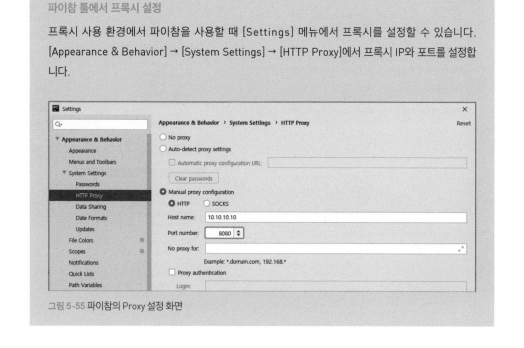

파이참에서 IAM Credential 파일 관리

여러 개의 AWS 시스템을 관리할 때, Credential 파일에 이름을 설정하여 여러 액세스 키를 변경하여 사용할 수 있습니다. AWS에서는 Named Profile이라고 검색하면 자세한 설명을 확인할 수 있습니다. 사용자별로 액세스 키를 사용하기 위해 커맨드라인에서는 명령어 뒤에 -- profile profile-name을 명령어에 추가할 수 있습니다. 파이참에서 이를 쉽게 설정하는 방법을 제공합니다.

다음 그림과 같이 화면 오른쪽 아래의 <AWS No Region Selected>라는 문자를 클릭하면 AWS Connection Settings 화면이 나타납니다. [All Credential] → [Edit AWS Credential File(s)]를 선택하면 credentials과 config 파일이 오픈됩니다.

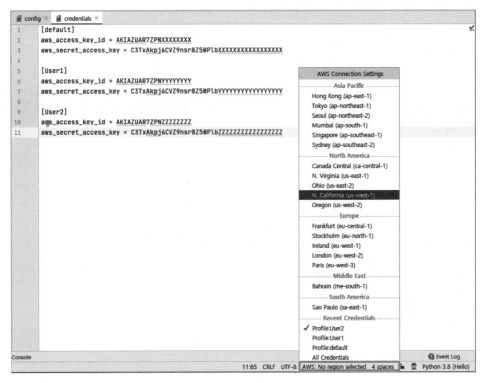

그림 5-56 파이참 AWS Connection Settings 설정 화면

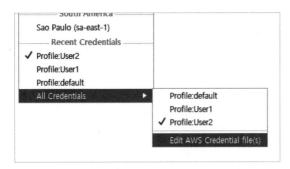

그림 5-57 Credential 파일 수정 메뉴

앞의 그림처럼 credential 파일에 사용자별로 Named Profile을 설정하고 Config 파일도
설정합니다.

```
 config ×    credentials ×
1    [default]
2    region = us-west-2
3    output=json
4
5    [User1]
6    region = us-east-2
7    output=json
8
9    [User2]
10   region = ap-west-2
11   output=json
```

그림 5-58 config 파일 수정 화면

사용할 프로파일을 선택하고 파이썬 코드를 실행하면 선택한 Profile 사용자의 액세스 키로 프로그램이 실행됩니다.

파이참은 개발자에게 여러가지 개발에 필요한 기능을 쉽게 사용할 수 있도록 제공하는 통합개발환경입니다. 최근 파이썬 기반의 데이터 분석용 오픈 소스를 모아 놓은 개발 플 랫폼인 아나콘다와 연동하여 데이터 분석에도 활용하고 있습니다.

 :: 더 알아봅시다

인공지능의 발달로, 생성형 AI(Generative AI)를 활용해 클라우드 자원을 관리하는 코드를 쉽게 작성할 수 있게 되었습니다. 앞서 설명한 코드는 AI와 채팅하듯 입력하여 생성할 수 있습니다. 대표적인 생성형 AI로는 미국의 연구재단 OpenAI가 2022년 11월에 공개한 GPT-3.5기반의 ChatGTP가 있습니다. GTP(Generative Pre-trained Transformer)는 기계 학습을 통해 방대한 데이터를 미리 학습하고 사용자와 대화 가능한 문장을 생성하는 AI입니다. 보고서 작성부터 프로그래밍 코드 생성에 이르기까지 다양한 기능을 수행할 수 있습니다. 대화마다 이전 내용을 기억하기 때문에 요청한 프로그래밍 코드에 추가 기능을 넣고 싶은 경우, 이전 내용을 다시 언급할 필요 없이 추가 요청만으로 코드를 생성해 줍니다.

생성형 AI를 활용하여 클라우드 자원관리를 위한 코드 생성을 실습해 보기위해 https://chat.openai.com/ 사이트에 접속하여 로그인 후 다음과 같이 요청해 보겠습니다.

"AWS 클라우드에서 사용자 목록을 API로 조회하는 파이썬 코드를 알려줘"

```python
# pip install boto3을 먼저 설치
import boto3

# AWS 자격 증명 설정
aws_access_key_id = 'YourAccessKeyId'
aws_secret_access_key = 'YourSecretAccessKey'
region_name = 'YourRegion'  # 예: us-east-1

# IAM 클라이언트 생성
iam_client = boto3.client('iam', aws_access_key_id=aws_access_key_id,
                          aws_secret_access_key=aws_secret_access_key,
                          region_name=region_name)

# IAM 사용자 목록 조회
response = iam_client.list_users()

# 사용자 목록 출력
print("IAM 사용자 목록:")
for user in response['Users']:
    print(f"Username: {user['UserName']}, UserID: {user['UserId']}")
```

AWS 외에 Azure, GCP 등에서 제공하는 API에 대해서도 동일하게 요청하여 코드를 생성할 수 있습니다.

"Azure 클라우드에서 사용자 목록을 API로 조회하는 파이썬 코드를 알려줘"

```python
# pip install azure-identity, pip install azure-graphrbac 모듈을 먼저 설치
from azure.identity import DefaultAzureCredential
from azure.graphrbac import GraphRbacManagementClient
from azure.graphrbac.models import UserGetMemberGroupsParameters

# Azure AD 정보 설정
tenant_id = 'YourTenantId'
client_id = 'YourClientId'
client_secret = 'YourClientSecret'

# Azure AD 및 Graph 서비스에 연결
credential = DefaultAzureCredential()
graph_client = GraphRbacManagementClient(credential, 'YourSubscriptionId')

# 사용자 목록 조회
users = graph_client.users.list()

# 사용자 목록 출력
print("Azure AD 사용자 목록:")
for user in users:
    print(f"User Principal Name: {user.user_principal_name}, User ID:
{user.object_id}")
```

필수로 입력해야 하는 값을 모르는 경우, 해당 값을 추가하도록 코드를 수정한 후 코드 재생성을 요청할 수 있습니다. 생성형 AI를 제공하는 사이트는 OpenAI 외에도 다음과 같은 사이트들이 있으며, 각 생성형 AI는 학습된 데이터나 모델의 차이로 인해 결과물이 달라질 수 있습니다.

- 구글 : https://bard.google.com
- Microsoft : https://www.bing.com/에서 상단의 '채팅'을 클릭하여 실행
- 네이버 : https://clova-x.naver.com

2 Ansible을 활용한 보안 자동화 실습

클라우드 환경을 보안 관점에서 보면, 필요한 조치를 적용하기 위해 다수의 가상머신과 수동적인 반복 작업을 편리하게 수행하기 위한 자동화 도구는 필수적입니다. 이전에는 셸 스크립트를 활용해서 다수의 서버에 일괄로 같은 명령을 수행하는 방법이 있었으나, 최근에 코드 중심의 인프라 관리 편의성과 빠른 프로비저닝 가능성, 재사용 용이성, 비에이전트^{agentless}의 장점인 IaC$^{Infrastructure\ as\ Code}$ 기술이 각광받고 있습니다. 실무에서 관심받고 있어 현재 많이 활용하고 있는 오픈 소스 Ansible과 AWS 상용 서비스인 lambda를 대표적인 사례로 실습을 수행하고자 합니다.

Ansible과 lambda 서비스의 개념과 사용법을 알고 있다는 가정하에서 실습을 진행합니다. 따라서 기본 문법과 기능 등의 사용법은 생략합니다.

2.1 Ansible 개요

Ansible을 활용한 보안 실습은 리눅스 계열인 CentOS 7버전에서 수행합니다. 리눅스 계열 OS에서 Ansible을 설치하고, 편의상 IP 주소와 별칭을 호스트 파일(/etc/hosts)에 기입하여 서버 자원에 의미를 부여하도록 합니다. 이를 기반으로 Ansible을 통해 다수의 클라우드 환경의 자원을 일괄 관리하고, 그 과정 중에서의 보안 수준을 확보하도록 합니다.

2.2 Ansible 설치

외부에 존재하는 Ansible 패키지를 설치하고자, CentOS의 yum을 활용합니다. 설치 수행 중에 사용자 입력을 통한 대화[Interection]가 어려워, 입력이 필요한 모든 항목에 일괄로 yes를 입력하기 위해 -y 옵션을 사용합니다. 추가로 우분투[ubuntu] 운영체제에서는 apt-get 명령어를 사용해서 sudo apt-get ansible install -y 방식으로 설치합니다.

CLI[Command Line Interface]에서는 현재 서버의 명확성을 위해 Ansible을 수행하는 주체는 master-node라는 hostname 명을 사용하고, 그 외에 명령을 전달받는 타깃서버는 WEB, WAS, DB 등의 역할을 hostname 명으로 설정합니다. 다음 그림은 마스터 노드에서 타깃 노드들로 일괄 인프라 관리를 수행하는 개념을 구성도로 작성한 것입니다.

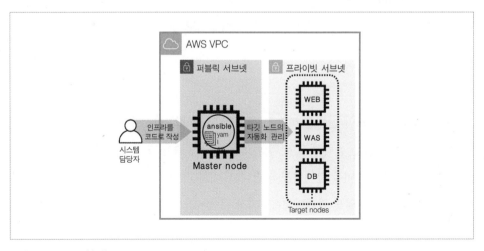

그림 5-59 Ansible 실습 개요

▌CentOS 7 버전 설치 및 로그

인터넷 환경에서 yum 명령어를 통해 자동으로 설치하고, 서비스까지 등록합니다. 설치 과정 중에 사용자 확인을 위한 질문에 일괄로 yes로 답변하는 -y 옵션을 추가합니다. 또한, 설치 디렉토리 생성을 위한 sudo 권한을 통해 Ansible 설치를 진행합니다.

```
# CentOS
$ sudo yum install -y ansible
Loaded plugins: fastestmirror
Loading mirror speeds from cached hostfile
 * base: d36uatko69830t.cloudfront.net
 * extras: d36uatko69830t.cloudfront.net
 * updates: d36uatko69830t.cloudfront.net
Resolving Dependencies
--> Running transaction check
---> Package ansible.noarch 0:2.4.2.0-2.el7 will be installed
--> Processing Dependency: sshpass for package: ansible-2.4.2.0-2.el7.noarch
--> Processing Dependency: python2-jmespath for package: ansible-2.4.2.0-2.el7.noarch
--> Processing Dependency: python-passlib for package: ansible-2.4.2.0-2.el7.noarch
--> Processing Dependency: python-paramiko for package: ansible-2.4.2.0-2.el7.noarch
--> Processing Dependency: python-httplib2 for package: ansible-2.4.2.0-2.el7.noarch
--> Processing Dependency: python-cryptography for package: ansible-2.4.2.0-2.el7.noarch
--> Running transaction check
---> Package python-httplib2.noarch 0:0.9.2-1.el7 will be installed
---> Package python-paramiko.noarch 0:2.1.1-9.el7 will be installed
--> Processing Dependency: python2-pyasn1 for package: python-paramiko-2.1.1-9.el7.noarch
---> Package python-passlib.noarch 0:1.6.5-2.el7 will be installed
.............. (중략) ..............
Dependency Installed:
python-cffi.x86_64 0:1.6.0-5.el7              python-enum34.noarch 0:1.0.4-1.el7
python-httplib2.noarch 0:0.9.2-1.el7         python-idna.noarch 0:2.4-1.el7
```

```
python-paramiko.noarch 0:2.1.1-9.el7          python-passlib.noarch 0:1.6.5-2.el7
python-ply.noarch 0:3.4-11.el7                python-pycparser.noarch 0:2.14-1.el7
python2-cryptography.x86_64 0:1.7.2-2.el7     python2-jmespath.noarch 0:0.9.0-3.el7
python2-pyasn1.noarch 0:0.1.9-7.el7           sshpass.x86_64 0:1.06-2.el7


Complete!
```

 :: 더 알아봅시다

ubuntu 18.04 버전의 Ansible 설치

우분투 운영체제 환경에서의 Ansible 설치 방법은 다음과 같습니다. CentOS와 마찬가지로 설치 중에 확인 질문에 일괄로 yes로 답하는 -y 옵션을 추가합니다.

```
# ubuntu
$ sudo apt-get ansible install -y
```

▌Ansible 설치 버전

설치가 완료된 후, 설치 버전을 확인합니다. 다음은 ansible 2.4.2.0 버전으로 설치되었으며, 환경 설정 파일, 플러그인 검색 경로, 실행 경로 등이 모두 출력됩니다.

```
[ansible@master-node ansible]$ sudo ansible -version

ansible 2.4.2.0
config file = /etc/ansible/ansible.cfg
configured module search path = [u'/root/.ansible/plugins/modules', u'/usr/share/ansible/
plugins/modules']
ansible python module location = /usr/lib/python2.7/site-packages/ansible
executable location = /bin/ansible
python version = 2.7.5 (default, Aug  7 2019, 00:51:29) [GCC 4.8.5 20150623 (Red Hat 4.8.5-39)]
```

▌Ansible 대상 서버 등록 및 기본 테스트

yum에 의해 설치된 Ansible은 /etc/ansible 아래에 기본적인 설정파일이 위치합니다. 우선 /etc/ansible 아래의 파일목록을 조회합니다.

```
[ansible@master-node ansible]$ ll
total 28
-rw-r--r-- 1 ansible ansible 19179 Jan 29  2018 ansible.cfg
-rw-r--r-- 1 ansible ansible 1036 Apr  9 04:42 hosts
drwxr-xr-x 2 ansible ansible 6 Jan 29  2018 roles
```

Ansible 설치 정상 여부를 확인하는 테스트를 위해 hosts 파일의 타깃서버는 현재 내 자신의 서버로 설정합니다. [me]라는 그룹에 localhost인 자신을 지정합니다.

```
[ansible@master-node ansible]$ vi hosts
[me]
localhost ansible_connection=local
```

나에게 ping을 전송하고, pong을 전달받는 테스트를 수행합니다. SUCCESS 명령어를 통해서 Ansible을 통한 기본 테스트가 완료되었음을 확인한 것입니다.

```
[ansible@master-node ansible]$ ansible -m ping me
localhost | SUCCESS => {
  "changed": false,
  "ping": "pong"
}
```

2.3 타깃서버 사전 설정

Ansible의 편리성을 향상하기 위해 사전에 수행 대상^{Target Node}에 호스트 설정과 자동 로그인을 설정합니다.

▌호스트 설정

수행대상 자원의 호스트 설정으로 복잡한 IP를 호스트 명으로 맵핑해서 손쉽게 사용하고자 합니다. 다음 내용을 통해 4개의 자원에 IP를 맵핑한 것을 확인할 수 있습니다. 네트워크망 내의 사설 IP를 기억하거나 다루기 어려우므로, 운영체제의 /etc/hosts 파일에 사설 IP와 Hostname 명을 기입하여 실습합니다. 10.10.10.1의 IP를 기입하지 않고, 유의미한 WEB01로 호출하는 방식을 적용합니다. 물론, IP를 사용해도 무방합니다.

```
[ansible@master-node ansible]$ sudo vi /etc/hosts
...
10.10.10.1    WEB01
10.10.10.2    WEB02
10.10.20.1    WAS01
10.10.20.2    WAS02
...
```

▌자동 로그인 설정

Ansible을 통해서 명령 전달을 수행한 중심 자원에서 비대칭 키를 생성해 명령을 수신할 타깃 노드들에게 공개 키를 전송합니다. 이를 통해 별도의 암호를 입력하지 않고, 자동으로 로그인 처리를 할 수 있습니다. 자동 로그인 설정이 선행되어야, 다수의 타깃 노드의 일괄 처리가 쉬워집니다.

① 마스터 노드에서 비대칭 키 생성

ssh-keygen을 활용해서 공개 키, 개인 키를 생성하며 알고리즘은 RSA를 적용합니다. 추후 로그인 암호 없이 적용하기 위해 passphrase는 아무것도 입력하지 않습니다. passphrase

를 입력하게 되면, 로그인할 때마다 passphrase에 입력한 내용을 동일하게 입력해야 합니다.

```
[ansible@master-node .ssh]$ ssh-keygen -t rsa -b 2048
Generating public/private rsa key pair.
Enter file in which to save the key (/home/ansible/.ssh/id_rsa):
Enter passphrase (empty for no passphrase):
Enter same passphrase again:
Your identification has been saved in /home/ansible/.ssh/id_rsa.
Your public key has been saved in /home/ansible/.ssh/id_rsa.pub.
The key fingerprint is:
SHA256:q6dMnVpSp/aq4yvlWdxE2RiPd7NwQXI4RPeXiELO30s ansible@master-node
The key's randomart image is:
+---[RSA 2048]----+
|         ..B+o=  |
|       + +o=+.o.  |
|       =..+o+.o   |
|        +..+ o.   |
|       .So.. E.   |
|                  |
|     oooB    .    |
|    .o+*..        |
|    oO*...        |
+----[SHA256]-----+
```

② 생성된 비대칭 키 확인

id_rsa는 개인 키, id_rsa.pub는 공개 키로 비대칭 키가 생성된 것을 확인할 수 있습니다.

```
[ansible@master-node .ssh]$ ll
total 32
drwx------ 2 ansible ansible 4096 Nov 14 14:55 ./
drwxr-xr-x 5 ansible ansible 4096 Sep 10 14:49 ../
-rw-rw-r-- 1 ansible ansible 401 Sep  3 10:53 authorized_keys
-rw------- 1 ansible ansible 1679 Nov 14 14:54 id_rsa
-rw-r--r-- 1 ansible ansible 398 Nov 14 14:54 id_rsa.pub
```

③ 생성된 공개 키를 타깃 노드로 전달 및 설정

생성된 공개 키 파일을 타깃 노드로 복사해 자동 인증으로 로그인 과정을 수월하게 수행할 수 있도록 사전 작업을 합니다

```
[ansible@master-node .ssh]$ ssh-copy-id -i id_rsa.pub WEB01
/usr/bin/ssh-copy-id: INFO: Source of key(s) to be installed: "id_rsa.pub"
/usr/bin/ssh-copy-id: INFO: attempting to log in with the new key(s), to filter out any that are
already installed
/usr/bin/ssh-copy-id: INFO: 1 key(s) remain to be installed -- if you are prompted now it is to
install the new keys

ansible@WEB01's password:

Number of key(s) added: 1

Now try logging into the machine, with:  "ssh 'WEB01'"
and check to make sure that only the key(s) you wanted were added.

ansible:~/.ssh$ ssh-copy-id -i id_rsa.pub WEB02
.... (중략) ....
```

```
ansible:~/.ssh$ ssh-copy-id -i id_rsa.pub WAS01
.... (중략) ....

ansible:~/.ssh$ ssh-copy-id -i id_rsa.pub WAS02
.... (중략) ....
```

④ 암호 없이 로그인 확인

ssh를 통해 타깃 노드인 WEB01 자원에 정상으로 접속하여, 암호 없이 로그인한 것을 확인할 수 있습니다. 그외 다른 타깃 노드(WEB02, WAS01, WAS02)도 같은 방법으로 접속해서 암호 없이 로그인됨을 확인할 수 있습니다. 물론, 일괄로 타깃 노드에 접속하는 Ansible 스크립트를 작성해서 자동 로그인 성공 여부를 판단할 수 있습니다.

```
[ansible@master-node .ssh]$ ssh WEB01
Last login: Thu Nov 14 14:53:11 2019 from 10.2.110.110
ansible@WEB01:~$
```

시나리오 4 - 비밀번호 변경

클라우드 환경의 자원 관리와 운영하는 경우에 자원 접속 비밀번호를 주기적으로 변경해서 보안성 수준을 높일 수 있습니다. 접속 비밀번호가 장기간 변경 없이 유지된다면, 유출 시에 악의적인 의도로 누군가가 서버에 접속 가능합니다. 서버 담당자는 대량의 자원 비밀번호를 자원 그룹에 따라서 각기 다른 비밀번호로 변경합니다. 다음 실습 내용은 2대의 WEB, 2대의 WAS를 대상으로 하여 서로 다른 비밀번호를 일괄로 변경하는 것입니다.

① Ansible 전용 호스트 파일 확인 및 설정

/etc/ansible/hosts에 관리를 위한 그룹별로 자원을 설정합니다. [ALL] 그룹에는 모든 자원인 4개, [WEB] 그룹에는 웹 자원 2개, [WAS] 그룹에는 웹 애플리케이션 자원 2개가 설정되어 있습니다.

```
... (중략) ...
[ALL]
WEB01
WEB02
WAS01
WAS02

[WEB]
WEB01
WEB02

[WAS]
WAS01
WAS02
... (중략) ...
```

② yaml 파일을 통해 playbook 작성

수행하고자 하는 내용을 yaml 파일에 작성하고 Ansible을 활용해서 일괄 작업을 수행
하고자 합니다. yaml 파일의 위치는 어느 곳이나 상관없으며, yaml 문법에 따라 수행대상
과 수행내용을 작성합니다. WEB 그룹과 WAS 그룹에 포함된 자원을 각각 다른 비밀번호
로 일괄 업데이트하는 내용(플레이북) 입니다.

다음 yaml 파일에는 비밀번호가 암호화 처리 없이 평문^plain text 형태로 보이나, 실제 운영
상에서는 ansible의 vault 기능을 활용해 암호화된 비밀번호가 유출되지 않도록 변경 작업
을 수행할 수 있습니다. 또한, dev-user 사용자의 존재 여부를 우선적으로 판단해 사용자
가 존재하지 않는 경우에 대한 로직상의 예외 처리도 추가할 수 있습니다.

실습 내용에서는 관리 대상의 자원 비밀번호를 일괄로 업데이트 하는 방법을 가시적으
로 보여주고자, 기본적인 내용에 대해서만 yaml 작성하여 수행합니다.

```
[ansible@master-node ansible]$ vi change_password.yml
---
- hosts: WEB
  become: yes
  tasks:
      - name: Chanage WEB password
        user:
            name: dev-user
            update_password: always
            password: "{{ 'web-password' | password_hash('sha512') }}"

- hosts: WAS
  become: yes
  tasks:
      - name: Chanage WAS password
        user:
            name: dev-user
            update_password: always
            password: "{{ 'was-password' | password_hash('sha512') }}"
```

③ 플레이북을 실행해서 비밀번호 일괄변경

ansible-playbook이라는 명령어를 사용해 앞에서 작성한 change-password.yml을 호출해서 타깃서버에 수행내용을 명령합니다. 즉, WEB 그룹에 있는 2대의 자원, WAS 그룹에 있는 2대의 자원에 각각의 비밀번호를 변경합니다.

출력된 결과인 PLAY RECAP에서 자원별 failed 없이 ok 값을 확인하여, 정상적으로 원하는 내용이 수행되었음을 알 수 있습니다.

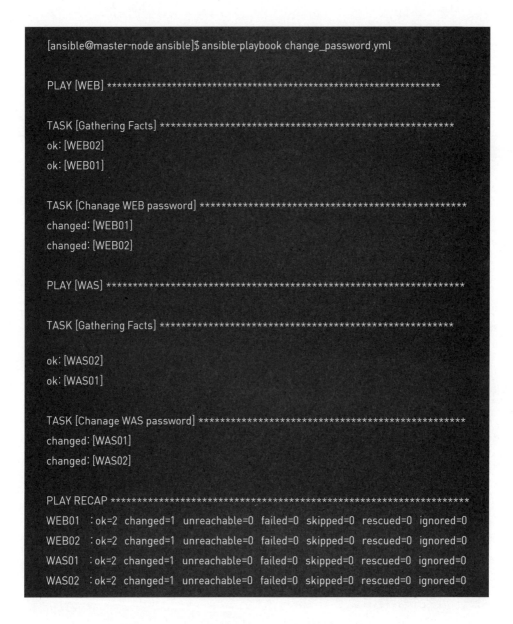

```
[ansible@master-node ansible]$ ansible-playbook change_password.yml

PLAY [WEB] **********************************************************

TASK [Gathering Facts] *********************************************
ok: [WEB02]
ok: [WEB01]

TASK [Chanage WEB password] ***************************************
changed: [WEB01]
changed: [WEB02]

PLAY [WAS] **********************************************************

TASK [Gathering Facts] *********************************************

ok: [WAS02]
ok: [WAS01]

TASK [Chanage WAS password] ***************************************
changed: [WAS01]
changed: [WAS02]

PLAY RECAP ********************************************************
WEB01    : ok=2  changed=1  unreachable=0  failed=0  skipped=0  rescued=0  ignored=0
WEB02    : ok=2  changed=1  unreachable=0  failed=0  skipped=0  rescued=0  ignored=0
WAS01    : ok=2  changed=1  unreachable=0  failed=0  skipped=0  rescued=0  ignored=0
WAS02    : ok=2  changed=1  unreachable=0  failed=0  skipped=0  rescued=0  ignored=0
```

시나리오 5 - 알려지지 않은 포트로 변경

일반적으로 구축된 서버, VM, 컨테이너 등에 접속하는 경우 ssh 포트를 사용하게 됩니다. 기본적으로 설정된 ssh 포트는 22번으로, 누구에게나 알려진 포트입니다. 이는 외부의 비인가자 또는 악의적인 목적을 가진 공격자의 보안위협 대상이 될 수 있으므로, 잘 알려지지 않은 포트^{unknown port}로 변경해야 할 필요가 있습니다.

이때, 관리 대상 자원이 수백, 수천 개라면 하나하나 접속해서 포트를 변경하는 일은 여간 쉽지 않습니다. Ansible로 일괄 작업을 수행해서 운영상 편의성을 도모할 수 있습니다.

① Ansible 전용 호스트 파일 확인과 Roles 설정

WEB01~05, WAS01~05, DB01~05의 총 15대 자원이 있다고 가정합니다. 22번 포트로 설정된 SSH 포트를 일괄로 1822번 포트로 변경해보는 실습을 수행합니다(단, 자원의 호스트명은 자원의 호스트 파일(/etc/hosts)에 정의되어 있다고 가정).

```
... (중략) ...
[VM-ALL]
WEB01

WEB02
WEB03
WEB04
WEB05
WAS01
WAS02
WAS03
WAS04
WAS05
DB01
DB02
DB03
DB04
DB05
... (중략) ...
```

② Roles 기반의 수행 파일 작성

ansible이 수행 가능한 작업을 하나의 yaml으로 작성하는 것보다, 모듈별로 역할을 분산해서 작성하는 것이 효율적입니다. 따라서 yaml이 아닌 roles 디렉토리 하위에 모듈별로 작성합니다. 수행내용은 /etc/sshd/sshd_config 파일에서 Port 단어를 정규화로 검색해서 'Port 1822'로 변경합니다. 이후 SSH 서비스를 재기동하여, 변경된 포트로 적용하는 것입니다.

roles의 디렉토리명은 change-port며, 디렉토리 구조는 다음과 같습니다.

```
ansible/
└── roles/
        └── change-port$
        └── defaults/
        └── files/
        └── handlers/
                └── main.yml
        └── meta/
        └── tasks/
                └── main.yml
        └── templates/
        └── tests/
        └── vars/
```

tasks 모듈의 내용에는 다음과 같이 작성합니다. /etc/ssh/sshd_config에서 Port 단어를 검색하여 'Port 1822'로 변경합니다. 완료된 이후에 restart sshd의 핸들러를 호출해 실행합니다.

```
[ansible@master-node /etc/ansible/roles/change-port/tasks]$ cat main.yml
---
- name: Setup alternate SSH port
  lineinfile:
    dest: "/etc/ssh/sshd_config"
    regexp: "^Port"
    line: "Port 1822"
  notify:
   - restart sshd
```

handler 모듈의 내용에는 다음과 같이 작성합니다. restart sshd가 호출되면, service sshd restart로 SSH 데몬을 재기동합니다.

```
[ansible@master-node /etc/ansible/roles/change-port/handlers]$ cat main.yml
---
- name: restart sshd
  shell: service sshd restart
```

③ Roles을 수행하기 위한 yaml 파일 작성

```
[ansible@master-node /etc/ansible]$ cat change-port-role.yml
---
- hosts: VM-ALL
  remote_user: ansible
  become: yes
  roles:
      - change-port
```

④ 알려지지 않은 포트로 일괄변경 수행

roles에 정의된 수행 내용을 Ansible로 적용하기 위해 작성된 change-port-role.yml 파일을 명령합니다. hosts에 정의된 VM-ALL의 15가지 자원에 대해서 SSH 포트를 변경합니다.

```
[ansible@master-node /etc/ansible]$ ansible-playbook change-port-role.yml

PLAY [VM-ALL] ***********************************************************

TASK [Gathering Facts] **************************************************
ok: [WEB01]
ok: [WEB02]
ok: [WEB03]
```

```
ok: [WEB04]
ok: [WEB05]
ok: [WAS01]
ok: [WAS02]
ok: [WAS03]
ok: [WAS04]
ok: [WAS05]
ok: [DB01]
ok: [DB02]
ok: [DB03]
ok: [DB04]
ok: [DB05]

TASK [change-port : Setup alternate SSH port] ********************************
changed: [WEB01]
changed: [WEB02]
changed: [WEB03]
changed: [WEB04]
changed: [WEB05]
changed: [WAS01]
changed: [WAS02]
changed: [WAS03]
changed: [WAS04]
changed: [WAS05]
changed: [DB01]
changed: [DB02]
changed: [DB03]
changed: [DB04]
changed: [DB05]

RUNNING HANDLER [change-port : restart sshd] ********************************
changed: [WEB01]
changed: [WEB02]
changed: [WEB03]
```

```
changed: [WEB04]
changed: [WEB05]
changed: [WAS01]
changed: [WAS02]
changed: [WAS03]
changed: [WAS04]
changed: [WAS05]
changed: [DB01]
changed: [DB02]
changed: [DB03]
changed: [DB04]
changed: [DB05]


PLAY RECAP *************************************************************
WEB01    : ok=3  changed=2  unreachable=0  failed=0  skipped=0  rescued=0  ignored=0
WEB02    : ok=3  changed=2  unreachable=0  failed=0  skipped=0  rescued=0  ignored=0
WEB03    : ok=3  changed=2  unreachable=0  failed=0  skipped=0  rescued=0  ignored=0
WEB04    : ok=3  changed=2  unreachable=0  failed=0  skipped=0  rescued=0  ignored=0
WEB05    : ok=3  changed=2  unreachable=0  failed=0  skipped=0  rescued=0  ignored=0
WAS01    : ok=3  changed=2  unreachable=0  failed=0  skipped=0  rescued=0  ignored=0
WAS02    : ok=3  changed=2  unreachable=0  failed=0  skipped=0  rescued=0  ignored=0
WAS03    : ok=3  changed=2  unreachable=0  failed=0  skipped=0  rescued=0  ignored=0
WAS04    : ok=3  changed=2  unreachable=0  failed=0  skipped=0  rescued=0  ignored=0
WAS05    : ok=3  changed=2  unreachable=0  failed=0  skipped=0  rescued=0  ignored=0
DB01     : ok=3  changed=2  unreachable=0  failed=0  skipped=0  rescued=0  ignored=0
DB02     : ok=3  changed=2  unreachable=0  failed=0  skipped=0  rescued=0  ignored=0
DB03     : ok=3  changed=2  unreachable=0  failed=0  skipped=0  rescued=0  ignored=0
DB04     : ok=3  changed=2  unreachable=0  failed=0  skipped=0  rescued=0  ignored=0
DB05     : ok=3  changed=2  unreachable=0  failed=0  skipped=0  rescued=0  ignored=0
```

ansible-vault 기반의 민감정보 암호화

Ansible이 설치된 환경에서 민감 정보(비밀번호, 개인정보 등)가 포함된 파일을 암호화하는 vault 기능을 확인해보고 적용합니다. 암호화하고 복호화하는 전반의 기능을 직접 확인합니다.

(1) vault를 통해 암호화된 yml 파일 생성

```
[ansible@master-node /etc/ansible]$ ansible-vault create vault.yml
New Vault password:
Confirm New Vault password:
```

빈 화면이 나오면, 다음과 같이 암호화할 평문을 작성합니다. 작성을 완료하고 :wq 입력하여 저장하면, 내부적으로 암호문으로 변경됩니다.

```
ansible valut test
```

(2) 암호화 파일을 조회

Ansible Vault는 AES 256bit의 대칭 키 암호화 알고리즘으로 암호화됩니다. 다음과 같이 암호문을 조회해보면 의미를 유추하기 힘들게 숫자로만 구성된 것을 확인할 수 있습니다.

```
[ansible@master-node /etc/ansible]$ cat vault.yml
$ANSIBLE_VAULT;1.1;AES256
61333665316263383034306262373738333566373766616531393062393566663313038
3632303366
38663132373834386132383336665653036636130346137330a65366634613634353536
3462363165
35393032616235346261633931346662626365376532663837383939323031666263364
6432376661
31663963633343861350a30303235396136346613166316336663563353532373339336632
6364623166
3161616561393238363238333830353630663138363139303536626434316266 3266
```

(3) 암호화 파일 복호화 및 조회

암호화된 파일을 ansible-vault의 view 명령어를 활용하여 복호화시켜 출력합니다. 이전에 작성한 평문 내용이 조회되는 것을 확인할 수 있습니다.

```
[ansible@master-node /etc/ansible]$ ansible-vault view vault.yml
Vault password:
ansible valut test
```

(4) 암호화 파일을 수정

복호화된 vault.yml 파일을 edit 명령어로 수정할 수 있습니다.

```
[ansible@master-node /etc/ansible]$ ansible-vault edit vault.yml
Vault password:
```

다음 내용으로 파일 내용을 수정합니다.

```
ansible edit !!
```

(5) 수정된 암호화 파일을 조회

수정된 암호화 파일을 ansible-vault의 view 명령어로 복호화해서 조회합니다. 조금 전에 수정한 내용으로 변경된 것을 확인할 수 있습니다.

```
[ansible@master-node /etc/ansible]$ ansible-vault view vault.yml
Vault password:
ansible edit !!
```

(6) 암호화 파일을 복호화 파일을 수정

암호화된 파일을 완전히 복호화해서 저장하도록 합니다. 이때, ansible-vault의 decrypt 복호화 명령어를 사용해 암호화된 vault.yml 파일을 복호화합니다.

```
[ansible@master-node /etc/ansible]$ ansible-vault decrypt vault.yml
Vault password:
Decryption successful
```

(7) 복호화된 평문 파일을 조회

복호화된 파일이 cat 명령어로 평문화된 것을 확인할 수 있습니다.

```
[ansible@master-node /etc/ansible]$ cat vault.yml
Vault password:
ansible edit !!
```

3 Lambda 서비스를 활용한 자동화 실습

이번 실습은 자원 스케줄링으로 접근 가능한 시점 범위를 축소해 보안성을 향상하는 데 목적이 있습니다. 즉, AWS의 Lambda 서비스를 활용해서 자원이 사용되지 않는 시간대에는 중지하고, 자원을 사용하는 시간대에는 가동해 외부에서 접근 가능한 표면과 환경을 줄이고자 합니다.

상용 서비스인 Lambda는 클라우드이자 서버리스 환경의 대표적인 서비스로, 비용 절감과 일반적인 현업의 활용도가 높아짐에 따라서 부각되고 있습니다. 따라서 다음의 간단한 실습으로 클라우드 보안성 확보 사례 중 하나로 참고할 수 있겠습니다.

3.1 스케줄링 기반의 자원 일괄변경 실습

실습 개요는 다음 그림과 같습니다. Cloudwatch Event에서 이벤트를 발생해 트리거 역할을 수행하도록 합니다. 이벤트 발생과 동시에 Lambda 함수에 작성한 코드가 실행됩니다. 태그가 되어 있는 자원에 한해서 중지된 자원을 가동하거나, 가동 중인 자원을 중지하는 작업을 자동화할 수 있습니다. 이때, 수행되는 람다 함수의 수행 이력을 추적할 수 있도록 Cloudwatch Log에 로그 파일을 적재합니다.

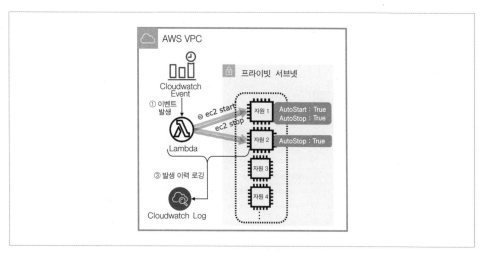

그림 5-60 스케줄링 기반 자동화 실습 개요

1) 사전 환경 설정

Lambda 서비스를 생성하기 전에, Lambda가 직접 수행할 작업에 대한 권한을 역할과 정책으로 설정해야 합니다. 우선 수행할 작업의 역할과 정책을 고민해야 합니다. Lambda 서비스가 자동으로 수행할 작업 역할로 생성해야 합니다. 물론, Lambda 서비스를 생성하는 과정에서 '기본 Lambda 권한을 가진 새 역할 생성'을 통해서 IAM 역할과 정책 생성을 자동으로 구성할 수 있으나, 정책과 역할의 세밀한 구성과 명명 규칙의 일관성을 위해 직접 설계하고 생성하도록 하겠습니다.

트리거가 발생된 Lambda 서비스는 EC2 자원 정보를 파악하고 자동으로 시작하거나 중지할 수 있습니다. 그리고 Lambda 서비스의 작업 내역 이력을 남길 수 있도록 로깅을 수행합니다. 따라서 EC2 인스턴스에 대해서 StartInstances, StopInstances, DescribeInstances를 수행할 수 있는 권한과 Cloudwatch Log에 대한 CreateLogStream, PutLogEvents, CreateLogGroup 권한이 부여되어야 합니다.

먼저 필요한 권한에 대해서 정책을 생성하도록 합니다. 이후, 생성된 정책Policy을 Lambda 서비스가 사용할 수 있도록 역할Role로 등록합니다. 다음은 보안 관점에서 필요한 IAM 권한들을 세밀화하는 정책 생성 과정을 보여줍니다.

① 정책 생성하기

IAM 서비스에서 정책 메뉴로 들어가 <정책 생성> 버튼을 클릭합니다.

그림 5-61 IAM 정책 목록

정책 생성 화면은 사용자가 직접 서비스별로 필요한 권한을 시각적으로 보면서 편집할 수 있는 '시각적 편집기' 탭과 JSON으로 권한 리스트를 직접 입력하는 'JSON 탭'으로 구분합니다.

그림 5-62 IAM 정책 생성의 시각적 편집기 화면

'시각적 편집기' 탭을 통해서 하나하나의 작업을 보면서 클릭해도 좋습니다. 그러나 필자는 'JSON 탭'을 통해서 직접 입력할 예정입니다. 왜냐하면 할당해야 할 권한이 이미 정리되었기 때문에 시각적 편집기에서 수백 개 정책을 조회하고 하나씩 선택하는 것보다 편리하기 때문입니다. JSON 작성 시에 ARN(리소스 식별 공유정보, Amazon Resource Names)는 실제 Lambda 관리 대상 자원에 대해서 명시적으로 수행 범위를 제한할 것을 추천하며 이는 보안성 수준의 향상과 비례합니다.

JSON은 간단한 경우 다음 그림 아래에 'JSON 형식의 IAM 정책'의 내용을 복사해서 JSON 탭에 붙여 정책을 생성합니다. JSON 코드 입력 후에 <정책 검토>를 클릭합니다.

그림 5-63 IAM 정책 생성의 JSON 화면

JSON 형식의 IAM 정책을 다음 내용으로 작성합니다.

```json
{
  "Version": "2012-10-17",
  "Statement": [
    {
      "Sid": "VisualEditor0",
      "Effect": "Allow",
      "Action": [
        "ec2:DescribeInstances"
      ],
      "Resource": "*"
    },
    {
      "Sid": "VisualEditor1",
      "Effect": "Allow",
```

```
        "Action": [
          "logs:CreateLogStream",
          "ec2:StartInstances",
          "ec2:StopInstances",
          "logs:PutLogEvents"
        ],
        "Resource": [
          "arn:aws:ec2:ap-northeast-2:123456789012:instance/*",
          "arn:aws:logs:ap-northeast-2:123456789012:log-group:/aws/lambda/lambda_log_group:*"
        ]
      },
      {
        "Sid": "VisualEditor2",
        "Effect": "Allow",
        "Action": "logs:CreateLogGroup",
        "Resource": "arn:aws:logs:ap-northeast-2:642111169749:*"
      }
    ]
  }
```

마지막으로 생성할 정책 이름을 임의로 lambda_policy로 지정하고, 정책 생성을 마무리합니다. 보안상의 이유로 실습 환경인 ARN 자원 정보는 숨김 처리했습니다.

정책 생성

(1) (2)

정책 검토

이름*   lambda_policy

영숫자 및 '+=,.@-_' 문자를 사용합니다. 최대 128자입니다.

설명   lambda_policy

최대 1000자입니다. 영숫자 및 '+=,.@-_' 문자를 사용합니다.

🔍 필터:

서비스 ▼	액세스 레벨	리소스
허용 (2 / 226 서비스) 나머지 224 표시		
CloudWatch Logs	제한: 쓰기	arn:aws:logs:ap-northeast-2::log-group:/aws/lambda/lambda up:*
EC2	제한: 목록, 쓰기	여러 개를 실행할 수 있습니

취소   이전   **정책 생성**

그림 5-64 IAM 정책생성 완료화면

 :: **더 알아봅시다**

IAM 정책 자동 생성기

JSON 문법 작성이 어려운 경우라면, JSON 문법으로 정책을 자동 생성해주는 다음 URL을 참고하도록 합니다.

- IAM Policy Generator
  URL ▷ https://awspolicygen.s3.amazonaws.com/policygen.html
- IAM 정책 생성 예시

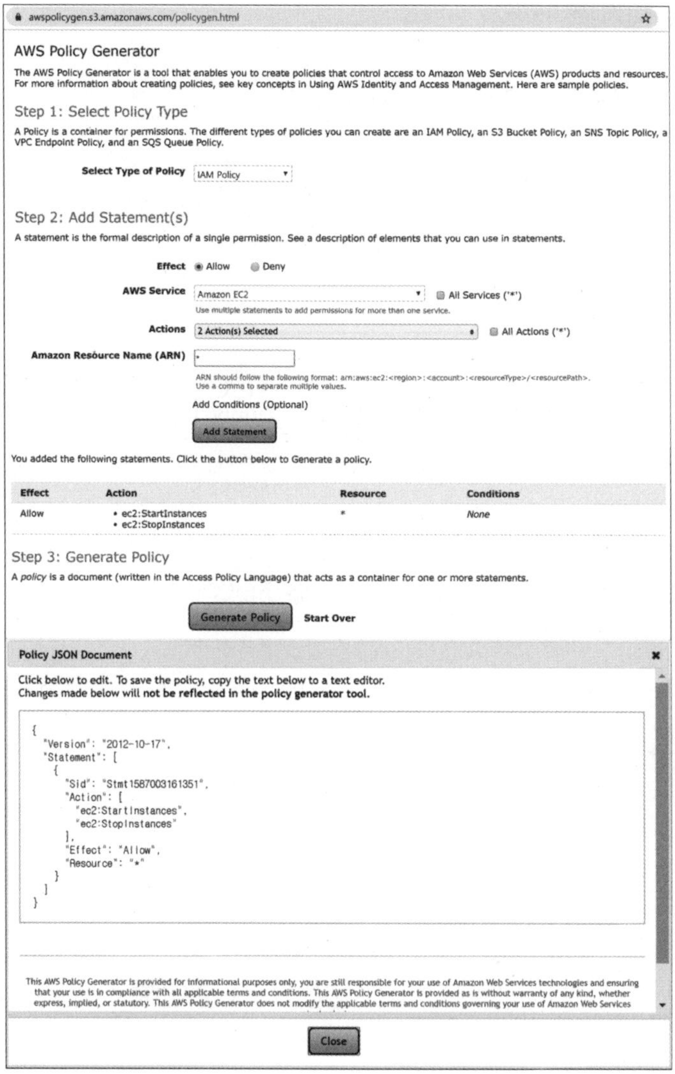

그림 5-65 IAM 정책 자동 생성기

② 역할 생성하기

생성된 lambda_policy 정책을 역할에 포함해서 Lambda 서비스 시작 시 활용하도록 합
니다. IAM 역할 메뉴에서 <역할 만들기> 버튼을 클릭합니다.

그림 5-66 IAM 역할 목록 화면

Lambda 서비스가 사람 대신에 작업을 수행할 것이므로 Lambda를 클릭하고 <다음: 권한> 버튼을 클릭합니다.

그림 5-67 IAM 서비스의 역할 생성 1단계

이전 정책 생성에서의 lambda_policy 정책을 선택하고, <다음> 버튼을 클릭합니다. lambda_policy는 직접 생성한 정책이므로, 정책 필터에서 '고객 관리형'으로 필터링을 설정하면 보다 쉽게 검색이 가능합니다.

그림 5-68 IAM 서비스의 역할 생성 2단계

태그 작성 단계는 선택적 항목으로 불필요하면 작성하지 않고 <다음>을 클릭해도 무방합니다.

그림 5-69 IAM 서비스의 역할 생성 3단계

마지막으로 lambda_role이라는 역할 이름을 작성하고 <역할 만들기>를 클릭하여 완료합니다.

그림 5-70 IAM 서비스의 역할 생성 4단계

2) EC2 자원의 태그 생성

Lambda가 서비스 트리거에 의해서 자동으로 가동하거나 중지해야 할 EC2 자원을 태그로 표시합니다. 자동으로 가동이 필요한 EC2 자원에는 AutoStart 키에 True 값을 설정합니다. 자동으로 중지가 필요한 EC2 자원에는 AutoStop 키에 True 값을 설정하도록 합니다.

다음은 EC2의 인스턴스 메뉴로 생성된 EC2 목록을 확인합니다. 여기서 Resource01에는 자동 가동되고 자동 중지되고, Resource02는 자동 중지되도록 태그를 설정합니다.

그림 5-71 EC2 자원목록

다음 그림의 <태그 추가/편집> 버튼을 눌러 AutoStart, AutoStop 태그를 추가합니다.

그림 5-72 태그 추가/편집

태그 추가/편집   ✕

리소스에 태그를 추가하면 리소스를 정리하고 식별하는 데 도움이 됩니다.

태그는 대소문자를 구별하는 키-값 페어로 이루어져 있습니다. 예를 들어 키가 Name이고 값이 Webserver인 태그를 정의할 수 있습니다. Amazon EC2 리소스 태그 지정에 대해 자세히 알아보기.

키	값	
AutoStart	True	✖ 열 숨기기
AutoStop	True	✖ 열 표시
Name	Resource01	✖ 열 숨기기

태그 생성   취소   저장

그림 5-73 태그 추가 화면

EC2 자원의 태그 추가결과는 다음과 같이 확인할 수 있습니다. 조회하는 열에 추가한 태그의 값을 조회하고 싶다면, 오른쪽 위에 있는 톱니바퀴 버튼을 통해서 등록된 태그 키를 확인할 수도 있습니다.

그림 5-74 EC2의 태그 조회

3) Lambda 서비스 확인 및 함수 생성

AWS 사용자라면, AWS Lambda 서비스의 '함수' 항목을 클릭하면 다음과 같은 화면을 조회할 수 있습니다. 오른쪽 위에 <Create function> 버튼을 클릭해서 Lambda 함수를 생성하도록 합니다.

그림 5-75 AWS Lambda 함수 목록

신규 함수 작성이므로, '새로 작성'을 클릭하고 함수 이름과 Runtime 시 적용할 언어와 버전을 선택합니다. 이번 실습에서는 EC2 자원을 자동으로 가동하기 위해서 'AutoStartup'이라는 이름으로 입력하고, EC2 자원을 가동하기 위한 작성 코드는 파이썬 3.7 언어로 선택해 작성합니다. 작성코드는 go, java, ruby, .net core 등도 지원하므로 독자에게 익숙한 언어를 지정해도 무방합니다.

그림 5-76 AWS Lambda 함수 생성 - 언어 선택

역할은 사전에 생성한 IAM 역할인 lambda_policy를 선택합니다. 입력과 선택이 모두 완료되면, <함수 생성> 버튼을 클릭합니다.

그림 5-77 AWS Lambda 함수 생성 - 역할 선택

'기본 Lambda 권한을 가진 새 역할 생성'으로 정책을 생성한 경우

- Lambda 함수 생성 과정 중에 '새 역할 생성'으로 정책을 통하면, 앞선 IAM 역할과 정책, 로그 그룹을 직접 생성하지 않고 자동으로 만들어 줍니다.
- 이때 IAM 역할명은 {Lambda 함수명}-role-{임의적 문자+숫자 혼용된 8자리}로 생성됩니다.
- IAM 정책명 또한 AWSLambdaBasicExecutionRole-{임의적 문자+숫자 혼용된 36자리}로 생성됩니다.

4) Lambda Designer 소스코드 작성

EC2를 가동하는 함수를 작성하기 위한 Designer 화면을 조회하면, 역할을 부여받을 서비스인 CloudWatch logs와 EC2 서비스가 자동으로 연동된 것을 확인할 수 있습니다.

AutoStartup의 함수를 수행하기 위한 코드를 다음과 같이 작성합니다.

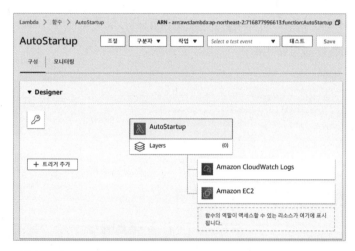

그림 5-78 AWS Lambda 디자이너 화면

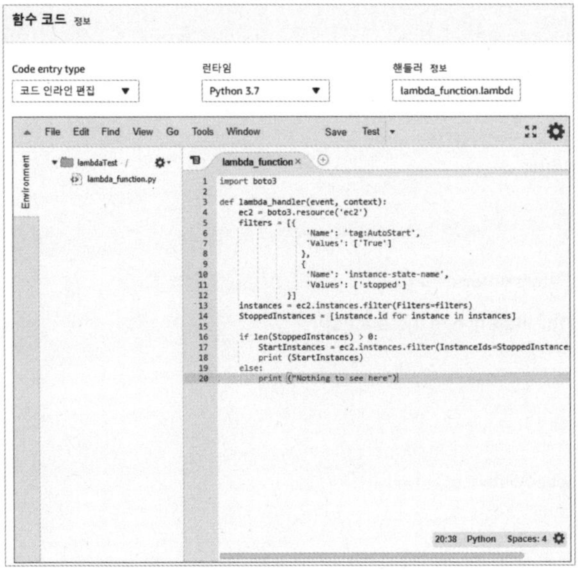

그림 5-79 Lambda의 파이썬 코드 작성

　　다음은 앞선 그림의 파이썬 3.7 버전으로 구현한 EC2 Start 코드입니다. AWS 자원을 통제하기 위해 boto3 라이브러리를 임포트^{import}합니다. 그리고 lambda_handler 함수를 선언한 후, EC2 자원에 한해서 태그 키^{Key}가 AutoStart이고 값^{Value}이 True인 값을 필터링합니다. 추가로, 인스턴스 상태^{instance-state-name}가 stopped인 값에 한해서도 필터링합니다. 필터링된 EC2 자원목록은 for 문을 통해서 StoppedInstances인 리스트 변수에 저장하고, start( )를 호출하여 EC2 자원을 가동합니다.

　　즉, 태그와 인스턴스 상태를 검토해서 일괄 EC2 자원을 시작하는 3.7 버전의 파이썬 코드입니다.

```python
import boto3

def lambda_handler(event, context):
    ec2 = boto3.resource('ec2')
    filters = [{
            'Name': 'tag:AutoStart',
```

```
            'Values': ['True']
            },
            {
            'Name': 'instance-state-name',
            'Values': ['stopped']
  }]
    instances = ec2.instances.filter(Filters=filters)
    StoppedInstances = [instance.id for instance in instances]

    if len(StoppedInstances) > 0:
      StartInstances =
ec2.instances.filter(InstanceIds=StoppedInstances).start()
      print (StartInstances)
    else:
      print ("Nothing to see here")
```

5) 함수 호출을 위한 트리거 생성

자원을 가동하는 함수 코드를 만들었다면, 해당 함수를 호출하는 트리거가 필요합니다. 이번 실습에서는 CloudWatch Events 서비스의 시간 스케줄링을 설정해서 트리거가 발생하도록 구성합니다.

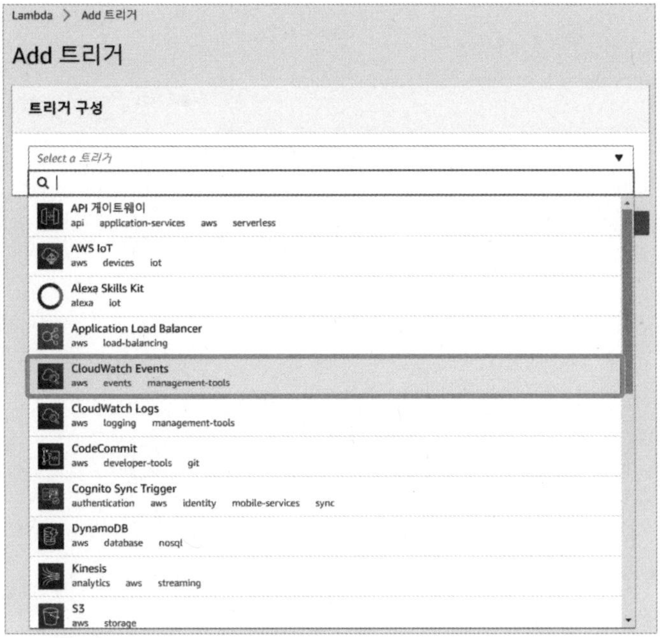

그림 5-80 AWS Lambda의 트리거 대상 선택

6) 트리거 구성

트리거는 새로 작성되며, 트리거의 이름(규칙)은 StartupForEC2로 입력합니다. 예약 표현식은 cron(분, 시, 일, 월, 요일, 년)의 순서로 UTC 기준으로 작성합니다.

해당 실습에서는 한국 시각으로 월요일부터 금요일 동안에 9시 00분에 EC2로 자동으로 가동하는 트리거가 발생하도록 설정합니다. 따라서 예약 표현식에는 cron(0 0 ? * MON-FRI *)으로 작성해서 UTC 0시 0분, 매일이 아닌 날, 매월, 월요일~금요일, 매년 기준으로 트리거가 발생하도록 합니다. 마지막으로 <Add> 버튼을 눌러 트리거 추가를 완료합니다.

그림 5-81 AWS Lambda의 트리거 설정

7) 최종 저장

마지막으로 <Save> 버튼을 클릭해서 특정 시점에 EC2 자원이 가동되는 Lambda 서비스를 생성해보았습니다. 위쪽에 <테스트> 버튼을 클릭해서 작성한 코드의 이상 여부와 태그가 설정된 EC2 자원이 자동으로 가동되는지 확인합니다. 테스트가 정상적으로 완료되었다면, 시간 스케줄링이 설정된 Cloudwatch Event 트리거가 정상적으로 작동되어 EC2 자원이 가동되는 전체 사이클 상황을 확인합니다.

만약 테스트가 정상으로 가동되지 않았다면, Cloudwatch Log 서비스에 적재되는 로그를 살펴서 원인을 확인합니다. 일반적으로 선택한 언어의 문법 오류[synctax error]나 권한이 부여되지 않는 경우[unauthorized]에 오류가 발생하니, 사전에 설정된 환경이 정상적으로 구성되었는지 확인합니다.

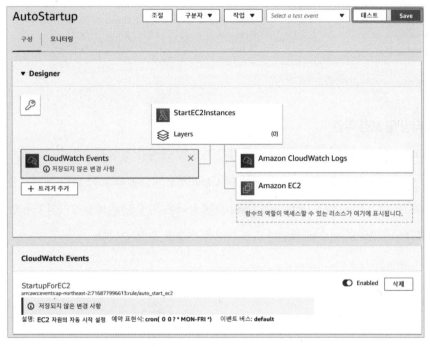

그림 5-82 AWS Lambda의 최종 구성 상태

8) EC2 자원의 가동 여부 확인

Cloudwatch Event에 설정한 시간으로 Lambda 서비스가 실행되어, 태깅된 EC2 자원이 가동되는지 확인합니다. 기존에 생성된 EC2에 AutoStart와 AutoStop 태그가 설정되었는지 확인하고, 필요하면 신규로 태그를 추가/변경하도록 합니다. Lambda 서비스 적용 이후, 의도된 방향으로 가동되고 있는지 모니터링을 수행할 수 있습니다.

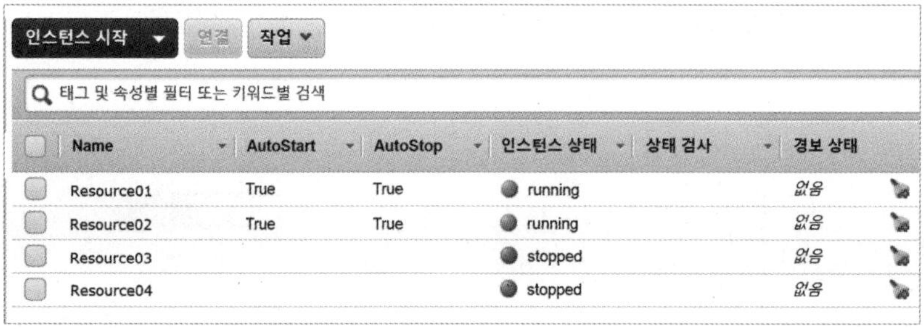

그림 5-83 AutoStart Lambda 서비스의 수행결과

9) 모니터링 및 로깅 확인

AWS Lambda의 모니터링 탭을 통해 자동적인 가동과 중지가 정상적으로 수행되었는지 확인하며, 정상적으로 수행되지 않은 경우에 CloudWatch Logs를 통해 에러 메시지를 확인할 수 있습니다. CloudWatch Logs는 Lambda에 등록된 함수 단위로 총 2개의 Log 항목이 생성되며, 운영상의 이슈를 확인하고 트래킹을 수행할 수 있습니다.

그림 5-84 Lambda 서비스의 모니터링 화면

EC2 중지를 위한 함수 코드

다음은 파이썬 3.7 버전으로 구현한 EC2 자원을 중지하는 코드입니다. 앞서 설명한 EC2 자원을 가동하는 방법과 유사하며, 태그값(AutoStop: True)과 시작된 자원 상태(running)를 필터링해서 EC2 자원을 중지하는 Lambda 함수를 신규로 생성합니다.

트리거는 AutoStart Lambda 함수와 유사하지만, Cloudwatch Event의 시간 스케줄링만 변경하여 적용하면 됩니다. 실제 EC2 자원의 중지가 필요한 시점으로 설정합니다. 적용하고, 테스트 버튼을 클릭하여 단위 테스트를 수행하며, Cloudwatch Log 정보와 Lambda 모니터링 서비스를 통해서 정상수행을 모니터링합니다.

```python
import boto3
def lambda_handler(event, context):
    ec2 = boto3.resource('ec2')
    filters = [{
            'Name': 'tag:AutoStop',
            'Values': ['True']
        },
        {
            'Name': 'instance-state-name',
            'Values': ['running']
    }]
    instances = ec2.instances.filter(Filters=filters)
    RunningInstances = [instance.id for instance in instances]
    if len(RunningInstances) > 0:
        StopInstances =
            ec2.instances.filter(InstanceIds=RunningInstances).stop()
print (StopInstances)
    else:
        print ("Nothing to see here")
```

4 CLI 통한 S3 데이터 암호화 자동화 실습

클라우드 환경에서 민감한 데이터 또는 개인정보 등은 기본적으로 암호화 알고리즘이 적용된 상태로 저장되어야 합니다. 사용자가 직접 키를 생성하고 관리하는 기준인 클라우드 사이드 암호화^{Client Side Encryption}와 AWS에서 제공하는 키 기준으로 데이터를 암호화하는 서버 사이드 암호화^{Server Side Encryption}로 분류할 수 있습니다.

이번 실습에서는 클라우드 제공업체^{CMP}에서 지원하는 AES-256 암호화 알고리즘 기반으로 S3 버킷 내에 자동으로 데이터를 암호화 저장하고, 복호화하여 조회하도록 합니다.

시나리오 6 - S3 데이터의 암호화 실습

AWS에서 제공하는 aws cli 툴을 통해 s3 스토리지에 저장된 데이터를 암호화하고, 추가 설정 작업 없이 자동으로 데이터 암호화를 구성하는 실습입니다. 사전에 실습을 위한 IAM 서비스 환경을 구성하고, 첫 번째로 평문 파일을 업로드합니다. 평문 파일이 S3 서비스에 암호화되지 않은 채 업로드되어, 두 번째 단계에서 AWS-KMS의 암호화 설정을 적용합니다. 세 번째로 평문 파일을 업로드하면 자동으로 암호화된 파일로 적용되는 것을 확인합니다. 마지막으로 기존에 저장된 파일들도 기본적인 암호화 알고리즘을 적용하기 위하여, 암호화 적용 작업을 수행하는 일련의 과정을 실습해보도록 합니다.

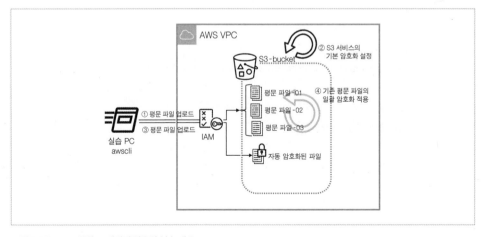

그림 5-85 awscli 통한 s3 데이터 암호화 실습 개요

1) S3 서비스에서 버킷 생성

S3 서비스에 대한 서버측 암호화 실습을 위해, s3 서비스에서 버킷을 생성해보도록 합니다. Amazon S3 메뉴의 버킷을 통해 <버킷 만들기> 버튼을 클릭합니다.

그림 5-86 S3 서비스의 버킷 메뉴

S3 버킷 이름은 임의적으로 S3-bucket이라고 작성하고, 외부 인터넷 환경에서 접근하지 못하도록 모든 퍼블릭 액세스를 차단하여 생성합니다.

그림 5-87 S3 서비스의 버킷 생성 화면

S3 버킷 생성이 완료되면, 다음 그림과 같은 버킷 목록이 조회됩니다.

그림 5-88 S3 서비스 버킷 목록

2) IAM 서비스 권한 설정

우리는 S3(오브젝트 스토리지) 서비스에 데이터를 저장하기 위해서 소스코드 레벨에서 사용할 IAM 계정에 CLI 모드로 접근할 수 있는 권한을 구성합니다. S3에 데이터를 저장하는 방법은 브라우저를 통해서 저장할 수 있으나, 실제 IT 시스템을 통한 S3의 저장 방식은 프로그램 레벨이므로 CLI 접근 권한이 필요합니다. 즉, IAM 서비스 메뉴에서 S3에 저장할 수 있는 정책을 사용하고 프로그램에서 사용할 IAM 사용자 계정을 생성합니다. 생성하면서 제한된 정책에 대해서만 수행할 수 있도록 설정으로 보안성 수준을 확보할 수 있습니다.

① IAM 서비스에 제한된 정책 생성

먼저 S3 서비스의 데이터를 저장할 수 있는 IAM 정책을 생성합니다. 이 정책은 이후 IAM 사용자 계정과 연결할 예정입니다. 우선 다음 그림처럼 IAM 정책에서 <정책 생성> 버튼을 클릭합니다.

그림 5-89 IAM 서비스의 정책 생성 1단계

이번 IAM 서비스 정책 생성은 '시각적 편집기'에서 수행하도록 합니다. CLI를 통해 S3에 데이터를 암호화하여 적재하는 것이 목적이므로, 필요한 정책만 최소한으로 부여합니다. HeadBucket, PutObject, PutObjectTagging, ListBucket 정책을 부여합니다. 또한, CLI를 통한 S3 버킷 목록을 조회하기 위해 GetObject, GetObjectTagging 정책을 부여합니다. 작업을 위한 리소스는 사용 범위에 한해서 S3 자원을 명시하여, 임의의 접근을 최소화해 보안성 수준을 향상합니다.

그림 5-90 IAM 서비스의 정책 생성 2단계

다음 그림은 특정한 리소스만 사용하도록 제한하고자, 이전에 생성한 S3 버킷인 'S3-bucket'을 선택하는 화면입니다.

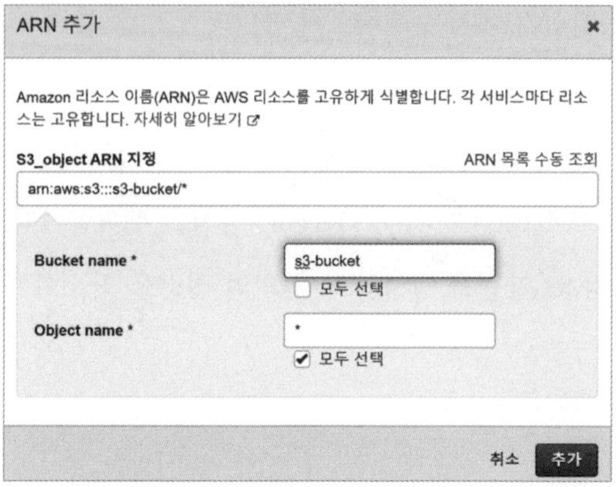

그림 5-91 IAM 서비스의 리소스 제한

다음 그림은 생성할 정책에 대한 검토 화면으로 정책명과 정책 설명을 작성한 후, <정책 생성> 버튼을 클릭하도록 합니다.

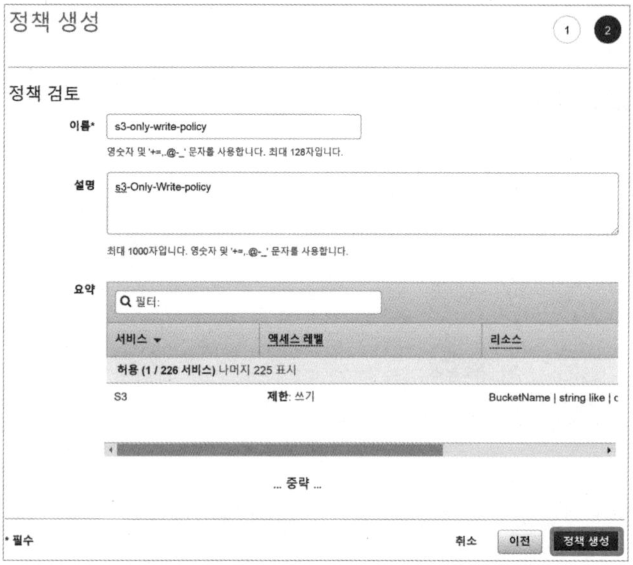

그림 5-92 IAM 서비스의 정책생성 3단계

정책 생성이 완료되어, 목록에서 확인할 수 있습니다.

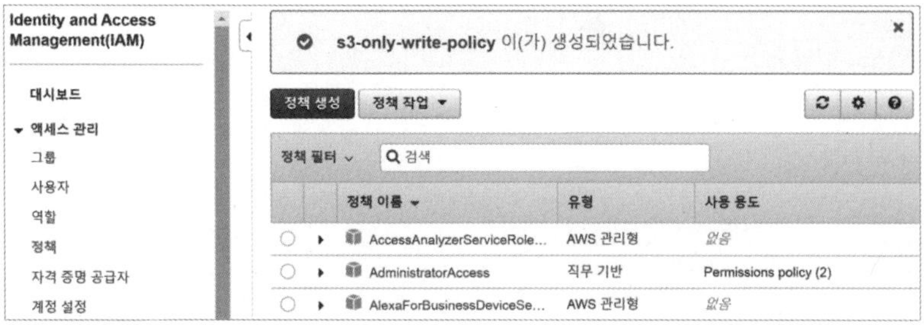

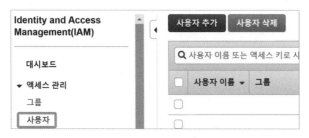

그림 5-93 IAM 서비스의 정책 생성 완료

② IAM 사용자 생성 및 CLI Access 설정

다음 그림은 AWS의 [IAM 서비스] → [사용자] 메뉴에서 S3 데이터를 적재할 사용자를 추가하도록 합니다. REST API나 HTTP를 요청하기 위한 액세스 키를 생성하고자 합니다. <액세스 키 만들기> 버튼을 클릭합니다(필자는 보안상의 이유로 ARN 자원 이름은 숨김 처리합니다).

그림 5-94 IAM 서비스의 사용자 메뉴

S3 서비스에서만 사용하기 위한 전용 사용자를 만들어 봅니다. 's3-user'라는 이름으로 사용자 이름으로 작성하고, CLI^Command Line Interface 으로 S3 서비스를 사용할 것이므로 '프로그래밍 방식 액세스'를 선택하고 다음으로 넘어갑니다.

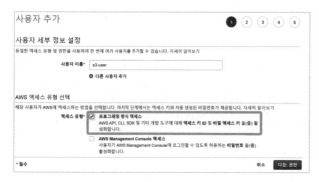

그림 5-95 IAM 서비스의 사용자 추가 화면

생성되는 사용자에 대해서 이전에 생성된 정책과 연결을 수행하도록 합니다. '기존 정책 직접 연결' 탭을 통해서 이전 단계에서 생성한 정책을 선택해서 사용자 권한으로 할당합니다.

그림 5-96 IAM 서비스의 사용자와 정책 연결 화면

IAM 사용자는 필요할 때 태그를 추가한 후, 다음으로 넘어갑니다. 태그는 나중에 설정할 수 있으므로, 작성하지 않고 다음 단계로 넘어가도 됩니다.

그림 5-97 IAM 서비스의 사용자 태그 추가 화면

최종적으로 사용자 추가 정보를 검토한 후, <사용자 만들기> 버튼을 클릭하여 마무리
하도록 합니다.

사용자 추가

검토

선택 항목을 검토합니다. 사용자를 생성한 후 자동으로 생성된 비밀번호와 액세스 키를 보고 다운로드할 수 있습니다.

사용자 세부 정보

사용자 이름	s3-user
AWS 액세스 유형	프로그래밍 방식 액세스 - 액세스 키 사용
권한 경계	권한 경계가 설정되지 않았습니다

권한 요약

다음 정책이 위에 표시된 사용자에게 연결됩니다.

유형	이름
관리형 정책	s3-only-write-policy

취소   이전   사용자 만들기

그림 5-98 IAM 서비스의 사용자 추가 검토 화면

최종적으로 추가된 사용자 정보를 표시하고, CLI를 통해 사용자 인증을 수행하기 위해
서 액세스 키 ID와 비밀 액세스 키를 보관하도록 합니다. 다음 그림 왼쪽에 있는 <.csv 다
운로드> 버튼을 클릭하면 인증 정보를 저장해서 관리할 수 있습니다. 단, 해당 인증 정보
만으로 권한을 부여받은 서비스를 사용할 수 있으므로, 외부로 노출되지 않도록 주의해
야 합니다.

3) S3에 데이터 업로드

S3의 s3-bucket 버킷으로 test.txt 파일을 업로드하는 명령어입니다. 실습 환경에서 수행하는 위치에 존재하는 파일 중 업로드할 파일들만 지정해서 S3의 's3-bucket' 버킷으로 업로드합니다.

```
$ aws s3 cp test_not_encryption_01.txt s3://s3-bucket
upload: .₩test_not_encryption_01.txt to s3://s3-bucket/test_not_encryption_01.txt
$ aws s3 cp test_not_encryption_02.txt s3://s3-bucket
upload: .₩test_not_encryption_02.txt to s3://s3-bucket/test_not_encryption_02.txt
$ aws s3 cp test_not_encryption_03.txt s3://s3-bucket
upload: .₩test_not_encryption_03.txt to s3://s3-bucket/test_not_encryption_03.txt
```

업로드 결과를 S3 서비스 화면에서 확인해보면, 암호화 속성이 없는 것으로 조회됩니다. 즉, 평문 데이터 형태 그대로 S3에 적재되었다고 이해할 수 있습니다.

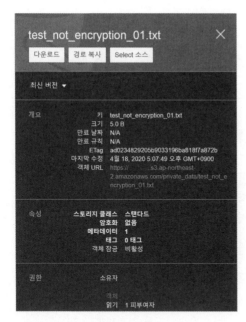

그림 5-100 S3 서비스의 특정 파일 속성 조회

현재 S3 서비스에 적재되는 데이터의 보안 향상을 위해서 암호화 적용을 수행해야 할 것입니다. 그러지 않는다면, 악의적인 목적으로 데이터를 남용·오용하거나 손쉽게 데이터 내용이 유출될 가능성이 높습니다. 따라서 S3 서비스에 기본으로 제공하는 KMS 서비스 기반의 대칭 키 암호화 알고리즘(AES-256)으로 적재되는 데이터를 암호화 설정해야 합니다. 물론, AWS KMS의 키 관리 서비스를 사용하지 않고, 사용자가 직접 생성하는 키를 등록해서 S3 데이터의 암/복호화 키로 사용해도 됩니다.

이번 실습은 AWS에서 자체적으로 제공하는 KMS 키를 통해 데이터를 서버에서 자동으로 암호화하는 설정을 이어가보도록 하겠습니다.

4) S3 서비스의 보안 설정

S3 서비스에서 s3-bucket 목록을 조회합니다. 위에 5가지 탭tab 중에서 '속성' 탭을 조회하면, '기본 암호화'라는 항목이 조회됩니다. 해당 항목을 통해서 기본 암호화 수준을 설정해보도록 합니다.

그림 5-101 s3-bucket의 속성탭

기존에 '없음'이라고 선택된 부분을 조정해서 AWS-KMS 키를 활용한 서버측 암호화를 선택하도록 합니다. 저장을 누른 시점부터 업로드되는 S3 데이터는 AES-256 암호화 알고리즘이 적용되어 암호화된 데이터로 보관하게 됩니다.

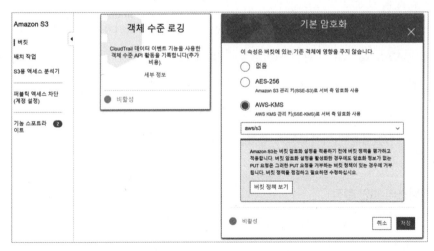

그림 5-102 s3-bucket의 기본 암호화 설정

그렇다면, 기존 s3-bucket에 올라간 데이터는 어떻게 될까요? 암호화되지 않은 채 남아 있게 될 것입니다. 즉, 새로 업로드되는 데이터는 암호화가 적용되고 이미 적재되어 S3에 보관 중인 데이터는 암호화가 적용되어 있지 않습니다. 이후 CLI를 통한 실습으로 보안성 수준을 개선해보도록 합니다.

5) 암호화 설정된 S3에 데이터 업로드

S3 서비스의 s3-bucket 버킷으로 test.txt 파일을 업로드하도록 합니다.

```
$ aws s3 cp test.txt s3://s3-bucket
upload: .₩test.txt to s3://s3-bucket/test.txt
```

s3 서비스 화면을 통해 암호화 여부를 확인합니다. 왼쪽 속성 항목에서 AWS-KMS로 암호화가 된 것을 확인할 수 있습니다. 업로드 CLI에서 별도의 명시적인 암호화 명령어를 사용하지 않아도 자동으로 암호화 적용되어 적재되는 것을 확인할 수 있습니다.

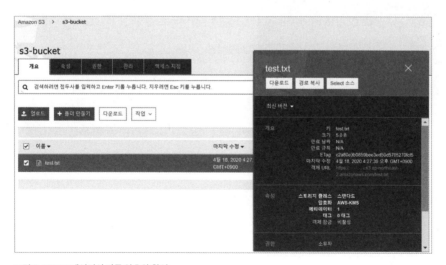

그림 5-103 S3 데이터의 자동 암호화 확인

6) 기존 S3 보관 파일의 암호화 적용

S3의 암호화 적용 전, 이미 저장된 기존 데이터는 암호화 적용 작용이 필요합니다. 현재 S3 서비스는 기본 암호화가 적용되었다고 하더라도, 모든 파일에 일괄 적용되지는 않기 때문에, 사용자의 추가 작업이 필요합니다.

암호화 적용이 필요한 파일은 test_not_encryption_01.txt ~ test_not_encryption_03.txt 입니다.

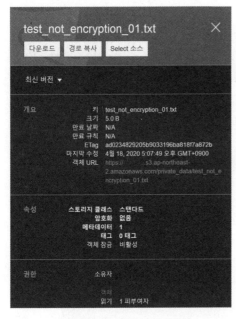

그림 5-104 기존에 적재된 S3 데이터(암호화 없음)

다음과 같이 recursive 재귀 명령을 통해서 aws:kms로 암호화 처리를 적용하도록 CLI 명령어를 수행합니다.

```
$ aws s3 cp s3://db-tech/private_data s3://db-tech/private_data --recursive --sse aws:kms
copy: s3://db-tech/private_data/test_not_encryption_01.txt to s3://db-tech/private_data/test_not_encryption_01.txt
copy: s3://db-tech/private_data/test_not_encryption_02.txt to s3://db-tech/private_data/test_not_encryption_02.
txt
copy: s3://db-tech/private_data/test_not_encryption_03.txt to s3://db-tech/private_data/test_not_encryption_03.
txt
```

시각적인 편의를 주기 위해 S3 서비스 화면에서 암호화 적용 여부를 확인해봅니다. 임시로 test_not_encryption_01.txt 파일을 선택해 파일 속성값을 확인해보면, AWS-KMS로 암호화가 적용된 것을 확인할 수 있습니다.

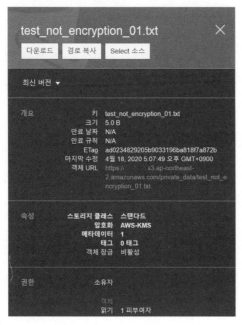

그림 5-105 S3 서비스에서 암호화 적용 여부 확인

CLOUD SECURITY

클라우드 보안 거버넌스

많은 보안 담당자들은 통제되지 않는 수많은 자산에 대한 통제 방안을 고민하게 됩니다. 어떻게 보안관리를 할 수 있을까? 어떤 거버넌스를 가져가야 할까? 온프레미스 방식의 보안점검과 보안관리로는 수백 명의 보안 담당자를 채용해야 할 것입니다. 앞서 우리는 클라우드 환경의 특징과 보안 아키텍처를 수립하고 클라우드 서비스 제공자가 제공하는 여러 가지 보안 기능들을 살펴보았습니다. 보안 거버넌스는 수립된 보안 아키텍처를 현장에 맞게 변화하는 상황에 따라 맞춰가는 활동입니다.

클라우드 환경에서 안전하게 보안이 적용되고 관리되는 환경을 'Secure Cloud'라는 용어로 표현하겠습니다. Secure Cloud 환경은 보안 담당자의 역할이 최소화되는 한편 사용자는 프로세스에 따라 클라우드 서비스를 이용하며, 별도로 보안을 고려하지 않고 사용할 수 있어야 합니다.

클라우드를 통해서 개발자나 운영자들이 몇 주씩 걸리던 개발 서버 구성이나 개발환경 구성을 몇 분 안에 해결하고 자유롭게 개발 업무를 하게 된 것처럼, 보안 담당자도 기존의 보안 업무 관리 방식에서 벗어나 더 자유롭게 보안 기술을 적용하고 관리 방법을 자동화할 필요가 있습니다.

예를 들어 기존에는 자동화 스크립트를 만들어도 장애 발생 위험 때문에 운영서버에서 스크립트를 실행하지 못했다면 클라우드 환경에서는 복제와 백업, 빠른 배포를 통해 장애를 빠르게 조치할 수 있으므로 스크립트와 자동화 관리를 더 다양하게 시도할 수 있도록 아키텍처를 구성해야 합니다. 즉, 이후에 설명할 클라우드 보안 거버넌스를 확보하기 위해서는 지속적인 개선점을 고민하고 스크립트와 API를 활용한 자동화 기술을 적용하는 노력을 해야만 합니다.

이번 장에서는 운영하는 클라우드의 규모에 따라 클라우드 서비스의 보안 거버넌스를 어떻게 가져가야 할 것인가를 함께 생각해보겠습니다.

1 소규모 클라우드 이용 시 보안 거버넌스

이번 절에서는 보안 인력이나 투자 비용이 부족한 중소기업과 스타트업에서 적용하기 위한 소규모 클라우드 이용 시 보안 거버넌스에 대해 설명하겠습니다. 소규모로 클라우드를 이용하는 주된 목적 중 하나는 비용과 인력 부족을 해결하기 위한 경우가 많습니다. 최소한의 비용으로 솔루션이나 서비스를 개발하기 위해 클라우드를 사용합니다. 이럴 때 제품이나 서비스 수준에 따라 3단계로 보안 거버넌스를 운영할 수 있습니다.

그림 6-1 소규모 클라우드 보안 거버넌스 적용 단계

1.1 보안 기본 정책 관리

보안 기본 정책 관리는 클라우드에서 제공하는 자체 보안 기능으로 비용이 발생하지 않는 범위의 보안관리로 보안 수준을 높이는 방법입니다.

계정관리

클라우드 관리 포털이나 애플리케이션, 서버의 계정 등에 다음과 같은 기준으로 계정별 보안 정책을 적용할 수 있습니다. 클라우드 환경에서도 계정을 다음 3가지 용도로 구분해서 생성하고 계정 변경이나 생성 권한은 특정 관리자만 승인하도록 관리해야 합니다.

유형	설명	보안정책
Root / Administrator 계정	최고 관리자 계정	사용 최소화, 패스워드에 대한 관리 강화, 복합인증 적용
서비스용 계정	서비스나 프로세스를 실행하기 위해 사용하는 계정	서비스 용도로만 활용하고 접속용으로 사용하지 않도록 통제, 패스워드에 대한 관리 강화
운영자용 계정	운영이나 관리를 위해 접속하는 계정	주기적으로 패스워드 변경, 미사용 계정에 대한 관리, 사용자별 계정 발급, 복합인증 적용

클라우드 관리 포털의 Root 계정은 외부에 노출 시 클라우드 시스템 전체를 변경할 수 있기 때문에 사용을 최소화하고 필요할 때만 제한된 인력이 사용해야 합니다.

서비스용 계정은 해당 서비스를 위한 목적으로 사용하고, 운영용으로 사용하지 않도록 통제해야 합니다. 서비스 계정은 보통 서비스의 목적과 관련된 내용으로 계정명을 생성하기 때문에 사용자의 추적이 어렵고 서비스 영향도로 인해 패스워드의 주기적인 변경이 어렵습니다.

운영자용 계정은 미사용 계정에 대한 통제와 패스워드의 주기적인 변경에 대한 관리가 필요합니다. 90일에 한 번씩 패스워드를 변경하도록 정책을 관리하고 180일 이상 미사용된 계정은 사용 여부를 파악해 삭제하거나 잠금 설정을 해야 합니다.

특히 AWS의 경우에는 액세스 키에 대해서도 동일하게 계정관리가 필요합니다. 일반 계정의 경우 웹으로 클라우드 관리 포털에 로그인하려면 클라우드를 식별하는 ID 정보와 운영자용 계정, 패스워드를 입력해야 하지만 액세스 키의 경우 액세스 키 ID와 비밀 키만으로 클라우드에 접속이 가능합니다.

접근제어

클라우드에서 적용할 수 있는 접근제어는 클라우드 관리 포털에 대한 접근, 클라우드에 생성된 서버나 DB, 스토리지 등에 대한 접근으로 나누어 생각할 수 있습니다. 온프레미스에서 운영되는 서버나 DB처럼 같은 수준의 접근제어를 적용하려면 클라우드에 접속할 수 있는 IP를 회사의 공인 IP로 접근 제한하는 정책 적용이 필요합니다.

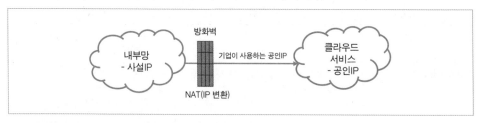

그림 6-2 NAT(Network Address Translation)

기업이 사용하는 공인 IP 대역만 클라우드 관리 포털에 접근하도록 접근제어를 적용할 수 있습니다. 이런 경우 계정이 유출되어도 외부에서 접근이 차단되기 때문에 보안 수준이 높아집니다. 만약 서버 운영자나 개발자들이 사내에서 특정한 IP 대역을 사용한다면 해당 IP 대역만 별도의 NAT IP로 변환해 사내 전체가 아닌 특정 IP에서만 접속하도록 접근 통제를 강화할 수도 있습니다.

클라우드 시스템 서버에 접근하는 경우도 배스천 호스트 역할을 하는 중계 서버만 외부에서 접근 가능하도록 허용하고 내부 서버들은 배스천 호스트에서만 접속할 수 있도록 허용하면 관리 포트(22, 3389 등의 포트)로 외부에서 직접 접속하지 못하도록 통제가 됩니다.

수집 가능한 로그 범위 분석

클라우드의 보안 거버넌스 확보를 위해 가장 필요한 부분이 로그 설정이며, 가시성 확보를 위해서는 클라우드 서비스 제공자가 지원하는 로그 설정 항목과 저장으로 확인할 수 있는 범위의 파악이 필요합니다. 클라우드 관리 포털에서 보통 기본적으로 90일 정도의 로그 설정만 저장하기 때문에 기업의 보안관리 범위에 따라 운영자의 접속 기록, 행위 이력, 네트워크 트래픽 로그 설정 등 기본으로 제공하는 로그 설정 유형과 항목에 대한 분석이 필요합니다.

로그 설정을 통해 계정 생성, 삭제, 변경에 대한 모니터링과 외부에서의 접속 시도나 접근 통제에 대한 이상징후를 사후 추적할 수 있습니다.

1.2 클라우드 기본 기능 활용

기본적인 보안설정을 활용해 보안 수준을 확보한 이후에 해야 할 일은 클라우드에 대한 정보를 수집하고 사용자 그룹에 가입하여 다양한 사람들을 만나 정보를 획득하는 일입니다. 다시 말하면 사용하는 클라우드에 대한 기술 수준을 향상시켜서 보안 서비스를 효율적으로 활용해야 합니다.

클라우드 사용자 그룹

대표적인 퍼블릭 클라우드는 페이스북을 통해 한국사용자 모임이 만들어져 있고 다양한 사용자들이 정보를 주고받고 사례를 공유하고 있습니다. 특히 클라우드의 변경 사항이나 이벤트 등과 관련된 자료들을 빠르게 확인할 수 있고, 발표자료나 필요한 자료를 공유받을 수도 있습니다. 사용자 그룹에서는 밋업Meet up이나 세미나를 통해 궁금한 사항을 물어보고 사람을 소개받을 수 있기 때문에 개인의 활동에 따라 인적 네트워크 구성이나 정보를 수집할 수 있습니다.

- AWS 한국사용자 그룹 : https://www.facebook.com/groups/awskrug
- Azure 한국사용자 그룹 : https://www.facebook.com/groups/krazure
- GCP 한국사용자 그룹 : https://www.facebook.com/groups/googlecloudkorea
- 네이버 클라우드 한국사용자 그룹 : https://www.facebook.com/groups/ncpusergroup

클라우드 교육과 자격증

기회가 된다면 클라우드 관련 교육을 이수하거나 자격증을 취득하는 것도 좋은 방법입니다. AWS의 경우를 살펴보면 AWS 교육과 AWS Certification에 대한 과정을 운영하고 있으며, 특히 보안 서비스를 효율적으로 사용하기 위한 내용에 대해 모범 사례를 위주로 가이드하고 있습니다.

그림 6-3 AWS 클라우드 교육(출처 : https://aws.amazon.com/ko/training/course-descriptions/security-operations/)

AWS 자격증은 기본, 어소시에이트, 프로페셔널, 3개의 카테고리로 등급을 구분하고 기본과정, 아키텍처, 운영, 개발자, 전문분야로 영역을 나누어 자격증을 운영하고 있습니다.

클라우드 운영 자격증을 통해 기본적인 기능을 습득할 수 있고 보안 관련 클라우드 자격증을 통해 보안 서비스에 대한 이해와 적용 방법을 배울 수 있습니다.

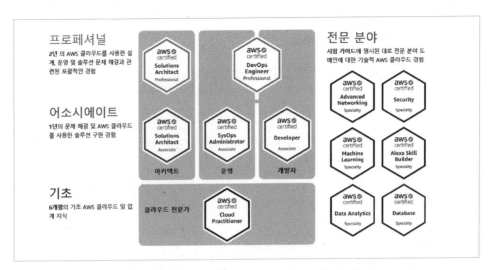

AWS 외에도 사용하는 클라우드 서비스에 대한 이해도를 높여 서비스별 특성에 따라 보안 서비스를 취사 선택하고, 로그 설정 분석과 자동화 기능을 활용하여 기본적인 보안 설정에서 한 단계 높은 수준의 보안관리를 구현할 수 있습니다.

클라우드 활성화 정책 활용

클라우드의 활용도를 높이기 위한 방안으로 클라우드 관련 정책과 제도적인 지원을 활용하는 방법이 있습니다. 과학기술정보통신부에서 2019년에 제2차 클라우드 컴퓨팅 발전 기본계획('19년~'21년)을 발표했습니다. 특히 9번째 실행항목으로 클라우드 보안 산업 성장의 생태계 조성이 있으며, 관련된 내용은 다음과 같습니다.

3-3 클라우드 보안산업 육성(과기정통부)

◇ **(현황) 세계 클라우드 시장과 함께 클라우드 기반 보안서비스**
(SECaaS) 시장은 급성장* 중이나, 국내 산업은 미약한 상황**

* 클라우드 기반 보안서비스 시장 : '16년 48억 달러 → '20년 89억 달러(가트너 '17.6)

** SECaaS 현황 비교('18.10월) : AWS 스토어 695개, 씨앗 스토어 46개

◇ **(개요) 클라우드 기반 보안서비스 개발, 중소·영세기업의 보안 기술 지원 및 위협정보 공유 등을 통해 클라우드 보안산업 육성**

□ **(개발지원) 클라우드 보안서비스, 보안 핵심기술 개발지원**

○ 유망 SECaaS 서비스 분야를 중심으로 국내 기업의 신속한 경쟁력 확보를 위해 기존 정보보호 제품·솔루션의 SECaaS화 지원

　※ 향후 SECaaS가 사용자 "직접설치" 방식의 보안제품·솔루션보다 더 많이 사용될 것이며 ID 관리/접근제어, 이메일 보안, 웹 방화벽 분야가 유망(가트너, '18.8월)

○ 클라우드 보안 기술의 핵심인 데이터 기밀 유출방지(암호화, 접근통제 등), 트래픽 이상행위 탐지·분석 등 기술개발 추진

○ 중소·영세기업의 안전한 클라우드 서비스 개발을 위해 소스코드의 보안취약점 사전진단 및 보안 컨설팅 실시

※ 해킹 등 사이버 공격의 약 75%는 SW 보안취약점을 악용함에 따른 사전진단 필요

□ **(정보공유·교육 등) 클라우드 기반 보안서비스 이용 활성화**

○ SECaaS 사업자의 위협정보 확보능력 제고를 위해 C-TAS*를 활용한 클라우드 사업자와 위협정보의 실시간 상호 공유체계 마련

　* KISA가 수집한 위협정보(악성코드, 악성 IP, 악성 도메인)를 기관·기업이 실시간 공유하기 위한 사이버 위협정보 분석·공유 시스템

○ 클라우드 환경에서 보안 기술·서비스 적용 및 인식제고를 위해, 이용기업(CEO, 실무자 등) 대상 「클라우드 보안 전문교육」실시 (연 4회)

○ 국내 우수 SECaaS의 해외 판로개척 지원을 위해 동남아, 북미 등 해외 주요거점 정보제공 및 전문전시회·상담회 등 참가 기회 제공

출처 : 4차 산업혁명 체감을 위한 클라우드 컴퓨팅 실행(ACT) 전략(제2차 클라우드 컴퓨팅 발전 기본계획)

제도적으로 지원하는 클라우드 보안 교육이나 보안 서비스를 활용할 수 있으며, 관련 기관을 통해서도 다양한 정보나 서비스 이용이 가능합니다. 특히 한국클라우드산업협회에서는 국내 클라우드 발전을 위한 클라우드 컴퓨팅 서비스 품질 성능 검증을 통해 기업들에 서비스 진위를 확인하여 건전한 클라우드 환경을 관리하고, 클라우드 헬프 센터를 운영하고 있습니다. 또한 과학기술정보통신부에서는 2023년에 클라우드 산업 육성을 위해 1047억 투자계획을 발표하였습니다. 특히 '중소기업 등 클라우드 서비스 보급·확산 사업'은 국내 중소기업·소상공인을 대상으로 클라우드 서비스 이용료, 전환비용, 컨설팅 등을 지원하는 사업으로 지원할 계획을 밝혔습니다.

1.3 클라우드 보안 기능 강화

마지막으로 클라우드의 보안을 강화하기 위해서는 앞서 말한 보안 운영 프로세스 측면에서 Secure Cloud를 구현하기 위해 SECaaS나 CASB와 같은 보안 서비스를 추가적으로 활용할 수 있고, 전문 인력을 통해 클라우드 운영과 보안설정, 보안점검 등을 상시로 수행할 수 있는 체계를 구성할 수 있습니다. 1~2개의 클라우드 시스템을 구성해서 관리하는 것은 어렵지 않지만, 더 많은 숫자의 서비스를 구축하게 되면 반드시 퍼블릭 클라우드에 대한 신청, 이용, 폐기 관련 프로세스를 수립해서 보안 사고를 탐지하고 추적할 수 있는 관리 체계를 마련해야 합니다. 특히 클라우드 서비스를 이용해 개인정보를 처리할 때는 컴플라이언스에서 요구하는 수준의 보안관리를 수행해야 하기 때문에 보안 거버넌스의 중요성이 더욱 커집니다.

2 대규모 클라우드 이용 시 보안 거버넌스

대규모의 클라우드를 관리하려면 이용과 해지 프로세스가 필요합니다. 또한, 다양한 클라우드가 존재할 수 있기 때문에 보안위협 대응과 모니터링을 위한 클라우드 보안관제가 필요하고 마지막으로 클라우드 보안설정과 보안점검 프로세스의 3가지 측면에서 보안 거버넌스를 수립할 수 있습니다.

2.1 클라우드 사용, 해지 프로세스

기업에서는 여러 가지 목적을 위해 클라우드를 활용하고 있습니다. 클라우드 보안 거버넌스를 관리할 때 가장 중요한 부분은 사용과 사용 이후의 해지 프로세스가 잘 동작하도록 관리하는 것입니다. 클라우드의 생성과 해지는 자산 관리, 현황 관리의 시작입니다. 클라우드 서비스의 신청자와 신청 목적을 정확히 관리하지 못하면 어떤 데이터가 외부의 클라우드 서비스로 전달되고, 어떤 사용자가 데이터에 접근하는지 통제할 수 없습니다. 특히 테스트나 개발 목적으로 사용한 이후에 사용하지 않는 클라우드 서비스는 보안 취약점으로 볼 수 있습니다. 임시 사용 목적으로 구축했다는 생각에 보안설정이나 계정에 대한 접근제어, 액세스 키 등이 관리되지 않아 불필요한 리소스 생성이나 해킹에 악용될 수 있습니다.

클라우드 서비스의 보안 거버넌스 수립을 위해 앞에서 비유한 항공기의 관제실을 떠올려봅시다. 신속하고 체계적으로 업무를 수행하기 위해서 비행장을 관제하고 출발과 도착 항공기를 관제합니다. 비행장은 기업의 업무 영역으로, 항공기의 출발은 클라우드 서비스의 이용, 도착은 클라우드 서비스의 해지로 비유해서 생각해보겠습니다.

클라우드를 신청하는 기업 내 부서는 관제실과 같은 역할을 하는 클라우드 관리 부서(이후에 클라우드 전담 부서로 표기)를 통해 신청하고 사용해야 합니다. 클라우드 전담 부서에서는 신청하는 목적에 따라 클라우드 서비스 제공자 선택을 지원하고 클라우드 보안 아키텍처에 대해서도 가이드를 제공해야 합니다. 필요에 따라서는 어떤 서비스가 적합한지, 어떤 형태로 구성하면 더 안전한지 정보를 제공해야 합니다.

그림 6-5 클라우드 신청프로세스 예시

클라우드 서비스 신규 생성 시에는 서비스별로 Audit(감사) 할 수 있는 계정을 기본적으로 생성해서 서비스의 사용 여부나 보안설정, 로깅 등을 모니터링 합니다. 사용하는 리소스가 없거나 계정의 접속이력이 없는 클라우드 서비스를 주기적으로 확인해서 신청 부서에 해지신청을 하도록 관리합니다.

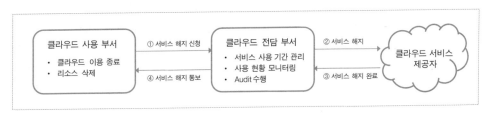

그림 6-6 클라우드 해지 프로세스 예시

테스트나 데모용으로 짧은 기간 사용할 목적으로 생성하는 클라우드 서비스의 경우 담당자가 지정되지 않고 보안설정이나 비용이 발생하는 로깅 설정을 하지 않은 상태로 장기간 유지할 수 있어 기업의 보안 취약점을 만드는 중요한 관리 포인트입니다. 따라서 Audit 용 계정을 적극적으로 활용해 부서별 클라우드 서비스 관리 현황을 모니터링하고 불필요한 서비스를 해지하는 작업이 필요합니다. 클라우드의 신청/해지 프로세스를 제대로 관리하지 못한다면, 현황 관리가 제대로 이루어지지 않는다고 볼 수 있습니다. 현재 우리 회사나 기업에서 사용 중인 클라우드 서비스 제공업체별 현황, 신청자 및 신청 부서 등을 실시간으로 혹은 시스템을 통해 확인하고 있는지 점검해 봅시다.

2.2 클라우드 보안관제 프로세스

보안관제 프로세스는 기차나 항공기를 이용할 때 실제 프로세스대로 이용 중인지, 문제가 발생하지 않는지 관리하는 프로세스에 비유할 수 있습니다.

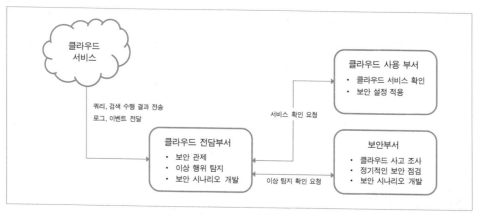

그림 6-7 클라우드 보안관제 프로세스 예시

앞선 그림과 같은 클라우드 보안관제를 운영하기 위해서는, 클라우드 전담 부서가 신규 클라우드 사용 시 모니터링을 위한 계정을 생성하고, 클라우드에서 발생하는 로그를 수집하여 이상 행위를 탐지할 수 있는 분석 환경을 구성해야 합니다. 이 전담 부서는 클라우드 서비스별 보안 관련 이상 행위 탐지 시나리오를 만들고, 클라우드가 제공하는 API나 로그 설정을 활용해 다양한 클라우드 서비스의 모니터링을 수행합니다. 특정 이벤트가 발생하면, 해당 사항을 클라우드 사용 부서와 보안 부서에 전파하고, 이상 행위 여부를 판단해야 합니다.

예를 들어, 서비스별로 사용되는 서버의 상태를 주기적으로 모니터링하여 서버의 숫자가 갑작스럽게 증가하거나 감소하는 경우, 또는 S3에서 인증 실패가 반복적으로 발생하는 등의 보안 이벤트가 발생하면, 보안 부서와 클라우드 사용 부서에 연락하여 해당 클라우드 서비스의 계정 탈취 가능성이나 악성 코드 감염에 대한 보안 감사를 실시합니다.

서버의 CPU 점유율이 갑자기 높아질 때에는 채굴 프로그램이나 악성코드 감염을 의심하고 해당 서버를 격리한 후 클라우드의 방화벽 로그 설정 분석과 특정 IP로 전송 여부를 조회하고 보안 부서와 사고 조사를 진행합니다.

반복적인 인증 실패가 발생할 때는 즉시 인증키를 변경하고 상세 이벤트 로그를 분석하여 침해 사고 여부를 파악하는 대응 프로세스가 필요합니다 중요 시스템이 클라우드로 전환될수록 클라우드 전담 부서와 보안 부서는 보안 사고 사례와 클라우드 서비스에 대한 특성을 분석하여 지속적으로 보안 사고 시나리오 개발과 보안관제 인력에 대한 역량 개발 계획을 수립해서 수준을 향상해 나가야 합니다. 보안 사고 사례별 클라우드 보안 거버넌스를 수립하는 과정은 다음 절에서 설명하겠습니다.

> 클라우드 인력 양성을 위한 로드맵은 한국인터넷진흥원(KISA) 게시판의 '클라우드 인력 수급 실태조사를 통한 인력양성 체계 마련' 연구보고서 참고
>
> 보안에 대한 중요성이 인식되면서 AWS는 Security Hub, Azure의 Security Center, 구글은 Security Command Center와 같은 보안 현황관리를 위한 서비스를 제공합니다. 이러한 서비스를 활용해 대시보드를 만들거나 엘라스틱서치(Elastric Search)나 아테나(Athena)와 같이 검색 또는 특정 데이터를 조회하는 쿼리를 만들어 클라우드에서 결괏값만 전달받아 모니터링할 수도 있습니다.
>
> 클라우드의 사용이 적고 클라우드 전담 부서를 운영하기 힘든 경우는 클라우드를 전문으로 운영하는 CMS(Cloud Management Service)에 보안을 포함해 관리하거나 클라우드 보안관제 서비스를 이용할 수도 있습니다.

2.3 클라우드 보안설정과 보안점검 프로세스

기존에 수작업으로 하던 클라우드 보안설정과 보안점검 프로세스를 자동화하기 위해서는 경영층의 참여, 클라우드 보안에 대한 보안 최고 책임자^{CISO}의 의지가 필요합니다. 클라우드의 보안설정과 보안점검을 위한 2가지 요구사항을 설명하겠습니다.

첫째로 보안 담당자는 클라우드에 생성되는 자원의 버전과 원본 이미지에 대한 통제 권한, 스크립트를 통해 현황정보를 모니터링하고 통제할 수 있는 권한이 필요합니다. 실제 기업환경에서 장애 위험으로 운영 중인 서버에 스크립트를 실행하거나 에이전트^{Agent}를 설치하는 것이 어렵습니다. 하지만, 클라우드 환경에서는 온프레미스 환경처럼 장애 발생을 사전에 방지하는 접근보다는 빠르게 조치하고 재생할 수 있도록 자동화해서 안전한 서버나 컨테이너의 이미지를 관리하는 것이 필요합니다. 즉, 서버에 스크립트를 원격으로 실행할 수 있는 에이전트를 만들어 사용자 인증을 통해 소프트웨어 버전 업데이

트나 버전 정보를 수집할 수 있는 환경을 만들어야 합니다. 특정한 목적의 상용 솔루션의 에이전트를 사용할 수도 있지만, 평소에는 서버의 자원 상태를 모니터링하고 필요시에 스크립트를 전달해 서버에서 스크립트를 실행할 수 있도록 개발할 수도 있습니다. 자동화 구성을 통해, 클라우드 보안 담당자는 아침에 출근해서 보안 이슈나 신규 취약점을 체크하고 클라우드 자원 중 특이사항이 있는지 운영 중인 시스템을 점검합니다. 만약 취약한 버전이 있는 경우는 담당자에게 영향도 파악을 요청한 후, 보안 패치 또는 추가적인 보안 대책을 마련할 수 있도록 보안관리 환경을 구성할 수 있습니다.

둘째로 클라우드 서비스별로 제공하는 자동화 기능과 신규 서비스에 대한 특성을 학습하고 자동화 개발을 수행할 수 있도록 역량을 개발해야 합니다. 앞에서도 언급했지만 사용하는 클라우드 서비스 사용자들과의 커뮤니티를 활용해 끊임없이 변경되는 클라우드 서비스에 대해 알아야 합니다. 클라우드 서비스 제공자는 수많은 개발자와 함께 새로운 서비스를 개발하고 기존 서비스를 더 편리하게 변경하고 있습니다. 보안 담당자는 기업에서 사용하는 클라우드에 대해서 테스트 환경을 위한 계정을 생성하고 정보의 유출 방지나 보안설정 방법 등에 대해 교육을 받고 테스트를 하며 기업에 맞는 보안기준을 수립하는 작업을 해야 합니다. 이러한 시간을 확보하기 위해 보안 담당자는 자동화를 위한 노력과 함께 커뮤니케이션 비용을 최소화하기 위해 컨플루언스^{Confluence}와 같은 협업 시스템을 활용해 점검 계획이나 결과 보고 등의 업무 보고를 최소화하고 정보 공유에 누락이 발생하지 않도록 해야 합니다. 보안점검 후 조치 확인이나 이슈 사항에 대해서는 지라(JIRA, 이슈관리 도구)와 같은 툴을 활용해 이행 조치되는 내용을 관련한 사람들과 공유하고 협업하는 것도 좋은 방법입니다.

앞에서 언급한 클라우드 보안환경을 구성해서 다음 그림과 같이 클라우드 전담 부서에서 클라우드 모니터링과 보안설정 가이드를 제공하고 클라우드 보안 부서에서는 실시간으로 변경되는 자원에 대한 보안설정과 보안점검 항목을 지속해서 업데이트하고 자동화하기 위한 노력을 해야 합니다.

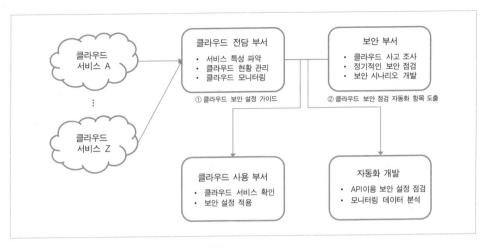

그림 6-8 클라우드 보안설정 및 자동화 개발 프로세스 예시

클라우드 보안 부서에서 보안 가이드를 작성할 때 기존 기업은 보안기준과 보안설정의 차이가 없고 설정 방법 또한 자주 변경되지 않았습니다. 하지만 클라우드 서비스는 내부 관리 정책이나 설정 방법이 지속해서 변경됩니다. 기업에서 요구하는 보안 정책을 설정하기 위한 보안 가이드가 클라우드 서비스별로 각각 다를 수 있기 때문에 클라우드 서비스 제공자별로 보안설정 가이드가 필요합니다.

일반적인 보안기준 예시

* **사용자 인증**: 정보 시스템과 개인정보 같은 중요 정보에 대한 사용자의 접근은 안전한 인증 절차와 강화된 인증 방식을 적용해야 한다.

이와 같은 보안 정책을 적용하기 위해서 AWS의 경우 IAM이라는 서비스에서 설정이 필요하고, Azure의 경우는 Azure AD(Active Directory)에서 설정해야 합니다. 복합 인증이나 생체 인증과 같은 강화된 인증을 적용하려면 각각의 서비스별 설정 방법과 요구 사항을 확인해야 합니다.

기업에서 사용하는 클라우드 서비스별 보안 테스트용 환경을 만들어 지속적으로 보안설정 가이드를 업데이트해야 합니다.

추가로 보안설정 가이드 중 자동화 가능한 항목에 대해 검토해야 합니다. 특히 API나 파이썬 등을 활용해 보안설정을 점검할 수 있는 항목은 지속해서 연구해야 합니다.

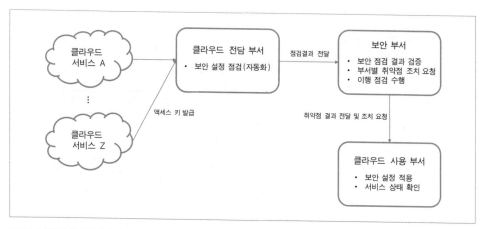

그림 6-9 클라우드 보안점검 자동화 프로세스 예시

　일부 항목에 보안점검이 자동화된다면 앞선 그림처럼 클라우드 전담 부서는 새로운 클라우드 서비스 생성 시 보안점검을 위해 API를 호출할 수 있는 계정을 발급받아 모니터링을 할 수 있습니다. API를 이용해 보안점검을 수행하고 보안 부서에 결과를 전달하면, 보안 부서에서는 클라우드의 보안점검 결과에 대한 오탐이나 과탐 여부를 검증해 클라우드 사용 부서로 보안점검 결과를 보고하고 조치 요청을 수행합니다. 클라우드 사용 부서는 보안설정 가이드를 참고해서 보안설정을 수행하고 조치 여부를 보안 부서에 회신하고 보안 부서는 최종적으로 이행 점검을 수행합니다.

　클라우드 서비스 영역별로 쉽게 자동화 보안점검을 할 수 있는 항목은 정확한 설정값이 존재하는 경우이며, 인터넷 차단 여부나 사용자 권한 설정 등은 별도의 자동화 기능을 개발하거나 보안 부서에서 수동으로 점검을 수행해야 합니다.

　대표적인 보안설정 자동화 항목은 보안기준 적용을 위한 보안설정과 서비스를 위해 동작하는 애플리케이션에 대한 보안점검으로 나누어 다음과 같이 구분해볼 수 있습니다.

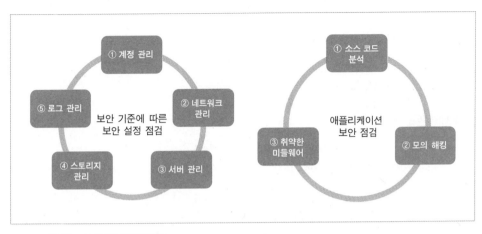

그림 6-10 클라우드 보안점검 자동화 영역

보안점검을 위한 항목은 크게 5가지로 나누어서 생각해볼 수 있습니다.

1) 계정관리

- Root 계정에 대한 사용 로그 설정 유무 검색
  Root 계정은 최고 권한을 가지고 있기 때문에 접근 통제가 적용되지 않아서 가급적 사용을 자제하고 별도의 관리자 계정을 사용하도록 권고

- 계정별 접속이력을 수집해서 90일 이상 미접속 계정 리스팅
  미사용 계정이나 불필요 계정에 대한 검토 시행

- 패스워드 정책 점검
  패스워드 변경 주기, 패스워드 규칙(조합 개수, 자릿수 등)
  특히 액세스 키의 경우 시스템 접속 정보 없이 액세스 키 ID와 비밀 키만 있으면 접속할 수 있기 때문에 주기적인 변경이 필요

- 복합 인증과 ACL 정책 적용 여부
  정책의 네이밍 규칙을 만들어 같은 이름의 정책들이 계정별로 적용되어 있는지 설정 여부 확인

2) 네트워크 관리

- 퍼블릭 서브넷과 프라이빗 서브넷의 분리
  서브넷의 네이밍 규칙을 만들어 네이밍 규칙에 따라 인터넷이 가능한 퍼블릭 서브넷과 내부 IP로 통신하는 프라이빗 서브넷으로 구분해서 사용하는지 점검

- 프라이빗 서브넷에 공인 IP나 인터넷 접속 경로 여부 점검
  프라이빗 서브넷에 공인 IP가 할당되거나 인터넷 게이트웨이로 네트워크가 연결되었는지 라우팅 점검

- All이나 Any IP나 포트로 허용된 방화벽 정책 점검

  특히 서버 운영을 위한 관리 포트(3389 포트, 22 포트 등)가 과도하게 오픈된 정책 점검

- 배스천 호스트 외의 서버에 관리 포트가 오픈된 방화벽 정책 점검

  기본적으로 배스천 호스트를 통해서만 접속하도록 통제 확인

3) 서버 관리

- 서버의 AMI 정보를 확인하여 이미지 출처 점검

  클라우드 서비스 제공자가 제공한 이미지나 기업에서 사전에 보안설정을 적용해서 허용한 이미지로 서버를 생성했는지 점검

- 외부에 오픈된 서비스가 CVE 취약점이 존재하는지 점검

  클라우드에 존재는 공인 IP에 대해서 취약점 스캐너를 활용한 취약점 유무 점검

4) 스토리지 관리

- 스토리지의 Public Access 설정 여부 점검

  외부 인터넷에서 스토리지로 직접 접근이 가능한 설정 여부 점검

- 스토리지의 로그 설정, Policy 설정 여부 점검

  스토리지별로 사용 로그 설정 저장, 접근 권한과 관련한 Policy 적용 여부 점검

5) 로그 설정 관리

- 사용하는 서비스별로 로그 설정설정이 적용되었는지 점검

  VPC, 스토리지, DB, Cloudtrail, Config 등 서비스 사용에 대한 로그 설정설정 확인

> 클라우드 사용 시 로그 설정으로 인해 스토리지 비용이 발생하기 때문에 개발이나 테스트 용도의 서비스 경우, 로그 설정을 하지 않는 경우가 많습니다. 대부분 보안 사고는 관리되지 않는 개발 서버나 방치되는 테스트용 클라우드에서 발생합니다. 클라우드 보안을 위한 로그 설정은 비용 절감의 대상이 아닙니다. 다만 서비스별로 로깅하는 수준이 다르기 때문에 최소한의 접속과 사용 로그 설정은 예외없이 저장해야 합니다.

기업에 보안점검 항목이 있다면 클라우드 환경에 적용 가능한 항목을 정리하고 자동화가 가능한 항목과 수동으로 점검해야 할 항목을 구분해서 수동 점검항목에 대한 점검방법의 자동화를 지속적으로 연구해야 합니다. 보안점검은 최대한 자동화하고 사각지대가 없도록 보안 거버넌스를 지속적으로 관리해나가야만 Secure Cloud 환경을 유지할 수 있

습니다. 다음 절에서는 현장에서 발생할 수 있는 보안이슈 사례와 해결방법을 살펴보겠습니다.

 :: 더 알아봅시다

최근에는 IaaS, PaaS, SaaS 등 클라우드 서비스별로 관리할 수 있는 보안 도구들이 사용되고 있습니다.

보안도구	보호대상 클라우드 서비스	기능
CWPP(Cloud Workload Protection Platform)	IaaS, PaaS	클라우드 소프트웨어 내부 위협을 점검하고 조치하는 보안 도구
CSPM(Cloud Security Posture Management)	IaaS, PaaS	클라우드에 구성한 인프라의 보안설정을 모니터링하는 솔루션
SMP(SaaS Management Platform)	SaaS	SaaS 서비스들을 중앙에서 통합 관리하도록 지원하는 솔루션
SSPM(SaaS Security Posture Management)	SaaS	SaaS 보안 형상 관리 솔루션

3 현장에서의 클라우드 보안 이슈 사례와 해결

이번 절에서는 현장에서 접하게 되는 다양한 이슈에 따라 클라우드 보안 거버넌스를 개선해가는 사례를 설명합니다. 클라우드 보안 이슈 또는 보안 취약점 사례와 해결 방안을 알아보고 적용하는 과정을 살펴봅니다.

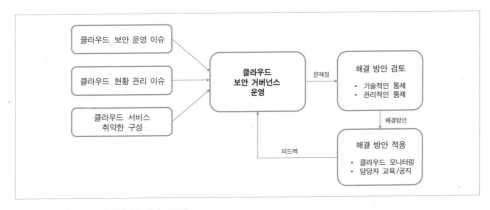

그림 6-11 클라우드 보안 거버넌스 개선 프로세스

앞의 그림과 같이 클라우드별로 서비스나 기능이 다르므로 보안 운영상에 해결해야 할 이슈가 계속해서 발생합니다. 클라우드 자산 현황 관리와 같은 문제뿐만 아니라 클라우드 서비스를 통해 보안 인증이나 접근제어를 우회하는 보안 이슈들도 발생합니다. 따라서 지속적인 개선 활동을 통해 보안 위협을 모니터링하여 줄이고, 보안 거버넌스를 자동화하는 활동이 필요합니다.

3.1 개발자가 자주 변경되는 프로젝트 보안관리 사례

클라우드 개발환경에서 개발할 때, 개발자가 자주 변경됨에 따라 업무의 부하가 발생하는 경우가 있습니다. 보안을 위해 개발자에게 신규 개발자의 개인 계정을 생성하고 고정 IP를 발급한 후 기업의 인터넷 방화벽을 오픈하거나 클라우드에 방화벽 설정과 서버의 접근제어 추가 등의 일이 발생합니다. 투입과 철수가 많아지고 관리 포인트가 증가하거나, 계정 생성과 접근제어를 설정해야 하는 서버가 많아짐에 따라 관리가 어렵게 됩니다.

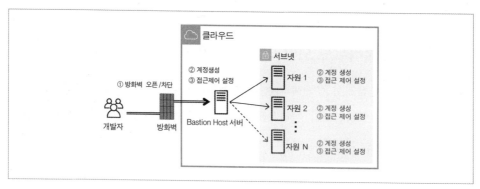

그림 6-12 클라우드 환경에서 개발자가 자주 변경될 때 보안관리

이런 경우 별도의 계정관리 솔루션을 활용해 클라우드의 설정 변경 없이 사용자 계정과 접근제어를 통제할 수 있습니다. 계정관리 솔루션에서 새로운 개발자 추가 시 계정을 생성하고 기존에 등록된 서버의 정보와 서버 계정을 매핑해주면 추가 작업 없이 바로 개발을 할 수 있습니다. 방화벽의 오픈이나 서버별로 신규 개발자의 계정생성과 접근제어 적용을 위한 추가 시간이 필요 없이 바로 클라우드 환경에서 개발할 수 있도록 관리할 수 있어 보안관리의 복잡도를 줄여줍니다.

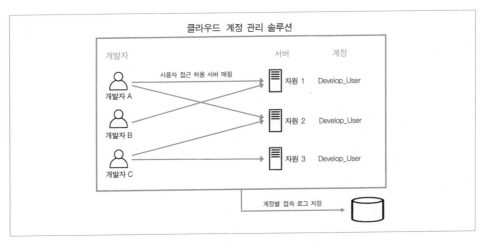

그림 6-13 클라우드 계정관리 솔루션 계정 정보와 서버 접속 정보 매핑

개발자가 사용하는 고정 IP 목록만 계정관리 솔루션에 접근하도록 별도 관리하고 서버에서는 배스천 호스트 대신 계정관리 솔루션만 접근 허용합니다. 여러 개발자가 각 서버에 동일한 계정으로 접속을 하더라도, 계정관리 솔루션에서 실제 작업한 개발자의 ID와 작업 내용을 계정별로 저장해 추적성을 확보할 수 있습니다.

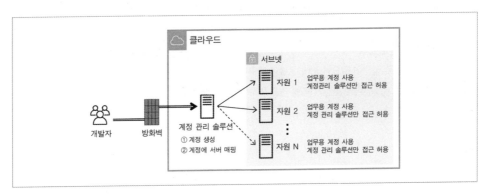

그림 6-14 계정관리 솔루션을 활용한 클라우드 보안관리

솔루션을 활용하면 구성에 따라 여러 개의 클라우드 서비스를 하나의 계정관리 솔루션으로 구성할 수 있고, 복합인증이나 계정의 패스워드 정책 등에 공통된 보안정책을 적용해서 관리할 수 있는 장점이 있습니다.

별도의 솔루션을 적용하기 어려우면 API를 활용해 개발자의 ID와 IP를 입력하면 서버에 보안설정할 수 있도록 스크립트를 만들 수도 있습니다.

사례 1 정리

보안 문제

- **보안관리의 복잡도 증가**
  # 계정관리, 접근제어 관리, 방화벽 정책 관리

- **보안관리 업무 부하(시간 소요)**
  # 개발자 변경 인력 수 X 방화벽 정책 설정 시간 X 접속이 필요한 서버 수(계정, 접근제어)

해결방안

기술적인 통제 방안

- **계정관리 솔루션을 활용**
  # 방화벽 오픈, 서버에 계정 생성, 접근등록을 위한 시간 절약
  # 여러 클라우드 서비스의 통합 계정관리

- **API를 활용한 스크립트 활용**
  # 자동화를 이용하여 작업 시간을 최소화
  # 계정의 삭제, 불필요 접근 IP 삭제 등의 작업 시 사전에 영향도 검토 필요

관리적 통제 방안

- 개발자별로 접근이 필요한 서버 목록만 접근하도록 통제
- 계정관리 시스템에서 개발자 복합 인증 및 IP 접근 통제 적용

3.2 취약점 자동 점검 툴을 클라우드에 적용한 사례

클라우드의 수가 많아지고 서비스 제공자가 증가하면 보안 담당자가 서비스별로 보안 점검을 수행하기 어렵습니다. 특히 운영 서비스가 아닌 개발과 테스트용 서비스는 실시간으로 개발자나 서비스 담당자에 의해 시스템이 변경되기 때문에 취약점에 노출되기 쉽습니다.

앞서 이야기한 클라우드의 보안점검 툴을 클라우드에 구성해 필요시마다 여러 클라우드 서비스에 적용하고 취약점을 확인할 필요가 있습니다.

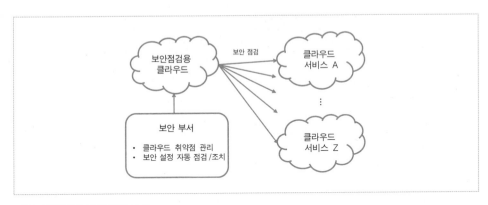

그림 6-15 보안점검용 클라우드 구성

CASB^{Cloud Access Security Broker}나 SECaas^{Security as a Service} 등의 클라우드 보안 전문 서비스를 사용할 수도 있으나, 보안점검 항목을 신규로 추가하기 어렵거나 원하는 형태로 서비스가 제공되지 않을 수 있습니다. API를 활용하여 보안점검용 스크립트를 개발할 수 있는 역량이 있다면 자체적으로 보안점검용 클라우드를 구성하고 기업의 여러 클라우드 서비스들과 연결^{Peering}을 맺어서 취약점을 점검할 수 있습니다. 수집된 데이터를 대시보드 형태로 구성해볼 수도 있습니다. 보안점검용 클라우드 서비스에는 여러 클라우드 서비스에 API를 통해서 접속할 수 있는 액세스 키가 저장되어야 하기 때문에 접근 통제와 모니터링이 철저하게 관리되어야 합니다.

보안점검용 클라우드를 구성한다면 자동점검 스크립트뿐만 아니라 외부에 오픈된 서비스에 대해서 점검할 수 있는 웹 스캐너나 CVE^{Common Vulnerabilities and Exposures} 취약점 스캐너 솔루션을 구축해 클라우드 보안을 위해 직접 활용할 수도 있습니다.

사례 2 정리

보안 문제

클라우드 서비스별로 보안점검 결과 개별 관리

- 클라우드 서비스 보안점검 시 점검용 계정 생성 및 액세스 키 발급
- 개발 서버, 테스트용 클라우드 서비스 점검 누락 위험
- 클라우드 보안점검에 많은 시간 필요

CASB나 SECaaS 서비스 활용 시 기업의 필요 점검항목 불일치

- 서비스에 대한 비용 추가 부담
- 특화된 보안점검항목 적용을 위한 별도 요청 및 시간 필요

해결방안

기술적 통제 방안

- 보안점검용 클라우드 구성
- \# 여러 클라우드 서비스를 상시 보안점검할 수 있도록 점검 환경 구성
- \# 전체 클라우드 현황 대시보드 개발
- \# 보안 솔루션(웹 스캐너, CVE 취약점 스캐너 솔루션 등) 추가를 통해 보안수준 향상

관리적 통제방안

- 클라우드 서비스 신규 구성 시 보안점검용 클라우드와 연계
- 클라우드 리소스 생성 시 네이밍 룰에 따라 네트워크와 서버 등의 자원 구성

3.3 클라우드 신청, 해지 프로세스 개선 사례

IT 보안관리 업무 중에 유휴자산으로 관리되지 않는 서버나 테스트용 서버가 외부망에 임의로 연결되어 있거나 테스트를 위해 취약한 설정이 된 채로 방치된 상황을 목격하게 됩니다. 특히 불필요 계정이나 불필요 IP 등이 삭제되지 않고 계속 유지되는 사례가 많습니다. 필요시에는 결재를 받아 신청하지만, 불필요한 경우에는 해지 신청을 하지 않고 그 대로 방치하는 사례가 많이 발생합니다.

클라우드 서비스도 이와 유사합니다. 여러 부서에서 경쟁적으로 클라우드 서비스를 위한 환경을 구성하지만 PoC나 테스트 후에 사용하지 않으면서도 언젠가 사용하겠지라는 생각으로 방치했거나, 담당자가 타 부서로 이동하거나 퇴사해서 클라우드 시스템 자체에 관리 주체가 없는 경우도 발생합니다.

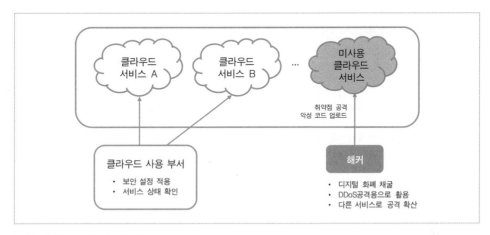

그림 6-16 미사용 클라우드 보안위협

미사용 클라우드의 가장 큰 위협은 보안설정이나 취약한 버전의 서비스에 대한 패치 관리와 보안 활동에서 누락된다는 점입니다. 로그설정이나 모니터링 대상에서 빠져 있을 가능성이 크기 때문에 해커에 의해 공격을 받더라도 공격을 받았는지 확인하는 데 많은 시간이 필요합니다. 클라우드의 경우, 관리자 권한을 획득하면 디지털 화폐 채굴과 같은 용도로 대량의 서버를 빠르게 만들어 사용할 수 있기 때문에 기업의 IT 비용에 큰 피해를 입힐 수 있습니다. 따라서 클라우드 사용에 대한 관리 프로세스에서 활용이 종료된 자원이나 서비스를 완전히 해지하는 과정이 무엇보다 중요합니다.

기업에서 보안 예외 처리나 일반적인 방화벽 정책의 경우, 최대 1년까지 허용하고 이후에는 재신청을 하거나 신청한 정책을 해지 처리합니다. 동일한 방식으로 클라우드 서비스도 관리할 수 있습니다. CMS^Cloud Managed Services를 이용해 관리되는 클라우드 서비스라면 매월 운영 보고서를 통해 관리가 될 것입니다. 하지만 클라우드 서비스의 대한 사용결정을 부서 자체적으로 관리하는 테스트나 PoC 용도의 클라우드 경우, 신청 기간을 사용 목적에 따라 신청하도록 하고 최대 1년까지만 사용하도록 하는 프로세스가 필요합니다. 만약 연장 신청이 필요한 경우는 보안설정 검증과 담당자를 갱신해서 재신청하도록 관리해야 합니다.

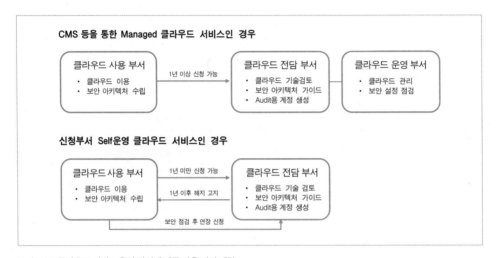

그림 6-17 클라우드 서비스 운영 방식에 따른 사용 기간 제한

사례 3 정리

보안 문제

미사용 클라우드 관리 누락

- 로그 설정 및 모니터링 대상 누락
- 해킹 공격에 대한 탐지 지연
- 클라우드 서비스 보안점검 활동에 장시간 소요

해결 방안

기술적 통제 방안

- 계정현황 API를 활용해서 6개월 이상의 비접속 계정에 대한 이력검토
- 자원 사용 현황 모니터링

3.4 주피터 노트북으로 서버로 접근하는 취약점 사례

클라우드 환경에서 서버로 접속하는 경우, 퍼블릭망에 위치한 중계 서버를 통해서 접속하게 됩니다. 중계 서버는 배스천 호스트^{Bastion-host} 또는 게이트웨이 서버라고 불립니다. 중계 서버를 통해 터널링을 설정하여, 내부 컴퓨팅 자원, 데이터베이스 자원, 플랫폼 자원 등에 접근과 관리를 할 수 있습니다. 클라우드 환경을 사용하는 초기 환경에서 볼 수 있는 기본적인 구조입니다. 다음 그림은 초기 클라우드 환경을 사용하는 환경의 서버 접속 구조도입니다.

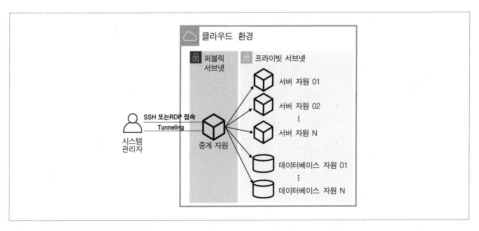

그림 6-18 일반적인 클라우드 자원 접속

클라우드 환경에서 관리 편의성을 위해 시스템 관리자들은 주피터 노트북 툴로 서버 접속을 쉽게 만드는 경우가 있습니다. 주피터 노트북을 중계 자원에 설치하게 되면, 시스템 관리자인 사용자는 웹 브라우저로 서버에 접속할 수 있습니다. SSH 접속 툴이나 원격 데스크톱 접속 툴(RDP: Remote Desktop Protocol) 없이, 웹 화면으로 바로 서버 자원에 접속하게 됩니다. 이후 내용에서는 시스템 관리자들이 주피터 노트북을 설치하고, 서버를 어떻게 접속하는지 과정을 알아보도록 합니다. 다음 그림은 주피터 노트북으로 클라우드 자원을 접속하는 구조도입니다.

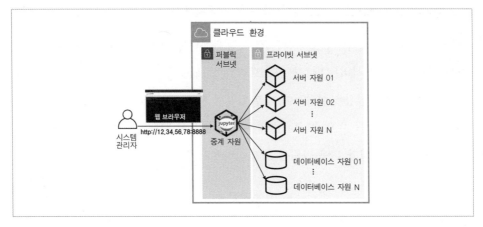

그림 6-19 주피터 노트북을 통한 클라우드 자원 접속

주피터 노트북 사용으로 관리자가 인지하지 못하는 접속 통로를 구성하고, 불법적인 유출과 실행을 할 수 있는 취약점 사례를 알아보도록 합니다. 주피터 노트북 실습 환경은 리눅스 계열의 운영체제만으로 진행하면 됩니다.

① 중계 서버 자원에 파이썬^python의 pip 모듈을 설치하고, 주피터 노트북 툴을 설치합니다.

```
$ sudo apt-get update
$ sudo apt-get install python3-pip
$ sudo pip3 install notebook
```

② 웹 브라우저를 통해서 접속하기 때문에, 비밀번호를 설정해서 인증하도록 합니다. 이에 파이썬의 passwd 모듈로 설정할 비밀번호를 해시 알고리즘을 통해 암호화 값을 확인합니다. 출력된 'sha1:'으로 시작하는 암호화된 비밀번호를 따로 메모해 둡니다.

```
$ python3
>>> from notebook.auth import passwd
>>> passwd()
Enter password:
Verify Password:
'sha1:aaaaaaaaa:bbbbbbbbbbbbbbbbbbbbbbbbbbbbbbbb '
>>> quit()
```

③ 주피터 노트북의 환경설정 파일을 생성하고 해당 파일을 열어서 이전 단계에서 메모한 암호화된 비밀번호와 주피터 노트북이 설치된 내부 IP를 기입합니다.

단, OpenSSL을 위해 암/복호화 파일을 만들어 등록하거나, 기본 포트가 아닌 알려지지 않은 포트를 사용할 수도 있습니다. 모든 설정은 해당 환경 파일을 통해서 가능합니다.

```
$ jupyter notebook--generate-config
$ sudo vi /home/ubuntu/.jupyter/jupyter_notebook_config.py

.... (중략) ....
c.NotebookApp.passwd=u'sha1:aaaaaaaaa:bbbbbbbbbbbbbbbbbbbbbbbbbbbbbbbb'
c.NotebookApp.ip='10.10.10.10'
.... (중략) ....
```

④ 주피터 노트북을 루트 권한으로 실행시키고, 백그라운드 형태로 동작하도록 수행시키고자 소유권을 포기하는 명령어를 통해 운영체제에서의 작업을 마무리합니다.

```
$ sudo jupyter notebook --allow-root
$ ctrl + z
$ bg
$ disown -h
```

⑤ 클라우드 관리 콘솔에서 방화벽을 설정합니다. 주피터 노트북의 기본 포트는 8888
로서, 외부 인터넷에서 중계 서버의 주피터 노트북을 접속할 수 있도록 합니다. 주피터 노
트북이 설치된 자원의 방화벽 설정을 시작합니다. 실습하는 클라우드 서비스는 AWS이므
로, 보안 그룹 메뉴를 통해서 방화벽 정보를 추가합니다.

다음 그림은 AWS의 보안 그룹에서 중계 서버에 해당하는 보안그룹 정보입니다. 외부
인터넷 환경에서 중계 서버의 주피터 노트북으로 들어오는 접속이므로, 인바운드 규칙을
보여줍니다. 오른쪽 아래 <인바운드 규칙 편집> 버튼을 눌러 방화벽 정보를 추가합니다.

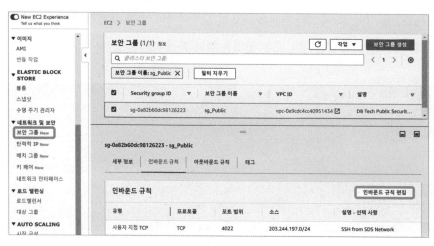

그림 6-20 AWS의 보안 그룹 화면

다음 그림은 방화벽의 인바운드 규칙으로 외부 인터넷인 모든 곳(0.0.0.0/0)에서 8888
포트로 접속하는 것입니다. 오른쪽 아래의 <규칙 저장> 버튼을 눌러 방화벽 설정을 저장
합니다. 클라우드 서비스에서 방화벽은 바로 적용되므로 브라우저를 통해 주피터 노트북
에 접속합니다.

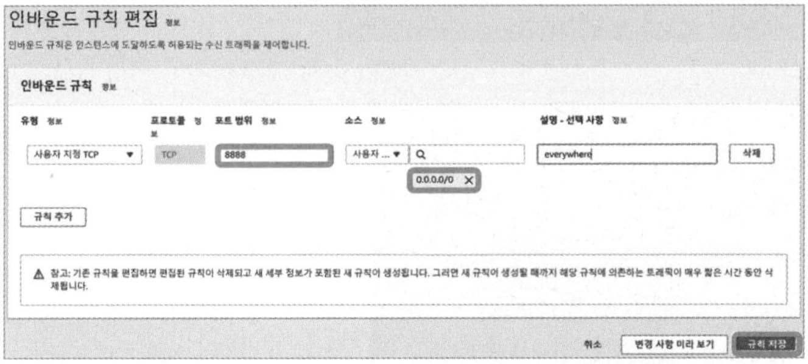

그림 6-21 AWS의 인바운드 규칙 편집화면

⑥ 웹 브라우저를 통해 중계 서버의 공인 IP(12.34.56.78)와 기본 포트인 8888을 통해서
접속하게 되면, 다음과 같은 화면이 조회됩니다. 중계 서버의 공인 IP는 12.34.56.78이라
고 가정하고 오른쪽 <New> 버튼의 리스트 박스를 통해 서버접속 화면인 Terminal(터미
널)을 클릭합니다. 이후 중계 서버 접속 화면이 출력되면, 웹 브라우저에서 서버에 접속해
서 서버 관리 작업을 수행합니다.

그림 6-22 주피터 노트북 기본 화면

그림 6-23 브라우저를 통한 서버 접속 화면

앞선 주피터 노트북 툴로 터널링 설정 없이 다수의 서버에 바로 접속할 수 있습니다. 시스템 관리자가 서버에 쉽게 접속할 수 있으나, 웹으로 서버에 접속하므로 웹 기반 보안 취약점에 그대로 노출되어 있습니다. 따라서 주피터 노트북 툴을 사용하지 않는 것을 권고합니다. 만약 주피터 노트북을 사용할 수밖에 없다면, SSL 설정과 접속자의 소스 IP가 IP 주소 D 클래스까지 특정지어야 합니다.

사례 4 정리

취약점

- SQL 인젝션(SQL Injection)
- 크로스 사이트 스크립트(XSS: Cross Site Script)
- 패스워드 및 인증 수준 취약
- 크로스 사이트 요청 변조(CSRF: Cross-Site Request Forgery)
- 브라우저 자체 취약점 존재 가능성(⑩ 원격 제어 공격 악용)

해결 방안

기술적 통제 방안(주피터 노트북 사용 시)

- SSL 인증으로 네트워크 구간 암호화 수행
- 소스 IP의 방화벽 상세화(⑩ 사내에서만 접속할 수 있도록 IP 통제, 특정 IP만 접근 허용 등)
- 웹 브라우저 취약점에 대한 모의 해킹 수행

- 주피터 노트북 자체에 대한 취약점 확인
- 주피터 노트북에서 발생하는 접속 로그 설정 및 사용로그 설정에 대한 모니터링 실시

관리적 통제 방안
- 기본적으로 주피터 노트북을 통한 서버 관리 미수행 권고
- 배스천 호스트를 통해서만 서버에 접근할 수 있도록 방화벽 및 접근제어 적용
- 배스천 호스트는 접속 용도로만 사용하고 주피터 노트북과 같은 웹 기반의 접속 솔루션 설치 통제

3.5 상호 네트워크망 간의 접근으로 정보 유출 가능한 취약점 사례

클라우드 환경에서 독립적으로 구성된 네트워크망 간의 호출로 인해, 의도하지 않은 정보 유출이 일어나거나 악의적인 웹 셸이 전파되는 등의 취약점이 있는 사례입니다. 사례에 대한 설명은 다음과 같습니다.

AWS 클라우드 서비스 환경에서 총 4개의 VPC(가상 사설 네트워크)가 있다고 가정합니다. DEV-VPC(개발 환경 네트워크망)는 10.8.0.0/16의 사설 IP 범위로 설정되어 있으며, 퍼블릭 서브넷과 프라이빗 서브넷으로 구성되어 있습니다. 퍼블릭 서브넷에는 서버, 플랫폼, 데이터와 관련된 개발 자원이 위치하고, 그 자원을 접속하기 위한 배스천 호스트(접속을 위한 게이트웨이 자원)는 퍼블릭 서브넷에 위치합니다. 나머지 QA-VPC(품질 환경 네트워크망)와 PRD-VPC(운영 환경 네트워크망)의 구성도 DEV-VPC와 유사한 구성입니다.

그리고 사용자가 개발과 품질, 운영 환경으로 개발된 코드를 배포하고자 할 때 Deployment-VPC(배포 환경의 네트워크망)의 배포 자원을 사용해야 한다고 가정합니다. 배포 환경의 소스코드 패키지를 개발환경의 배스천 호스트를 통해서 개발환경으로 배포해야 합니다. 개발환경에서 개발자의 테스트가 완료되면, 배포 환경에서 품질 환경의 배스천 호스트를 통해 품질 환경으로 소스코드 패키지를 배포합니다. 해당 품질 환경에서 품질 담당자를 통한 비기능 테스트와 통합 테스트가 완료되면, 배포 환경에서 운영 환경의 배스천 호스트를 통해서 운영 환경으로 배포를 수행하게 될 것입니다.

배포 VPC → 개발 VPC, 배포 VPC → 품질 VPC, 배포 VPC → 운영 VPC 로의 통신 설정 필요

그러나 VPC(가상 사설 네트워크/클라우드)는 다른 VPC 간의 통신이 불가능하고, 방화벽과 라우팅 테이블, ACL를 통해서만 내외부 접속이 가능한 독립적인 네트워크망입니다. 이에 VPC 간의 연결을 설정하는 VPC Peering Connection 서비스를 통해서 최소한의 필요한 연결만 허용할 수 있습니다. 실제 사이트에서 배포 환경은 개발, 품질, 운영 환경으로의 접속을 목적으로 VPC Peering connection을 설정했으나, 접근 가능한 범위를 넓게 설정해서 의도치 않은 출발지에서 의도치 않은 목적지로의 접근까지 허용하는 취약점이 존재하게 됩니다.

즉, 다음 그림은 배포 환경에 포함된 클라우드 자원에서 개발, 품질, 운영 환경에 포함된 모든 클라우드 자원으로 접속할 수 있는 취약점을 내포하고 있습니다. VPC Peering Connection 설정 시, 출발지^{Source}와 목적지^{Destination}의 전체 네트워크망을 연결함으로써 독립적인 VPC 존재가 퇴색된 채, 전체 클라우드 자원 간의 호출이 가능하게 된 상태인 것입니다.

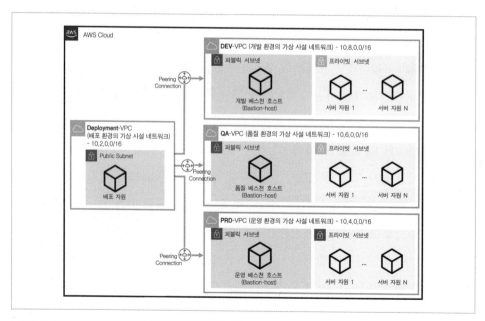

그림 6-24 무분별한 네트워크망 간의 설정으로 취약점 발생 사례

배포 VPC에서 개발 VPC/품질 VPC/운영 VPC에 대한 Peering Connection 설정하고, 통신에 대한 라우팅 테이블^Route Table과 방화벽^Security Group 설정이 다음과 같이 구성되어 있음을 발견할 수 있습니다.

취약점이 존재하는 경우의 라우팅 테이블

다음은 '개발 VPC'에 대한 라우팅 테이블 일부입니다. 개발 VPC와 배포 VPC 간의 연결을 위해 배포 VPC의 전체 범위인 10.2.0.0/16으로 라우팅 설정했음을 확인할 수 있습니다.

개발용 클라우드 네트워크망(DEV-VPC) - 10.8.0.0/16				
Type	Destination	Target	Status	Description
퍼블릭	10.8.0.0/16	local	active	개발 VPC의 내부 서브넷
	0.0.0.0/0	internet-gateway	active	인터넷 통신
	10.2.0.0/16	Peering Connections	active	배포 VPC와 peering 연결

다음은 '품질 VPC'에 대한 라우팅 테이블 일부입니다. 품질 VPC와 배포 VPC 간의 연결을 위해 배포 VPC의 전체 범위인 10.2.0.0/16으로 라우팅 설정하였음을 확인할 수 있습니다.

품질용 클라우드 네트워크망(QA-VPC) - 10.6.0.0/16				
Type	Destination	Target	Status	Description
퍼블릭	10.6.0.0/16	local	active	품질 VPC의 내부 서브넷
	0.0.0.0/0	internet-gateway	active	인터넷 통신
	10.2.0.0/16	Peering Connections	active	배포 VPC와 peering 연결
프라이빗	0.0.0.0/0	nat-gateway	active	인터넷 통신
	10.6.0.0/16	local	active	품질 VPC의 내부 서브넷

다음은 '운영 VPC'에 대한 라우팅 테이블 일부입니다. 운영 VPC와 배포 VPC간의 연결을 위하여 배포 VPC의 전체 범위인 10.2.0.0/16으로 라우팅 설정하였음을 확인할 수 있습니다.

운영용 클라우드 네트워크망(Prd-VPC) - 10.4.0.0/16				
Type	Destination	Target	Status	Description
퍼블릭	10.4.0.0/16	local	active	운영 VPC의 내부 서브넷
	0.0.0.0/0	internet-gateway	active	인터넷 통신
	10.2.0.0/16	Peering Connections	active	배포 VPC와 peering 연결
프라이빗	0.0.0.0/0	nat-gateway	active	인터넷 통신
	10.4.0.0/16	local	active	운영 VPC의 내부 서브넷

마지막으로 '배포 VPC'에 대한 라우팅 테이블 일부입니다. 전체 환경의 코드를 전달해야 하므로, 전체 네트워크 범위로 개발 VPC는 10.8.0.0/16으로, 품질 VPC는 10.6.0.0/16으로, 운영 VPC는 10.4.0.0/16으로 라우팅 설정한 상황을 확인할 수 있습니다.

배포용 클라우드 네트워크망(Deployment-VPC) - 10.2.0.0/16				
Type	Destination	Target	Status	Description
퍼블릭	10.2.0.0/16	local	active	배포 VPC의 내부 서브넷
	0.0.0.0/0	internet-gateway	active	인터넷 통신
	10.4.0.0/16	Peering Connections	active	운영 VPC와 peering 연결
	10.6.0.0/16	Peering Connections	active	품질 VPC와 peering 연결
	10.8.0.0/16	Peering Connections	active	개발 VPC와 peering 연결

취약점이 존재하는 경우의 방화벽^{Security Group} 내역

다음은 배포 VPC의 배포 자원이 개발 VPC의 배스천 호스트를 거쳐 개발 소스코드를 배포할 것이므로, 배포 자원이 접속하는 개발 배스천 호스트의 방화벽 내역을 확인합니다. 역시, 개발 배스천 서버로 배포 자원의 전체 네트워크 범위인 10.2.0.0/16으로 접속 가능하도록 인바운드 정책[Inbound Rule]이 설정되어 있음을 확인할 수 있습니다.

개발 배스천 자원의 방화벽 내역				
Type	Protocol	Port Range	Source	Purpose
Inbound Rules	TCP	22	10.2.0.0/16	from deploy-server
	··· 생략 ···			
Outbound Rule	··· 생략 ···			

다음은 배포 VPC의 배포 자원이 품질 VPC의 배스천 호스트를 거쳐서 소스코드를 배포할 것이므로, 배포 자원이 접속하는 품질 배스천 호스트의 방화벽 내역을 확인합니다. 역시, 품질 배스천 서버로 배포 자원의 전체 네트워크 범위인 10.2.0.0/16으로 접속 가능하도록 인바운드 정책[Inbound Rule]이 설정되어 있음을 확인할 수 있습니다.

품질 배스천 자원의 방화벽 내역				
Type	Protocol	Port Range	Source	Purpose
Inbound Rules	TCP	22	10.2.0.0/16	from deploy-server
	··· 생략 ···			
Outbound Rule	··· 생략 ···			

다음은 배포 VPC의 배포 자원이 운영 VPC의 배스천 호스트를 거쳐 소스코드를 배포할 것이므로, 배포 자원이 접속하는 운영 배스천 호스트의 방화벽 내역을 확인합니다. 역시, 운영 배스천 서버로 배포 자원의 전체 네트워크 범위인 10.2.0.0/16으로 접속 가능하도록 인바운드 정책[Inbound Rule]이 설정되어 있음을 확인할 수 있습니다.

운영 배스천 자원의 방화벽 내역				
Type	Protocol	Port Range	Source	Purpose
Inbound Rules	TCP	22	10.2.0.0/16	from deploy-server
	··· 생략 ···			
Outbound Rule	··· 생략 ···			

다음은 배포 자원이 운영, 품질, 개발 환경의 각 배스천 호스트를 통해서 소스코드를 배포할 것이므로, 배포 VPC에서 배포를 수행하는 자원의 방화벽 내역을 나타내고 있습니다. 예상대로 배포 자원은 운영 환경, 품질 환경, 개발 환경의 전체 네트워크망으로 나갈 수 있도록 아웃바운드 정책^{Outbound Rule}이 설정된 것을 확인할 수 있습니다.

배포 배스천 서버의 개선 전, 시큐리티 그룹 내역				
Type	Protocol	Port Range	Source	Purpose
Inbound Rules	no data			
Outbound Rule	TCP	22	10.4.0.0/16	to prd-bastion-host
	TCP	22	10.6.0.0/16	to qa-bastion-host
	TCP	22	10.8.0.0/16	to dev-bastion-host

앞선 전체 네트워크망 간의 접속 설정으로 통제되지 않은 접속과 서버 작업 등이 수행될 수 있는 취약점이 존재합니다. 악의적인 목적으로 설치된 프로그램이 확산되는 영향도 존재합니다. 이에 연결이 필요한 서버와 포트를 구체적으로 특정 짓고, 필요한 시점에 한해서만 통신 설정을 활성화하는 방식으로 해결할 수 있을 것입니다.

다음 그림은 취약한 부분이 해소되어, 배포 자원의 10.2.1.1/32에서 개발 배스천 호스트인 10.8.1.1/32로만 통신 설정, 배포 자원에서 품질 배스천 호스트인 10.6.1.1/32로만 통신 설정, 배포 자원에서 운영 배스천 호스트인 10.4.1.1/32로만 통신 설정을 수행한 것입니다. 또한, 배포가 수행되는 시점에만 일시적으로 Peering Connection을 활성화하거나, 시큐리티 그룹을 추가하는 방식으로 스케줄링을 수행하는 것이 보안성 수준을 향상할 수 있는 방법입니다.

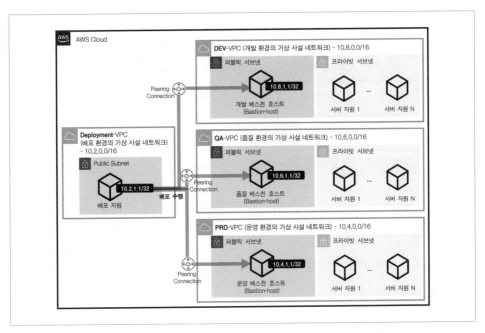

그림 6-25 보안성 수준이 향상된 Peering Connection 구성도

보안성 수준이 향상된 라우팅 테이블$^{Route\ Table}$과 방화벽$^{Security\ Group}$ 내역은 다음과 같습니다.

보안성 수준이 향상된 라우팅 테이블

다음은 배포 자원에서 개발 환경의 배스천 호스트로 접속하고자 하는 개발 VPC 설정입니다. 배포 자원을 특정지어서 10.2.1.1/32로 설정함을 알 수 있습니다.

개발용 클라우드 네트워크 망(DEV-VPC) - 10.8.0.0/16				
Type	Destination	Target	Status	Description
Public	10.8.0.0/16	local	active	개발 VPC의 내부 서브넷
	0.0.0.0/0	internet-gateway	active	인터넷 통신
	10.2.1.1/32	Peering Connections	active	배포 자원과 peering 설정

다음은 배포 자원에서 품질 환경의 배스천 호스트로 접속하고자 하는 품질 VPC 설정

입니다. 배포 자원을 특정 지어서 10.2.1.1/32로 설정함을 알 수 있습니다.

품질용 클라우드 네트워크망(QA-VPC) - 10.6.0.0/16				
Type	Destination	Target	Status	Description
퍼블릭	10.6.0.0/16	local	active	품질 VPC의 내부 서브넷
	0.0.0.0/0	internet-gateway	active	인터넷 통신
	10.2.1.1/32	Peering Connections	active	배포 자원과 peering 설정
프라이빗	0.0.0.0/0	nat-gateway	active	인터넷 통신
	10.6.0.0/16	local	active	품질 VPC의 내부 서브넷

다음은 배포 자원에서 운영 환경의 배스천 호스트로 접속하고자 하는 운영 VPC 설정입니다. 배포 자원을 특정 지어서 10.2.1.1/32로 설정함을 알 수 있습니다.

운영용 클라우드 네트워크망(Prd-VPC) - 10.4.0.0/16				
Type	Destination	Target	Status	Description
퍼블릭	10.4.0.0/16	local	active	운영 VPC의 내부 서브넷
	0.0.0.0/0	internet-gateway	active	인터넷 통신
	10.2.1.1/32	Peering Connections	active	배포 자원과 peering 설정
프라이빗	0.0.0.0/0	nat-gateway	active	인터넷 통신
	10.4.0.0/16	local	active	운영 VPC의 내부 서브넷

다음은 배포 자원에서 개발, 품질, 운영 환경의 배스천 호스트로 접속하고자 하는 배포 VPC 설정입니다. 개발 배스천 호스트인 10.4.1.1/32, 품질 배스천 호스트인 10.6.1.1/31, 운영 배스천 호스트인 10.8.1.1/32로 특정 지어 설정함을 알 수 있습니다.

배포용 클라우드 네트워크망(Deployment-VPC) - 10.2.0.0/16				
Type	Destination	Target	Status	Description
Public	10.2.0.0/16	local	active	배포 VPC의 내부 서브넷
	0.0.0.0/0	internet-gateway	active	인터넷 통신
	10.4.1.1/32	Peering Connections	active	운영 VPC의 bastion
	10.6.1.1/32	Peering Connections	active	품질 VPC의 bastion
	10.8.1.1/32	Peering Connections	active	개발 VPC의 bastion

보안성 수준이 향상된 방화벽 내역

다음은 개발 배스천 호스트의 인바운드 방화벽 내역입니다. 10.2.1.1 IP인 배포 자원에서 개발 배스천 호스트 자원으로 접속을 허용하는 것입니다. 외부에 잘 알려진 SSH 22 포트를 8822 포트로 변경해서 보안성 수준이 향상된 시큐리티 그룹 내역을 확인합니다.

개발 배스천 서버의 개선 후, 시큐리티 그룹 내역				
Type	Protocol	Port Range	Source	Purpose
Inbound Rules	TCP	8822	10.2.1.1/32	from deploy-server
	··· 생략 ···			
Outbound Rule	··· 생략 ···			

다음은 품질 배스천 호스트의 인바운드 방화벽 내역입니다. 10.2.1.1 IP인 배포 자원에서 품질 배스천 호스트 자원으로 접속을 허용하는 것입니다. 외부에 잘 알려진 SSH 22 포트를 6622 포트로 변경해서 보안성 수준이 향상된 시큐리티 그룹 내역을 확인합니다.

품질 배스천 서버의 개선 후, 시큐리티 그룹 내역				
Type	Protocol	Port Range	Source	Purpose
Inbound Rules	TCP	6622	10.2.1.1/32	from deploy-server
	⋯ 생략 ⋯			
Outbound Rule	⋯ 생략 ⋯			

다음은 운영 배스천 호스트의 인바운드 방화벽 내역입니다. 10.2.1.1 IP인 배포 자원에서 운영 배스천 호스트 자원으로 접속을 허용하는 것입니다. 외부에 잘 알려진 SSH 22 포트를 8822 포트로 변경해서 보안성 수준이 향상된 시큐리티 그룹 내역을 확인합니다.

운영 배스천 서버의 개선 후, 시큐리티 그룹 내역				
Type	Protocol	Port Range	Source	Purpose
Inbound Rules	TCP	4422	10.2.1.1/32	from deploy-server
	⋯ 생략 ⋯			
Outbound Rule	⋯ 생략 ⋯			

다음은 배포 자원에서 개발, 품질, 운영 배스천 호스트로 접속하기 위한 아웃바운드 방화벽 내역입니다. 운영 배스천 호스트인 10.4.1.1/32, 품질 배스천 호스트인 10.6.1.1/32, 개발 배스천 호스트인 10.8.1.1/32 자원으로 접속 허용하는 것입니다. 외부에 잘 알려진 SSH 22 포트를 4422 포트, 6622 포트, 8822 포트로 변경해서 보안성 수준이 향상된 시큐리티 그룹 내역을 확인합니다.

배포 배스천 서버의 개선 후, 시큐리티 그룹 내역				
Type	Protocol	Port Range	Source	Purpose
Inbound Rules	no data			
Outbound Rule	TCP	4422	10.4.1.1/32	to prd-bastion-host
	TCP	6622	10.6.1.1/32	to qa-bastion-host
	TCP	8822	10.8.1.1/32	to dev-bastion-host

사례 5 정리

취약점

- VPC(클라우드 가상 네트워크 망) 간의 임의적인 접근
- 중요 자원의 유출 가능성
- 특정 자원의 장애 요소 확산 가능성

해결 방안

기술적 통제 방안

- Peering Connection 통신의 스케줄링 설정
  # VPC의 독립성과 격리성을 유지하기 위해, 업무적으로 통신이 필요한 시간에만 최소한으로
    VPC Peering Connection을 활성화함

관리적 통제 방안

- 접속 자원의 특정/구체화 설정
  # 통신의 출발지와 목적지의 전체 네트워크 범위가 아닌, 명확한 IP 주소로 설정
  # 알려지지 않은 포트로 설정

찾아보기

로마자

A

ACL 164
ACM 181, 286
Amazon Resource Name 346
AMI 145
Ansible 368
Anti-DDoS 244
API 48, 65, 215
API Gateway 217, 267
API 호출 339
APT 44
ARN 346
Audit 71
Authentication 65, 68
Authorization 65, 69
AWS 35, 115
AWS Certificate Manager 181
AWS CLI 142

B

BaaS 275
Bastion-host 198
Black List 165

C

CASB 113, 237, 264
CCM 54
Cloud HSM 230
Cloudformation 313
CloudTrail 293
CloudTrail 343
Cloudwatch 140, 291
CMMi 94
CMP 21, 122

Compliance 238
CSA 43, 54, 104

D

DDoS 194
Deep IDS/IPS 244
Direct Connect 191
DLP 233
Domain 181
DoS 44

E

ECS 314
Endpoint 204
ENISA 51

F

FaaS 273, 276, 299
Federation 245
FedRAMP 50
Forward Proxy형 CASB 239

G

GCP 35
Google BeyondCorp 84
GSLB 259

H

Hybrid Cloud 23
Hypervisor 46

I

IaaS 26, 108, 299
IAM 125, 331
IDaaS 245
Identification 68
IDentity as a Service 244
IDS/IPS 193
Inbound Rule 164, 169
Inner Gateway 202
Inspector 221
IP 153
ISO 27017 104
ISO 27018 104
ISP 86

K

KMS 225
KT 37

L

Lambda 291, 300, 386
Logging and Audit 69, 139, 142

M

Managed 보안 서비스 236
Market Place 148
MFA 132
Monitoring 70, 139
MS(Micro Software) Azure 35
MSSP 252
Multi Cloud 113, 260
Multi Region 300

O

On-Premise 17, 30, 78, 278
Outbound Rule 164, 169
OWASP 211

P

PaaS 26, 108, 299
Permeter Security Model 78
Private Cloud 23
Public Cloud 23

R

Reserved Instance 295
Reverse Proxy형 CASB 240

S

SaaS 26, 76, 108, 299
Scale-Down 66
Scale-In 66
Scale-Out 66
Scale-Up 66
SECaaS 113, 241
Secure Cloud 423
Security as a Service 113
Security Group 169, 297, 303, 349
Security Inspector 218
Serverless 273
Shadow IT 85
Shared Responsibility 75
Shield 195
SIEM 249
SK C&C 클라우드 Z 38
SLA 34, 42

Storage Tiering 280
Subnet 157

T

TLS 179
TLS 인증서 181
Tunneling 200

V

Virtual Private Network 189
VPC 152
VPC Endpoints 288
VPN 189

W

WAF 206
White List 165
Web Scanner 219
Web Security 246

Z

Zero Trust Security Model 80

한국어

ㄱ

가상 사설 네트워크 189
가상 사설 클라우드 152
가상화 32, 42
가상화 기술 46
가용성 74, 107, 258
감사 65, 71
거부목록 165
경계형 보안 모델 78
계정관리 125
골드이미지 144
골드환경 144
공항형 보안 모델 78
관리적 보안 96
관리적 보안영역 41
구간 암호화 179
기밀성 73, 107
기술적 보안 97
기술적 보안영역 41

ㄴ

내부 게이트웨이 202
네이버 클라우드 플랫폼 37
네트워크 구간 암호화 179

ㄷ

다중 지역 259
다중요소 인증 132
다중요소 인증 프로세스 133
데이터 아키텍처 278
데이터 품질 281
도메인 181

ㄹ

로깅 69, 139, 142, 406

ㅁ

마켓 점유율 121
마켓 플레이스 148
멀티 클라우드 113
멀티 클라우드 25, 113, 262
멀티테넌시 42, 61
모니터링 70, 139, 406
무결성 74, 107
물리적 보안영역 42

ㅂ

방화벽 169
배스천 호스트 198
배치 모델 22
보안 감사 218
보안 거버넌스 425
보안 관제 93, 113
보안 사고 사례 39, 45
보안 아키텍처 설계 109
보안 프레임워크 40
보안관리의 복잡도 442
보안등급 110
보안운영 아웃소싱 252
블랙박스(Blackbox) 문제 32

ㅅ

섀도 IT 85, 233
서버리스 275
서브넷 157
서비스 모델 22
성벽형 보안 모델 78

소규모 클라우드 424
소유기반 인증방식 133
스케일 다운 66
스케일 아웃 66, 271
스케일 업 66, 271
스케일 인 66
스토리지 티어링 278
시큐리티 그룹 169
식별 65, 68

ㅇ

아웃바운드 규칙 164, 169
아키텍처 수립 88
엔드포인트 204
오토 스케일 271
온프레미스 17, 30, 78, 280
웹 방화벽 206
웹 스캐너 219
웹 시큐리티 246
이상징후 탐지 249
인가 65, 69
인바운드 규칙 164, 169
인증 65, 68
인증서 188
인증서 관리 보안 서비스 181

ㅈ

전용망/전용선 191
접근제어 332, 426
접근제어 목록 164
접속 용이성 19
정보화 전략 계획 수립 87
제로 트러스트 보안 모델 80
종속(Lock-in) 현상 37
중계 서버 198
지식기반 인증방식 133

INDEX

ㅊ

책임 공유원칙 75
책임 추적성 67, 75, 107
침입탐지/차단 193

ㅋ

컨테이너 266
컴플라이언스 101, 237
쿼리 오프로딩 262
클라우드 HSM 231
클라우드 관리 포털 21, 122
클라우드 교육 430
클라우드 도입절차 86
클라우드 보안 서비스 241
클라우드 보안관제 252
클라우드 보안설계 56
클라우드 보안위험 평가 105
클라우드 보안인증제 45
클라우드 보안협회 43
클라우드 서비스 17
클라우드 서비스 인증제 104
클라우드 서비스 제공자 보안 97
클라우드 성숙도 93
클라우드 운영 전략 91
클라우드 접근 보안 중계 235
클라우드 컴퓨팅 18
클라우드와치 140
클라우드컴퓨팅법 53
키 관리 보안모듈 229
키 관리 서비스 223
키 생성 방식 228

ㅌ

탄력성 61, 65
태그 396
터널링 200
트리거 404

ㅍ

파이썬 318
퍼블릭 서브넷 158
퍼블릭 클라우드 23
프라이빗 서브넷 158
프라이빗 클라우드 23

ㅎ

하이브리드 클라우드 23
허용목록 165
하이퍼바이저 46
환경변수 관리 234